송자대전

한국고전번역원 한국문집번역총서

송자대전 2

宋子大全

송시열 지음
宋時烈

양기정 옮김
이기찬

일러두기

1. 이 책《송자대전》은《국역 송자대전》(1981~1988)의 미번역 부분을 포함하여 수정·번역한 완역서이다.《국역 송자대전》의 역자와 그 약력은 책 말미에 소개하였다.
2. 이 책의 번역 대본은 한국고전번역원에서 간행한 한국문집총간 108~116집 소재《송자대전(宋子大全)》으로 하였다. 번역 대본의 원문 텍스트와 원문 이미지는 한국고전종합DB(http://db.itkc.or.kr)에서 확인할 수 있다.
3. 역주는 내용이 간단하면 간주(間註)로, 길면 각주(脚註)로 처리하였다.
4. 한자는 필요한 경우 이해를 돕기 위하여 넣었으며, 운문(韻文)은 원문을 병기하였다.
5. 원문의 오류를 수정하였거나 오류가 의심되는 경우, 교감자료와 중요한 자구(字句)에서 차이가 있는 경우에는 그 내용을 각주로 밝혔다.
6. '한글 맞춤법'의 용법과 다르거나 새로 만든 문장 부호는 다음과 같다.

   「 」: ' ' 안의 재인용을 나타낼 때 사용한다.

   『 』: 「 」 안의 재인용을 나타낼 때 사용한다.

   …… : 원문의 '云云'을 처리할 때, 각주에서 긴 인용문을 처리할 때, 각주의 표제어가 네 어절 이상일 경우 생략되는 말을 처리할 때 사용한다.

   - - : 본문에서 소자(小字) 원문 주(註)의 처음과 끝에 사용한다.

   □ : 원문의 글자가 빠진 빈 난을 표기하거나 '결락과 판독 불가 글자에 대한 지침'에 따라 번역할 때 사용한다.

   ▨ : 훼손 등으로 인해 판독이 불가능한 원문을 표기할 때 사용한다.

차례

송자대전 제3권

시 詩

오언 율시 五言律詩

송자대전 제4권

시 詩

송자대전

제3권

詩 시

시 詩

오언 율시 五言律詩

청음 김 선생 상헌 께 공경히 올리다 병술년(1646, 인조24)
敬呈淸陰金先生 尙憲○丙戌

이름은 셋으로 나뉜 세상에 떨치고[1]	名振三分世
몸은 다섯 버드나무 가에 한가로워[2]	身閑五柳邊
문장은 목로[3]를 따르고	文章追牧老

1 이름은……떨치고 : 김상헌(金尙憲, 1570~1652)이 중국에서 절의(節義)로 이름을 떨쳤다는 말이다. 김상헌은 1640년 청나라가 명나라를 공격하기 위해 요구한 출병(出兵)에 반대하는 상소를 올렸다는 이유로 심양(瀋陽)으로 압송되어 구류되었다가 1645년에 풀려나 석실(石室)에 은거하였다. 당시 중국은 명나라와 청나라 그리고 이자성(李自成)이 서안(西安)에 세운 대순(大順, 1644~1645)으로 삼분(三分)되어 있었다.

2 몸은……한가로워 : 동진(東晉) 때의 은사(隱士) 도잠(陶潛)이 다섯 그루의 버드나무를 집 앞에 심고 스스로 오류선생(五柳先生)이라 칭한 고사에서 온 말이다. 여기서는 김상헌이 청나라에서 풀려나 돌아온 뒤에 석실에 은거한 것을 가리킨다.

3 목로(牧老) : 호가 목은(牧隱)인 고려 말의 문장가 이색(李穡, 1328~1396)을 가리킨다.

사업은 오천[4]을 이었네 事業接烏川
존주대의를 말씀하지 않으셨으나 未說尊周事
위를 칭제한 것을 깎아 내 버리셨네[5] 行刪帝魏編
도성 백성에 환영하는 이 없었으니 都民無手額
하늘의 뜻이 정녕 그러하기 때문인가[6] 天意定由然

4 오천(烏川) : 연일(延日)의 옛 지명으로, 연일 정씨(延日鄭氏)인 포은(圃隱) 정몽주(鄭夢周, 1337~1392)를 가리킨다.

5 존주대의(尊周大義)를……버리셨네 : 드러내 놓고 명나라를 높이지는 않았으나, 오랑캐인 청나라를 중국의 황제로 인정하지 않았다는 말이다. 사마광(司馬光)이 《자치통감(資治通鑑)》을 편술할 때 위(魏)나라 조조(曹操)를 삼국(三國) 중에 정통으로 삼았는데, 주희(朱熹)가 《자치통감강목(資治通鑑綱目)》을 편찬하면서 정통을 촉한(蜀漢)으로 바꾸었다.

6 도성……때문인가 : 송 신종(宋神宗)이 세상을 떠났을 때 사마광이 조문을 위해 도성으로 돌아오자 평소 그를 흠모하던 도성 백성들이 사마광을 크게 환영하였다고 한다. 《宋史 司馬光列傳》 조조의 위나라를 정통으로 삼았던 사마광도 돌아왔을 때 큰 환영을 받았는데, 척화파로서 절의를 세운 김상헌이 청나라에서 돌아왔을 때 서울 백성들의 환영이 없던 이유를 의아하게 여긴 것이다.

정기암[7] 홍명 에 대한 만사 경인년(1650, 효종1)

鄭畸庵 弘溟 挽 庚寅

강직한 송강의 후손으로 侃侃松江後
기옹이 아직도 그 전형 간직했네 畸翁尙典刑
교목의 그늘이 많았을 텐데 將多喬木蔭
그대로 죽림의 현자를 흠모하였네[8] 仍愛竹林英
효심은 하늘에 사무치는 통한을 씻었고[9] 孝雪窮天痛
문장은 땅에 던지면 고운 소리 울렸네[10] 詞鳴擲地聲

7 정기암(鄭畸庵) : 정홍명(鄭弘溟, 1592~1650)으로, 기암은 그의 호이며, 또 다른 호는 삼치(三癡)이다. 본관은 연일(延日), 자는 자용(子容)이다. 송강(松江) 정철(鄭澈)의 아들이며, 송익필(宋翼弼)·김장생(金長生)의 문인이다. 1616년(광해군8) 문과에 급제하였다. 대사성, 대사헌 등을 역임했다. 시호는 문정(文貞)이다. 문집으로 《기암집(畸庵集)》이 전한다.

8 교목(喬木)의……흠모하였네 : '교목'은 큰 나무라는 뜻으로, 대대로 벼슬하는 집안을 가리킨다. '죽림의 현자(賢者)'는 위진(魏晉) 시대에 예속(禮俗)에 매이지 않고 죽림에서 노닐었던 7인 즉 '죽림칠현(竹林七賢)'을 가리킨다. 정홍명이 정철의 아들로서 조상의 음덕(蔭德)을 입어 조정에서 영화를 누릴 수 있었으나, 병자호란 이후 벼슬을 사양하고 고향 창평(昌平)으로 돌아가 은거했던 사실을 가리킨다.

9 효심은……씻었고 : 기축옥사(己丑獄事) 때 최영경(崔永慶)을 죽게 하는 등 옥사를 잘못 처리했다는 죄목으로 정철의 사후에 관작(官爵)이 추탈되었는데, 1624년(인조2) 5월 정홍명이 정철의 억울함을 호소하는 상소를 올려 관작이 회복되었던 일을 가리킨다. 《松江集 別集 卷3 年譜下》

10 문장은……울렸네 : 글솜씨가 뛰어났다는 말이다. 동진(東晉)의 문장가 손작(孫綽)이 〈천태부(天台賦)〉를 지었는데 문장이 매우 아름다워 사람들이 그 글을 땅에

이제 다시 살아 돌아올 수 없으니	如今不可作
남쪽 바라보며 두 눈에 눈물 흘리네	南望涕雙熒

던지면 반드시 금석(金石)의 고운 소리가 날 것이라고 하였다.《晉書 孫綽列傳》

이군[11] 부익 에 대한 만사 신묘년(1651, 효종2) 12월

李君 復益 挽 辛卯十二月

이분을 다시 못 뵐 것 생각하니	斯人不復見
만사 지으며 더욱 슬프고 괴로워라	題挽更悲辛
마음을 꾸미지 않아 옛사람과 잘 맞았고	不飾心宜古
외물과 다툼이 없어 자연스레 봄 같았네	無爭物自春
전원에 이름을 숨기고 사셨기에	林園潛姓字
향리에 친지도 많지 않았다네	鄉里少朋親
늙어 갈수록 정신이 건재하셨으니	益老精神在
여전히 후인들을 보우해 주시리라	猶應庇後人

11 이군(李君) : 이부익(李復益, 1577～1651)으로, 본관은 경주(慶州), 자가 승선(承先)이다. 보은(報恩)에서 평생 처사로 살았다. 《宋子大全 卷192 學生李公墓表》

김송애[12]에 대한 만사 계사년(1653, 효종4)

金松崖挽 癸巳

이 세상에 즐거움 없음을 한탄하노니	此世嗟無樂
현인이 남아 있지 않도다	賢人不爲留
석실의 눈물을 어떻게 견디었던가[13]	那堪石室淚
합강의 가을에 다시 눈물 뿌리네[14]	復洒合江秋
사당 곁 측백의 노래는 길이 끊어지고[15]	廟柏吟長斷
노래자 색동옷 춤도 영원히 멈추었네[16]	萊衣舞永休

12 김송애(金松崖) : 김경여(金慶餘, 1596～1653)로, 송애는 그의 호이다. 본관은 경주(慶州), 자는 유선(由善)이다. 이귀(李貴)의 사위이고, 김장생(金長生)의 문인이다. 1632년(인조10) 문과에 급제하였다. 대사간, 승지, 홍청도 관찰사(洪淸道觀察使) 등을 역임하였다. 시호는 문정(文貞)이다. 문집으로 《송애집(松崖集)》이 전한다.

13 석실(石室)의……견디었던가 : 석실은 양주(楊州) 석실에 살던 김상헌을 가리킨다. 송시열이 이 만사를 짓기 1년 전에 김상헌을 곡하였기 때문에 이렇게 말한 것이다.

14 합강(合江)의……뿌리네 : 합강은 충청도 연기(燕岐)에 있는 지명이다. 1653년 5월 김경여가 세상을 떠나자 그해 윤7월 합강에다 장사 지냈다.

15 사당……끊어지고 : '사당 곁 측백의 노래'는 두보(杜甫)의 〈고백행(古柏行)〉으로, 제갈량(諸葛亮)의 사당인 무후사(武侯祠) 곁에 서 있는 오래된 측백나무에 빗대어 지사(志士)의 충정(忠貞)을 읊은 시이다. 주희가 만년에 누대 아래에 누워 북쪽을 바라보며 "내가 늙어서 중원(中原)이 회복되는 광경을 못 보겠구나."라고 탄식하면서 이 〈고백행〉을 읊었다는 고사가 있다. 이 구절은 김경여가 척화파의 일원으로서 존주대의를 밝힐 것을 평생 주장하였고, 임종 때에도 "죽기 전에 대명(大明)이 회복되는 것을 보기를 기대하였으나 이제는 그만이로구나."라고 탄식한 인물이었으므로 이렇게 표현한 것이다. 《宋子大全 卷157 松崖金公神道碑銘》

평생토록 지녔던 충효의 뜻이 平生忠孝志
죽어서 언덕에 묻히고 말았어라 零落在山丘

16 노래자(老萊子)……멈추었네 : 김경여가 유복자(遺腹子)로 태어나 모친에게 효심이 극진하였으므로 이렇게 말한 것이다. 노래자는 춘추 시대 초나라의 효자로, 나이가 70이 되어서도 부모 앞에서 색동옷을 입고 춤을 추어 부모를 기쁘게 해 드렸던 인물이다.

기해년(1659, 효종10)[17] 한식에 서울에서 짓다

己亥寒食在漢師

융숭한 성상의 은혜에 감격하여	感激君恩重
금년 봄에 다시 객수를 맛보네	今春又旅酸
고향으로는 꿈결 속에 치달리고	丘園馳夢想
묘소에다는 슬픈 탄식만 부치누나	墟墓寄悲嘆
버들을 당년에 심었으니	柳是當年植
꽃이 응당 오늘 추우리라	花應此日寒
멀리서 애달픈 것은 막냇동생이	遙憐吾季也
제사 올리며 눈물이 마르지 않음이네	香火淚無乾

17 기해년 : 이조 판서로 있던 송시열이 효종과 긴밀하게 국사(國事)를 논하던 시기이다. 송시열이 이 시를 짓고 1달쯤 뒤인 5월 4일에 효종이 승하하였다.

조 첨지[18] 행립 에 대한 만사 계묘년(1663, 현종4)

曺僉知 行立 挽 癸卯

장로들 중에 누가 남았던고　　　耆舊人誰在
풍류가 사라지게 되었어라　　　風流到底空
올해 공이 또 세상 떠나니　　　今年公又逝
말년에 나는 뉘와 함께하나　　　末路我誰同
월출산은 안개 구름에 갇혔고　　　月嶽煙雲鎖
사계 동문의 정의(情誼)는 끝이로구나　　　溪門事契終
끝없이 이어진 강한의 길에　　　蒼茫江漢路
아스라이 명정만 붉게 나부끼네　　　迢遞片旌紅

18 조 첨지(曺僉知) : 조행립(曺行立, 1580~1663)으로, 본관은 창녕(昌寧), 자는 백원(百源), 호는 태호(兌湖)이다. 사계 김장생의 문인이다. 여러 번 과거에 실패하다가 인조반정 이후 등용되어 금천 현감(衿川縣監), 온양 군수(溫陽郡守), 첨지중추부사 등을 역임했다. 영암(靈巖) 월출산(月出山) 아래에 살았다. 문집으로 《태호집(兌湖集)》이 전한다. 《宋子大全 卷175 僉樞曺公墓碣銘》

박 공주[19] 병에 대한 만사 계묘년(1663, 현종4)

朴公州 炳 挽 癸卯

선대는 나주에서 나와 귀하게 되었고	系出羅仍貴
공은 북두 이남에서 이름이 높았네[20]	名高斗以南
재주를 일곱 고을 다스리는 데 썩혔으나	屈才治郡七
남은 경사는 가업 이은 아들이 셋 있는 것[21]	餘慶克家三
몸은 고희의 장수를 누렸지만	身到稀年壽
마음은 단맛 끊느라 수고로웠지[22]	心勞剪味甘

19 박 공주(朴公州) : 박병(朴炳, 1587~1663)으로, 본관은 반남(潘南), 자는 소문(小文)이다. 사계 김장생, 남창(南窓) 김현성(金玄成)의 문인이다. 인조반정 때 세운 공으로 발탁되어 공주 목사(公州牧使), 임천 군수(林川郡守) 등 여러 고을의 수령을 역임하였다. 《宋子大全 卷177 公州牧使朴公墓碣銘》

20 북두(北斗)……높았네 : 당(唐)나라 적인걸(狄仁傑)이 곤경에 처한 어떤 사람을 대신하여 어려운 사신의 일을 자청하고 나서자, 사람들이 "우리 적공의 어진 덕성으로 말하면, 북두 이남에서 오직 한 사람밖에 없다고 할 것이다."라고 칭송했다는 고사에서 온 말로, '북두 이남'은 '천하'를 가리킨다. 《新唐書 狄仁傑列傳》

21 남은……것 : 송시열이 지은 묘갈명에 따르면, 박병은 아들 세기(世基), 세지(世址), 세주(世周), 세봉(世封)을 두었는데, 세주를 제외한 세 아들이 실직(實職)의 벼슬에 있었다. 《宋子大全 卷177 公州牧使朴公墓碣銘》

22 마음은……수고로웠지 : 일신(一身)에 달콤한 유혹일지라도 불의(不義)라면 단호하게 끊었다는 말이다. 박병이 풍덕 부사(豐德府使)에 제수되었을 때, 청나라 사신을 접대해야 하는 고을인 것을 알고 "어찌 차마 먹고 마시는 것을 위해 이러한 짓을 달갑게 여기겠는가."라고 하고는 부임하지 않았다고 한다. 《宋子大全 卷177 公州牧使朴公墓碣銘》

바로 천고의 이별을 하게 되었으니 卽成千古別

만사를 지으매 슬픔 어이 견디리오 題挽慟何堪

동학사[23]에서 윤길보[24] 선거 의 시에 차운하다 갑진년(1664, 현종5)

東鶴寺次尹吉甫 宣擧 韻 甲辰

두 소매가 눈처럼 환한데 雙袖明如雪
펄럭이며 이 산을 찾아왔구려 飄然來此山
작은 술잔 기울이며 담소를 나눈 뒤에 小杯諧笑後
물과 구름 사이에서 고상한 대화도 했지 淸話水雲間
동이 연못에 파란이 이는 걸 웃으며 보다가 笑看盆波起
다시 거친 돌길을 걸어 올라갔네 還躋石路艱
나는 지금 문을 굳게 닫고 들어앉아 吾今牢閉戶
오래도록 노승과 한가롭게 지낸다오 長與老僧閒

23 동학사(東鶴寺) : 공주(公州) 계룡산(鷄龍山) 동쪽 기슭에 있는 절이다.

24 윤길보(尹吉甫) : 윤선거(尹宣擧, 1610~1669)로, 길보는 그의 자이다. 본관은 파평(坡平), 호는 미촌(美村)·노서(魯西)이다. 아버지는 윤황(尹煌)이며, 아들은 윤증(尹拯)이다. 신독재(愼獨齋) 김집(金集)의 문인이다. 1633년(인조11)에 생원, 진사 양시(兩試)에 모두 합격하였다. 병자호란 때 강화(江華)에서 대의(大義)를 지키다 죽지 못한 것을 자책하고 이후로 벼슬에 나가지 않았다. 본래 송시열과 교분이 두터웠으나 윤휴(尹鑴)를 두둔하다 송시열과 사이가 벌어졌다. 시호는 문경(文敬)이다. 문집으로 《노서유고(魯西遺稿)》가 전한다.

병중에 성의를 다해 재차 화답해 증산 노형[25]에게 올리고 아울러 초려,[26] 미촌 두 형에게도 보내다 을사년(1665, 현종6)

病中率意再和上甑山老兄兼柬草廬美村兩兄 乙巳

바다의 객은 항상 바다에 살고	海客常居海
산 늙은이는 산에서 나오지 않네	山翁不出山
먼 바람이 언덕 위에 불어오고	長風吹岸上
외로운 달은 처마에 들어온다	孤月入簷間
내 마음 좁음이 두려울 뿐	只怕吾心窄
세상길이 어렵다 마오	休言世路艱
한 해 다 가고 농사철 다가오니	歲窮東作近
들판 넓고 한가함이 되레 기쁘네	還喜野寬閑

25 증산(甑山) 노형(老兄) : 석성현(石城縣)의 증산에 우거(寓居)하던 윤문거(尹文擧, 1606~1672)를 가리킨다. 윤문거는 본관은 파평, 자가 여망(汝望), 호는 석호(石湖)이다. 아버지는 윤황(尹煌)이며, 외조부는 우계 성혼(成渾)이다. 김집(金集)의 문인이다. 1633년(인조11) 문과에 급제하였다. 대사헌, 이조 참판 등에 임명되었으나 모두 나가지 않았다. 시호는 충경(忠敬)이다. 문집으로 《석호유고(石湖遺稿)》가 전한다.

26 초려(草廬) : 이유태(李惟泰, 1607~1684)로, 초려는 그의 호이다. 본관은 경주(慶州), 자는 태지(泰之)이다. 김장생의 문인이다. 김집의 천거로 벼슬에 나가 이조 참판에 이르렀다. 예학(禮學)에 밝았다. 시호는 문헌(文憲)이다. 문집으로 《초려집(草廬集)》이 전한다.

두 번째 其二

주자가 거처하던 곳은　　晦翁棲息處
운곡과 또 무이산이었지　　雲谷復夷山
푸른 벼랑 아래에서 시를 읊고　　嘯咏蒼崖下
누른 바위 사이에서 배회도 했네　　徘徊黃石間

〈와룡암기(臥龍菴記)〉[27]에 보인다.

진실로 좋아하는 바를 따를 줄은 알았으나　　諒知從所好
시대의 어려움을 구제하지는 못하였지　　曾未濟時艱
소자가 뜻은 높으나 일에 서툴러서　　小子殆狂簡
그 자취 따르려 해도 마음이 한가롭지 않네　　希蹤意未閒

이는 자인(子仁)[28]이 내가 산에 들어간 것을 미심쩍어하므로 이 시를 통해 바로잡아 주기를 구한 것이다.

27 와룡암기(臥龍菴記) : 주희가 1180년 51세 때에 여산(廬山) 남쪽 오유봉(五乳峯) 아래에 와룡암을 건립하고 지은 기문이다. 암자 곁에 와룡담(臥龍潭)이 있어 이렇게 이름을 지은 것이다. 기문의 내용에 "이 암자의 서쪽에 푸른 벼랑이 사방으로 둘러서서 성난 폭포가 그 가운데서 쏟아지는데, 큰 물구덩이가 매우 깊어 오싹 두려운 마음이 든다. 몇 길이나 되는 누른 바위가 있어 격랑(激浪) 가운데서 은은하게 비치며 이어져 있다."라는 말이 나온다.《晦菴集 卷79 臥龍庵記》

28 자인(子仁) : 윤증(尹拯, 1629~1714)으로, 자인은 그의 자이다. 본관은 파평(坡平), 호는 명재(明齋)이다. 성혼(成渾)의 외증손이고, 윤선거(尹宣擧)의 아들이다. 송시열의 문인이었으나, 송시열이 지은 윤선거 묘갈명의 내용이 문제가 되어 서로 사이가 벌어졌다. 이후로 소론(少論)의 영수로 추대되어 노론인 송시열과 대립하였다. 학행(學行)으로 우의정에 이르렀으나 나아가지 않았다. 시호는 문성(文成)이다. 문집으로 《명재유고(明齋遺稿)》가 전한다.

세 번째 其三

도는 큰길 같지만	道雖如大路
행하기는 산에 오르는 것 같다오	行處似登山
현명함과 어리석음의 구분을 알려거든	欲識賢愚分
공경과 게으름의 사이를 봐야 하리	惟看敬怠間
이 관문을 마침내 뚫을 수 있다면	此關終得透
피안에 도달함이 어찌 어려우랴	彼岸到何艱
병을 아는 것이 곧 약이 되니	知病卽爲藥
의원을 찾는 것은 긴요하지 않다네	尋醫也是閒

이는 자인이 자기 병통을 말하고 나에게 약으로 구제해 주지 않는다고 하므로 말구(末句)에 주자의 말[29]을 써서 고해 준 것이다.

29 주자의 말 : 주희가 제자인 반시거(潘時擧)에게 공부의 근황을 묻자, 반시거가 "공부를 대충해서 정밀한 공부가 없는 것이 항상 고민인데, 그 병통의 근원이 어디에 있는지 모르겠습니다."라고 하니, 주희가 말하기를 "병통의 근원이 어디 있는지 찾지 말라. 공부를 대충한다는 것을 알면 병통이 바로 거기에 있는 것이니, 바로 정밀함을 더해 공부하면 될 뿐이다. 지금 학자들도 병통의 근원을 와서 찾는 경우가 많은데, 내가 그들에게 머리가 아프면 머리에 뜸을 뜨고 발이 아프면 발에 뜸을 뜨라고 말해 준다. 병통이 여기에 있으면 여기를 치료하면 될 뿐이다. 더 이상 병통의 근원이 어디에 있는지 찾지 말라." 한 것을 가리킨다. 《朱子語類 卷114》

네 번째 其四

가엾어라 그대 어린 시절에	憐君少小日
병을 지닌 채 깊은 산에 있었네	抱病在深山
몸은 탕약 속에 들어갔어도	身入湯劑裏
공부는 옛 책 사이에 있었지	功存簡冊間
하늘이 인재를 내면 쓸데가 있으니	天生才有用
상제는 우리에게 어려운 일을 맡기네	帝卽我投艱
노력해서 함께 닦고 살펴야 하리니	努力同修省
뜬 명예는 참으로 부질없는 것이라네	浮名儘是閒

이는 자서(子恕)[30]의 시에 차운하여 바로잡아 주기를 구한 것이다.

30 자서(子恕) : 윤추(尹推, 1632~1707)로, 자서는 그의 자이다. 본관은 파평, 호는 농은(農隱)이다. 윤선거의 아들이고, 윤증의 동생이다. 20대에 병에 걸려 암자에서 10년간 독서에 전념하였다. 50세가 넘어 천거를 통해 벼슬에 나가 김제 군수(金堤郡守), 장령 등을 역임했다. 문집으로 《농은유고(農隱遺稿)》가 전한다.

송강[31]의 묘소를 옮길 때 감상이 있어서 짓다 을사년(1665, 현종6)

松江遷葬有感而作 乙巳

시비는 끝내 정해지는 법이고	是非自有當
묫자리는 이제야 길지 찾았네	宅兆今始臧
하늘에는 일월성신 비추지만	天上三光照
인간들은 만사가 황폐하구나	人間萬事荒
처량했던 진사의 해였고[32]	凄涼辰巳歲
놀라웠던 호성의 글이로다[33]	驚怪虎惺章

31 송강(松江) : 정철(鄭澈, 1536~1593)의 호이다. 본관은 연일(延日), 자는 계함(季涵)이다. 1562년(명종17) 문과에 급제하고, 관직이 좌의정에 이르렀다. 시호는 문청(文淸)이다. 문집으로 《송강집(松江集)》이 전한다. 처음 묘소는 고양(高陽) 신원(新院)이었는데, 1665년 진천(鎭川) 지장산(地藏山)으로 옮겼다.

32 처량했던 진사(辰巳)의 해였고 : 진사는 임진년(1592, 선조25)과 계사년(1593)을 가리킨다. 정철이 임진년에 왜란이 일어나자 선조를 호송하여 의주(義州)까지 피난갔다가 체찰사(體察使)가 되어 양호(兩湖)의 백성을 안정시켰으나 그 와중에 많은 참소와 이간질을 당하였고, 이듬해 계사년에는 사은사(謝恩使)로 명나라에 다녀왔다가 12월 강화(江華)에서 별세하였다. 《송자대전수차》 권1에서는 "선조 임진년 12월 정철이 별세하였고, 그다음 해 계사년에 정인홍(鄭仁弘)이 자기 당의 무리를 사주하여 정철을 무함하여 추삭(追削)하였으며, 심지어 추형(追刑)을 가하자는 주장까지 했다."라고 하였는데, 시기를 잘못 고증한 것이다. 정철의 관작이 추탈(追奪)된 것은 1594년이고, 추형을 가하자는 논의는 1601년에 나왔다. 《宋子大全 卷155 松江鄭公神道碑銘》《松江集 別集 卷3 年譜下》

33 놀라웠던 호성(虎惺)의 글이로다 : 호성은 문경호(文景虎)와 박성(朴惺)을 가리

무엇으로 밝은 덕을 칭송할까	何以稱明德
찬 시냇가에서 한 잔 술 올리네	寒流薦一觴

킨다. 1601년 정인홍의 일당인 문경호와 박성이 서로 이어서 상소를 올려, 기축옥사(己丑獄事) 때 최영경(崔永慶)이 억울한 죽음을 당한 것은 정철이 최영경의 죄를 날조하고 성혼(成渾)이 정철을 사주했기 때문이라고 주장하였다. 《松江集 別集 卷3 年譜下》

송 상사[34] 국시 에 대한 만사 을사년(1665, 현종6) 8월
宋上舍 國蓍 挽 乙巳八月

고단한 삶에 흘리는 오늘 눈물이	苦生今日淚
땅을 적시어 마른 흙이 없구려[35]	偏覺土無乾
백발 노년에 우리 우정 좋았으니	白首交情好
황천 가는 이 길이 쉽지 않을 거요	黃泉此路難
보검이 적막한 무덤에 남아	劍留墟墓寂
용천검 광채가 차가운 두우를 비추리니[36]	龍射斗牛寒
가련하구나 맑은 위수의 일엽편주는	自憐淸渭葉
이리저리 떠돌다 어느 물가에 다다를까[37]	飄泊落何灘

34 송 상사(宋上舍) : 송국시(宋國蓍, 1600～1665)로, 본관은 은진(恩津), 자는 사징(士徵)이다. 송시열이 평생 교유한 족인(族人)이다. 1627년(인조5) 생원시에 합격하였으나 벼슬에 나가지 않았다. 《宋子大全 卷201 生員宋公墓表》

35 땅을……없구려 : 두보(杜甫)의 〈별방태위묘(別房太尉墓)〉에 "타향으로 다시 행역을 떠나니, 말을 멈추고 외로운 무덤과 이별하네. 눈물 흘린 주변엔 마른 흙이 없고, 낮은 하늘가엔 한 조각 구름이 있네."라고 한 데서 온 말이다.

36 보검(寶劍)이……비추리니 : 뛰어난 재주를 지닌 송국시의 죽음을 애석하게 여긴 말이다. 왕발(王勃)의 〈등왕각서(滕王閣序)〉에 "물건의 정화(精華)는 하늘의 보물이니 용천검(龍泉劍)의 광채가 우성(牛星)과 두성(斗星)의 자리를 쏘아 비추고, 사람이 걸출함은 땅이 영수(靈秀)하기 때문이니 서유(徐孺)가 진번(陳蕃)의 걸상을 내려놓게 하였다."라고 한 데서 온 말이다. 용천검은 보검의 이름으로, 동진(東晉) 때 장화(張華)가 풍성(豐城)으로부터 붉은 기운이 나와 두성과 우성 사이를 비추고 있는 것을 보고 뇌환(雷煥)을 풍성의 수령으로 파견하여 찾아냈다는 칼이다.

37 가련하구나……다다를까 : 송시열이 자신의 신세를 한탄한 말이다. 당나라 때 강

김 창평[38]에 대한 만사
金昌平挽

대궐에서 수령으로 제수하던 날이　北闕分憂日
남쪽 백성들이 손뼉 치던 때였네　南氓拊手時
한창 순리의 치적 이루길 기대했는데　方希循吏績
돌연 법 집행이 각박하단 비방당했네　遽見峻文訾
새벽빛의 희미함을 한탄도 다 못했거늘[39]　未歇晨光恨
밤에 골짜기 배를 옮겨감을 외려 재촉했구려[40]　還催夜壑移
여러 아들이 참으로 빼어나니　諸郎多俊邁
남은 경사가 어찌 그칠 날 있겠소　餘慶詎休期

남(江南) 사람 진계경(陳季卿)이 장안(長安)에 머물며 10년 동안 고향에 돌아가지 못하고 있었다. 어느 날 청룡사(青龍寺)에 갔다가 벽에 그려진 〈환영도(寰瀛圖)〉를 보자 고향이 몹시 그리웠다. 옆에 있던 어떤 노인이 계단 앞에 있던 대나무에서 잎 하나를 꺾은 뒤에, 〈환영도〉에 그려져 있는 위수(渭水) 위에 올려놓고는 말하기를 "여기를 주목하고 있으면 소원이 이루어질 것이오." 하였다. 진계경이 노인이 시키는 대로 하였더니 순식간에 대나무 잎으로 만든 배를 타고 집에 도착하였다고 한다. 《說郛 卷117 異聞實錄 竹葉舟》

38 김 창평(金昌平) : 창평 현령(昌平縣令)을 지낸 인물로 추정되나, 누구인지 미상이다.

39 새벽빛의……못했거늘 : 도잠(陶潛)의 〈귀거래사(歸去來辭)〉에 "길 가는 나그네에게 앞길을 물으니, 새벽빛의 희미함을 한탄하도다."라고 한 데서 온 말이다. 여기서는 김 창평이 수령을 사직하고 고향으로 돌아오지 못했음을 가리킨다.

40 밤에……재촉했구려 : 《장자(莊子)》 〈대종사(大宗師)〉에 "골짜기에 배를 숨기고 못 속에 산을 숨겨 놓고 견고하다고 여기지만, 밤중에 힘이 센 사람이 지고 가는데도 어리석은 사람은 모른다."라고 한 데서 온 말로, 여기서는 갑작스러운 죽음을 의미한다.

침류정[41]에서 부질없이 읊다 병오년(1666, 현종7) 4월

枕流亭漫吟 丙午四月

지난날 소란스러운 곳에서	昔日煩囂地
외로이 살며 한이 매우 깊었지	孤棲恨莫深
여기 온 뒤론 풍진도 이르지 않으니	玆來塵不到
어찌 찾아오는 손님이 있을까 보냐	那見客相尋
계곡에는 새소리 들려오고	磵送林禽話
뜨락에는 좋은 나무 그늘지네	庭宜好木陰
글을 읽다가 정신 피곤하면	看書神思倦
때로 시를 조용히 또 읊조린다오	時復費幽吟

41 침류정(枕流亭) : 화양동(華陽洞) 입구 서쪽으로 10리 거리에 있던 정자이다. 회덕(懷德) 판교리(板橋里)에 거주하던 송시열이 번잡한 마을을 피해 1666년 4월 황씨(黃氏) 집안 소유의 침류정을 빌려 우거(寓居)하였다.《宋子大全 附錄 卷5 年譜》《鶴庵集 卷3 華陽聞見錄》

성백[42] 기후 종질의 편지를 읽고 회포를 써서 부치다
見誠伯 基厚 從姪書書懷以寄

비 온 뒤 꾀꼬리 소리 유창하고	雨後鶯聲滑
저녁 되니 짙은 녹음 서늘하네	繁陰晚欲凉
푸르른 산 빛은 시흥을 돋우고	山供詩興碧
파란 안개는 손님 옷에 스미네	煙染客衣蒼
말세인지라 더없이 시끄러운데	叔世啾喧足
늘그막이라 세월은 바삐 흐른다	衰年歲月忙
그리워도 꿈에서만 만날 뿐이니	相思徒有夢
편지 받아 의미가 얼마나 깊은지	書至意何長

42 성백(誠伯) : 송기후(宋基厚, 1621~1674)로, 성백은 그의 자이다. 호는 문도재(聞道齋)이다. 송시열의 종질이자 문인이다. 유일(遺逸)로 천거되어 지평, 장령에 임명되었다. 《宋子大全 卷201 從姪掌令墓表》

이생[43] 후망 이 송구봉[44]의 시에 차운한 것에 보운하다
步李生 後望 次宋龜峯韻

사람들 말하길 파곡[45]의 경치 좋아	人言巴谷勝
한가한 날에 유람 즐길 만하다네	閑日可淸遊
나의 수레 메우니 때 마침 좋고	駕我時方好
그대 만난 곳[46] 가장 그윽하여라	逢君處最幽
시냇물 소리 맑아 비파 소리 같고	溪聲淸似瑟
솔바람 상쾌하니 마치 가을인 듯	松籟爽如秋
골짜기 나와서도 별일 없으니	出谷仍無事
낮밥 먹는 소를 바라볼 뿐이네	唯看飯午牛

43 이생(李生) : 이후망(李後望, 1622~1671)으로, 본관은 용인(龍仁), 자는 자구(子久)이다. 침류정 주인인 황씨 집안의 외손으로, 화양동 입구 무릉촌(武陵村)에 살며 송시열과 교유하였다. 《宋子大全 卷198 學生李君墓表》

44 송구봉(宋龜峯) : 송익필(宋翼弼, 1534~1599)로, 구봉은 그의 호이다.

45 파곡(巴谷) : 화양동과 선유동(仙遊洞) 사이의 계곡으로, 송시열이 자신의 호로 삼기도 하였다. '파곡(葩谷)'이라고도 쓴다. 《鶴庵集 卷3 華陽聞見錄》

46 곳 : 두주에는 '處一作境'으로 되어 있다.

노봉서원[47]에서

魯峯書院

계곡 물은 쉼 없이 흘러가고	澗水潺湲去
남겨진 사당엔 제향 소리 들려오네	遺祠腏蠁聞
나무는 꺾였어도[48] 잎은 외려 남아 있고	木摧猶有葉
바위는 늙었어도 구름이 생기려 하네	巖老欲生雲
탄식하노라 양과 뱀의 해[49]여	歎息羊蛇歲
슬퍼하노라 무정의 공훈[50]이여	嗚呼武定勳

47 노봉서원(魯峯書院) : 충청도 문의(文義)에 있던 서원이다. 송인수(宋麟壽, 1499~1547)와 정렴(鄭磏, 1505~1549)을 향사하기 위해 건립되었다. 1658년(효종9) 사액(賜額)이 결정되어 1662년(현종3)에 사액이 시행되었으며, 1694년(숙종20) 송시열이 추향(追享)되었다. 이 시는 내용으로 볼 때, 사액이 내려진 1662년 이후에 지어진 것으로 보인다. 《性潭集 卷18 魯峯書院廟庭碑銘》

48 꺾였어도 : 두주에는 '摧一作枯'로 되어 있다.

49 양과 뱀의 해 : 송인수가 해를 입은 을사년(1545, 인종1)과 정미년(1547, 명종2)을 가리킨다. 송인수가 1545년 이기(李芑)와 윤원형(尹元衡)의 전횡을 탄핵하다가 을사사화 직후에 파직을 당한 뒤에 청주(淸州)로 물러나 은거했는데, 1547년 양재역(良才驛) 벽서(壁書) 사건이 일어나자 이기, 윤원형 일파의 무함을 입고 사사(賜死)되었다. 송인수의 본관은 은진, 자가 미수(眉叟)·태수(台叟), 호는 규암(圭菴)이다. 1521년(중종16) 문과에 급제하였다. 대사성, 대사헌, 한성부 좌윤(漢城府左尹) 등을 역임하였다. 시호는 문충(文忠)이다. 문집으로 《규암집(圭菴集)》이 전한다.

50 무정(武定)의 공훈 : 소윤(小尹) 일파가 을사사화를 일으켜 대윤(大尹)과 사림 세력을 제거하고 이 사실을 《속무정보감(續武定寶鑑)》에 정당한 공훈으로 기록한 것을 가리킨다. 《속무정보감》은 홍언필(洪彦弼), 이기, 정순봉(鄭順朋), 윤원형 등이 1548년

찬란하게 새로운 편액이 걸리니　　煌煌新牓揭
담장 기와에 이끼 낄 일 없으리라　　墻瓦莫苔紋

10월 왕명을 받들어 성종부터 명종 초까지의 내우외환(內憂外患)을 진압한 전말을 정리하여 기록한 책으로, 《을사정난기(乙巳定難記)》라고도 한다.

정동명[51] 두경 에게 보내다

寄鄭東溟 斗卿

동명자를 보지 못하니	不見東溟子
오랜 답답함을 어찌 견디겠나	那堪久鬱陶
술 살 돈을 빌릴 곳이 없는데	酒錢無處乞
종잇값도 비싸니 어찌하리[52]	紙價奈如高
웅대한 글귀는 하늘도 다 품기 어렵고	大句天難抱
현묘한 이치는 귀신도 피하지 못하네	玄詮鬼莫逃
그대에게 노백행[53]에 화운하길 부탁하노니	憑君賡老栢
내게 보내 숲 언덕에 울려 퍼지게 해 주오	寄我動林皐

51 정동명(鄭東溟) : 정두경(鄭斗卿, 1597~1673)으로, 동명은 그의 호이다. 본관은 온양(溫陽), 자는 군평(君平)이다. 이항복(李恒福)의 문인이다. 1629년(인조7) 문과에 장원으로 급제하고, 벼슬은 참판에 이르렀다. 문집으로 《동명집(東溟集)》이 전한다.

52 종잇값도 비싸니 어찌하리 : 정두경의 문장이 훌륭함을 찬양한 것이다. 진(晉)나라 때 좌사(左思)가 〈삼도부(三都賦)〉를 짓자 사람들이 그 글을 베끼느라 도성의 종잇값이 폭등했다고 한다. 《晉書 左思列傳》

53 노백행(老栢行) : 두보(杜甫)의 〈고백행(古栢行)〉을 가리킨다. 제갈량(諸葛亮)의 사당인 성도(成都)의 무후사(武侯祠) 곁에 서 있는 오래된 측백나무에 빗대어 지사(志士)의 충정(忠貞)을 읊은 시이다. 주희가 만년에 남송(南宋)이 중원(中原)을 회복하지 못하는 것을 한탄하며 누대 아래에서 〈고백행〉을 읊었다는 고사가 전한다. 《宋子大全箚疑 卷1》

이 상사 자구[54] 후망 의 시에 차운하다

次李上舍子久 後望 韻

임천에 별다른 일 없고 　林泉無外事
긴 여름 장마 끝나고 난 뒤 　長夏雨滂餘
시냇가 친구와는 왕래 막히고 　溪友阻來往
산 구름은 한가로이 오락가락 　山雲閑卷舒
안자 공자의 즐거움도 찾지 못했는데[55] 　未尋顏孔樂
혜자 장자가 말한 물고기 즐거움을 그 누가 알까[56] 　誰識惠莊魚
인을 생각하기 늦었다 후회 않고서 　莫悔思仁晚
이제부터 길이 홀로 살리라[57] 　從今永獨居

54 이 상사(李上舍) 자구(子久) : 이후망(李後望)이다. 51쪽 주43 참조. 이후망이 소과(小科)에 합격한 적이 없고, 송시열이 지은 이후망의 묘표(墓表)에 '학생(學生)'이라고 되어 있는 것으로 보아 '상사'는 오기로 보인다. 《宋子大全 卷198 學生李君墓表》

55 안자(顏子)……못했는데 : 주돈이(周敦頤)가 정자(程子)를 가르칠 때 항상 공자(孔子)와 안자가 즐겼던 바와 즐거워한 것이 무엇이었는지 찾게 했다는 고사에서 온 말이다. 《二程遺書 卷2上》

56 혜자(惠子)……알까 : 장자(莊子)가 혜자와 호숫가 둑 위를 걷다가 "물고기가 수면 가까이로 나와 유유히 헤엄치고 있으니, 물고기는 참 즐거울 거야."라고 말하자, 혜자가 "자네는 물고기가 아닌데, 어떻게 물고기가 즐겁다는 것을 아는가?"라고 물었는데, 장자가 "자네는 내가 아닌데, 어떻게 내가 물고기의 즐거움을 알지 못하는 것을 아는가?"라고 말한 고사에서 온 말이다. 《莊子 秋水》

57 인(仁)을……살리라 : 《공자가어(孔子家語)》〈제자행(弟子行)〉에 "홀로 거처할 때 인을 생각하고 공적으로 말할 때 의를 말하며, 《시경》의 '흰 옥돌에 묻어 있는 흠' 구절을 하루에 세 번 외었으니, 이것이 궁도(宮縚)의 언행이다."라고 한 데서 온 말이다.

박 첨지[58] 탁 에 대한 만사
朴僉知 桌 挽

전원에 오래도록 자취 숨긴 채	祕迹丘園久
고인의 소박함과 참됨에 안주하였지	安身古素眞
이웃에게 흠 잡힐 일 없었으며	鄕隣無咎譽
꿈에서조차 벼슬 생각 끊었네	夢寐斷簪紳
지하에 백발이 묻히고 말았으니	地下埋黃髮
도성에 있는 늙은이 암담하구나	天衢暗老人
평소 어머니를 그리던 한으로	平生念母恨
다시 〈위양〉 시 지어 새롭게 하리[59]	更爲渭陽新

궁도는 공자의 제자 남궁괄(南宮括)로, 자(字)는 남용(南容)이다.

58 박 첨지(朴僉知) : 박탁(朴桌, ?~?)으로, 본관은 충주(忠州), 부친은 박희성(朴希聖), 모친은 나주 박씨(羅州朴氏)이다. 진잠(鎭岑)에 살았던 것으로 보인다. 자세한 행적은 미상이다. 《淵齋集 卷33 遯菴朴公希聖墓碣銘》

59 평소……하리 : 〈위양(渭陽)〉은 춘추 시대 진 강공(秦康公)이 태자로 있을 적에 진(晉)나라로 돌아가는 외삼촌 중이(重耳)를 위양에서 전송하면서 죽은 어머니가 생각나 지은 시이다. 《詩經 秦風 渭陽》 박탁이 일찍 돌아가신 모친을 항상 그리워하였으므로 저승에 가서도 〈위양〉 시를 새로 지을 것이라는 의미인 듯하다.

정미년(1667, 현종8) 중추 29일에 두 손자에게 지어 보이다
丁未仲秋小盡示二孫

가을 산 속에 홀로 들어앉으니	獨坐秋山裏
차가운 시내가 밤낮으로 우누나	寒溪日夜鳴
보다 만 책 읽어도 물리지 않으나	殘書看未厭
깊은 이치는 오묘해 밝히기 어렵다	至理妙難明
위태한 세상에 수심은 천 섬이요	危世愁千斛
노쇠한 용모에 백발은 여러 가닥	衰容白數莖
언제쯤이나 너희를 이끌고서	何當携爾去
산에 올라 난생 소리 들어 보나[60]	登嶽聽鸞笙

60 언제쯤이나……보나 : 이백(李白)의 〈고풍(古風)〉 시에 "학의 등에 올라 탄 어느 선객이, 날고 날아 하늘로 올라갔네. 구름 속에서 소리 높이 외치어, 내가 바로 안기생이라고 하네. 좌우에는 백옥 같은 동자가 있어, 나란히 자란생(紫鸞生)을 불어 대누나."라고 한 데서 온 말로, 송시열이 손자들과 함께 신선처럼 유유자적한 삶을 살고 싶은 마음을 표현한 것이다. 난생(鸞笙) 혹은 자란생은 생황(笙簧)을 미화한 표현이다.

이 대흥[61] 유택 에 대한 만사 기유년(1669, 현종10)

李大興 惟澤 挽 己酉

지극한 효심에도 신의 도움 없어	誠孝無神佑
피눈물 흘리던 해에 세상 떠났네[62]	身亡血泣年
못 다한 애통함을 자손에 남겨 두니	餘哀遺嗣續
여러 벗들이 시와 연을 애석해했네[63]	諸友惜柴連
무덤은 서남쪽 선산 사이 끼어 있는데	塚介西南兆
혼령은 궤전 올리던 자리에 기대었구려	魂依饋奠筵
서산이 산나물 먹으며 하던 학업을	西山啖薺業
오늘날 다시 누가 전수할는지[64]	今日更誰傳

61 이 대흥(李大興) : 이유택(李惟澤, 1600~1668)으로, 본관은 경주(慶州), 자는 택지(澤之), 호는 유곡(柳谷)이다. 김장생과 김집(金集)의 문인이며, 이유태(李惟泰)의 백형(伯兄)이다. 벼슬은 대흥 현감을 지냈다. 《宋子大全 卷179 大興縣監李公墓碣銘》

62 지극한……떠났네 : 이유택이 1668년 6월 모친상을 당해 100일 동안 죽만 먹다가 그해 12월에 세상을 떠난 것을 가리킨다. 《草廬集 卷22 伯氏柳谷李公行狀》

63 시(柴)와 연(連)을 애석해했네 : 효성이 지극했던 이유택의 죽음을 애석해했다는 말이다. 시는 고시(高柴)이고 연은 대련(大連)과 소련(少連)으로, 모두 효자로 이름난 사람들이다. 고시는 공자 제자인 자고(子羔)로, 《공자가어(孔子家語)》에 평하기를 "부모상을 당하여 삼 년 동안 피눈물을 흘리면서 한 번도 이를 드러내어 웃은 적이 없었다." 하였다. 대련과 소련은 형제간으로 《예기》 〈잡기 하(雜記下)〉에 "소련과 대련이 거상을 잘하여 3일 동안 태만하지 않았고 3개월 동안 게으르지 않았고 기년을 슬퍼하였고 3년을 근심하였으니, 동이(東夷)의 자식이다."라는 공자의 말이 나온다.

64 서산(西山)이……전수할는지 : 이유택의 뛰어난 학문을 누가 계승할지 궁금하다는 말이다. 서산은 남송 때의 학자 채원정(蔡元定)의 호이다. 일찍이 서산 꼭대기에

화양동에서 비 온 뒤에

華陽洞雨後

산골짝에 너무도 비가 많이 내려	峽裏苦多雨
시냇물이 널린 바위 사이로 치달린다	溪奔亂石間
우렛소리에 도깨비 놀라 도망치고	雷驚逃魍魎
용 울음은 바위 봉우리에 메아리치네	龍吼響巖巒
비록 용문[65] 입구는 깨뜨릴지언정	縱破龍門口
지주산[66]을 넘어뜨리긴 어려우리라	難傾砥柱山
이윽고 거센 물결 잦아드니	俄然駭浪息
이전처럼 잔잔한 물소리 들려오네	依舊聽潺湲

올라가 배고픔을 참고 산나물을 캐어 먹으며 독서하였다고 한다.《宋史 蔡元定列傳》

65 용문(龍門) : 중국 산서성(山西省) 하진현(河津縣)과 섬서성(陝西省) 한성시(韓城市) 사이에 있는 황하(黃河)의 협곡으로, 양안(兩岸)이 마치 큰 문의 모양과 비슷하여 붙여진 이름이다.

66 지주산(砥柱山) : 중국 하남성(河南省) 삼문협(三門峽)에 있는 바위산으로, 황하 강줄기 안에 서 있다. 황하의 세찬 물결에도 굽히지 않고 버티고 서 있는 그 형상으로 인해 세상 풍파를 견디며 굳센 지조를 지키는 사람을 비유할 때에 쓴다.

이가성[67] 상익 에게 차운해서 주다

次贈李可成 商翼

대숲 속에서 외로이 읊다 보니	孤吟竹樹裏
강호가 벌써 엄동이 되었네	湖海已嚴冬
누가 생각하랴 평소 사귄 친구가	誰料平生友
반쯤 죽어 가는 늙은이 찾아올 줄	來尋半死翁
급한 조수는 산기슭을 무너뜨리고	急潮摧短麓
찬 물가엔 맑게 갠 봉우리 잠겼네	寒渚蘸晴峯
계절은 양의 기운이 장차 이르리니	歲序陽將至
서로 선으로 돌아오길 기약하세	相期復善中

67 이가성(李可成) : 이상익(李商翼, 1628~?)으로, 가성은 그의 자이다. 본관은 경주이다. 설정(雪汀) 이흘(李忔)의 아들이고, 송시열의 문인이다. 1652년(효종3) 진사시에 합격하고, 한성부 서윤, 양근 군수(楊根郡守) 등을 역임하였다. 《司馬榜目》《承政院日記》

손자 주석[68]이 서산[69]에서 독서하며 지은 시에 차운하다
次疇孫西山讀書韻

옛날 내가 독서하던 곳　　昔日讀書地
시옹[70]과 나무뿌리에 나란히 앉았었네　　市翁竝樹根
너희들이 지난 자취 좇으니　　爾曹追往躅
산 기운에 온화함이 흐르리라　　山氣欲流溫
현인 예던 길을 찾기 딱 좋거니와　　正好尋賢軌
성인 가르침을 경시하지 말지어다　　無然侮聖言
하남의 오묘한 경에 대한 말씀[71]이　　河南妙敬說
어두운 이 마음을 가장 일깨운다네　　最警此心昏

68 손자 주석(疇錫) : 송시열의 손자 송주석(宋疇錫, 1650~1692)이다. 자는 서구(敍九), 호는 봉곡(鳳谷)이다. 1683년(숙종9) 문과에 급제하고, 수찬, 용담 현령(龍潭縣令) 등을 역임하였다. 시호는 정간(貞簡)이다. 문집으로 《봉곡집(鳳谷集)》이 전한다. 《淵齋集 卷44 先祖鳳谷府君墓表》

69 서산(西山) : 옥천(沃川)과 금산(錦山)의 경계에 있는 서대산(西臺山)을 가리킨다. 송시열의 연보(年譜)에 송시열이 서대산의 암자에서 거처하였다고 기록하면서, "선생이 일찍이 시남(市南) 등 제공(諸公)과 서대사(西臺寺)에서 모임을 가졌을 적에 이 암자가 아주 높고 툭 트여 있으며 인적이 드문 것을 사랑하였는데, 이때 와서 책을 가지고 가서 머물면서 고난을 무릅쓰고 거친 음식을 먹으니, 채 서산(蔡西山)이 산나물을 캐 먹던 정취가 있었다."라고 하였다. 《宋子大全 附錄 卷5 年譜》

70 시옹(市翁) : 시남(市南) 유계(兪棨, 1607~1664)를 가리킨다.

71 하남(河南)의……말씀 : 하남은 하남 출신인 정이(程頤)를 가리킨다. 정이가 경(敬)의 개념을 설명하여 "마음을 전일하게 가지는 것이 경이고, 이리저리 옮기지 않는 것이 일(一)이다."라고 한 것을 말한다. 《二程粹言 卷上》

송군[72] 예립 에 대한 만사

宋君 禮立 挽

선인의 형제 항렬 족친 가운데	先人伯仲親
이미 세상에 뵈는 분 적어졌도다	已少眼前人
숙부는 지금 어찌 그리 급히 떠났나	叔也今何促
나는 장차 누구에게 의지해야 할까	吾其與孰因
새벽 연기는 잡초 건너 피어오르고	曉煙荒草外
차가운 비는 해 질 녘 강가에 내리네	寒雨暮江濱
삶과 죽음에 대해 많이들 말하지만	謄說幽明事
햇곡식 미처 먹지 못함이 슬플 뿐이네[73]	唯悲不及新

72 송군(宋君) : 송예립(宋禮立, 1614~1671)으로, 본관은 은진, 자는 문중(文仲)이다. 쌍청당(雙淸堂) 송유(宋愉)의 7대손이고 송시열의 족숙(族叔)이다. 자세한 행적은 미상이다. 《同春堂集 卷18 先祖考雙淸堂府君墓表子孫記》《恩津宋氏族譜 卷17, 1887》

73 햇곡식……뿐이네 : 춘추 시대 진 경공(晉景公)이 조씨(趙氏)의 조상이 여귀(厲鬼)가 되어 나타나는 악몽을 꾼 뒤에 무당을 불러 길흉을 점치자, 무당이 "햇곡식을 먹지 못할 것입니다."라고 한 고사에서 온 말이다. 《春秋左氏傳 成公10年》 여기서는 죽음을 애도하는 말로 쓰였다.

이자구[74]가 언젠가 시를 지어 나에게 보내왔는데, 게을러 답장하지 못하였다. 지금 다시 앞서 지은 시의 운을 재차 사용하여 시를 보내왔으므로 우선 보운하여 화답하다

李子久曾以詩見寄懶惰未能報今又再用前韻以投聊步以謝

무릉에 거사가 있어	武陵居士在
삼경[75]에 푸른 이끼 끼었네	三徑碧苔封
내가 동쪽 이웃이 된 건 기쁘지만	喜我東隣卜
여기에 온갖 비방 모이는 건 가련쿠나	憐茲衆謗叢
늦은 봄 봄옷을 잘 만들어 입기도 하고[76]	好成春暮服
추운 날 소나무를 함께 어루만지기도 하네[77]	同撫歲寒松
지기가 노쇠한 적이 있었던가	志氣何曾老
빗질하며 그대 아이 보고 웃음 짓노라	梳頭笑爾童

74 이자구(李子久) : 이후망(李後望)이다. 51쪽 주43 참조.

75 삼경(三徑) : 한(漢)나라 때 장후(蔣詡)가 뜰에 오솔길 세 개를 내고 송(松), 국(菊), 죽(竹)을 심은 고사에서 유래하여 은자(隱者)의 정원을 뜻한다.

76 늦은……하고 : 공자가 제자들에게 각자 포부를 말해 보라고 하자, 증점(曾點)이 "늦은 봄에 봄옷이 이루어지거든 관자 대여섯, 동자 예닐곱과 함께 기수에서 목욕하고 무우에서 바람을 쐬고 읊조리며 돌아오겠습니다."라고 했던 데서 온 말이다. 《論語 先進》

77 추운……하네 : 《논어》〈자한(子罕)〉에 "날이 추워진 다음에야 소나무와 잣나무가 늦게 시든다는 것을 안다."라고 한 데서 온 말이다.

금강에서 윤길보를 곡하며 보내다[78] 기유년(1669, 현종10) 8월 1일

錦江哭送尹吉甫 己酉八月一日

가을에[79] 상여가 나가니	秋月輀車出
맑은 강가에 떠나고 머무는 자 나뉘네	淸江去住分
뜻을 지닌 하늘은 그대를 옥으로 다듬었고[80]	有心天汝玉
불의로 얻는 부귀는 내게 구름 같았어라[81]	不義我如雲
혼란한 세상 수습되기 어려움을 근심하는데	叔世憂難掇
수천 사람들은 훈도받지 못함을 슬퍼하네[82]	千人痛莫薰

78 금강(錦江)에서……보내다 : 윤길보(尹吉甫)는 윤선거(尹宣擧, 1610~1669)로, 길보는 그의 자이다. 윤선거가 1669년 4월 18일 죽리(竹里)의 우사(寓舍)에서 별세하고, 그의 상여(喪輿)가 그해 8월 1일에 충청도 이산(尼山)을 떠나 파주(坡州) 법흥(法興) 월롱산(月籠山) 기슭에 매장되었다. 《魯西遺稿 附錄 年譜》

79 가을에 : 두주에는 '月一作日'로 되어 있다.

80 그대를 옥으로 다듬었고 : 장재(張載)의 〈서명(西銘)〉에 "부귀와 복택은 나의 삶을 풍요롭게 해 주는 것이요, 빈천과 우척은 너를 옥으로 다듬어 성취시켜 주는 것이다." 라고 한 데서 온 말이다.

81 불의(不義)로……같았어라 : 공자가 "거친 밥을 먹고 물을 마시고 팔을 굽혀 베고 눕더라도 즐거움이 그 가운데 있다. 의롭지 않으면서 누리는 부귀는 나에게는 뜬구름과 같다."라고 한 데서 온 말이다. 《論語 述而》

82 수천……슬퍼하네 : 윤선거가 별세하여 사람들이 더 이상 가르침을 받을 수 없게 됨을 슬퍼한다는 뜻이다. 당나라 때 처사(處士) 양성(陽城)이 진(晉) 지방의 시골에 살았는데, 그곳 사람들 중에 그의 덕에 훈도(薰陶)되어 선량해진 사람이 수천 명에 이르렀다는 고사가 있다. 《新唐書 陽城列傳》

평소 우리 함께 절차탁마하던 자리　平生磋切地
머리 돌려 바라보매 눈물 줄줄 흐르누나　回首涙紛紛

내종제 곽노여[83] 문구 에 대한 만사 기유년(1669, 현종10)

內弟郭老汝 文者 挽 己酉

그대와 나는 참으로 형제로다	君我眞兄弟
누가 성이 다르다고 하겠는가	誰言姓不同
외로운 갈류 신세[84] 가련히 여겨	零丁憐葛藟
어릴 때부터 친하고 사랑하였네	親愛自孩童
충신의 후손이기 때문인가[85]	係是忠賢後
효성과 의리도 드높았어라	還能孝義隆
이제 생사의 이별을 하니	今成生死別
노년의 비통함을 어이 다하랴	衰暮痛何窮

83 곽노여(郭老汝) : 곽문구(郭文耇, 1612~1669)로, 노여는 그의 자이다. 본관은 선산(善山), 송시열의 외종사촌 동생이다. 유복자로 태어나 옥천(沃川)의 구룡촌(九龍村)에서 송시열과 함께 자랐다. 《宋子大全 卷199 學生郭君墓表》

84 외로운 갈류(葛藟) 신세 : 갈류는 칡넝쿨을 뜻하며, 《시경》의 편명이다. 주(周)나라 왕실이 쇠미하여 고향과 가족을 버리고 떠돌게 된 백성이 자신의 신세를 한탄한 시가 〈갈류〉이다. 유복자로 태어난 곽문구의 외로운 처지를 비유한 말이다.

85 충신의 후손이기 때문인가 : 곽문구의 조부이자 송시열의 외조부인 곽자방(郭自防)이 임진왜란 때 조헌(趙憲)과 함께 금산(錦山)에서 순절하였으므로 이른 말이다. 《宋子大全 卷190 外祖考奉事郭公墓表》

정관재[86] 이단상 를 곡하다

哭靜觀齋 李端相

지난해 성동에서 머물던 밤이	去歲城東夜
《대학》을 토론하던 때였지[87]	商量大學時
은미한 말이 공자에서 끊겼으니[88]	微言洙泗絶
이 일은 고금의 의문이로다	玆事古今疑
자상한 가르침은 다 명분과 이치였고	提耳皆名理
보내온 편지는 늘 어리석음 일깨웠지	來書每警癡
백아의 거문고 줄이 이제 끊겼으니[89]	牙絃從此斷
그윽한 회포를 다시 누구에게 푸나	幽抱更於誰

86 정관재(靜觀齋) : 이단상(李端相, 1628~1669)으로, 정관재는 그의 호이다. 자는 유능(幼能), 본관은 연안(延安)이다. 월사(月沙) 이정구(李廷龜)의 손자이다. 1649년(인조27) 문과에 급제하고, 벼슬이 부제학에 이르렀다. 시호는 문정(文貞)이다. 문집으로 《정관재집(靜觀齋集)》이 전한다. 《宋子大全 卷170 靜觀齋李公神道碑銘》

87 지난해……때였지 : 송시열의 연보에 1668년(현종9) 1월 송시열이 이단상과 박세채(朴世采)에게 편지를 보내 퇴계(退溪)의 물격설(物格說)에 대해 논하였다는 기록이 있다. 《宋子大全 附錄 卷5 年譜》《송자대전》 권122 제21판에 수록되어 있는 〈혹인에게 답함〔答或人〕〉이 당시에 송시열이 이단상에게 보낸 편지로 추정된다.

88 은미한……끊겼으니 : 《한서(漢書)》 〈예문지(藝文志)〉의 서(序)에 "중니가 죽고 나서 은미한 말이 끊어졌다."라고 한 데서 온 말이다.

89 백아(伯牙)의……끊겼으니 : 마음을 알아줄 친구가 없어졌다는 뜻이다. 춘추 시대 거문고의 명인 백아가 음악을 연주하면 친구 종자기(鍾子期)가 항상 그 음악의 의미를 알아주었는데, 종자기가 죽고 나서는 백아가 세상에 자신의 음악을 알아줄 사람이 없다고 탄식하며 거문고 줄을 끊어 버리고 연주하지 않았다고 한다. 《列子 湯問》《呂氏春秋 本味》

조 판서[90] 계원 에 대한 만사 경술년(1670, 현종11)

趙判書 啓遠 挽 庚戌

멀리서 듣자니 전의 땅에	遠聞全義地
조 상서께서 돌아와 묻혔다 하네	歸葬趙尙書
구전문사한다는 탄핵이 있었으나[91]	田舍彈文入
벼슬아치로서 만년에 소탈하셨지	簪紳晩節踈
백성들은 안석이 누웠다 걱정하였고[92]	蒼生安石臥
녹야당 작은 집은 텅 비었도다[93]	綠野矮堂虛

90 조 판서(趙判書) : 조계원(趙啓遠, 1592~1670)으로, 자는 자장(子長), 호는 약천(藥泉), 본관은 양주(楊州)이다. 신흠(申欽)의 사위이고, 이항복(李恒福)의 문인이다. 1628년(인조6)에 문과에 급제하고, 형조 판서에 이르렀다. 시호는 충정(忠靖)이다. 《宋子大全 卷166 刑曹判書趙公神道碑銘》

91 구전문사(求田問舍)한다는 탄핵이 있었으나 : 구전문사는 나라와 백성은 생각하지 않고 좋은 집이나 땅 같은 일신(一身)의 이익만을 추구하는 것을 가리키는 말이다. 1669년 1월 대간(臺諫)이 "조계원은 연로한 중신(重臣)으로서 전야(田野)에 물러가 살며 법도를 공경히 따르지 못하고 농토와 재산을 널리 차지하여 백성의 원망을 사고 있습니다. 그가 관직을 그만두고 물러가 있다고 하여 경계시키고 단속하는 도리가 전혀 없어서는 안 되니 파직하소서."라고 탄핵한 일이 있었다. 《顯宗實錄 10年 1月 8日》

92 백성들은……걱정하였고 : 안석(安石)은 남북조 시대 진(晉)나라 사안(謝安)의 자이다. 사안이 조정의 부름에도 응하지 않고 회계(會稽)의 동산(東山)에 은거하여 산수(山水)와 문적(文籍)을 즐기며 지냈는데, 사람들이 말하기를 "안석이 나오지 않으니 창생을 어찌할 것인가?" 하였다고 한다. 《晉書 謝安列傳》 이 구절은 조계원을 사안에 비유한 말로, 백성들이 조계원이 물러나 벼슬에 나오지 않는 것을 근심했다는 의미이다.

93 녹야당(綠野堂)……비었도다 : 녹야당은 당 헌종(唐憲宗) 때의 명재상인 배도(裴

특별한 명성이 남아 있으나	特地聲名在
영정이 무거워 실어 갈 수 없네[94]	丹青重莫輿

度)가 벼슬에서 물러난 뒤에 낙양(洛陽)에 마련한 별서(別墅)이다. 《新唐書 裴度列傳》 조계원을 배도에 비유한 말이다.

94 영정(影幀)이……없네 : 조계원이 조정에서 큰 공로를 세웠음에도 책훈(策勳)되지 못한 것을 애석하게 여기는 의미인 듯하나, 자세하지 않다.

박 신창[95] 찬선 에 대한 만사

朴新昌 纘先 挽

신령한 날에 붉은 명정 떠나가니 靈辰丹旐出
황량한 벌판에 북풍이 불어오네 荒野北風呼
나는 아직 추운 봄날에 있거늘 我尙春寒矣
그대는 어찌 밤 골짜기[96]에 있는가 君胡夜壑乎
집에는 사씨 집안 보배 나무를 전하리며[97] 傳家謝寶樹
묘에는 집금오라 쓸 것이로다[98] 題墓執金吾

95 박 신창(朴新昌) : 박찬선(朴纘先, 1612~1670)으로, 본관은 상주(尙州), 자는 선술(善述), 호는 경은당(慶恩堂)이다. 1639년(인조17) 생원시에 합격하고, 음보로 의금부 도사, 신창 현감(新昌縣監) 등을 역임하였다. 송시열의 중표제(中表弟)로, 병자호란 이듬해인 1637년 송시열이 난을 피해 모친을 모시고 보은(報恩)에 있던 박찬선의 집에 우거한 인연이 있다. 《宋子大全 卷199 從仕郎朴君墓表》

96 밤 골짜기 : 덧없는 죽음을 의미한다. 《장자(莊子)》 〈대종사(大宗師)〉에 "골짜기에 배를 숨기고 못 속에 산을 숨겨 놓고 견고하다고 여기지만 밤중에 힘이 센 사람이 지고 가는데도 어리석은 사람은 모른다."라고 한 데서 온 말이다.

97 집에는……전하리며 : 집안을 이어 갈 훌륭한 자제(子弟)가 있다는 말이다. 진(晉)나라의 명사(名士)인 사안(謝安)이 여러 자제에게 "왜 사람들은 모두 자기의 자제가 출중하기를 바라는가?" 하고 묻자, 조카 사현(謝玄)이 "이것은 마치 지란(芝蘭)과 옥수(玉樹)가 자기 집 정원에서 자라나기를 바라는 것과 같습니다." 하였다. 《晉書 謝玄列傳》

98 묘(墓)에는……것이로다 : 박찬선이 의금부 도사를 역임했으므로 이렇게 말한 것이다. 집금오(執金吾)는 본래 한(漢)나라 때 도성의 치안을 맡던 관직으로, 조선 시대에는 의금부 관원의 별칭으로 쓰였다.

처량한 만사를 차마 어찌 쓰리오 蕭挽書何忍
부질없이 눈물 마르도록 울게 하네 空令淚眼枯

백군[99] 홍망 에 대한 만사

白君 弘望 挽

우뚝하신 휴암 어르신은	落落休庵老
기묘년(1519, 중종14)에 연원을 두셨지[100]	淵源己卯年
가련케도 후손이 영락했으나	可憐承繼替
오히려 다시 전형은 계승되었네	猶復典刑傳
백발로 떠도는 신세는 같아도	白首同飄泊
황천 가는 날은 선후가 있구려	黃泉有後先
가을바람 속에 몇 줌 눈물을	秋風數掬淚
내산[101] 앞을 향해 뿌려 보내오	洒向乃山前

99 백군(白君) : 백홍망(白弘望, 1603~1664)으로, 본관은 수원(水原), 자는 자길(子吉)이다. 휴암(休庵) 백인걸(白仁傑)의 증손이다. 자세한 행적은 미상이다. 《水原白氏世譜 甲編, 水原白氏世譜所, 1924》

100 휴암(休庵)……두셨지 : 휴암 백인걸이 기묘사화(己卯士禍) 때 화를 당한 정암(靜菴) 조광조(趙光祖)의 문인이므로 이렇게 말한 것이다.

101 내산(乃山) : 《송자대전수차》 권1에서는 백홍망의 장지(葬地)로 추정하였다. 《수원백씨세보》에는 장지가 임천(林川) 망포(望浦)로 되어 있다.

홍 상국[102] 중보 에 대한 만사 신해년(1671, 현종12)

洪相國 重普 挽 辛亥

성군께서 융성하는 운세를 맞으니	聖主當興運
현신은 어려움 구제하는 임무 맡았네	賢臣任濟屯
원수와 한 하늘을 이고 살거늘	一天讎共戴
삼촉의 뜻[103]을 펴기 쉽지 않아라	三蜀志難伸
사졸들은 바야흐로 정예 군사요	士卒方精抄
심기는 홀로 스스로 신묘했는데	心機獨自神
어느새 진췌 시[104]가 이루어지니	居然成殄瘁
조야가 다 함께 비통해하네	朝野共酸辛

102 홍 상국(洪相國) : 홍중보(洪重普, 1612~1671)로, 자는 원백(遠伯), 호는 이천(梨川), 본관은 남양(南陽)이다. 병자호란 때 금화(金化) 전투에서 순절한 홍명구(洪命耉)의 아들이다. 1645년(인조23) 문과에 급제하고, 벼슬이 우의정에 이르렀다. 시호는 충익(忠翼)이다.

103 삼촉(三蜀)의 뜻 : 촉한(蜀漢)이 삼국을 통일하여 중원을 회복하려는 뜻으로, 여기서는 청나라를 정벌하여 중화를 회복하려는 뜻을 의미한다. 한나라 초기에 촉군(蜀郡)을 분할하여 광한군(廣漢郡)을 설치하고, 한 무제(漢武帝) 때 촉군을 다시 나누어 건위군(犍爲郡)을 설치하여 이를 '삼촉'이라고 불렀다. 삼촉은 중국 삼국 시대 촉한의 근거지였다.

104 진췌(殄瘁) 시 : 현인(賢人)의 죽음을 슬퍼하는 시인 《시경》 〈대아(大雅)〉의 〈첨앙(瞻卬)〉을 가리킨다. 그 내용 중에 "현인이 없어지니, 나라가 시들었네.〔人之云亡, 邦國殄瘁.〕"라는 구절이 있다.

박 판서[105] 장원 에 대한 만사
朴判書 長遠 挽

숲 까마귀 시[106]를 읊을 때마다	每誦林烏句
절로 눈물을 떨구게 하건만	令人涕自垂
어찌 봉양을 다 마치지 못하고서[107]	如何未盡哺
창졸간에 영원히 떠나 버렸나	造次便長辭
후덕함을 뭇 사람들이 추앙하였고	厚德輿人仰
외로운 충심을 성군께서 슬퍼하셨네	孤忠聖主悲
장차 훌륭한 사관의 사필을 보리니	佇看良史筆
사실을 기록함에 흠결이 없으리라	記實庶無虧

105 박 판서(朴判書) : 박장원(朴長遠, 1612~1671)으로, 자는 중구(仲久), 호는 구당(久堂), 본관은 고령(高靈)이다. 1636년(인조14) 문과에 급제하고, 벼슬이 판서에 이르렀다. 시호는 문효(文孝)이다. 문집으로 《구당집(久堂集)》이 전한다.

106 숲 까마귀 시 : 박장원이 1640년 10월 월과(月課)로 지은 〈반포오시(反哺烏詩)〉를 가리킨다. 그 시에 "어느 선비가 어버이를 모시는데, 가난한 살림이라 좋은 음식 못 드리네. 미물인 새도 사람을 감동케 하나니, 반포(反哺)하는 숲 까마귀에 눈물을 흘리노라."라고 하였는데, 이 시를 읽고 감동한 인조가 박장원에게 미(米)와 포(布)를 넉넉히 지급하라는 하교를 내렸다. 《久堂集 附錄 卷1 神道碑銘》

107 봉양을……못하고서 : 박장원이 일찍 부친을 여의고 편모슬하에 자라며 효성이 지극하였는데, 모친보다 먼저 세상을 떠났다.

조 판서[108] 복양 에 대한 만사

趙判書 復陽 挽

훌륭한 부친에게 시례[109]를 전수받아	名父傳詩禮
맑은 조정에서 시비 판단 맡았었네	淸朝任渭涇
바야흐로 계합하여 염매와 같았거늘[110]	鹽梅方有契
패금이 어찌하여 이루어졌단 말인가[111]	貝錦詎能成
아름다운 명망이 교악처럼 높았으니	雅望如喬嶽

108 조 판서(趙判書) : 조복양(趙復陽, 1609~1671)으로, 본관은 풍양(豐壤), 자는 중초(仲初), 호는 송곡(松谷)이다. 포저(浦渚) 조익(趙翼)의 아들이다. 1638년(인조 16) 문과에 급제하고, 벼슬이 판서에 이르렀다. 시호는 문간(文簡)이다. 문집으로 《송곡집(松谷集)》이 전한다.

109 시례(詩禮) : 본래 《시경》과 삼례(三禮)을 뜻하였는데, 전하여 유가(儒家)의 학문과 예법을 가리키는 말로 쓰인다.

110 바야흐로……같았거늘 : 군신간에 뜻이 잘 맞았다는 말이다. 염매(鹽梅)는 은나라 무정(武丁)이 재상인 부열(傅說)에게 "솥 안에 여러 가지 양념을 넣고 국을 끓일 때면, 그대가 간을 맞출 소금과 매실이 되어 주오.〔若作和羹, 爾惟鹽梅.〕"라고 한 데서 온 말로, 군주를 보좌하는 현재(賢才)를 뜻한다.

111 패금(貝錦)이……말인가 : 작은 일이 빌미가 되어 모함을 받았다는 말이다. 패금은 자개 무늬의 비단이다. 《시경》 〈소아(小雅) 항백(巷伯)〉에 "조금 문채가 있는 것으로, 이 자개 무늬의 비단을 이루도다.〔萋兮斐兮, 成是貝錦.〕"라고 한 데서 온 말로, 참소하는 사람이 남의 작은 잘못을 그럴듯하게 꾸며서 큰 죄가 있는 것처럼 하는 것을 가리킨다. 여기서는 1670년(현종11) 11월 이조 판서로 있던 조복양이 족제(族弟) 조원양(趙元陽)을 동반(東班) 정직(正職)에 부당하게 조용했다는 대사간 심재(沈梓)의 탄핵을 받고 면직된 것을 가리킨다. 《顯宗實錄 11年 11月 22日》

지친 백성들이 세성[112]처럼 우러렀네　疲氓仰歲星
지금 현인을 잃어 애통하거니　如今殄瘁痛
어찌 교유했던 정만 생각함이랴　豈獨念交情

112 세성(歲星) : 12년에 하늘을 한 바퀴 도는 목성(木星)의 이명(異名)이다. 이 별이 비치는 곳에는 백성이 복을 받는다 하여 복성(福星)이라고도 부른다.

소 감사[113] 동도 에 대한 만사

蘇監司 東道 挽

오늘에야 우러르는 것이 아니니 景仰非今日
뒤따르며 모시던 지난해 기억하네 追陪記昔年
내와 산은 모두 그림 속 풍경이었고 溪山皆畫裏
바람과 달이 술 잔 앞에 들었었지 風月屬尊前
후덕한 마음에 향리 이웃 탄복했고 德意鄕隣服
청고한 명성은 노복들도 전하였네 淸名僕隷傳
가슴 아파라 묘소 나무 아래 傷心宰樹下
묘비에다 이의의 현자[114]를 누가 기록할꼬 誰篆二宜賢

경련(頸聯)은 다른 본에는 "시냇가 모래는 눈처럼 환하였고, 처마 버들에 은은히 안개 피어났네.〔溪沙明似雪, 簷柳暗生煙.〕"라고 되어 있다.

113 소 감사(蘇監司) : 소동도(蘇東道, 1592~1671)로, 본관은 진주(晉州), 자는 자유(子由), 호는 면와(眠窩)이다. 1635년(인조13)에 문과에 급제하고, 관직이 황해도 관찰사에 이르렀다. 익산(益山)에 세거하였다. 《宋子大全 卷167 黃海監司蘇公神道碑銘》

114 이의(二宜)의 현자(賢者) : 송시열이 소동도가 과감히 사직하고 향리로 물러난 것을 칭송한 말이다. 당나라 때 상서좌승(尙書左丞) 공규(孔戣)가 목종(穆宗)의 만류에도 굳이 치사(致仕)를 하려고 하자, 한유(韓愈)가 그 까닭을 물었다. 공규가 자신이 벼슬에서 물러나야 하는 두 가지 이유〔二宜〕를 들어 답하기를 "내가 감히 임금에게 더 큰 벼슬 내리기를 바라겠는가. 내가 치사할 나이가 되었으니, 이것이 물러나야 할 첫째 이유이다. 내가 좌승으로 있으면서 낭관(郎官)을 발탁하거나 해임하지 못하고 오직 재상의 명령을 따를 뿐이니, 이것이 물러나야 할 둘째 이유이다."라고 한 데서 온 말이다. 《昌黎集 卷33 唐正議大夫尙書左丞孔公墓誌銘》

이 서윤[115] 민후 에 대한 만사

李庶尹 敏厚 挽

옥엽까지 멀리 향기 전하니[116] 玉葉傳芳逈
비어에다 인끈을 길게 찼도다[117] 緋魚佩綬長
일찍이 노래자[118] 같은 효자였고 曾爲萊孝子
몇 번이나 한나라 순량이라 평해졌던고[119] 幾第漢循良

115 이 서윤(李庶尹) : 이민후(李敏厚, 1606~1686)로, 본관은 전주(全州), 자는 중재(仲載)이다. 효종·현종 연간에 의금부 도사, 김포 군수(金浦郡守), 영천 군수(榮川郡守), 옥천 군수(沃川郡守) 등을 역임하였다. 《승정원일기》에는 이민후가 서윤(庶尹)을 역임한 기록이 보이지 않고, 형인 이징후(李徵厚)가 한성부 서윤(漢城府庶尹)을 역임한 기록은 보인다. 송시열의 착오일 가능성이 있다. 《承政院日記》《草廬集 卷19 答李仲載敏厚書》《全州李氏大觀, 全州李氏大同宗約院, 1999》

116 옥엽(玉葉)까지……전하니 : 조상의 미덕(美德)이 후손에게 좋은 영향을 끼쳤다는 말이다. 옥엽은 금지옥엽(金枝玉葉)의 준말로, 왕실이나 귀한 집안의 자손을 일컫는다. 이민후는 정종(正宗)의 일곱째 아들 수도정(守道正) 이덕생(李德生)의 후손이다. 《宋子大全 卷175 同知贈左參贊李公墓碣銘》

117 비어(緋魚)에다……찼도다 : 이민후가 군수(郡守), 서윤 등 5품 이상의 목민관(牧民官)을 역임한 것을 가리킨다. 비어는 붉은색 관복인 비의(緋衣)와 금은으로 만든 물고기 모양의 장식인 어부대(魚符袋)를 합친 말로, 당나라 때 5품 이상이 착용하던 조관(朝官)의 복식이다.

118 노래자(老萊子) : 춘추 시대 초나라의 효자로, 나이가 70이 되어서도 부모 앞에서 색동옷을 입고 춤을 추어 부모를 기쁘게 해 드렸던 인물이다.

119 몇……평해졌던고 : 이민후가 지방관으로서 치적(治績)이 훌륭하여 여러 차례 좋은 평가를 얻었다는 말이다. 순량(循良)은 법을 지키고 백성을 잘 돌보는 지방관을 뜻하는데, 서한(西漢) 때 유독 순량이 많았다고 한다.

응당 조정이 발탁하길 기다렸건만	佇應朝家選
바삐 세상 떠날 줄 누가 알았으랴	誰知夜壑忙
광릉은 어느 곳인가[120]	廣陵何處是
들보에 걸린 달빛이 처량하구나	樑月色凄涼

120 광릉(廣陵)은 어느 곳인가 : 광릉은 광주(廣州)의 이칭이다. 이민후의 부친 이원준(李元俊)의 묘소가 광주 학야(鶴野)에 있다는 사실을 근거할 때, 이민후의 장지(葬地)도 광주에 있어 이렇게 말한 듯하다. 《宋子大全 卷175 同知贈左參贊李公墓碣銘》

이 문의[121] 상연 에 대한 만사

李文義 尙淵 挽

방금 전 이제 바지 다섯 벌이라 노래했거늘[122]	纔歌今袴五
옷을 들고 세 번 불렀다는 소식 홀연 알리네[123]	忽報號衣三
흉년 들어도 백성들 하소연할 곳 없고	歲惡民無告
사람이 죽어도 원망조차 할 수가 없네	人亡怨不堪
돌아오는 명정은 강가 비에 젖어 들고	歸旌江雨濕
긴 무덤 언덕은 바다 구름 머금었네	修壟海雲含
넉넉한 교화가 작은 고을에 남았으니	餘化褊城在
비석이 이루어지면 만인이 칭송하리라	碑成萬口談

121 이 문의(李文義) : 이상연(李尙淵, ?~?)이다. 《승정원일기》에 따르면, 1661년(현종2)부터 3년 동안 이산 현감(尼山縣監)으로 재직하였고, 1671년 문의 현령(文義縣令)에 부임하였다. 시의 내용으로 보아 문의 현령 재직 중에 별세한 것으로 보인다.

122 이제……노래했거늘 : 어진 정사를 펼쳐 고을 백성들이 칭송하였다는 말이다. 동한(東漢)의 염범(廉范)이 촉군 태수(蜀郡太守)로 부임하여 인정(仁政)을 펼치자, 감복한 백성들이 "평생 속옷도 없이 살다가 지금은 바지가 다섯 벌이네."라는 노래를 지어 불렀다고 한다. 《後漢書 廉范列傳》

123 옷을……알리네 : 갑자기 부음이 전해졌다는 말이다. 옛 상례(喪禮)에 사람이 죽으면 죽은 사람의 옷을 들고 지붕에 올라가 북쪽을 향해 죽은 사람의 이름을 세 번 불러 혼이 돌아오기를 기원하는 의식이 있다. 《禮記 喪大記》

영안위[124] 홍주원 에 대한 만사 임자년(1672, 현종13)

永安尉 洪柱元 挽 壬子

모당의 가풍이 멀리까지 이어졌고	慕老家風遠
월사의 택상[125]이 참되기도 하여라	沙翁宅相眞
관각에서 명사 되길 기대했는데	金閨期作彦
왕실에서 홀연 의빈이 되었다네	璇館忽爲賓
궁중은 한갓 인연 맺은 것이나	禁地徒聯袂
조정은 인재를 잃은 것이었지	淸朝失領紳
갑자기 별세했단 소식 들리니	遽聞仙路隔
초야에서도 눈물로 수건 적시네	野處亦沾巾

124 영안위(永安尉) : 홍주원(洪柱元, 1606～1672)으로, 본관은 풍산(豐山), 자는 건중(建中), 호는 무하당(無何堂)이다. 모당(慕堂) 홍이상(洪履祥)의 손자이고, 월사(月沙) 이정구(李廷龜)의 외손이다. 1623년(인조1) 선조의 장녀 정명공주(貞明公主)와 혼례를 치르고 영안위에 봉해졌다. 시호는 문의(文懿)이다. 문집으로 《무하당유고(無何堂遺稿)》가 전한다.

125 택상(宅相) : 외손의 이칭이다. 진(晉)나라 사도(司徒) 위서(魏舒)가 어려서 외가인 영씨(甯氏) 집안에서 양육되었는데, 지관(地官)이 영씨의 집터를 보고 "귀한 외손이 나올 집터이다."라고 하니, 위서가 이 말을 듣고 "이 집터에 맞게 외가를 빛내겠다."라고 했다는 고사에서 온 말이다. 《晉書 魏舒列傳》

김 마전[126] 천석 에 대한 만사 계축년(1673, 현종14)

金麻田 天錫 挽 癸丑

계축년의 일을 차마 말하랴 忍說黧牛事
천성이 일주하여 이해가 되었네 天星此歲規
왕후께서 복위하시던 그날과 長秋復位日
은혜 입고 변방 고을 수령 되던 때 偏邑荷恩時
화복의 이치를 누가 이해하랴 倚伏人誰了
영고성쇠에도 뜻 변치 않았어라 榮枯志不移
삶과 죽음에 옛정의 추억하니 存亡追事契
고로한 신세 점점 더 서글퍼지네 孤露轉悽其

126 김 마전(金麻田) : 김천석(金天錫, 1604~1673)으로, 본관은 연안(延安), 자는 명휴(命休)이다. 김제남(金悌男)의 손자이자, 인목왕후(仁穆王后)의 조카이다. 계축옥사가 일어나자 산사로 피신하여 10년을 살다가 인조반정 직후에 도성으로 돌아왔다. 인조의 특명으로 관직에 제수되어 홍산 현감(鴻山縣監), 광흥창 수(廣興倉守), 마전 군수(麻田郡守) 등을 역임하였다. 《宋子大全 卷178 廣興守金公墓碣銘》

서산[127]에서 왕탄[128]으로 가는 도중에 시를 읊어 조복형[129]과 윤체원[130] 제군에게 보이다

自西山向王灘道中吟示趙復亨尹體元諸君

성곽을 나와서도 별일 없기에	出郭仍無事
서쪽으로 왔다 동쪽으로 가네	西來又向東
냇가 술자리 벌여 조촐한 작별하니	溪罇成小別
가을 심사는 갈수록 한이 없어라	秋思轉無窮

127 서산(西山) : 송시열의 선조 송사민(宋斯敏)의 분묘가 있었던 지금의 양주시 장흥면 삼상리를 가리키는 것으로 추정된다. 《송자대전》에 나오는 서산이라는 지명은 두 가지인데, 하나는 옥천(沃川)의 서대산(西臺山)을 가리키고 다른 하나는 이곳을 가리킨다. 《宋子大全 卷16 乞往西山先墓箚, 卷215 恩津宋氏家傳》

128 왕탄(王灘) : 왕숙천(王宿川)의 별칭이다. 왕산탄(王山灘)이라고도 한다. 포천 수원산에서 발원하여 남양주를 거쳐 구리시와 남양주의 경계에서 한강으로 흘러든다. 왕자의 난으로 피신해 있던 태조(太祖)가 환궁하는 중 머문 마을 앞을 흐르는 하천이라 왕숙천이라는 이름이 붙었다.

129 조복형(趙復亨) : 조근(趙根, 1631~1680)으로, 복형은 그의 자이다. 본관은 함안(咸安), 또 다른 자는 겸중(謙仲), 호는 손암(損庵)·매산(梅山)이다. 송시열의 문인이다. 1666년(현종7) 문과에 급제하고 교리, 수찬 등을 역임하였다. 문집으로 《손암집(損庵集)》이 전한다. 《손암집》에 수록되어 있는 조근의 연보(年譜)에 따르면, 이 시는 송시열이 1673년 9월 서산의 선영에 성묘하고 여주(驪州)의 영릉(寧陵)으로 가던 도중에 지은 것이다.

130 윤체원(尹體元) : 윤이건(尹以健, 1640~1694)으로, 체원은 그의 자이다. 본관은 남원(南原), 호는 일소재(一笑齋)이다. 송시열의 문인이다. 1673년 진사시에 합격하고 세마(洗馬), 진산 군수(珍山郡守) 등을 역임하였다. 《陶谷集 卷16 珍山郡守尹公墓誌銘》

석양에 천 봉우리 보랏빛 물들고	落日千山紫
귀로에 만 그루 나무 붉게 타누나	歸程萬樹紅
황량한 촌락에 머물 곳 정하니	荒村棲息定
왕릉 측백에서 절로 바람 불어오네	陵柏自生風

이생[131]의 시에 차운하여 주다
次贈李生

세상을 떠난 벗 정관재의 아들 이생 동보(李生東甫)가 와서 묘명(墓銘)을 청하기에 죽을힘으로 붓을 들어 그 뜻에 부응하였다. 평생을 추억하니 감개의 눈물을 금치 못하였다. 떠날 때 나에게 시를 지어 주고 화답을 구하므로 한 수 읊어서 주었다.

정관재가 이 세상에 있던 날에	靜觀臨世日
사람들은 산 동쪽의 봉황새 보았지[132]	人覩鳳朝陽
나무 벨 때 꾀꼬리가 벗 구하듯 하더니[133]	伐木鶯求友
산에 묻히니 구슬도 빛을 감추었네	埋山玉掩光

131 이생(李生) : 이희조(李喜朝, 1655~1724)를 가리킨다. 본관은 연안(延安), 자는 동보(同甫), 호는 지촌(芝村)·간암(艮菴)이다. 정관재(靜觀齋) 이단상(李端相)의 아들이고, 송시열의 문인이다. 유일(遺逸)로 대사헌, 성균관 좨주(成均館祭酒) 등을 역임했다. 신임사화로 김창집(金昌集) 등 노론 사대신이 유배당할 때 영암(靈巖)으로 유배되었고, 철산(鐵山)으로 이배 도중 죽었다. 시호는 문간(文簡)이다. 문집으로 《지촌집(芝村集)》이 전한다.

132 사람들은……보았지 : 어진 신하였던 이단상을 비유한 말이다. 《시경》 〈대아(大雅) 권아(卷阿)〉에 "봉황새 우는구나, 저 높은 언덕에서. 오동나무 자랐구나, 저 산 동쪽에서.〔鳳凰鳴矣, 于彼高岡. 梧桐生矣, 于彼朝陽.〕"라는 말이 나온다.

133 나무……하더니 : 벗을 찾고 좋아했다는 뜻이다. 《시경》 〈소아(小雅) 벌목(伐木)〉에 "나무꾼이 나무 베니, 꾀꼬리 꾀꼴꾀꼴. 골짝에서 나와서, 높은 나무로 옮기누나. 꾀꼴꾀꼴 그 소리, 친구를 찾음이라."라는 말이 나온다.

어진 아들이 먼 곳에서 찾아왔는데　賢兒來自遠
무덤 가 묵은 풀에 한만 괜스레 기네　宿草恨空長
송별하며 달리 줄 말은 없고　贈別無餘說
기미에 성과 광을 조심하게나[134]　幾微戒聖狂

134 기미에……조심하게나 : 《서경》〈다방(多方)〉에 "성인도 생각하지 않으면 광인이 되고, 광인도 능히 생각하면 성인이 된다."라고 한 데서 온 말이다.

이 함열[135] 유겸 에 대한 만사 갑인년(1674, 현종15)

李咸悅 惟謙 挽 甲寅

효우는 가정에서 배운 것이요	孝友家庭學
자상함은 고을 수령 마음이었지	慈祥縣宰心
평생토록 꼿꼿한 절개 지녔으니	平生許孤直
세상길 부침에는 아랑곳없었네	世路任升沈
지난 일은 흥망성쇠 다하였고	往事乘除盡
새 무덤은 나무숲 깊이 있도다	新阡樹木深
덧없이 살아남은 자의 눈물이	空餘後死淚
흘러내려 옷깃을 흠뻑 적시네	沾灑滿衣襟

135 이 함열(李咸悅) : 이유겸(李惟謙, 1613~1674)으로, 본관은 경주, 자는 퇴지(退之), 호는 동가(東嘉)이다. 이유태(李惟泰)의 막냇동생이고, 신독재 김집의 문인이다. 활인서 별제(活人署別提), 함열 현감(咸悅縣監) 등을 역임했다. 《宋子大全 卷180 咸悅縣監李君墓碣銘》

중봉 선생[136]의 이지당[137]에 걸린 시에 공경히 차운하여 김 사군 정평[138] 만균 에게 화답하다

敬次重峯先生二止堂韻酬金使君正平 萬均

새로 지은 집이 맑은 물에 임했으니 新構臨淸泚
선생께서 돌아가신 지 몇 해이던가 山頹問幾秋
하늘 길에는 기성 미성 멀리 떴고[139] 天衢箕尾遠
인간 세상에는 세성[140]이 순환하네 人世歲星周

136 중봉 선생(重峯先生) : 중봉은 조헌(趙憲, 1544~1592)의 호이다. 조헌은 자가 여식(汝式), 본관은 배천(白川)이다. 율곡 이이와 우계 성혼의 문인이다. 1567년(명종 22) 문과에 급제하였다. 사헌부 감찰, 보은 현감(報恩縣監) 등을 역임하고 고향인 옥천(沃川)으로 물러나 강학에 힘쓰다가 임진왜란이 일어나자 의병을 일으켜 적과 싸우다가 금산(錦山)에서 순절하였다. 문묘(文廟)에 배향되었다. 시호는 문열(文烈)이다. 문집으로 《중봉집(重峯集)》이 전한다.

137 이지당(二止堂) : 옥천 군수 김만균(金萬均, 1631~?)과 그 지역 선비들이 1674년(현종15) 조헌이 자주 찾아와 머물던 옥천 각신촌(覺新村)에 조헌을 추모하여 지은 서재이다. '이지(二止)'라는 이름은 송시열이 지어 준 것으로, 《시경》 〈소아(小雅) 거할(車舝)〉에 "높은 산을 우러르며, 큰길을 가는도다.〔高山仰止, 景行行止.〕"라고 한 데서 따온 것이다. 《宋子大全 卷143 二止堂記》

138 김 사군 정평(金使君正平) : 김만균(金萬均)으로, 정평은 그의 자이다. 본관은 광산(光山)이다. 사계 김장생의 증손이고, 송시열의 문인이다. 1654년(효종5) 문과에 급제하고, 벼슬이 승지에 이르렀다.

139 하늘……떴고 : 《장자》 〈대종사(大宗師)〉에 "부열은 도를 터득하고 무정을 도와 천하를 모두 소유하였으며, 죽은 뒤에는 별이 되어 동유성을 타고 기성과 미성에 올라 열성과 나란히 있게 되었다."라고 하였는데, 여기에서는 조헌을 부열에 견준 말이다.

140 세성(歲星) : 목성(木星)의 이명(異名)이다. 76쪽 주112 참조.

사업은 주자의 글 속에 있었고　　事業朱書裏
연원은 율곡 문하에 두었어라　　淵源德水遊
맑은 술을 차려서 올리고자　　欲陳明酌薦
꽃 핀 물가에서 마름[141]도 캐었노라　　蘋藻採芳洲

끝구는 다른 본에는 "평소에 사모함 간절했는데, 오늘에야 물가에 섰노라. 〔平生勤仰止, 今日立汀洲.〕"라고 되어 있다.

141 마름 : 정결한 제물(祭物)을 비유하는 말로, 《시경》 〈소남(召南) 채빈(采蘋)〉에 "마름을 뜯으러 남쪽 시냇가로 가네. 마름을 뜯으러 저 개울가로 가네."라고 한 데서 온 말이다.

손자 주석의 시에 차운하다 을묘년(1675, 숙종1)

次疇孫韻 乙卯

셋 다섯 여섯 벗들과 노니니	連倫三五六
이 즐거움을 그 누가 알까	玆樂識無人
어저께 갑인년(1674)을 보내고	昨謝逢提歲
오늘 을묘년 봄을 맞았네	今逢乙卯春
인정은 점점 옛날 같지 않지만	人情漸不古
세상일은 응당 새로워지리라	時事定應新
항월과 남산의 축원을	恒月南山祝
임금께 드릴 길이 없구나[142]	無由獻紫宸

142 항월(恒月)과……없구나 : '항월과 남산(南山)의 축원'은 《시경》 〈소아(小雅) 천보(天保)〉에 "당신은 둥그러져 가는 초승달 같고, 막 떠오르는 태양 같으며, 영원한 남산과도 같아서, 이지러지지도 무너지지도 않으며, 무성한 송백과도 같아서, 모두가 당신을 끝없이 홍성하게 하네.〔如月之恒, 如日之升. 如南山之壽, 不騫不崩. 如松柏之茂, 無不爾或承.〕"라고 한 데서 온 말이다. 이때 숙종이 막 즉위하여 송시열이 만수무강을 직접 빌고 싶으나 왕으로부터 소외된 상황에서 뜻대로 할 수 없음을 표현한 것이다.

격양체[143]를 장난삼아 본떠 정평 사군[144]에게 화답하다

戲效擊壤體和正平使君

우옹이 귀양 감[145]을 탄식하지 말게	莫歎尤翁謫
그 사람 매우 어질지 못하네	其人甚不仁
다리 아픈 여주 사람을 재촉해 나오게 했고	促令驪脚出
허씨의 기다란 눈썹을 바삐 펴지게 했으며[146]	忙使許眉伸
중동의 풀을 시름겹게 하였고	愁却中洞草
죽안의 봄을 훼손시켰으니[147]	傷渠竹岸春

143 격양체(擊壤體) : 북송(北宋)의 학자 소옹(邵雍)이 확립한 시체(詩體)이다. 평이함과 질박함을 추구하여 이치를 논하는 것을 근본으로 삼고, 문장을 수식하는 것을 말단으로 삼았다. 격식에 얽매이지 않아 협운(叶韻)의 규칙을 따르기는 하지만 운부(韻部)에 매이지 않았으며, 시에서 드물게 사용하지만 율시(律詩)에서는 금기시되는 지(之), 호(乎), 자(者), 야(也), 의(矣), 재(哉), 언(焉) 등과 같은 어조사도 격양체 율시에서는 자유롭게 사용하였다.

144 정평 사군(正平使君) : 자가 정평인 옥천 군수 김만균(金萬均)을 가리킨다. 88쪽 주138 참조.

145 우옹(尤翁)이 귀양 감 : 송시열이 효종과 인선왕후(仁宣王后)의 국상(國喪) 때 잘못된 예법을 주장했다는 죄목으로 남인에게 탄핵을 받고 1675년(숙종1) 1월 함경도 덕원(德源)으로 유배된 것을 가리킨다.

146 다리……했으며 : 자신이 윤휴(尹鑴)와 허목(許穆)이 조정에 나와 득의(得意)하게 된 빌미를 제공했단 말이다. '다리 아픈 여주(驪州) 사람'은 여주 백호(白湖)에 살던 윤휴를 가리키는데, 다리에 질환이 있었다고 한다. 허씨(許氏)는 허목을 가리키는데, 눈썹이 길어 스스로 미수(眉叟)라고 호를 지었다.《宋子大全隨箚 卷1》

147 중동(中洞)의……훼손시켰으니 : 효종과 인선왕후의 국상 때 송시열의 예론(禮

맑은 세상에 어찌 용서를 받겠는가	明時安可恕
네 가지 죄[148]가 이 몸에 모여 있다네	四罪萃於身

論)에 동조했다는 이유로 남인의 탄핵을 받아 1675년 5월 이유태(李惟泰)가 영변(寧邊)으로 유배되고, 그해 11월에 송준길(宋浚吉)의 관작이 추탈된 것을 가리킨다. 이유태가 공주(公州) 중동에 살았고 호가 초려(草廬)였기 때문에 '중동의 풀'이라고 비유하였고, 송준길의 묘소가 연기(燕岐) 죽안리(竹岸里)에 있었기 때문에 '죽안의 봄'이라고 말하였다.

148 네 가지 죄 : 함련(頷聯)과 경련(頸聯)에서 언급한 죄를 가리킨다.

수제와 소질[149]이 들어옴을 기뻐하다

喜秀弟邵姪入來

태평가를 사람들 다투어 외는데	擊壤人爭誦
누가 나의 서리 맞음을 슬퍼하랴[150]	誰悲此負霜
조손은 추위에 차가운 손 어루만지고	祖孫寒拊手
형제는 밤에 침상 잇대고 나란히 자네	兄弟夜聯床
새상은 천상이 아니지만	塞上非天上
타향이 바로 고향이라네	他鄕卽故鄕
가장 가여운 건 내 아우와 생질	最憐吾姪季
고생하면서도 붙들고 도와주누나	辛苦亦扶將

149 수제(秀弟)와 소질(邵姪) : 자가 수보(秀甫)인 막냇동생 송시걸(宋時杰, 1620~1697)과 자가 자소(子邵)인 생질(甥姪) 이덕로(李德老)를 가리킨다.

150 누가……슬퍼하랴 : 서리 맞은 풀과 같은 자신의 위태로운 상황을 한탄한 말이다.

선장[151]이 보내온 시에 차운하다

次善長寄示韻

추수의 계절에 백곡이 잘 익으니	西成登萬寶
조야가 태평성세를 경하하누나	朝野慶昌辰
구일에 지은 그대 시는 애달프고	九日君詩苦
삼위[152]에서 내 심사는 새로워라	三危我思新
친지들과 떨어져 살며 세월 보내니	離群綿歲月
소일지탄[153] 내뱉으며 얼마나 서글픈지	少一幾悲辛

151 선장(善長) : 송원석(宋元錫, 1635~1708)으로, 선장은 그의 자이다. 본관은 은진, 호는 창암(蒼巖)이다. 송시열의 재종손(再從孫)이자 문인이다. 천거로 진잠 현감(鎭岑縣監)을 지냈다. 《陶菴集 卷32 縣監宋公墓碣》

152 삼위(三危) : 순(舜) 임금 때의 네 악인(惡人) 가운데 삼묘(三苗)가 유배되었던 곳이다. 《書經 舜典》 1675년(숙종1) 윤5월 대사헌 윤휴(尹鑴) 등이 숙종에게 "송시열은 혼미하고 공손하지 못하여〔昏迷不恭〕 고쳐서 뉘우치는 마음이 없습니다."라고 아뢰었는데, 이 말은 《서경》 〈대우모(大禹謨)〉에 "무지한 이 삼묘가 혼미하고 공손하지 못하여 남을 업신여기고 스스로 어진 체하며, 도를 위배하고 덕을 파괴하여 군자가 초야에 있고 소인이 지위에 있다.〔蠢玆有苗, 昏迷不恭, 侮慢自賢, 反道敗德, 君子在野, 小人在位.〕"라고 한 데에서 유래한 것이다. 《肅宗實錄 1年 閏5月 15日》 윤휴가 송시열을 삼묘에 견주어 비난하자, 송시열이 이 시에서 자신의 유배지를 삼위라고 표현한 것이다.

153 소일지탄(少一之歎) : 객지에서 형제를 그리며 하는 탄식이다. 왕유(王維)가 중양절(重陽節)을 맞아 객지에서 산동(山東)의 형제를 그리며 지은 〈구월구일억산동형제(九月九日憶山東兄弟)〉 시에 "홀로 타향에 나와 나그네 되니, 명절 만날 적마다 어버이 생각 갑절 나네. 멀리서도 알겠어라 형제들 높은 곳에 올라, 수유 두루 꽂았는데 한 사람만 빠진 것을."라고 한 데서 온 말이다. 《全唐詩 卷128》

세모에 마음 기약 원대히 갖고　歲暮心期遠
초나라 물가 사람[154] 불쌍타 말게　休憐楚水人

두 번째 其二

올해가 장차 저물면　今歲行將暮
내년은 병진년(1676, 숙종2)이네　來玆是丙辰
나는 거백옥이 변화한 나이[155] 넘었고　吾年踰玉化
그대 배움은 반명[156]처럼 새로워야 하리　爾學定盤新
일을 하되 잊지도 조장하지도 말며[157]　有事無忘助
책을 보되 고생스러움을 견딜지니　看書耐苦辛
뛰어난 재능 만약 이미 다하였다면[158]　淵才如已竭

154 초(楚)나라 물가 사람 : 송시열이 자신을 간신들의 참소를 입고 강남으로 쫓겨나 원수(沅水)와 상수(湘水) 사이를 전전하던 초나라 굴원(屈原)에 비유한 말이다.

155 거백옥(蘧伯玉)이 변화한 나이 : 60세를 가리킨다. 거백옥은 춘추 시대 위(衛)나라의 대부로, 《장자(莊子)》 〈칙양(則陽)〉에서 "나이 예순이 되어 예순에 맞게 변화하였다."라고 칭송하였다.

156 반명(盤銘) : 탕왕(湯王)의 세면기(洗面器)에 새겨져 있던 경구(警句)이다. 《대학장구》 전(傳) 2장에 "탕왕의 반명에 이르기를 '진실로 어느 날에 새로워졌거든 나날이 새롭게 하고, 또 나날이 새롭게 하라.' 하였다."라는 말이 나온다.

157 일을……말며 : 맹자가 호연지기(浩然之氣)를 기르는 방법을 논하기를 "반드시 의(義)를 쌓는 일을 행하되, 미리 그 결과를 기대하지 말 것이며, 마음에 그것을 잊지도 말고 억지로 조장하지도 말아야 한다." 하였다. 《孟子 公孫丑上》

158 뛰어난……다하였다면 : 안연(顔淵)이 공자의 높은 학문의 경지를 존경하여, "부자께서는 차근차근 사람을 잘 이끌어, 나를 문으로써 넓혀 주고 예로써 단속해 주시므로, 그만두고자 해도 그만둘 수가 없어서 나의 재능을 다하고 나니, 부자의 도가 내

이제 순이 어떤 분인지 믿게 되리라[159] 方信舜何人

주자(朱子)가 항상 학생들에게 잊어버리고 조장하는 병통을 경계하기를 "찬찬히 하되 빨리 이루려 말고, 절박하게 하되 감히 게으르지 말라." 하였고,[160] 또 초년에 학문을 하던 방법을 스스로 서술하기를 "나는 매우 고생스럽게 공부했다." 하였다.[161]

앞에 우뚝 서 있는 듯하다. 비록 따르고자 하지만, 어디로부터 시작해야 할지 모르겠다." 라고 한 데서 나온 말이다. 《論語 子罕》

159 순(舜)이……되리라 : 《맹자》 〈등문공 상(滕文公上)〉에 "순은 어떤 사람이며, 나는 어떤 사람인가. 본받아서 행하기만 하면 또한 그와 같이 될 수 있다."라는 안연의 말이 나온다.

160 주자(朱子)가……하였고 : 주희가 〈논어훈몽구의서(論語訓蒙口義序)〉에서 학생들에게 배움의 방법을 제시하면서 한 말이다. 《晦菴集 卷75 論語訓蒙口義序》

161 초년에……하였다 : 《주자어류(朱子語類)》 권104에 "나는 소싯적 사서(四書)를 읽을 때 매우 고생스럽게 공부했다. 하지만 제공(諸公)들은 지금 책을 읽을 때 비교적 가볍게 공부한다."라는 말이 나온다.

손자들에게 보여 주다 을묘년(1675, 숙종1) 10월

示孫兒輩 乙卯十月

성상께서 신의 죄를 덜어 주시어	聖德寬臣罪
더위 속에 북쪽에서 옮겨 왔네[162]	朱炎自北移
삼시[163]에 짧은 머리 빗질하며	三時梳短髮
다섯 달을 장기에 있었노라	五月在長鬐
초가집에서 책을 펼쳐 읽으며	書展茅簷讀
기나라의 위태함을 상심하노니[164]	心傷杞國危
너희들은 남을 허물하지 말거라	汝曹休咎怨
살고 죽는 것은 인위가 아니니라	生死匪人爲

162 더위……왔네 : 송시열이 1675년 6월 함경도 덕원(德源)에서 경상도 장기(長鬐)로 이배(移配)되었다. 《宋子大全 附錄 卷7 年譜》

163 삼시(三時) : 아침, 정오, 저녁이다.

164 기(杞)나라의 위태함을 상심하노니 : 옛날 기나라의 어떤 사람이 하늘이 무너지고 땅이 꺼지면 자기 몸을 붙일 곳이 없게 된다 하여 침식(寢食)을 폐하고 걱정을 했다는 고사를 인용한 것이다. 《列子 天瑞》 쓸데없는 걱정을 의미하는 말로, 송시열이 유배된 처지에서 나라를 걱정함을 말한 것이다.

어느 사람에게 주다 병진년(1676, 숙종2)

贈或人 丙辰

고개의 눈 다 녹아내리리니	嶺雪消將盡
앞 시냇물 점점 깊어지리라	前溪水漸深
봄은 꽃 피어나며 따스해지고	春從花蘂暖
사람은 목란 기대어 읊조린다	人倚木蘭吟
바닷가에는 비바람이 많은데	海國多風雨
서창에는 고금의 다름이 있네	書窓有古今
서로 만나 웃고 이야기하다	相逢成笑語
떠난다 하여 상심하지 마오	去矣莫傷心

단양일[165]에 회포를 읊다

端陽日詠懷

천중절 좋은 시절에	節是天中勝
누가 한수 북쪽으로 혼을 부르는가[166]	魂誰水北招
창포 꽃 보니 젊은 시절 생각나고[167]	菖花記少日
연나무 잎[168]에 풍요 소리 적막하네	楝葉寂風謠
어제는 기일이라 영릉에 곡을 하고[169]	昨哭寧陵諱

165 단양일(端陽日) : 음력 5월 5일 단오(端午)의 이칭이다. 천중절(天中節)이라고도 한다.

166 누가……부르는가 : 단오를 맞아 적소(謫所)에 있는 송시열의 마음이 도성에 가 있다는 말이다.

167 창포(菖蒲)……생각나고 : 《송자대전수차》 권1에 따르면, 단오에 창포를 술에 띄워 마시고, 창포를 깎아 작은 인형이나 조롱박 모양으로 만들어 허리에 차고 귀신을 물리치는 풍속이 있다고 한다.

168 연(楝)나무 잎 : 초나라 삼려대부(三閭大夫) 굴원(屈原)이 단오에 멱라수(汨羅水)에 투신자살한 이후, 초나라 사람들이 그를 슬피 여겨 매년 이날이 돌아오면 죽통(竹筒)에 쌀을 담아서 물에 던져 제사를 지내곤 하였다. 후한 광무제(後漢光武帝) 연간에 장사(長沙)의 구회(歐回)란 사람이 대낮에 갑자기 한 신인(神人)을 만났는데, 그가 삼려대부라 자칭하면서 말하기를 "그대가 의당 나를 제사 지내 줄 터이니, 그것은 매우 좋은 일이다. 다만 항상 그대가 제사 지내 준 쌀을 교룡이 훔쳐 가서 그것이 괴로웠다. 지금 또 나에게 쌀을 주려거든 연나무 잎으로 죽통의 위를 막고 오색실로 묶어 다오. 이 연나무 잎과 오색실은 교룡이 꺼리는 바이다."라고 하였다. 《續齊諧記》

169 어제는……하고 : 영릉(寧陵)은 효종의 능이다. 효종의 기일(忌日)이 5월 4일이므로 이렇게 말한 것이다.

오늘은 판교 선영 멀어서 슬퍼하네[170] 今悲板墓遙
생각건대 양자경[171]을 가지고 가서 思將楊子鏡
상께 올려 뭇 간신들 비추고 싶어라 獻御照群妖

170 오늘은……슬퍼하네 : 판교(板橋)는 회덕(懷德) 판교리로, 송시열의 선조인 쌍청당(雙清堂) 송유(宋愉)와 부친 송갑조(宋甲祚)의 묘소가 있는 곳이다. 단오에는 묘제(墓祭)를 지내는 예가 있으므로 이렇게 말한 것이다. 《宋子大全 卷144 板橋齋室記》

171 양자경(楊子鏡) : 백련경(百鍊鏡)을 가리킨다. 당 현종(唐玄宗) 연간에 양주(揚州)에서 배면(背面)에 반룡(盤龍)이 새겨진 거울 하나를 진헌하였는데, 이 거울은 본래 거울 장인(匠人) 여휘(呂暉)가 선인(仙人) 용호(龍護)의 지도를 받아 5월 5일 오시(午時)에 양자강(揚子江) 위에서 주조(鑄造)했다는 것이었다. 《古今事文類聚 卷9 帖子用鏡事》

손자 주석의 송붕[172] 시에 차운하다
次疇孫松棚韻

노복을 깊은 골짜기로 보내　役僕投深谷
소나무 베어다 짧은 처마 덧붙였네　摟松補短簷
찾아드는 달빛 막힐까 시름하나　愁妨尋戶月
뜨거운 햇볕 물리침은 기쁘구나　喜却射窓炎
잃고 얻음은 엎치락뒤치락하여　失得飜仍覆
곱하고 나누는 셈처럼 줄다 늘다 하네　乘除減卽添
여유롭게 다시 한번 웃어 보니　悠然還一笑
마음이 바다 물결과 함께 편안하여라　心與海波恬

172 송붕(松棚) : 소나무 가지를 얽어 만든 처마이다.

우연히 읊다

偶吟

밝은 세상에 귀양살이 만났으니	明世遭遷謫
외로운 몸을 원수에게 맡겼노라	孤身付怨讎
아손들은 한창 더위에 괴로운데	兒孫方病暑
계절은 벌써 긴 가을 되었구나	時節已長秋
황혼이 가까워짐은 스스로 애석하나	自惜黃昏近
성인의 도에서 멀어짐이 외려 걱정이네	還憂聖路悠
돌아갈 곳이 그래도 남아 있나니	依歸猶有地
오묘한 뜻이 책 속에 남아 있다네	妙旨卷中留

윤용서[173] 원거 에 대한 만사

尹龍西 元擧 挽

남쪽 구름 향해 한번 통곡하노니 南雲一慟哭
황천에 지음이 묻혔기 때문이네 泉下閟知音
호연지기는 가을 하늘 능가했고 浩氣凌秋昊
아름다운 말은 사림에 우뚝했지 徽言聳士林
산은 신원 들판에 드높고 山高神院野
물결은 금강 가에 넓구나 波濶錦江潯
화상(畫像) 그려지길 기다리지 않아도 不待丹青寫
백세의 흠모를 능히 받으리라 能生百世欽

173 윤용서(尹龍西) : 윤원거(尹元擧, 1601~1672)로, 용서는 그의 호이다. 본관은 파평, 자는 백분(伯奮)이다. 김장생(金長生)의 문인이다. 병자호란이 일어나자 주전론을 제기하였으며, 부친 윤전(尹烇)이 강화도에서 순절한 뒤에는 재야에 은거하여 학문에만 몰두하였다. 53세 때에 천거로 처음 출사하여 성균관 사업(成均館司業), 장령, 시강원 진선(侍講院進善) 등을 역임하였다. 문집으로 《용서집(龍西集)》이 전한다.

정사년(1677, 숙종3) 청명날 손자 주석의 시에 차운하다

丁巳清明次疇孫韻

한 차례 비가 사흘을 연이으니	一雨連三日
어젯밤부터 또 날이 샐 때까지	前宵又到明
산 구름 시름인 듯 젖어 있고	山雲愁帶濕
못 가 풀은 꿈결에도 푸르러라	池草夢生靑
한식이 내일 아침에 이르는데	寒食明朝至
두견새는 오늘밤에 울어 대네	杜鵑今夜聲
멀리서 생각건대 선영에 올리려고	遙思丘壟薦
차가운 물가에 고기 그물 펼쳤겠지	魚網設寒汀

겨울비를 괴로워하다 정사년(1677, 숙종3)

苦冬雨 丁巳

올해에는 어찌 항상 비가 내려	今歲何恒雨
한 겨울에도 하늘을 볼 수가 없나	深冬不見天
개천은 흙탕물이 콸콸 흘러가고	川溪潦漏瀧
들판엔 잡초가 무성히 펼쳐졌네	原野草芊綿
나무에 모인 주린 새들 가련한데	集木憐飢鳥
마을 찾으니 한식처럼 연기 끊겼네	尋村似禁煙
운곡 노인을 돌이켜 생각하며	還思雲谷老
눈 오기를 빌고 풍년 맞으리라[174]	祈雪迓豐年

174 운곡(雲谷)……맞으리라 : 운곡은 주희의 별호이다. 주희가 지남강군(知南康軍)으로 재직하던 때 가뭄이 들자 매일 천경관(天慶觀)에서 향을 사르며 비 내리기를 기원했던 일이 있다.《朱子語類 卷90》《송자대전수차》 권1에는 주희가 지남강군으로 있을 때 기설문(祈雪文)을 지었다고 하였으나, 주희의 문집을 비롯한 여타 문헌에는 그러한 사실이 보이지 않는다.

홍보이[175]의 시에 차운하다

次洪輔而韻

주자가 평생토록 하던 일을	晦父平生事
내 인생 백 년 동안 추구하련다	尋求此百年
명성[176]은 옛 성인을 계승했고	明誠承古聖
박약[177]은 뭇 현인 중 으뜸이라	博約冠群賢
의지할 곳 있음을 기뻐하노니	喜有依歸地
어찌 사람 이기는 하늘[178]을 논할쏜가	寧論定勝天
그대 만나 이러한 이야기 나누니	逢君聊說此
긴 대나무가 맑은 물결에 비치누나	脩竹映淸漣

175 홍보이(洪輔而) : 홍가상(洪可相, 1649~?)으로, 보이는 그의 자이다. 본관은 남양(南陽)이다. 송시열의 문인이다. 1681년(숙종7) 생원시에 합격하고, 옥과 현감(玉果縣監), 형조 정랑 등을 역임하였다. 봉화(奉化)에 살았다. 《宋子大全隨箚 卷13》《司馬榜目》

176 명성(明誠) : 본성(本性)의 선(善)함을 밝혀 그 선을 성실하게 실천하는 것이다. 《중용장구》 제21장에 "성(誠)으로 말미암아 밝아짐을 성(性)이라 이르고, 명(明)으로 말미암아 성실해짐을 교(敎)라 이르니, 성실하면 밝아지고, 밝아지면 성실해진다."라고 하였다.

177 박약(博約) : 박문약례(博文約禮)의 준말로, 널리 배워 식견을 넓히고, 그 지식을 예로 요약하여 실천하는 것이다. 《논어》 〈옹야(雍也)〉에 "군자는 널리 학문을 닦아 사리를 궁구하고, 예의로 귀결시켜 실행에 옮긴다."라고 하였다.

178 사람 이기는 하늘 : 옛말에 "하늘의 뜻이 정해지면 사람을 이기고, 사람이 많으면 하늘을 이긴다."라고 한 데서 온 말이다. 《宋子大全隨箚 卷1》

김생[179] 진영 에 대한 만사

金生 振榮 挽

추로의 학문이 남아 있고	鄒魯門墻在
최노[180]의 문벌이 이어졌네	崔盧閥閱延
청빈은 집안 전승의 일이요	淸貧家世事
명예는 형제가 어질기 때문이네	名譽弟兄賢
애석하여라 정신은 묻혀 버리고	可惜精魂掩
오직 남은 우애만 전하리니	唯餘友愛傳
쇠잔한 목숨이 장포[181]에 누워	殘生漳浦臥
늙은이 눈물을 금할 수 없네	老淚不禁懸

179 김생(金生) : 김진영(金振榮, 1616~1660)으로, 본관은 광산(光山), 자는 행숙(幸叔)이다. 신독재 김집의 문인이다. 연산(連山)에 살았다. 《愼獨齋全書 卷18 附錄 門人錄》《光山金氏良簡公派譜 卷8, 光山金氏良簡公派譜修譜委員會, 2010》

180 최노(崔盧) : 위진(魏晉) 시대부터 당나라 때까지 산동(山東) 지역의 대표적인 문벌인 최씨와 노씨를 가리킨다.

181 장포(漳浦) : 병들어 누운 시골을 가리킨다. 삼국 시대 위(魏)나라의 문인 유정(劉楨)이 병들어 장포에 누워 조비에게 지어 보낸 〈증오관중랑장(贈五官中郎將)〉 시에 "내가 고질병에 심하게 걸려서, 맑은 장수(漳水) 가에 몸져누워 있다."라는 구절이 있다.

변 도사[182] 상증 에 대한 만사

卞都事 尙曾 挽

지난날 그대 병들었단 소식 듣고	昔日聞君病
위에 하늘이 계시어 설마했거늘	謂言上有天
끝내 효자를 죽게 하였으니	終令孝子死
누가 후인에게 선을 권면할 수 있으랴	誰勸後人賢
자오[183]에게 조문하게 할 순 있어도	可使慈烏弔
사씨가 전함은 바라기 어려워라[184]	難望史氏傳
강호에 돌아가는 배 막혔나니	江湖歸檝阻
만사 쓰며 공연히 눈물만 흘리네	題挽淚空懸

182 변 도사(卞都事) : 변상증(卞尙曾, ?~?)으로, 본관은 초계(草溪)이다. 의금부 도사에 추증되었다. 자세한 행적은 미상이다. 《草溪卞氏族譜 卷1, 1742》

183 자오(慈烏) : '자애로운 까마귀'라는 뜻으로, 새끼가 자라서 어미를 먹여 살린다고 하여 붙여진 까마귀의 별칭이다.

184 사씨(史氏)가……어려워라 : 효를 다하지 못하고 일찍 죽어 역사에 기록되기 어렵다는 말이다.

박군 정표 의 내상 송씨[185]에 대한 만사

朴君 廷彪 內相宋氏挽

오늘의 고통이 다 끝나지도 않았는데	未盡今日苦
갑자기 세상 떠났단 소식에 외려 놀랐네	還驚夜壑移
신선 수레는 멀리 은하수를 건넜으리며	鸞驂超遠漢
무덤가 나무는 찬 가지에 에워싸였으리	宰木擁寒枝
부인의 남은 덕이 사람들에 회자되니	有德留人口
아녀자의 훌륭한 법도가 아님이 없네	無非是壼彝
오직 싸늘한 달이 뜬 밤에	唯應涼月夜
곡해 줄 아이가 적은 것이 한스러울 뿐	恨少勝猿兒

185 내상(內相) 송씨(宋氏) : 내상은 남의 부인을 높여 부르는 말이다. 송씨(宋氏, 1616~1668)는 본관이 은진(恩津)이다. 송희명(宋希命)의 딸이고, 박정표(朴廷彪, 1618~1662)의 처이다. 박정표는 본관이 밀양(密陽)이고 처사(處士)였다. 슬하에 2남 1녀를 두었다. 《四友堂集 卷3 本生先考醉翁府君行狀》《密陽朴氏糾正公派大同譜, 密陽朴氏糾正公派大同譜所, 2011》

유가관[186] 찬연 에 대한 만사
柳可觀 燦然 挽

백씨가 세상 떠난 지 얼마 안 되어 伯也纔捐世
그대가 어찌 다시 이어서 가는가 君胡又繼之
인간 세상엔 참된 즐거움 없으나 人間無足樂
황천에선 서로 어울리기 좋을 것이네 地下好相隨
뜻을 고상히 지녀 벼슬 일찍 사양했고 抗志曾辭爵
가업 전할 훌륭한 자손도 의당 있었네 傳家自有兒
평소 참되고 솔직했던 자태가 平生眞率態
늙은이를 길이 그립게 하네 長遣老夫思

186 유가관(柳可觀) : 유찬연(柳燦然, 1621～?)으로, 본관은 진주(晉州)이다. 1675년(숙종1) 생원시에 합격하고, 음보(蔭補)로 내자시 봉사(內資寺奉事)를 지냈다. 《司馬榜目》《承政院日記》

신생[187] 단 에 대한 만사

申生 端 挽

자진[188]이여 눈물을 거두고　　子晉且收淚
실자음[189]을 한번 들어 보게　　試聽失子吟
기가 맑았기에 명운이 짧았고　　氣淸仍數促
싹이 돋아나자 바로 서리 맞았네　　芽苗便霜侵
사물의 이치란 본디 이러하니　　物理固如此
하늘의 마음을 누가 찾을 수 있으랴　　天心誰可尋
이름난 아비의 마음은 풀 수 있겠지만　　聊寬名父意
젊은 아내의 깊은 원한은 어이하리오　　少婦奈冤深

187 신생(申生) : 신단(申端, ?~?)으로, 본관은 평산(平山)이다. 자세한 행적은 미상이다. 신석형(申碩亨, 1605~?)의 아들로, 상주(尙州)에 살았다.

188 자진(子晉) : 신석형의 자이다.

189 실자음(失子吟) : 한유(韓愈)가 자식을 잃은 맹교(孟郊)를 위로하기 위해 지은 〈맹동야실자(孟東野失子)〉 시를 가리킨다. 시의 요지는 천지인(天地人)은 서로 상관없이 사물이 지닌 분수대로 사는 것이고, 자식의 유무(有無)를 가지고 화복(禍福)을 판단할 수 없으며, 자식이 있다 하여 기뻐하지 말고 자식이 없다 하여 탄식하지 말라는 것이다.

〈구씨삼대장설〉[190]의 뒤에 쓰다

書具氏三大將說後

삼대가 장수 됨을 경계함은[191]	爲將戒三世
본래 재앙이 많기 때문인데	由來多禍殃
어떻게 죽수 구씨[192]는	如何竹樹具
외려 자손을 창성하게 했는가	還遣[193]子孫昌
훈업은 기린각에 올랐고	勳業仍麟閣
영예로운 혼인으로 위양도 되었네[194]	榮姻又渭陽

190 구씨삼대장설(具氏三大將說) : 송시열이 1686년(숙종12) 봄 능평군(綾平君) 구일(具鎰, 1620~1695)의 부탁을 받아, 능성 구씨(綾城具氏) 삼대가 연이어 대장(大將)의 지위에 오른 사실을 가지고 지은 글이다. 이 글에서 송시열은 예로부터 3대가 대장에 오르는 것은 고인(古人)이 경계하는 일이었음을 상기시키고, 함부로 사람을 해치지 말고 《소학(小學)》으로 수신(修身)하여 실추되는 일이 없도록 하라는 당부를 하였다. 3대는 능성부원군(綾城府院君) 구굉(具宏), 능풍부원군(綾豐府院君) 구인기(具仁墍), 능평군 구일을 가리킨다. 《宋子大全 卷136 具氏三大將說》

191 삼대가……경계함은 : 진(秦)나라가 왕전(王翦)의 손자 왕리(王離)로 하여금 조(趙)나라를 공격하게 하자, 혹자가 말하기를 "왕리는 진나라의 명장이니 반드시 이길 것이다." 하니, 객(客)이 말하기를 "그렇지 않다. 삼대가 장수를 하면 반드시 패하니, 이는 사람을 많이 죽였기 때문에 후손이 화를 입기 때문이다. 왕리는 이미 3대째 장수이다." 하였다. 과연 왕리가 조나라를 구원하러 온 항우(項羽)에게 패하여 포로로 잡혔다. 《史記 白起王翦列傳》

192 죽수 구씨(竹樹具氏) : 능성 구씨를 가리킨다. 죽수는 능성 즉 능주(綾州)의 옛 이름이다.

193 遣 : 대본에는 '遺'로 되어 있는데, 두주에 근거하여 바로잡았다.

밝은 임금님을 응당 받들어서	惟應奉明主
만세토록 길이 동고동락하리라	休戚萬年長

194 영예로운……되었네 : 인조(仁祖)의 모친 인헌왕후(仁獻王后) 구씨가 구굉과 남매 사이로, 구굉이 인조의 외삼촌이 되므로 이렇게 말한 것이다. 〈위양(渭陽)〉은 춘추시대 진 강공(秦康公)이 태자로 있을 적에 진(晉)나라로 돌아가는 외삼촌 중이(重耳)를 위양에서 전송하면서 죽은 어머니가 생각나 지은 시인데, 전하여 외삼촌을 지칭한다. 《詩經 秦風 渭陽》

무오년(1678, 숙종4) 8월 밤에 율시 두 편을 지었는데, 주석에게 보여 주고 화답하게 하려다가 잊어버리다

戊午八月夜吟成二律欲示疇使和而忘之

가을이 와도 병은 떠나지 않으니	秋來病不去
젊은이들이 음식 더 들길 권하네	諸少勸加餐
서울에서는 편지가 끊기고	京邑音書斷
친구들 행로는 어렵다 하네	故人行路難
덧없는 인생은 나이만 재촉하는데	浮生年自促
한가한 이의 마음은 오히려 편하네	閒漢意猶安
한참을 초가 처마 아래 앉으니	久坐茅簷下
숲 사이로 비추는 달빛이 차네	林間夜月寒

두 번째 其二

술이 있지만 뉘와 같이 마실꼬	有酒誰同飮
함께 즐길 벗이 없구나	無朋可共歡
비 개자 바람 소슬히 불고	雨晴風瑟瑟
구름 걷히니 달이 둥그렇네	雲捲月團團
긴 밤에 시 짓느라 수척해지고	永夜詩將瘦
시든 연꽃에 해오라기 쓸쓸하여라	衰荷鷺欲寒
마음 가라앉아 잠자리 누우니	意闌還就枕
굶주린 쥐가 빈 대그릇 갉아 대누나	飢鼠齧空簞

손자 주석이 석남사[195]에서 부쳐 온 시에 차운하다

次疇孫石南寺見寄韻

취해서 읊는 시어들마다	醉吟詩上語
그득하게 봄을 품었도다	拍拍滿懷春
나는 남은 세월이 얼마인지 모르겠고	我不知年數
너는 능히 날마다 새로워지려 하네	伊能要日新
안연은 참으로 배울 만하니	顔淵眞可學
자건과 어찌 친할 필요 있나[196]	子建豈須親
무엇보다 어두운 방에 있을 때에는	最是居幽室
귀신이 보고 있음을 알아야 하리[197]	須知有鬼神

195 석남사(石南寺) : 《신증동국여지승람(新增東國輿地勝覽)》에 의하면, 음죽(陰竹), 안성(安城), 장기(長鬐)에 각각 같은 이름의 절이 있다. 여기서는 송시열이 유배되어 있던 장기 묘봉산(妙峯山)의 석남사를 가리키는 듯하다.

196 안연(顔淵)은……있나 : 조식(曹植)의 문장보다는 안연의 학문과 덕행을 배우라는 말이다. 자건(子建)은 중국 삼국 시대 위(魏)나라의 문장가 조식의 자이다.

197 어두운……하리 : 옛말에 "어두운 방에서 마음을 속이랴. 귀신이 번개처럼 지켜본다."라는 말이 있다. 《宋子大全隨箚 卷1》

손자 주석을 일깨우다

警疇孫

삼계[198]로 항상 서로 일깨웠지만 三戒常相警
슬프다, 이제야 이 노래 알아듣는구나 嗟今聽此行
누가 부득이함을 알아주겠느냐 誰知不得已
아는 사람들도 장차 놀라리라 相識亦且驚
철석같은 심장이 몇이나 될까 鐵石心腸幾
여색 앞에선 성명도 경시하누나 床帷性命輕
내 말을 만약 잊지 않는다면 吾言如勿忘
마땅히 인생을 그르치지 않으리라 須不誤平生

198 삼계(三戒) : 공자가 “군자에게는 경계해야 할 것이 세 가지가 있다. 젊을 때는 혈기가 아직 정해지지 않은 때이므로 경계해야 할 것이 여색에 있고, 장성해서는 혈기가 한창 강한 때이므로 경계해야 할 것이 싸움에 있고, 늙어서는 혈기가 이미 쇠한 때이므로 경계해야 할 것이 욕심에 있다.”라고 한 것을 가리킨다. 《論語 季氏》

손자 주석의 시에 차운하다 기미년(1679, 숙종5)

次疇孫韻 己未

새로 자란 대는 가늘거나 크거나	新筠兼細大
제비 새끼는 오르락내리락	乳燕更高低
바다 날씨 개었어도 아직 어둡고	海氣晴猶暗
고향은 꿈속에서도 길을 잃었네	鄕關夢亦迷
육체는 마른 나무처럼 황폐한데	形骸疑槁木
명리에 분명치 못할까 두려워라	名理恐拖泥
이것 이외에 다른 일 없으니	此外無餘事
떠도는 신세를 어찌 또 탄식하랴	何復歎棲棲

손자 주석의 '개' 자 운 시에 차운하다

次疇孫開字韻

세도가 지금 이러한지라	世道今如許
금함을 열지 않으려 하네[199]	金緘不欲開
담장의 가시나무[200]는 말하는 것도 더러우니	墻茨言辱也
사직의 송사[201]를 차마 다스리랴	社訟聽忍哉

199 금함(金緘)을……하네 : 말을 함부로 하지 않겠다는 말이다. 금함은 금인의 봉해진 입이라는 뜻으로, 《공자가어(孔子家語)》 〈관주(觀周)〉에 "공자가 일찍이 주나라에 관광을 갔다가 태조 후직의 사당에 들어가서 묘당의 오른쪽 뜰 앞에 서 있는 금인을 보았는데, 그 입이 세 겹으로 봉해져 있었고, 그의 등에는 '옛날에 말을 삼가던 사람이다.'라고 새겨져 있었다."라고 한 데서 온 말이다.

200 담장의 가시나무 : 《시경》 〈용풍(鄘風) 장유자(牆有茨)〉에 "담장에 가시나무는 쓸어 낼 수가 없구나. 규중(閨中)의 추한 말들은 입에 올릴 수도 없구나."라고 한 데서 온 말이다. 이 시는 위(衛)나라 선공(宣公)이 죽자 서형(庶兄)인 공자(公子) 완(頑)이 선공의 부인이자 제수(弟嫂)인 선강(宣姜)과 간통한 일을 풍자한 시이다. 《송자대전수차》 권1에서는 윤휴(尹鑴)의 일을 비유한 말로 추정하면서 다음과 같이 기록하였다. "당시 저 윤휴의 무리가 몰래 논의할 때면 밤에 반드시 오정창(吳挺昌) 첩(妾)의 집에 모일 것을 약속하였다. 그곳은 복창군(福昌君) 이정(李楨)과 복선군(福善君) 이남(李枏)의 집에서 가까워서 모이면 반드시 성대하게 차린 음식을 보내왔고, 여러 오씨들은 일체의 사람들을 물리치고 오정창의 첩 혼자만 술시중을 들게 하였다. 밤마다 늘 이러하다가 윤휴가 몰래 그녀와 간통하게 되었는데, 오정창의 첩자(妾子)가 허적(許積)에게 이 일을 읍소(泣訴)하는 지경에 이르렀다. 아마도 그 일을 가리킨 듯하다."

201 사직(社稷)의 송사(訟事) : 남녀의 음탕한 일로 인해 일어난 송사이다. 《주례(周禮)》 〈지관(地官) 매씨(媒氏)〉에 "무릇 남녀 간의 음탕한 일로 인해 일어난 송사는 승국(勝國)의 사직에서 다스린다."라고 한 데서 온 말이다. 승국은 전대의 왕조를 가리

하지만 기쁘게도 세속과 떨어져 있어　却喜塵寰隔
나쁜 말이 전혀 이르지 않는구나　都無惡口來
기심을 잊은 바닷가 물새만이　忘機海上鳥
때로 저물녘 조수 따라 돌아오네　時逐暮潮迴

《주례(周禮)》에 "무릇 남녀 간의 음탕한 일로 인해 일어난 송사(訟事)는 승국(勝國)의 사직(社稷)에서 다스린다."라고 하였다.

키는데, 전대 왕조의 사직은 지붕과 아래를 막아 통하지 않게 하였는데, 막힌 곳에서 남녀의 음탕한 송사를 다스리게 되면 더러운 일이 밖으로 드러나지 않게 되므로 거기서 다스렸다고 한다.

주석과 순석[202]에게 보여 주고 화답을 구하다 기미년(1679, 숙종5)

示疇淳求和 己未

나의 자취 말할 것 있으랴	賤迹寧須說
앞날은 과연 어찌될는지	前頭果若何
쓰라린 일은 모두 거두어	都將生受事
단가 장가에 넣어 읊노라	收入短長歌
각박한 풍속은 여반장(如反掌) 같음을 탄식하고	薄俗嗟飜手
쇠잔한 나이에 흐르는 물결을 한탄하네	殘年歎逝波
다행히 이렇게 조용한 날을 맞아	幸玆安靜日
이치를 담론함이 적을까 저어하노라	談理恐無多

202 순석(淳錫) : 송시열의 손자 송순석(宋淳錫, 1655~1708)이다. 송주석의 동생이다. 자는 덕보(德普)이고, 개령 현감(開寧縣監)을 지냈다. 《恩津宋氏族譜 卷14, 1887》

김이윤[203] 응택 에 대한 만사

金而潤 應澤 挽

고개 너머 뜬구름 늘 바라봤는데	嶺雲常在目
부고가 홀연 그대 죽음을 전하네	赴褫忽傳亡
절효[204]께서 남긴 미덕을 다했으니	節孝餘徽盡
향리에 훌륭한 명성 길이 전하리	鄕閭令譽長
외로운 배는 남방에서 막히고	孤舟南紀阻
무덤가 나무는 북풍에 차리라	宰木北風涼
세상사가 지금 이 지경이니	世事今如許
살아 있음이 점점 서글퍼지네	生存轉可傷

203 김이윤(金而潤) : 김응택(金應澤, 1610~1671)으로, 이윤은 그의 자이다. 본관은 해풍(海豐)이다. 송시열의 문인이다. 금산(金山)에 살았다. 《海豐金氏大同譜 卷下, 海豐金氏大宗會, 2010》

204 절효(節孝) : 김응택의 선조인 김시창(金始昌, 1472~1558)을 가리키는 것으로 보인다. 김시창은 자가 정양(廷揚), 호가 남정(嵐亭)이다. 《소학(小學)》을 독실히 공부하고 실천하였다. 효성이 지극하여 부모의 상을 치를 때에 호랑이가 와서 여막(廬幕)을 지켜 주었다고 한다. 사호(賜號)가 효절(孝節)이다. 《宋子大全 卷192 孝節金先生墓表》《송자대전수차》 권1에서 절효를 김극일(金克一)이라고 한 것은 오류이다.

김 진사[205] 익성 에 대한 만사

金進士 益聲 挽

훌륭한 아들이 때로 나를 방문하니	玉樹時相過
이런 인연으로 만나 친하게 되었지	因緣際晤親
청빈한 가운데 마음 절로 고요했고	蓬門心自靜
〈홍범〉에서 먼저 꼽은 장수 누렸다네[206]	箕範壽先陳
의로운 교육으로 집안을 다스렸고	義敎爲家政
한평생 삶을 낚시에다 맡기었네	生涯付釣綸
지금 이후로 과동[207]에는	從今瓜洞裏
원로가 한 분도 남지 않았으리	耆舊一沈淪

205 김 진사(金進士) : 김익성(金益聲, 1594~1670)으로, 본관은 청풍(淸風), 자는 사진(士振)이다. 1646년(인조24) 진사시에 합격했다. 청주(淸州)에 살았다. 《司馬榜目》《淸風金氏世譜 卷1, 淸風金氏大宗會, 2010》

206 홍범(洪範)에서……누렸다네 : 《서경》〈홍범〉에 "오복은 첫째는 장수함이고, 둘째는 부유함이고, 셋째는 강녕함이고, 넷째는 덕을 좋아함이고, 다섯째는 정명(正命)으로 마치는 것이다."라고 한 데서 온 말이다.

207 과동(瓜洞) : 청주의 목과동(木瓜洞)으로, 김익성이 살던 마을인 듯하다.

이학이[208] 숙 에 대한 만사 신유년(1681, 숙종7)

李學而 塾 挽 辛酉

귀한 아들이 가정에서 배우던 여가에	寶樹趨庭暇
때때로 이 늙은이를 종유하였지	時從老子遊
가법의 아름다움을 이로써 알았으니	因知家範懿
세속 사람들과 같은 부류 아니었네	不是世人儔
콩죽 먹어도 기쁘게 해 드림이 극진했고[209]	啜菽歡猶盡
연이은 가지[210]에 즐거움도 넉넉했네	聯枝樂且優
인생이란 참으로 밤 골짜기와 같나니[211]	人生眞夜壑
노인의 눈물이 갖옷을 적시누나	老淚爲沾裘

수구(首句)는 다른 본에 "항상 훌륭한 풍모 뵙지 못해 아쉬웠는데, 때때로 훌륭한 자제를 따라 노닐었네.〔每恨芝眉隔, 時從玉樹遊.〕"라고 되어 있다.

208 이학이(李學而) : 이숙(李塾, 1621~1680)으로, 학이는 그의 자이다. 본관은 전주(全州)이다. 벼슬은 부사과(副司果)에 이르렀다. 장남이 직재(直齋) 이기홍(李箕洪, 1641~1708)으로, 송시열의 문인이다.《宋子大全 卷199 副司果李公墓表》

209 콩죽……극진했고 : 가난한 살림에도 부모를 잘 봉양하였다는 말이다. 공자의 제자 자로(子路)가 집안이 가난해서 효도를 제대로 못한다고 탄식하자, 공자가 "콩죽을 끓여 먹고 물을 마시더라도 기쁘게 해 드리는 일을 극진히 행한다면, 그것이 바로 효이다."라고 위로했던 고사가 전한다.《禮記 檀弓下》

210 연이은 가지 : 한 뿌리에서 자라난 가지처럼 한 부모에서 나온 형제를 비유한다.

211 인생이란……같나니 : 자신의 의지와 상관없이 갑자기 죽음이 찾아온다는 의미이다.《장자(莊子)》〈대종사(大宗師)〉에 "골짜기에 배를 숨기고 못 속에 산을 숨겨 놓고 견고하다고 여기지만 그러나 밤중에 힘이 센 사람이 지고 가는데도 어리석은 사람은 모른다."라고 한 데서 온 말이다.

박군[212] 지훈 에 대한 만사
朴君 志勳 挽

유성이라는 이름난 고을에서	儒城名里邑
어릴 적부터 시서를 공부했네	少小讀詩書
과장에서 붓을 적시었을지언정	試席曾濡筆
권문세가를 붙좇지는 않았어라	侯門不曳裾
자손들이 만년에 잘 봉양하였고	子孫扶晩節
아침저녁으로 단정히 거처했는데	晨夕卽端居
홀연히 황천길로 돌아가 버리니	忽忽歸泉道
발인 날에 마을 향해 눈물 흘리네	靈辰泣井閭

212 박군(朴君) : 박지훈(朴志勳)으로, 본관이 충주(忠州)이고, 박희성(朴希聖, 1550~1624)의 손자라는 것 이외에는 미상이다.

송 참의 국택 부인 강씨[213]에 대한 만사 계해년(1683, 숙종9)

宋參議 國澤 夫人姜氏挽 癸亥

가장 번성한 우리 종족	最盛吾宗族
부인의 규방 행실 돈독했도다	夫人內行敦
귀하게 된 어진 딸을 낳더니	篤生賢女貴
이에 높으신 성비 탄생하셨네[214]	仍誕聖妃尊
장수하고 떠나시니 슬픔 기쁨 넉넉하고	壽耈悲歡足
사후에도 영예로워 예우가 성대하네[215]	哀榮禮數繁
천추토록 한 무덤에서 화락하리니	千秋同穴樂
아름다운 기운이 조교[216] 들판에 감돌리라	佳氣俎橋原

213 송……강씨(姜氏) : 송국택(宋國澤, 1597~1659)의 처 진주 강씨(晉州姜氏, 1596~1683)이다. 송국택은 본관은 은진(恩津), 자가 택지(澤之), 호는 사우당(四友堂)이다. 김장생의 문인이고, 송시열의 일가(一家)이다. 1624년(인조2) 문과에 합격하고, 벼슬이 전주 부윤(全州府尹)에 이르렀다. 문집으로 《사우당집(四友堂集)》이 전한다. 《宋子大全 卷201 全州府尹宋公墓表》

214 귀하게……탄생하셨네 : 송국택과 부인 강씨는 슬하에 4남 1녀를 두었는데, 1녀가 김우명(金佑明)에게 시집갔고, 그 사이에서 현종(顯宗)의 정비(正妃)인 명성왕후(明聖王后)가 태어났다.

215 사후(死後)에도……성대하네 : 강씨가 세상을 떠나자 숙종이 자친(慈親)의 외조모라 하여 본도(本道)로 하여금 상구(喪柩)를 호송(護送)하게 하고, 역부(役夫)를 제급(題給)하고, 장제(葬祭)에 필요한 물품을 넉넉하게 지급하게 하였다. 또한 송국택에게는 일품(一品)의 관작을, 강씨에게는 정경부인(貞敬夫人)을 추증(追贈)하였다. 《肅宗實錄 9年 2月 11日》

216 조교(俎橋) : 공주(公州) 읍치(邑治) 동쪽 50리에 있던 지명으로, 송국택과 부인 강씨의 묘소가 있던 곳이다.

공 화사[217]가 심어촌[218]에게 지어 준 시에 차운하다 을축년(1685년, 숙종11)

次龔華使贈沈漁村韻 乙丑

가정(嘉靖) 16년(1537, 중종32) 정유에 황제가 한림원 수찬(翰林院修撰) 운강(雲岡) 공용경(龔用卿), 호과 급사중(戶科給事中) 용진(龍津) 오희맹(吳希孟)[219]을 파견하여 황제의 후사(後嗣)가 탄생했음을 알리는 조서를 반포하였다. 당시 어촌(漁村) 심공 언광(沈公彥光)이 접반사(接伴使)가 되어 그들에게 경포호(鏡浦湖) 정자의 경승(景勝)을 설명하고 시를 지어 빛내 주기를 청하니, 운강이 아낌없

217 공 화사(龔華使) : 명나라의 문신 공용경이다. 자는 명치(鳴治), 호는 운강, 복건(福建) 회안(懷安) 사람이다. 1526년 진사시에 장원으로 급제하였다. 벼슬은 남경국자감 좨주(南京國子監祭酒)에 이르렀다. 저서로 《운강선고(雲岡選稿)》, 《사조선록(使朝鮮錄)》 등이 있다. 《欽定四庫全書總目》

218 심어촌(沈漁村) : 심언광(沈彥光, 1487~1540)으로, 어촌은 그의 호이다. 본관은 삼척(三陟), 자는 사형(士炯)이다. 1513년(중종8) 문과에 급제하고, 벼슬이 좌참찬에 이르렀다. 시호는 문공(文恭)이다. 문집으로 《어촌집(漁村集)》이 전한다. 1537년 명나라 사신 공용경과 오희맹이 왔을 때 정사룡(鄭士龍)과 함께 관반(館伴)이 되어 그들을 응접하였다. 심언광의 〈연보〉에 따르면, 경회루(慶會樓)에서 열린 연회에서 공용경은 심언광에게 '경호어촌(鏡湖漁村)' 네 글자를 큰 글씨로 써 주고 오언율시 한 수를 지어 부채에 적어 주었으며, 오희맹은 '해운소정(海雲小亭)' 네 글자를 큰 글씨로 써 주고 흰 비단으로 만든 부채를 선물로 주었다. 《漁村集 卷首》

219 용진(龍津) 오희맹(吳希孟) : ?~? 용진은 그의 호이다. 자는 자순(子醇)이고, 무진(武進) 사람이다. 1532년 진사시에 급제하였다. 강서 참의(江西參議), 광신 지부(廣信知府) 등을 역임하였다. 문집으로 《조대집(釣臺集)》이 있다.

이 지어 주었다. 지금 그 시가 아직도 정자의 벽에 남아 있는데, 어언 150년이 되었다. 어촌의 후손 심징 정이(沈澄靜而) 씨가 원운(原韻)을 기록해 나에게 보여 주고는 화운(和韻)해 주기를 청하였다. 아, 우리나라 사람들이 중화(中華)의 예제(禮制)를 못 본 지 이미 오래이다. 옛날을 느꺼워하고 현실을 서글퍼하며 우선 〈비풍(匪風)〉과 〈하천(下泉)〉의 감회[220]를 표현하였으니, 부디 외인(外人)에게 말하지 말도록 하라.

호수 정자의 경승을 들어 보자니	聞說湖亭勝
어느 해에 한나라 사신이 통했던가	何年漢節通
별은 소해[221]로부터 빛났었고	星從少海耀
구름은 태미[222]를 둘러 붉었어라	雲擁太微紅
좋은 시 남아 있어 너무나 기쁘니	賸喜留珠唾
다시 저홍 시[223]를 노래하게 하노라	還敎詠渚鴻

220 비풍(匪風)과 하천(下泉)의 감회 : 《시경》 〈회풍(檜風)〉의 〈비풍〉과 〈조풍(曹風)〉의 〈하천〉을 이른다. 모두 제후의 대부가 주(周)나라 왕실이 쇠미해진 것을 탄식해 읊은 시인데, 망한 왕조를 그리는 뜻으로 쓰인다. 여기서는 명나라의 멸망에 대한 애상(哀傷)을 가리킨다.

221 소해(少海) : 요동(遼東) 반도와 산동(山東) 반도에 둘러싸인 바다, 즉 발해(渤海)를 가리킨다.

222 태미(太微) : 북두성 남쪽의 별자리 이름이다. 조정 혹은 황제의 거처를 상징한다.

223 저홍(渚鴻) 시 : 《시경》 〈빈풍(豳風) 구역(九罭)〉을 가리킨다. 그 시에 "아홉 주머니의 그물에 걸린 물고기여, 송어와 방어로다. 내가 그분을 만나 보니 곤의와 수상을 입었도다. 기러기가 날아감에 물가를 따라 가나니, 공이 돌아가심에 갈 곳이 없겠는가. 너에게만 이틀 밤을 묵어가신 것이니라."라는 구절이 나온다. 이 시는 원래 주나라

황화[224]를 어떻게 다시 볼 수 있겠나　　皇華那復見
천지간에 일개 쇠한 늙은이인 걸　　天地一衰翁

원운을 붙임

흠차정사(欽差正使) 운강(雲岡) 공용경(龔用卿)

호수는 거울처럼 평탄한데　　湖水平如鏡
아스라이 창해와 통하였네　　冥冥滄海通
파도 빛은 언덕과 뒤섞여 하얗고　　潮光迷岸白
어선 등불은 물결 비추어 붉어라　　漁火射波紅
난간 기대어 돌아오는 새 바라보고　　倚檻看歸鳥
물가 임하여 돌아가는 기러기 세어 보네　　臨磯數去鴻
시골 삶이란 본래 스스로 만족하는 것　　村居原自得
이분이 갈매기 마주하는 노인이구려　　知是對鷗翁

주공(周公)이 동쪽 지방에 있을 때, 그 지방 사람들이 주공을 만나 본 것을 기뻐하여 지은 것이다. 여기서는 명나라 사신이 왔던 것을 기뻐하고 다시는 오지 못함을 아쉬워하는 뜻을 담고 있다.

224 황화(皇華) : 황제의 명을 받든 사신이라는 뜻인 황화사(皇華使)를 말한다.

납일에 손자 주석을 생각하다

臘日思疇孫

납일이 오늘 아침에 이르고 보니	臘日今朝至
허둥지둥 한 해가 벌써 끝이로구나	蒼茫歲已遒
굶주린 까마귀는 고목에서 울고	飢烏啼古木
차가운 눈은 괜한 시름을 뒤덮네	寒雪擁閑愁
팔십이란 나이가 다가오는데	八十年華逼
삼천 세계는 넓기만 하여라	三千世界優
궁중에서 입직한 일 무단히 생각하매	無端思禁直
두 귀밑머리는 몇 가닥이나 세었는지	雙鬢幾莖秋

섣달그믐에

除日

을축년(1685, 숙종11)은 오늘 밤으로 다하고　乙丑今宵盡
내일 아침은 병인년(1686)이네　明朝是丙寅
옛 병인년은 천계 육년[225]이었으나　舊爲天啓六
이제는 윤위[226]의 시대로 들어섰다네　今入閏餘旬
봉황 책력[227] 행해진 때 기억조차 어려운데　鳳曆行難記
용의 상여[228] 떠나신 지 몇 해나 되었던고　龍輴去幾春
외로운 신하가 백발로 우니　孤臣啼白首
눈물 다 마르자 새벽이 되려 하네　淚盡夜將晨

명나라 선비들은 원(元)나라를 윤위로 여겼다.

225 천계(天啓) 육년 : 1626년(인조4)이다. 천계는 명나라 희종(熹宗)의 연호로, 기간은 1621년부터 1627년까지이다.

226 윤위(閏位) : 정통이 아닌 임금의 자리라는 뜻으로, 청나라를 가리킨다.

227 봉황(鳳凰) 책력(冊曆) : 황제가 내려 주는 책력을 뜻한다. '봉력(鳳曆)'이라고도 한다. 여기서는 명나라의 책력을 의미한다.

228 용(龍)의 상여(喪輿) : 명나라 의종황제(毅宗皇帝)의 죽음을 뜻한다.

병인년(1686, 숙종12) 한식에 두보(杜甫)의 시에 화운하다
丙寅寒食和杜

오늘 아침에 한식이 이르니	今朝寒食至
봄은 빈한한 선비 비웃는 듯	春物笑寒儒
언덕 위에 뭇 방초는 곱고	岸上群芳嫩
구름 가에 한 봉우리 외로워라	雲邊一岫孤
순 임금 때 나타난 봉황을 길이 생각하매[229]	長思儀舜鳳
정자를 능멸했던 소동파가 외려 괴이하네[230]	還怪侮程蘇
적막한 빈 산 속에서	寂寞空山裏
단정히 사는 것이 평탄한 길이로다	端居是坦途

229 순……생각하매 : 봉황마저 나타나 춤추게 할 정도로 훌륭했던 성인의 교화를 생각한다는 뜻이다. 《서경》 〈익직(益稷)〉에 "당(堂) 아래에는 관악기와 도고를 진열하고, 음악을 합주하고 멈추되 축과 어로 하며, 생과 용을 번갈아 울리니, 새와 짐승이 너울너울 춤을 추며, 〈소소〉를 아홉 번 연주하자, 봉황이 와서 춤을 추었다.〔下管鼗鼓, 合止柷敔, 笙鏞以間, 鳥獸蹌蹌, 簫韶九成, 鳳皇來儀.〕"라는 말이 나온다. 〈소소〉는 순 임금의 음악이다.

230 정자(程子)를……괴이하네 : 사마광(司馬光)의 상(喪)에 조문하는 일로 소식(蘇軾)이 정이(程頤)를 능멸했던 일을 가리킨다. 당시 조정에 경사(慶事)가 있어 관원들이 하례를 마치고 사마광의 상에 조문을 가고자 하였다. 이에 정자는 "공자(孔子)는 이날 곡하면 노래하지 않았다."라는 말로 불가하다는 의견을 제시했다. 그러자 다른 관원들이 "공자는 곡한 날에 노래하지 않는다고 하였지, 노래한 날에 곡하지 않는다고는 말하지 않았다."라고 하면서 동의하지 않았는데, 그 자리에 있던 소식이 비속한 말을 써서 정이를 비웃었다. 《宋名臣言行錄 外集 卷3 程頤伊川先生正公》 이 구절은 순 임금과 같은 성인을 배우고자 했던 정이가 도리어 소식에게 능욕을 당한 것이 이상하다는 말로, 송시열 당시의 세태를 비유한 듯하다.

손자 주석의 시에 다시 차운하다 병인년(1686, 숙종12)

還次疇孫 丙寅

시냇물이 유장하다고 하나	溪水雖云永
내가 너를 그리는 것만 하랴	何如我爾思
천 그루 나뭇잎에 서리 내리고	霜來千樹葉
서통(書筒)에는 오언시 들어 있네	筒有五言詩
물이 차니 물고기는 비늘 숨기고	水冷魚鱗戢
하늘 광활하니 기러기 그림자 느릿하여라	天長雁影遲
서신을 부칠 수 없기에	音書憑不得
맑은 밤 꿈에서 만나길 기약하련다	淸夜夢爲期

안생[231] 응인 에 대한 만사
安生 應寅 挽

그대 집안 대대로 다 장수했기에　君世皆仁壽
그대도 백 년 살리라 기대했거늘　期君亦百年
어찌하여 오히려 백면서생인 채　如何猶白面
이토록 갑자기 황천으로 떠나는가　乃爾遽黃泉
새벽달이 호리[232]에 슬프리며　曉月悲蒿里
새 무덤길엔 두견새가 울리라　新阡哭杜鵑
남은 사람이 벗을 그리는 눈물　餘生懷舊淚
만사를 대하니 다시 줄줄 흐른다　臨挽更潸然

231 안생(安生) : 안응인(安應寅, 1626~?)으로, 본관은 광주(廣州), 자는 인경(仁卿)이다. 보은(報恩)에 살았다. 자세한 행적은 미상이다. 《廣州安氏大同譜 卷1, 廣州安氏大同譜所, 1983》

232 호리(蒿里) : 태산(泰山) 남쪽에 있는 산 이름이다. 죽은 사람을 매장하는 장소로 사용되어 훗날 묘지를 뜻하는 말로 쓰이게 되었다.

권 처사[233] 지 에 대한 만사

權處士 誌 挽

일찌감치 가업을 전수받았고 早歲傳家業
중년에는 처사의 몸이었네 中年處士身
전원에서 세월을 이어 가니 丘園綿日月
덕의가 향리에 충만하였지 德義滿鄕隣
스스로 경박함을 깊이 부끄러워해 自愧浮佻甚
일찍이 장자(長者)를 자주 추종하였네 嘗趨杖履頻
이생에서 어이 다시 만나랴 此生那復見
눈물 흩뿌리며 창천을 우러르네 揮淚仰蒼旻

233 권 처사(權處士) : 권지(權誌, 1586~1652)로, 본관은 안동(安東), 자는 숙우(叔訏), 호는 만송(萬松)이다. 탄옹(炭翁) 권시(權諰)의 종형(從兄)이다. 《安東權氏樞密公派大譜 卷11, 安東權氏樞密公派大譜編纂委員會, 2004》

김 부정[234] 우엄 에 대한 만사

金副正 友淹 挽

추포의 연원이 심원하니	秋浦淵源遠
파산 한 줄기가 이어졌네[235]	坡山一脈傳
문도 가운데 공이 유독 빼어났고	門徒公獨秀
풍채도 세상에 견줄 자 없었도다	風采世無肩
사당에선 몇 길 담장을 우러렀고[236]	廟院瞻墻仞
강호에다 낚싯배를 매었다네	江湖繫釣船

234 김 부정(金副正) : 김우엄(金友淹, 1584～1662)으로, 본관은 강릉(江陵), 자는 자범(子范)이다. 추포(秋浦) 황신(黃愼)의 문인이다. 천거로 출사하여 진산 군수(珍山郡守), 군기시 부정(軍器寺副正) 등을 역임했다. 《魯西遺稿 卷18 通訓大夫行軍器寺副正金公墓誌銘》

235 추포의……이어졌네 : 추포는 황신의 호이고, 파산(坡山)은 우계(牛溪) 성혼(成渾)이 살던 파주(坡州)이다. 김우엄이 황신의 문인이고, 황신이 성혼의 문인이므로 이렇게 말한 것이다.

236 사당(祠堂)에선……우러렀고 : 김우엄이 황신의 사당 곁에 살며 스승을 존모했다는 말이다. '몇 길 담장'은 스승의 학문과 덕행을 비유한 말로, 공자 제자 자공(子貢)이 "궁궐의 담장에 비유하자면 나의 담장은 어깨 높이라 살림살이의 좋음을 엿볼 수 있지만, 공자의 담장은 몇 길이라 문을 통해 들어가 보지 못하면 종묘의 아름다움과 백관의 성대함을 알 수가 없다."라고 한 데서 온 말이다. 《論語 子張》 김우엄의 묘지명에 "추포 황공이 물러나 창강(滄江) 가에 터를 잡고 살았는데, 종유하던 선비들이 추포의 사당을 세우고 높여 향사(享祀)하였다. 부정 김공이 추포에게 어려서 배웠는데, 만년에 관직을 그만두고 사당 아래로 와서 머물면서 스승을 우러르다가 여생을 마칠 계획을 세웠다."라고 하였다.

선친의 친구 분들 이제 다 떠나시니　　如今先友盡
서쪽 바라보매 두 눈에 눈물 맺히누나　　西望涕雙懸

송생[237] 규정 에 대한 만사

宋生 奎精 挽

팔십 년 인생 다하고 나니	八十年華盡
슬픔과 기쁨은 일장춘몽이라	悲歡一夢餘
시종일관 온전히 소박함을 지켰기에	始終全守拙
향리에서 많은 칭송받았다네	鄕里故多譽
영원한 안식처는 선영에 잇닿았고	永宅仍先兆
꽃피는 봄은 살던 옛집 둘러쳤네	芳春鎖舊居
쇠잔한 목숨 아직도 죽지 않아	殘生猶未死
송별하며 옷깃에 눈물 흠뻑 적시네	相送涕盈裾

237 송생(宋生) : 송규정(宋奎精, 1606~1683)으로, 본관은 은진, 자는 수부(粹夫)이다. 송시열의 먼 일가이다. 자세한 행적은 미상이다. 《恩津宋氏族譜 卷5, 1887》

여군[238] 위재 에 대한 만사

呂君 渭載 挽

눈물 말랐다고 정이 어찌 다했으랴　　淚盡情何極
황천으로 떠난 길이 이미 아득하네　　泉臺路已遙
죽마 타던 옛 시절 돌이켜 생각나고　　追思葱竹舊
물가 언덕에서 부르던 일 괜히 떠오르네　　空憶水丘招
세상사를 그대 모두 사절하였기에　　世事君都謝
남은 생애 이 몸은 기댈 곳 없네　　餘生我莫聊
슬퍼할 날이 얼마 남지 않았음을 아노니　　還知悲不幾
머리는 희어지고 치아도 흔들린다오　　頭白齒幷搖

238 여군(呂君) : 여위재(呂渭載, 1604~?)로, 본관은 함양(咸陽), 자는 자진(子眞)이다. 옥천(沃川)에 살았다. 어렸을 때부터 송시열과 친교가 있었다. 자세한 행적은 미상이다. 《咸陽呂氏庚辰大同譜 卷2, 咸陽呂氏大宗會, 2003》

송군[239] 이홍 에 대한 만사
宋君 以興 挽

쌍청 선조 남기신 경사 멀리 미치고	雙淸餘慶遠
의부[240]의 가르침이 면면히 이어져서	儀部敎思綿
서리와 이슬이 내리면 함께 슬퍼하고[241]	霜露同悽愴
증제와 상제[242]를 지내면 같이 재계했지	蒸嘗共吉蠲
바야흐로 화수 모임 닦고 있었거늘	方修花樹會
상여가 나가는 걸 갑자기 보았어라	遽見柳車遷
장포[243]에서 연명하는 쇠잔한 목숨	漳浦殘生在
만사 짓는데 눈물이 절로 맺히누나	題詞淚自懸

239 송군(宋君) : 송이흥(宋以興, 1584～1657)으로, 본관은 은진, 자는 태보(泰甫)이다. 쌍청당 송유의 후손으로, 송시열의 먼 일가이며, 석곡(石谷) 송상민(宋尙敏, 1626～1679)의 백부(伯父)이다. 군자감 참봉(軍資監參奉)을 역임했다. 자세한 행적은 미상이다. 《恩津宋氏族譜 卷17, 1887》

240 의부(儀部) : 예조(禮曹)의 별칭으로, 송이흥과 송시열의 6대조인 예조 정랑 송순년(宋順年)을 가리킨다. 《宋子大全隨箚 卷1》

241 서리와……슬퍼하고 : 가을이 되면 함께 조상을 추모한다는 말이다. 《예기》〈제의(祭義)〉에 "서리와 이슬이 내렸을 때 군자가 그것을 밟게 되면 반드시 슬픈 마음이 일어나니, 추워서 그런 것이 아니다. 봄에 우로가 내려 적셨을 때 군자가 그것을 밟게 되면 반드시 섬뜩하게 두려운 마음이 생기면서 마치 죽은 부모를 곧 만날 것 같은 생각이 들게 된다."라는 말이 있다.

242 증제(蒸祭)와 상제(嘗祭) : 본래 종묘에 올리는 겨울 제사와 가을 제사를 가리키는데, 전하여 일반적인 제사를 의미한다.

243 장포(漳浦) : 107쪽 주181 참조.

이 참봉[244] 복초 에 대한 만사 정묘년(1687, 숙종13)

李參奉 復初 挽 丁卯

안탑에다 일찌감치 제명하여[245]	雁塔題名早
성균관 천거에 자주 올랐었고	黌堂薦剡頻
전원에서 오랜 세월 보냈기에	田園多歲月
훌륭한 덕행이 향리에 충만했네	行義滿鄕隣
칠십 년 수명 다했으니	七十年華盡
삼천세계가 새로우리라	三千世界新
쇠잔한 늙은이가 빈 골짝에 누워	衰翁空谷臥
동쪽 보며 수건에 눈물 흠뻑 적시네	東望淚盈巾

244 이 참봉(李參奉) : 이복초(李復初, 1612~1687)로, 본관은 덕수(德水), 자는 무회(无悔), 호는 행당(杏堂)이다. 병자호란 때 옥천(沃川), 영동(永同) 등지에서 의병장으로 활동하였다. 1650년(효종1) 생원시에 합격하고, 1684년에 광릉 참봉(光陵參奉)에 제수되었다. 옥천에 살았다. 《承政院日記》《德水李氏世譜 義編, 德水李氏世譜刊行委員會, 2001》

245 안탑(雁塔)에다 일찌감치 제명(題名)하여 : 이복초가 생원시에 합격한 것을 의미한다. 당나라 때 진사(進士)에 새로 급제한 사람들이 대안탑(大雁塔)에 자신의 이름을 써 붙인 고사에서 유래한 말로, 안탑은 중국 서안(西安) 자은사(慈恩寺)에 있던 대안탑을 가리킨다.

한벽 사군 김중화[246]의 시에 차운하다 무진년(1688,. 숙종14)

次寒碧使君金仲和韻 戊辰

〈관란사〉[247] 한 번 노래 부르고	觀瀾詞一唱
물가에다 세 칸 집을 지었네	臨水屋三間
손님 사절하여 별일은 없으나	謝客渾無事
책을 읽느라 한가롭지 않네그려	看書却未閒
파계[248]의 물 차갑게 옥처럼 부서지고	巴溪寒碎玉
속리산 돌 깎여서 산이 되었어라	離石削爲山
흥이 일어 벗님 불러 놀러 나갔다가	興至呼朋去
시 읊으며 말 타고 집으로 돌아오네	長吟信馬還

246 한벽 사군(寒碧使君) 김중화(金仲和) : 청풍 부사(淸風府使)로 있던 김창협(金昌協, 1651~1708)을 가리킨다. 한벽은 청풍의 객관(客館) 동쪽에 있던 한벽루(寒碧樓)를 가리키는데, 청풍의 별칭으로 쓰였다. 김창협은 본관은 안동(安東), 자는 중화, 호는 농암(農巖)·삼주(三洲)이다. 좌의정 김상헌(金尙憲)의 증손자이고, 김수항(金壽恒)의 아들이다. 벼슬이 판서에 이르렀다. 숙종의 묘정에 배향되었으며, 시호는 문간(文簡)이다. 문집으로 《농암집(農巖集)》이 전한다.

247 관란사(觀瀾詞) : 주희가 지은 사(詞)이다. 전문(全文)은 전하지 않는 것으로 보인다. 주희의 문인(門人)이 《논어》 〈자한(子罕)〉의 자재천상장(子在川上章)에 대해 묻자, 주희가 "이것은 도체(道體)를 형용한 것이네.……내가 일찍이 다른 사람을 위해 〈관란사〉를 지었는데, 그 내용에 '시냇물의 흐름이 쉬지 않음을 보고, 도의 근원이 무궁함을 깨닫노라.'라는 두 구절이 있네."라고 하였다. 《朱子語類 卷37》

248 파계(巴溪) : 파곡(巴谷)의 시내를 가리킨다. 파곡은 속리산 화양동(華陽洞)과 선유동(仙遊洞) 사이의 계곡이다.

서산의 절에서 손자에게 지어 보이다[249]

西山寺示孫兒

봄날 서산의 산사에 와서	春日西山寺
냉이 뿌리를 캐어 먹누나[250]	來吾喫薺根
독서는 고요해야 마땅하고	看書宜靜閴
학문은 익숙해짐이 귀중하네	爲學貴燖溫
다만 게으른 습성에 이끌려	祇恐牽懶習
가르침에 부응 못할까 두렵구나	未能副誨言
원컨대 한자의 시[251]에 화운하여	願賡韓子作
어린 손자에게 보여 깨우치고저	示警小孫昏

249 서산(西山)의……보이다 : 《송자대전수차》 권1에 따르면, 이 시는 송시열의 손자 송주석(宋疇錫)이 지은 시가 《송자대전》에 잘못 혼입된 것이며, 이 시를 송시열이 차운한 것이 바로 본권에 수록되어 있는 〈손자 주석이 서산에서 독서하며 지은 시에 차운하다〔次疇孫西山讀書韻〕〉이다. 실제로 송주석의 문집인 《봉곡집(鳳谷集)》 권1에 〈장수암음상왕부(長壽庵吟上王父)〉라는 제목으로 동일한 시가 수록되어 있다. 다만 말구에 "한자의 시에 화운하시어, 때로 어린 손자를 깨우쳐 주소서.〔請賡韓子作, 時警小孫昏.〕"라고 하여 두 글자의 차이가 있다. 서산은 옥천(沃川)과 금산(錦山)의 경계에 있는 서대산(西臺山)을 가리킨다.

250 봄날……먹누나 : 주희의 문인 채원정(蔡元定)이 젊은 시절에 서산에 올라 냉이나물로 허기를 달래며 학문에 열중하였다는 고사에서 온 말이다. 《宋史 儒林列傳 蔡元定》 산의 이름이 같아 이렇게 표현한 것이다.

251 한자(韓子)의 시 : 당나라 문인 한유(韓愈)가 아들 한창(韓昶)이 장안(長安) 남쪽 성남(城南)으로 독서하러 갈 때 면려하기 위해 지은 〈부독서성남(符讀書城南)〉 시를 가리킨다.

정 회덕 익주 의 대부인[252]에 대한 만사

鄭懷德 翊周 大夫人挽

기량의 아내[253] 같은 법도를 지녔고	杞室存儀則
도간의 모친[254]처럼 의방을 밝혔었네	陶闈著義方
세 아들이 나란히 죽부를 찼거니와[255]	三郎齊佩竹

252 정 회덕(鄭懷德)의 대부인 : 정늑(鄭玏)의 부인이자, 정익주(鄭翊周, 1643~?)의 모친인 전주 이씨(全州李氏)를 가리킨다. 정익주는 본관은 해주(海州), 자는 익경(翊卿)이다. 1675년(숙종1) 생원시에 합격하고, 회덕 현감, 형조 좌랑 등을 역임하였다. 송시열이 정늑의 묘표를 지었다. 《司馬榜目》《承政院日記》《宋子大全 卷198 學生鄭君墓表》

253 기량(杞梁)의 아내 : 제(齊)나라 장공(莊公)이 거(莒)나라를 공격할 때 대부(大夫) 기량이 전사하였다. 기량의 아내가 길에서 남편의 영구(靈柩)를 맞아 슬피 울고 있었는데, 장공이 사람을 시켜 조문하였다. 기량의 아내가 조문하러 온 사람에게 말하기를 "임금의 신하가 죄를 지었다면 기시(棄市)하고 그 처첩(妻妾)은 구속해야 할 것이요, 죄를 면했다면 선인(先人)이 살던 집이 있으니 길에서 조문하여 군명(君命)을 욕되게 하지 마십시오."라고 하였다. 길에서 조문을 하는 것은 예가 아니었으므로 기량의 처가 예법에 입각하여 따졌던 것이다. 《禮記 檀弓下》

254 도간(陶侃)의 모친 : 동진(東晉) 때 명장(名將) 도간의 모친은 담씨(湛氏)로, 첩으로 들어와 도간을 낳았다. 집이 매우 가난하였으므로 부지런히 베를 짜서 도간을 뒷바라지하여 아들이 좋은 벗을 사귀게 하였다. 도간이 젊은 시절에 심양현(潯陽縣)의 어시장을 관리하는 아전이 되자 모친에게 절인 생선을 보냈는데, 생선을 받은 담씨는 "네가 관리가 되어 관(官)의 물품을 나에게 보내는 것은 나에게 도움이 되지 않을 뿐만 아니라, 도리어 나의 근심을 더하게 하는구나."라고 아들을 꾸짖었다. 《晉書 列女列傳》

255 세……찼거니와 : 세 아들이 고을 수령이 되었다는 말이다. 죽부(竹符)는 지방 장관이 차던 부절이다. 전주 이씨 부인 소생 다섯 아들 가운데 장남인 정한주(鄭翰周),

무관인 한 아들은 변방도 지켰다네[256]	一弁亦乘障
우술[257]은 수령 노릇 오래했고	雨述專城久
장산[258]은 좌해에서 바빴었지	獐山左海忙
덩그러니 남은 채의 입고 춤추던 곳에[259]	空餘舞彩地
아이나 늙은이나 모두 슬퍼하누나	稚老共悲傷

셋째인 정익주, 넷째인 정상주(鄭翔周)가 고을 수령을 지냈다.

256 무관(武官)인……지켰다네 : 넷째 아들 정상주는 무과 출신이었다.

257 우술(雨述) : 회덕의 고호(古號)로, 회덕 현감을 지낸 정익주를 가리킨다.

258 장산(獐山) : 경산(慶山)의 고호로, 경산 현령을 지낸 정한주를 가리킨다.

259 채의(彩衣)……곳에 : 초(楚)나라 때 효자인 노래자(老萊子)가 70세가 되어서도 어린아이처럼 채의를 입고 춤을 추어 부모를 기쁘게 했다는 고사를 인용하여, 자손들이 효도를 다하였음을 밝힌 것이다.

박 아산 안건 의 부인 송씨[260]에 대한 만사

朴牙山 安建 夫人宋氏挽

부친 형제분들 다 세상 떠나시니	諸父皆淪謝
우리 고모 남아 전형을 지니셨지	吾姑尙典刑
몇 년이나 나를 보살펴 주셨던고	幾年存撫愛
고단한 내게 족히 위로되었다네	猶足慰零丁
천상으로 신선 수레 타고 가시니	天上鸞驂去
인간 세상에는 여사[261]가 이루어졌네	人間女史成
만사 지으며 눈물을 닦노라니	題詞抆血淚
고로한 삶이 더욱 고달파지네	孤露轉竛竮

260 박……송씨(宋氏) : 송시열의 종조부 송응광(宋應光)의 딸인 은진 송씨(1577~1653)로, 송시열에게 당고모가 된다. 박안건(朴安建, 1574~1661)은 본관은 밀양(密陽), 자는 사건(士建)이다. 아산 현감(牙山縣監), 사헌부 감찰 등을 역임하였다. 《宋子大全 卷194 牙山縣監朴公墓表》

261 여사(女史) : 본래 고대에 궁중에서 후비(后妃)의 일을 기록하던 여자 사관(史官)을 뜻하는데, 여기서는 훌륭한 여인의 행적을 기록한 역사서를 의미한다.

민 양주[262] 진량 에 대한 만사

閔楊州 晉亮 挽

모친과 아들 그리고 손자 삼대가	母子孫三世
한 해에 세상을 떠나 버리고[263]	凋零一歲中
지금 공이 또 일어나지 못하니	今公仍不起
이러한 이치를 끝내 누가 따지랴	此理竟誰窮
청빈한 유풍이 심원하거늘	氷蘗遺風遠
가전의 구업은 속절없어라	箕裘舊業空
멀리에서 한 줌 눈물을	遙將一掬淚
석양빛에 서풍에다 뿌리노라	殘照洒西風

262 민 양주(閔楊州) : 민진량(閔晉亮, 1602~1671)으로, 본관은 여흥(驪興), 자는 명윤(明允), 호는 구졸(九拙)이다. 판서 민성휘(閔聖徽)의 아들이다. 1635년(인조13) 진사시에 합격하고, 성천 부사(成川府使), 양주 목사(楊州牧使) 등을 역임하였다. 《宋子大全 卷178 楊州牧使閔公墓碣銘》

263 모친과……버리고 : 민진량의 계비(繼妣) 창원 황씨(昌原黃氏)와 아들 민주면(閔周冕), 손자 민치옹(閔致雍)이 1670년(현종11)에 모두 세상을 떠났다.

이 좌랑[264] 즙 에 대한 만사

李佐郎 檝 挽

선공께서는 지난날에	先公在昔日
일찍이 대현과 노니셨지[265]	曾與大賢遊
선배들 추대는 대단하였고	前輩推排甚
아들의 계승은 훌륭하였네	家兒繼述優
강호에서 한가한 생계 꾸려 나가며	江湖閑計活
전원에다 덧없는 삶을 맡겼었거늘	田野任浮休
갑작스레 황천으로 돌아갔으니	遽爾歸泉壤
선경[266]이 자손에게 유전되리라	惟應善慶流

264 이 좌랑(李佐郎) : 이즙(李檝, 1604~?)으로, 본관은 진위(振威), 자는 이제(而濟)이다. 공조 좌랑에 제수되었으나 나아가지 않았다. 윤선거(尹宣擧)에게 중봉(重峯) 조헌(趙憲)의 위판(位版)을 고쳐 쓰는 일을 맡기려고 하자, 이를 반대하여 주위의 인정을 받았다. 아들인 풍계(楓溪) 이경화(李景華, 1629~1706)가 송시열의 문인이다.《鼓山集 卷11 楓溪李公墓碣銘》《楓溪集 卷3 先德錄》

265 선공(先公)께서는……노니셨지 : 이즙의 부친 이종언(李宗彦, 1568~?)이 중봉 조헌의 문인이었으므로 이렇게 말한 것이다.

266 선경(善慶) : 조상이 선덕을 쌓아 자손에게 끼친 복록을 일컫는다.《주역》〈곤괘(坤卦) 문언(文言)〉에 "선행을 쌓은 집안은 반드시 자손에게 남은 경사가 있다.〔積善之家, 必有餘慶.〕"라는 말이 나온다.

오언 배율 五言排律

효종대왕에 대한 만장 기해년(1659, 효종10)

孝宗大王挽章 己亥

주자의 영부릉에 대한 만장[267]의 운을 썼다.

나라를 중명[268]으로 받으시니	國以重明受
하늘이 빛나는 사업을 창성케 하였네	天教赫業昌
응당 순 임금 우 임금에 견줄 만하니	自應侔舜禹
어찌 한 고조와 광무제에 비할쏜가	何足數高光
효도와 우애는 천륜에 돈독했고	孝友惇天叙
문명은 바다 끝까지 환하였네	文明煥海疆
도의 마음은 위대한 천명에 응하였고	道心膺駿命
신명한 무덕은 오랑캐를 두렵게 했지	神武讋蠻鄉
높다란 연대[269] 세운 듯 선비를 예우하고	禮士燕臺峻

267 주자의……만장 : 주희가 지은 〈효종황제만가사(孝宗皇帝挽歌詞)〉를 가리킨다. 영부릉(永阜陵)은 송 효종(宋孝宗)의 능이다. 《晦菴集 卷9 孝宗皇帝挽歌詞》

268 중명(重明) : 매우 밝음을 뜻하는데, 세자(世子)의 밝은 덕을 비유하는 말로 쓰인다. 《주역》 〈이괘(離卦) 단(彖)〉에 "거듭 밝음으로 바름에 붙어 천하를 교화한다.〔重明以麗乎正, 乃化成天下.〕"라고 하였다.

269 연대(燕臺) : 전국 시대 연 소왕(燕昭王)이 천하의 현사(賢士)를 초빙하기 위해 지은 누대이다. 누대 위에 현사에게 줄 황금을 쌓아 두었기 때문에 황금대(黃金臺)라고도 부른다.

넘치던 한나라 은택처럼 백성을 쉬게 했네　休民漢澤滂
성대히 도열한 호위 군사 삼엄하였고　張皇森虎旅
엄숙히 늘어선 조정 신하 정연하였네　肅穆振鵷行
봄바람이 불자 만물이 움트는 듯　物茁春噓後
태양이 비추니 도깨비가 숨는 듯　魑藏日照傍
높은 행실은 변고를 대처함에서 보았고　行高看處變
극진한 예절은 상을 치르는 데서 알았네　禮盡見居喪
우주 같은 마음에 깊은 수치 품으셨으니　宇宙懷深恥
풍진 겪으며 남모르는 상처 지니셨다네　風塵有暗傷
사슴의 마음 있어 들풀을 좋아했지만[270]　麋心安野草
봉황의 조서에 하늘 향기 담겼었네　鳳詔帶天香
비워 놓은 자리 외롭게 할 수 없었으니　未敢孤虛席
어찌 괄낭[271]을 지킬 수 있었으랴　那能守括囊
큰 은혜 보답하기도 어려운데　鴻恩難報答
성덕을 어떻게 다 선양하겠는가　聖德曷揄揚
바야흐로 장수하시길 빌었거늘　方祝岡陵壽
빨리 돌아가실 줄 누가 알았던고　誰知劍舃忙
애통함은 남기신 뜻에 맺혀 있고　慟緣遺意結
한스러움은 말 없는 가운데 길다오　恨在不言長

270 사슴의……좋아했지만 : 송시열이 사슴처럼 초야에 묻혀 살려는 뜻을 지녔었다는 말이다.

271 괄낭(括囊) : 주머니를 여민다는 뜻으로, 자신의 재지(才智)를 감추고 침묵하는 것을 말한다. 《주역》〈곤괘(坤卦) 육사(六四)〉에 "주머니 끈을 묶듯이 하면 허물도 없고 칭찬도 없을 것이다.〔括囊, 无咎无譽.〕"라는 말이 나온다.

병든 채 외로운 여관에 머무르며	疾病淹孤館
궁중에서 추창하던 일 떠올리고	趨蹌憶內廂
편지[272] 안고서 항상 눈물 흘리는데	抱書常涕泣
지문[273] 지음에 정말 슬프고 두려워라	誌琰劇悲惶
지난 일을 어찌 거듭 말하랴	往昔堪重說
광망하고 어리석어 너무나 부끄럽네	狂愚愧不量
평소 배 속에 가득한 혈심으로	平生滿腔血
백발 신하가 슬픈 만장을 쓰네	白首寫哀章

272 편지 : 효종이 승하하기 직전에 송시열에게 내렸던 비밀 편지를 가리킨다. 국정(國政)을 닦고 청나라를 물리치는 일을 의논한 편지였다.

273 지문(誌文) : 효종의 지문이다. 효종이 1659년 5월에 승하하자, 송시열이 그해 9월에 지어 올렸다.

명성왕후[274]에 대한 만장 갑자년(1684, 숙종10)

明聖王后挽章 甲子

참으로 태강과 태임[275]의 덕을 지니셨고	允矣姜任德
드높은 마씨와 등씨[276] 같은 가문이었지	巍乎馬鄧門
일찍이 세 성인[277]의 간택에 응하셨고	夙膺三聖簡
이어서 네 조정[278]을 섬기셨도다	仍事四朝尊
내명부 법도에 온유함이 드러났고	嬪則柔嘉著
궁정에 훌륭한 명성이 성대했어라	宮庭令譽繁
정성 다해 임금을 받드셨으며	殫誠修觳冕
효성으로 제전을 바치셨다네	追孝奉蘋蘩
주나라의 훌륭한 신하 한 분이 될 만하셨거니와[279]	可一周臣亂

274 명성왕후(明聖王后) : 1642~1684. 현종(顯宗)의 비로, 청풍부원군(淸風府院君) 김우명(金佑明)의 딸이다.

275 태강(太姜)과 태임(太任) : 태강은 주나라 태왕(太王)의 후비(后妃)이고, 태임은 왕계(王季)의 후비이자 문왕(文王)의 모친이다. 모두 어진 후비의 대표적인 인물이다.

276 마씨(馬氏)와 등씨(鄧氏) : 마씨는 명제(明帝)의 후비가 된 동한(東漢) 마원(馬援)의 딸을 가리키고, 등씨는 화제(和帝)의 후비가 된 등질(鄧騭)의 딸을 가리킨다.

277 세 성인 : 1651년(효종2) 명성왕후를 세자빈(世子嬪)으로 간택했던 인조의 계비(繼妃) 장렬왕후(莊烈王后), 효종, 효종의 후비 인선왕후(仁宣王后)를 가리키는 것으로 보인다.

278 네 조정 : 인조, 효종, 현종, 숙종을 가리킨다.

279 주나라의……만하셨거니와 : 명성왕후를 무왕(武王)의 후비 읍강(邑姜)에 비견한 말이다. 《서경》 〈태서 중(泰誓中)〉에 "나는 잘 다스리는 신하 10인이 있는데, 마음이

땅의 순후한 곤덕에도 참여할 만하셨네	能參地勢坤
온 나라에 은택을 베풀어 주시고	寰區流惠澤
친속과는 사사로운 은혜 끊으셨는데	親屬絶私恩
홀연 하늘이 무너지는 아픔을 당하시더니[280]	奄値天崩痛
다시 세상의 운수가 막혀 버렸네	還遭世運屯
음탕한 무리가 바야흐로 발호하고	淫朋方奰屭
부정한 의논이 한창 끓어오르자	邪議政騰喧
주렴 앞에 인대하여 뭇 간사함의 실상을 밝히시고[281]	簾對昭群慝
군신을 속이는 자를 한마디 말로 규명하셨지	邦誣白一言
사류가 마침내 화를 면하였고	士流終不禍

같고 덕이 같다."라고 한 데서 온 말이다. 10인은 주공 단(周公旦), 소공 석(召公奭), 태공망(太公望), 필공(畢公), 영공(榮公), 태전(太顚), 굉요(閎夭), 산의생(散宜生), 남궁괄(南宮适), 문모(文母)로, 문모가 바로 읍강이다.

280 하늘이……당하시더니 : 현종이 1674년(현종15) 승하한 일을 가리킨다.

281 주렴(珠簾)……밝히시고 : 1675년 3월 숙종의 외조부이자 명성왕후의 부친인 청풍부원군 김우명이 상소를 올려 인평대군(麟坪大君)의 아들인 복창군(福昌君) 이정(李楨), 복선군(福善君) 이남(李枏), 복평군(福平君) 이연(李㮒) 즉 이른바 '삼복(三福)'의 처벌을 요구하였다. 복창군과 복평군이 임금의 총애를 믿고 궁녀와 간통하여 자식까지 낳았다는 것이었다. 국문(鞫問)을 하였음에도 삼복은 혐의를 완강히 부인하였다. 숙종이 이들의 무죄를 인정하고 석방하자, 명성왕후가 나섰다. 숙종이 허적(許積), 권대운(權大運) 등 여러 신하를 만난 자리에서 명성왕후가 대성통곡한 뒤에 삼복의 죄상이 사실임을 주장해 결국 복창군과 복평군을 유배하게 하였다. 이 사건이 이른바 '홍수(紅袖)의 변(變)'이다. 김우명의 상소에 대해 남인(南人)들이 애매한 일이라고 하여 처벌을 반대하자, 명성왕후가 영의정 허적을 비롯한 상신(相臣)들을 주렴 앞으로 불러 "너희들이 감히 내가 목도한 일을 애매하다고 하는가."라고 대성통곡하였다고 한다.《肅宗實錄 9年 12月 28日》《宋子大全隨箚 卷1》

종사가 다행히 다시 보존되었어라 宗祏幸重存
성상의 계책을 남몰래 많이 도왔으니 睿算多陰助
왕의 주벌에 억울함 있을까 경계했네 王誅戒或寃
높은 공은 원래 주재하지 않고 隆功元不宰
신의 조화는 전혀 흔적 없는 것 神化絶無痕
자모의 자태가 독실하니 칭송 넘치고 頌溢慈儀篤
성상의 효성이 돈독하니 환희 드높았네 歡騰聖孝敦
지난날 임금께서 질병에 걸리시자 日君嬰疾疹
하늘 같은 모친으로 근심을 다하시며 天只劇憂煩
자신이 대신하길 목욕재계로 기원하여 請代頻齊沐
아침저녁 할 것 없이 수고를 다하셨지[282] 勞身罔早昏
나라의 경사가 펴짐을 겨우 들었거늘 纔聞邦慶布
부음이 전해 옴을 어찌 차마 보겠는가 忍見訃車奔
폐단을 줄이라는 유명을 내리시어[283] 省弊頒遺命
후손에게 훌륭한 계책을 베푸시니 詒謨裕後昆

282 지난날……다하셨지 : 명성왕후의 행장에 "무오년(1678) 가을 우리 전하께서 이질(痢疾)을 앓아 위중(危重)해지시자, 후께서 밤낮으로 근심하고 마음을 졸이며 몸을 재결(齋潔)하고 머리를 감으면서 하늘에 호소하여 대신해 줄 것을 청하시니, 성상의 병이 얼마 안 가 나았다.……계해년(1683) 10월 성상께서 감기가 들어 이틀 만에 진두(疹痘)가 비로소 나타나니, 후께서 크게 놀라고 근심하여 식사를 줄이시고 무오년 때와 마찬가지로 다시 목욕재계하여 대신해 줄 것을 청하셨다. 11월에 성상께서 점차 평상시와 같이 회복되시었으나, 후께서는 이미 조금씩 병의 증후를 보이셨다."라는 말이 나온다.《肅宗實錄 9年 12月 28日》

283 폐단을……내리시어 : 명성왕후가 승하하기 전에 자신의 상례를 검약하게 치를 것을 상세히 당부하는 유명(遺命)을 남겼다.《肅宗實錄 9年 12月 8日》

임금께서는 애통이 망극하시고　紫宸哀靡極
백성은 덕화를 잊을 수 없어라　黎庶德難諼
유택은 선왕의 능소를 따라가니　幽宅從先主
천년토록 이 언덕에서 함께하시리　千秋共此原
외로운 신하 아직도 죽지 못하고　孤臣猶不死
눈물 흘리며 남몰래 애를 녹이네　血泣暗銷魂

송자대전

제4권

詩시

시 詩

칠언 율시 七言律詩

이죽창[1] 시직 에 대한 만사
李竹窓 時稷 挽

기개와 절조가 당당했던 이 태상[2]은	氣節堂堂李太常
그 당시 한 번 죽음 하늘처럼 드높았네	當時一死上磨蒼
공자의 인 맹자의 의에 진정 부끄럼 없었고	孔仁孟義眞無愧
노중련의 바다 백이의 산 그보다 더 빛났네[3]	魯海夷山耀有光

1 이죽창(李竹窓) : 이시직(李時稷, 1572～1637)으로, 죽창은 그의 호이다. 본관은 연안(延安), 자는 성유(聖兪)이다. 조호익(曺好益)과 김장생(金長生)의 문인이고 사헌부 장령 등을 지냈다. 시호는 충목(忠穆)이다. 병자호란 때 강화(江華)가 함락되자 송시영(宋時榮, 1588～1637)과 함께 순절하였다.

2 이 태상(李太常) : 태상은 봉상시(奉常寺)를 일컫는 말인데, 이시직이 봉상시 정을 역임한 적이 있으므로 그렇게 칭한 것이다.

3 노중련(魯仲連)의……빛났네 : '노중련의 바다'란 전국 시대 제(齊)나라 노중련이 동해에 빠져 죽을지언정 포악한 진(秦)나라가 천하의 제왕으로 군림하는 것은 차마

집안일 훌륭했던 부인 끝내 뒤따랐고[4] 宜室夫人終化劒
우리 집안 종형도 길이 명성 함께했네[5] 吾家老伯永齊芳
밤낮없이 서쪽으로 흐르는 형강[6] 물과 荊陽日夜西流水
묻건대 만고의 명성 누가 더 길겠는가 萬古聲名問短長

보지 못하겠다고 말한 고사를 말한다.《史記 魯仲連列傳》'백이의 산'은 은(殷)나라가 주 무왕(周武王)에게 멸망당하자 백이(伯夷)와 숙제(叔齊) 형제가 주나라 곡식을 먹지 않겠다며 수양산(首陽山)으로 들어가 고사리만 뜯어 먹다가 굶어 죽은 고사를 말한다.《史記 伯夷列傳》여기서는 청(淸)나라 오랑캐에게 짓밟히기보다는 차라리 죽음을 택한 이시직이 그런 절의로 빛났음을 말한 것이다.

4 집안일……뒤따랐고 : 이시직의 부인은 용인 이씨(龍仁李氏)로 이인수(李仁壽)의 딸이다. 병자호란 때 남편이 강화도에서 송시영과 함께 자결하여 종이 망건과 유서가 전해지자, 하루 밤낮을 그치지 않고 통곡하다가 혼절하여 남편을 따라 죽었다. 이 소식을 들은 인조(仁祖)가 1638년(인조16)에 부부에게 아울러 정려(旌閭)하라고 명하였다. 현재 대전광역시 대덕구 회덕동 송촌에 정려문 두 개가 한자리에 세워져 있다.《내고장 용인 인물총람, 용인문화원 향토문화연구소, 1995》《모현면지, 용인문화원 향토문화연구소, 2003》

5 우리……함께했네 : '우리 집안 종형'이란 송시열의 사촌형 송시영을 가리킨다. 자는 공선(公先)·무선(茂先), 호는 야은(野隱)이다. 병자호란 때 강화도에서 순절하였으며 충현(忠顯)이라는 시호를 받았다.

6 형강(荊江) : 충청도 문의(文義)에서는 금강(錦江)을 형강 또는 형수(荊水)라고 불렀다고 한다. 병자호란이 끝난 뒤에 자손들이 강화도에 있던 이시직의 무덤을 이장하여 문의현(文義縣) 형강의 동쪽 산등성이에 묻었다. 현재는 용인시 모현면 능원리에 묘소가 있다.《淸陰集 卷31 司憲府掌令李公墓碣銘》

두 번째 其二

의리에 따른 죽음은 오히려 공의 여사니	死義公應餘事得
평소에 쌓은 덕업 족히 드날렸어라	平生德業足揄揚
문 앞에 쌓인 눈 흠모한 지 오래였고[7]	門前積雪欽承久
자리 위 온화한 바람 길게도 점하였네[8]	座上和風占得長
외로운 무덤에 홀로 춘왕정월 내걸었고[9]	孤墳獨揭春王正
옛집에는 길이 송나라 햇빛 비치네	舊宅長明宋日光
소자가 이제 다시 의지할 곳 없으니	小子祗今靡所放
이 글월에 슬픈 눈물 계속 떨어지누나	不堪哀淚落些章

7 문……오래였고 : 송(宋)나라 때 양시(楊時)가 정이(程頤)를 찾아갔는데 정이가 마침 눈을 감고 앉아 있었으므로 눈을 뜰 때까지 기다렸다가 보니 문밖에 눈이 한 자나 쌓여 있었다고 한다. 《宋史 道學列傳2 楊時》 여기서는 이시직을 스승처럼 존경하고 흠모하였다는 말이다.

8 자리……점하였네 : '온화한 바람'은 명도(明道) 선생 정호(程顥)의 제자들이 스승 정호의 인품과 덕행을 일컬을 때 썼던 말로, 그가 앉은 자리에는 항상 봄바람처럼 온화한 기운이 감돌았다는 의미이다. 주희(朱熹)도 정호에 대한 찬(贊)에서 "상서로운 해와 구름 같고 온화한 바람과 단비 같네."라고 하였다. 《晦庵集 卷85 六先生畫像贊》 여기서는 이시직의 평소 인품이 그렇게 온화하였다는 말이다.

9 춘왕정월(春王正月) 내걸었고 : 춘왕정월은 《춘추(春秋)》 은공(隱公) 1년 첫머리에 나오는 말로, 이에 대해 《춘추공양전(春秋公羊傳)》에서는 "어째서 춘왕정월이라고 하였는가? 대일통(大一統)을 하기 위해서이다."라고 하였는데, 대일통이란 천하의 제후(諸侯)가 모두 주(周)나라 왕에게 귀의하여 이를 중심으로 통일되어야 한다는 뜻이다. 여기서는 이시직이 명(明)나라를 높였다는 의미로 쓰였다.

삼가 제현의 시에 보운하다 신사년(1641, 인조19)

敬步諸賢韻 辛巳

명보와 사성 그리고 희중은[10]　　明甫思誠與希仲
영보가 부르는 〈채미가〉[11]를 들어 보게　　請聞英甫唱采薇
황왕과 제패의 일[12] 배회하며 회상하니　　徘徊帝伯皇王事
일월과 성신의 빛 환히 밝게 비추었네　　照耀星辰日月輝
옛날엔 맹자 있어 사도(邪道) 물러갔는데　　古有孟軻邪遁息
지금은 주자 없어 의론이 그릇되네　　時無元晦議論非
창연히 공자 바라보매 이미 천년 지났거니　　悵望闕里已千載
홀로 큰 뜻 품고 서서 뉘와 함께 돌아갈까　　獨立嘐嘐誰與歸

10 명보(明甫)와……희중(希仲)은 : 명보는 동춘당(同春堂) 송준길(宋浚吉)의 자이고, 사성(思誠)은 탄옹(炭翁) 권시(權諰)의 자이며, 희중은 백호(白湖) 윤휴(尹鑴)의 자이다.

11 영보(英甫)가 부르는 채미가(采薇歌) : 영보는 송시열의 자이다. 〈채미가〉는 백이(伯夷)와 숙제(叔齊)가 지은 노래로, 그 가사에 "저 서산에 올라 고사리를 캐노라. 사나움으로 사나움을 바꾸면서 그름을 알지 못하누나. 신농(神農)과 순(舜)과 우(禹) 없어졌으니 이제 내 갈 곳이 어디란 말인가." 하였다. 《史記 伯夷列傳》

12 황왕(皇王)과 제패(帝伯)의 일 : 황(皇)은 삼황(三皇), 왕(王)은 삼왕(三王), 제(帝)는 오제(五帝), 패(伯)는 춘추 시대의 오패(五霸)를 가리킨다.

두 번째 其二

아, 슬프다 말세가 점점 어지러워져	吁嗟末路轉紛綸
군신과 부자 윤리 어두워만 지는구나	晦却君臣父子倫
예악으로 다스린 백년 기자의 나라였고	禮樂百年箕子國
수레와 글 만리까지 명나라 사람이었지[13]	車書萬里大明人
이 마음을 물보다 맑게 할 수 있다면	此心倘可明於水
내 얼굴에 어떻게 티끌이 오르겠나	我面如何上得塵
몸 밖에 허다한 일 전혀 관여치 않으니	身外許多渾不管
창가에는 해 비치고 눈앞에는 봄빛일세	窓前白日眼前春

세 번째 其三

제현들의 논리가 모두 크게 뛰어나니	諸賢談理皆超詣
터럭도 비교되어 그 속에 용납 안 되네[14]	箇裏難容毛有倫
운운하는 모든 물상 다른 물건 아니고	云云庶象非他物

13 수레와……사람이었지 : 조선이 명나라와 같은 문화라는 뜻으로, 《중용장구》 제28장의 "이제 천하는 수레의 궤도가 같고, 글의 문자가 같고, 행하는 윤리가 같다."라는 말에서 인용한 것이다.

14 터럭도……되네 : 《중용장구》 제33장에 "《시경》에 '덕은 가볍기 터럭과 같네.' 하였는데, 터럭은 아직 비교할 대상이 있으니 덕의 비유로는 부족하고, 《시경》에 '하늘이 하는 일은 소리도 없고 냄새도 없네.'라는 정도는 되어야 덕을 가장 잘 표현했다고 할 수 있다." 하였다. 여기서는 송준길 등 제현들의 논리가 비교할 대상이 없을 정도로 뛰어나다는 말이다.

막막한 진원도 역시 티끌이라네　莫莫眞源亦是塵
십이 회 지나가면 개벽이 이뤄지고[15]　十二會去成闢闔
삼백 효 속에 하늘과 사람의 일 다 있네[16]　三百爻來盡天人
남아가 건곤의 일 마치고자 하거든　男兒欲了乾坤事
맹자가 경춘에게 답한 글[17]을 보게나　請看鄒軻答景春

15 십이……이뤄지고 : 소옹의 《황극경세서(皇極經世書)》에 의하면, 세계연표(世界年表) 작성의 단위로 원(元), 회(會), 운(運), 세(世)의 기간을 설정하고 각각 일(日), 월(月), 성(星), 신(辰)에 배합하였는데, 1세는 30년으로 12세가 1운이 되며, 30운이 1회, 12회가 1원 즉 12만 9600년이니, 이것이 우주의 일생이다. 그의 학설에 의하면 이 세계는 이미 전성기를 지나 쇠퇴기에 접어들었다고 한다.《皇極經世書 卷4 觀物內篇》

16 삼백……있네 :《주역》64괘의 효가 모두 384효인데, 이것으로 천지와 사람의 일을 다 포괄할 수 있다는 말이다.

17 맹자(孟子)가……글 : 경춘(景春)이 맹자에게 대장부(大丈夫)에 대해 묻자 맹자가 "천하의 너른 집〔仁〕에 거처하고, 천하의 바른 자리〔禮〕에 서며, 천하의 대도〔義〕를 행하여, 뜻을 얻으면 백성과 함께 그것을 행하고 뜻을 얻지 못하면 홀로 그 도를 행하기에, 부귀가 마음을 어지럽게 하지 못하고, 빈천이 그 절개를 바꾸지 못하며, 위세나 무력이 그 지조를 꺾을 수 없을 때, 이를 일러 대장부라 하는 것이다."라고 대답하였다.《孟子 藤文公下》

시남이 온성에 귀양 가다가[18] 보내온 시에 차운하다 경인년(1650, 효종1)

次市南謫穩城見寄韻 庚寅

고인의 자취 기구한데 홀로 따르는 것이니	古轍崎嶇獨自隨
잠시의 이별이야 슬퍼할 것 없다네	暫時離索莫相悲
마음의 기약은 이미 《참동계》에서 보았고[19]	心期已向參同見
학문의 힘은 기색과 용모 보면 안다네[20]	學力從看氣貌知
국에 덴 뒤에 몇 번이나 냉채를 불었던가[21]	懲熱幾多齏吹虀

18 시남(市南)이……가다가 : 시남은 유계(兪棨, 1607~1664)의 호이다. 1649년(인조27) 인조(仁祖)가 죽은 뒤에 묘호(廟號)를 정할 때, 심대부(沈大孚)와 함께 '조(祖)'를 반대하고 '종(宗)'을 주장하다가 선왕을 비방했다는 이유로 이듬해 온성으로 유배되었다. 《孝宗實錄 卽位年 5月 23日, 1年 4月 4日》

19 마음의……보았고 : 《참동계(參同契)》는 《주역》의 효상(爻象)을 차용하여 후한(後漢) 위백양(魏伯陽)이 도가(道家)의 연단양생법(鍊丹養生法)을 논한 책이다. 《참동계》에서 이미 마음을 보았다는 것은 남송(南宋)의 채원정(蔡元定)이 한탁주(韓侂胄)에 의해 위학당(僞學黨)으로 몰려 도주(道州)로 귀양 갈 때 주희(朱熹)가 정안사(定安寺)에서 송별하면서 일상적인 안부 외에 슬픔을 표하거나 위로하는 말 한마디 없이 담담하게 《참동계》에 관한 문답만 주고받은 것을 말한다. 《宋史 蔡元定列傳》

20 학문의……안다네 : 부주(涪州)로 귀양 갔던 정이(程頤)가 돌아왔을 때 기색과 용모가 모두 예전보다 나은 것을 보고 문인(門人)이 그 이유를 묻자, 정이가 학문의 힘 때문이라고 대답하였다. 《二程全書 卷50 伊川年譜》

21 국에……불었던가 : 《초사(楚辭)》 〈석송(惜誦)〉에 "뜨거운 국에 놀라면 냉채도 불어 먹거늘 어찌하여 이 충직한 뜻은 고치지 않는가."라는 말이 있는데, 한번 놀랐던 일이 있으면 작은 일에도 경계를 한다는 말이다.

네모난 것 싫어해도 어찌 둥글게 고치겠나　　　　惡方那忍更成規
하늘이 그대 옥으로 만들려 함이 기쁘니[22]　　　　天心玉汝眞堪喜
부질없이 읊어서 내 마음 흔들지 말게나　　　　休費幽吟攪我思

채서산(蔡西山)[23]이 귀양 갈 때 주자와 함께 담담하게 《참동계》를 논하였다. 기색과 용모는 부옹(涪翁)의 고사[24]를 인용한 것이다.

22 하늘이……기쁘니 : 송(宋)나라 장재(張載)의 〈서명(西銘)〉에 "그대를 빈천하게 하고 시름에 잠기게 하는 것은 장차 그대를 옥으로 만들어 주려 함이다."라는 말이 있다. 《古文眞寶 後集 卷10 西銘》 여기에서는 지금의 이 유배길이 그대를 훌륭하게 완성시켜 주려는 하늘의 뜻이므로 오히려 기쁘다는 의미로 말한 것이다.

23 채서산(蔡西山) : 채원정(蔡元定)으로, 서산은 그의 호이다. 남송(南宋) 건주(建州) 건양(建陽) 사람으로, 자는 계통(季通), 시호는 문절(文節)이다.

24 부옹(涪翁)의 고사 : 부옹은 부주에 귀양 갔던 정이를 가리킨다. 163쪽 주20 참조.

청음 김 선생[25]에 대한 만사 임진년(1652, 효종3)

清陰金先生挽 壬辰

몇 해나 혼자서 마음고생을 하였던가	幾年心事獨間關
외로운 달 분명하게 간담을 비추었네	孤月分明照膽寒
노래는 〈육희〉 연주한 송서를 이었고[26]	歌奏六噫賡宋瑞
바람은 천고에 맑아 백이 숙제 따랐네	風淸千古嗣西山
당시에 군탄의 눈물[27] 다 흘리지 못했는데	當時不盡涒灘淚
오늘엔 부질없이 진췌의 탄식[28] 이루었네	此日空成殄瘁嘆
오래도록 정령은 없어지지 않아서	終古精靈應未泯

25 청음(清陰) 김 선생 : 김상헌(金尙憲, 1570~1652)으로, 청음은 그의 호이다.

26 노래는……이었고 : 〈육희(六噫)〉는 송나라 말기의 충신 문천상(文天祥)이 지은 노래이고, 송서(宋瑞)는 문천상의 자이다. 이는 청음 김상헌의 충절을 문천상에 비유한 것이다. 《宋史 文天祥列傳》

27 군탄(涒灘)의 눈물 : 군탄은 고간지(古干支)의 이름으로 신(申)에 해당한다. 주희(朱熹)가 경원(慶元) 기미년(1199)에 벼슬에서 물러나면서 시를 읊기를 "나라가 중간에 쇠할 줄 누가 알았던가. 내년의 지지(地支)가 또 군탄을 만나네."라고 하고, 자주(自註)하기를 "건륭(建隆) 경신년(960)부터 올해 기미년까지 240년인데, 늙고 병들어 쇠락해지도록 끝내 조금도 신하의 책무를 다하지 못했으니 그로 인해 가슴 아파 눈물이 흐른다."라고 하였다. 《晦庵集 卷9 蒙恩許遂休致陳昭遠丈以詩見賀已和答之復賦一首》 여기서는 명(明)나라가 창업한 것이 홍무(洪武) 무신년(1368)이고 명나라가 망한 것이 또한 고간지로 신에 해당하는 숭정(崇禎) 갑신년(1644)이기 때문에 이렇게 말한 것이다.

28 진췌(殄瘁)의 탄식 : 훌륭한 인재가 죽은 것을 말한다. 《시경》〈대아(大雅) 첨앙(瞻卬)〉에 "현인이 죽으니 나라가 병들었네.〔人之云亡, 邦國殄瘁.〕"라고 하였는데, 여기서는 김상헌이 죽은 것을 말한다.

오래도록 정령은 없어지지 않아서　終古精靈應未泯
별빛처럼 찬란함 길이 보게 되리라　佇看星彩尙斑斕

두 번째 其二

〈유소〉[29]를 읽고서 눈물을 흘렸나니　一讀遺疏淚掩瞳
지금 사람 그 누가 자낭의 충성[30] 아는가　今人誰識子囊忠
시대가 어려우니 어찌 재능을 감추랴[31]　時艱忍縮懷間手
임금이 명철하니 도리어 늙음 잊었다네[32]　主聖還忘鏡裏容
정승을 지냈던 삼천 일을 생각하니　人思將相三千日
그 자취 건순 칠십 노옹과 같아라[33]　跡似乾淳七十翁

29 유소(遺疏) : 1652년(효종3)에 죽음을 앞둔 김상헌이 효종에게 올린 〈유소〉를 말한다. 《淸陰集 卷22 遺疏》

30 자낭(子囊)의 충성 : 자낭은 춘추 시대 초(楚)나라 사람으로, 죽기 전에 왕에게 유언하기를 "꼭 영(郢)에 성을 쌓으십시오."라고 하였는데, 이에 대해 "자낭은 죽으면서도 충성을 잊지 않고 사직을 보위하였다."라는 평가를 받았다. 《春秋左氏傳 襄公14年》 여기서는 죽음에 임하여 유소를 남긴 김상헌의 충심을 비유한 것이다.

31 시대가……감추랴 : 한유(韓愈)의 〈제유자후문(祭柳子厚文)〉에 "서투른 목수가 나무를 깎으면 손가락에 피가 흐르고 얼굴에 땀이 나는데, 뛰어난 장인은 곁에서 구경하며 손을 옷소매 속에 넣고 있다." 하였다. 일반적으로 재능이 뛰어난 사람은 세상에 쓰이지 못하고 오히려 재능이 부족한 사람이 쓰이는 것을 비유하는데, 여기서는 어려운 시대이므로 재능을 감추지 않고 세상에 나와 능력을 발휘하였다는 말이다. 《韓昌黎集 卷23 祭柳子厚文》

32 임금이……잊었다네 : 임금이 명철하므로 늙은 나이에도 불구하고 벼슬길에 나와 힘써 도왔다는 말이다.

33 그……같아라 : 건순(乾淳)은 송나라 효종(孝宗)의 연호인 건도(乾道)와 순희(淳

장렬한 절개 지금은 모두 다 적막한데　　　　壯節如今渾寂寞
형제분들 지하에서 사이좋게 어울리리　　　　仲昆泉下好相從

熙)를 말하는데, 일반적으로 그 시대를 살았던 주희를 가리키는 말로 쓰인다. 정승으로 있던 시절의 김상헌이 칠십 전의 주희 행적과 비슷하다는 말이다.

민 감사 광훈 의 부인[34]에 대한 만사 계사년(1653, 효종4)
閔監司 光勳 夫人挽 癸巳

여러 아들과 두터운 우의 맺었으니[35]	猥荷諸郎許斷金
거슬러 올라감에 연원 깊음을 알겠네	沿流却得認源深
가문의 번창은 최씨 조모 젖 같았고[36]	蕃昌定自崔堂乳
학업의 성취는 유씨 어미 약 같았지[37]	學業還從柳母參
화려한 말 바야흐로 복을 기약했거니[38]	文駟方期徵福履

34 민 감사(閔監司)의 부인 : 민광훈(閔光勳)은 인조와 효종 연간의 신하로 강원 감사와 호조 참의 등을 지냈다. 그의 부인은 연안 이씨(延安李氏)로 이광정(李光庭)의 딸이다.

35 여러……맺었으니 : '여러 아들'이란 민광훈의 아들 민시중(閔蓍重), 민정중(閔鼎重), 민유중(閔維重)을 말하는데, 이들은 모두 송시열의 문인이다.

36 가문의……같았고 : 당(唐)나라 때 산남서도 절도사(山南西道節度使)를 지낸 최관(崔琯)의 증조모 장손 부인(長孫夫人)이 늙어 치아가 없어 밥을 못 먹자, 최관의 조모 당 부인(唐夫人)이 수년 동안 시어머니에게 젖을 먹여 봉양하는 등의 효성을 다하였다. 그 뒤 당 부인이 죽음이 임박하여 집안 식구들이 모이자 장손 부인이 말하기를 "며느리의 은혜를 갚을 수 없으니, 며느리의 자손들이 모두 며느리처럼 효도하고 공경하기 바란다. 그렇게 된다면 최씨의 가문이 어찌 번창하지 않겠느냐."라고 하였다. 《小學 善行 實明倫》 여기서는 민광훈의 부인이 시부모를 극진하게 봉양하여 가문이 번창하게 되었다는 말이다.

37 학업의……같았지 : 당나라 하동 절도사(河東節度使) 유공작(柳公綽)의 부인 한씨(韓氏)가 고삼(苦參), 황련(黃連), 웅담(熊膽)을 섞어 환약을 만든 다음 아들들에게 나눠 주고 밤에 공부할 때마다 먹게 하여 부지런히 공부할 수 있도록 도왔다고 한다. 《小學 善行 實明倫》 여기서는 민정중 형제들의 학업이 성취된 것은 이와 같은 어머니 이씨 부인의 지극 정성이 있었기에 가능했다는 말이다.

까마귀 슬픈 소리 어찌 차마 들으랴[39] 慈烏忍見吐哀音
상여가 이제 영영 집과 이별하고 갈 제 雲輧永謝簾櫳去
통곡 소리 상상하니 눈물 금할 길 없네 遙想攀號淚不禁

38 화려한……기약했거니 : 당나라 헌종(憲宗) 연간에 사도 겸 중서령(司徒兼中書令)을 지낸 한홍(韓弘)의 아내이자 어사대부를 지낸 한공무(韓公武)의 어머니인 초국부인(楚國夫人) 적씨(翟氏)가 시어머니에 대한 봉양이 지극하고 남편에 대한 내조와 자식 교육에 대한 정성이 극진하여 나중에 큰 복을 누리게 되었으므로 한유(韓愈)가 부인의 묘지명에 쓰기를 "장식한 네 마리 말과 조각한 수레가 빛나게 오고 갔으니 어머니보다 존귀한 이 없고 아내보다 영광스러운 사람 없네."라고 하였다. 《韓愈集 卷33 碑誌 楚國夫人墓誌銘》 여기서는 자식들이 현달하여 이씨 부인이 복을 크게 누릴 기약이 머지않았는데 갑자기 유명을 달리한 것이 몹시 안타깝다는 뜻으로 한 말이다.

39 까마귀……들으랴 : 백거이(白居易)의 시 〈자오야제(慈烏夜啼)〉에 "효성스러운 까마귀가 제 어미를 잃고 까악까악 구슬피 울음을 토하누나. 밤낮으로 일체 날아가지 않고 해가 지나도록 옛 숲을 지키네."라고 하였다. 《古文眞寶 前集 卷3 慈烏夜啼》 여기서는 효성이 지극한 민정중 형제가 어머니의 죽음 앞에 슬피 우는 소리가 차마 들을 수 없을 만큼 애통할 것이라는 말이다.

김 용궁[40] 덕민 에 대한 만사
金龍宮 德民 挽

초연하게 일생을 초야에서 늙었으니	翛然身世老林泉
선정의 집안 명성 이로써 전하였네[41]	先正家聲賴有傳
잠시 고을 수령으로 공무 본 적 있으나[42]	暫領偏城殘簿牒
한가한 데서 좋은 풍경 오래도록 즐겼지	長邀閑界好風煙
자식들은 정연하게 옛 규범을 따르고	諸郞秩秩追前範
외손자[43]는 부단히 옛 현자를 사모하네	宅相聯聯慕古賢
종산엔 이제는 산만 홀로 남거니	鍾谷祇今山獨在
동산 뒤 새 무덤에 감을 어찌 차마 보랴[44]	忍看園後卽新阡

40 김 용궁(金龍宮) : 김덕민(金德民, 1570~1651)으로, 본관은 경주(慶州), 자는 방량(邦良)이다. 예빈시 주부, 용궁 현감(龍宮縣監) 등을 지냈다. 《白湖集 卷18 外祖僉知中樞府事金公墓誌銘》

41 선정(先正)의……전하였네 : 선정은 중종(中宗) 연간의 주요 사림(士林)이었던 김정(金淨)을 가리킨다. 김덕민은 김정의 방손(傍孫)으로서 거의 평생을 산림에 은거하였으므로 선정의 집안 명성이 이로 인해 전해지게 되었다고 말한 것이다.

42 잠시……있으나 : 김덕민은 1628년(인조6) 용궁 현감으로 제수되었다가 1633년 벼슬을 그만두고 그 뒤로는 벼슬하지 않았다. 《白湖集 卷18 外祖僉知中樞府事金公墓誌銘》

43 외손자 : 백호(白湖) 윤휴(尹鑴)를 가리킨다. 김덕민의 딸이 경주 부윤을 지낸 윤효전(尹孝全)에게 시집가서 윤휴를 낳았다.

44 종산(鍾山)엔……보랴 : 김덕민이 1651년(효종2)에 사망하고 이듬해에 보은현(報恩縣) 북쪽 종산(鍾山)의 후원(後原)에 장사 지냈다가 1654년 11월 다시 속리산 아래 보은현 장갑리(長甲里) 동쪽 언덕으로 이장하였다. 이 만사는 이장할 때 써 준 만사로 보인다. 《白湖集 卷18 外祖僉知中樞府事金公墓誌銘》

시남[45]의 시에 차운한 뒤에 미촌이 소명(召命)에 응해 가는 행차[46]에 주고 아울러 동춘당과 탄옹 권시 에게도 올리다
次市南韻贈美村赴召之行兼呈春炭 權諰

병으로 삼동 칩거하다 비로소 문밖 나와	病蟄三冬始出門
여러 선비 모시고 좋은 의론 듣게 됐네	叨陪群彦聽佳論
조용히 마시는 술 깊은 정이 배어 있고	從容杯酒深情在
포복절도 해학에도 지극한 이치 있구나	顚倒嘲諧至理存
누가 다시 물에다가 물을 타고 싶으랴[47]	濟水誰何還以水
말을 않고 그치는 게 요긴한 말이라네[48]	不言休說是要言

45 시남(市南) : 유계(兪棨, 1607~1664)의 호이다.

46 미촌(美村)이……행차 : 미촌은 윤선거(尹宣擧)의 호이다. 1658년(효종9) 1월 15일 소명이 있자 대궐에 나아가 진정소(陳情疏)를 올린 바 있는데, 여기에서의 행차란 이때를 말하는 것인 듯하다. 《魯西遺稿 附錄 年譜》

47 누가……싶으랴 : 옳고 그름을 직간하는 신하가 없고 물에 물 탄 듯 임금의 뜻에 영합하기만 하는 신하가 있는 조정에는 나가고 싶지 않다는 뜻을 말한 것이다. 제 경공(齊景公)이 자기 의견에 동조를 잘하는 양구거(梁丘據)를 칭찬하자, 안영(晏嬰)이 말하기를 "임금이 옳다는 것을 옳다고 하고 그르다는 것은 그르다 하여 마치 물에 물을 탄 것과 같으니 누가 그런 것을 먹으려고 하겠습니까." 하였다. 《晏子春秋 卷7 外篇》

48 말을……말이라네 : 일반적으로 직간이 통하지 않는 세상에서는 말하지 않는 것이 오히려 더 요긴한 말이라는 뜻이다. 위(魏)나라 하안(何晏)이 관로(管輅)가 술수에 밝다는 말을 듣고 만나서 《주역》을 논하였는데, 그때 마침 그 자리에 동석해 있던 등양(鄧颺)이 관로에게 말하기를 "그대는 스스로 《주역》을 잘한다고 하면서 《주역》에 있는 말을 언급하지 않으니 어째서인가?"라고 하자, 관로가 말하기를 "《주역》을 잘하는 사람은 《주역》을 말하지 않습니다."라고 하였다. 이에 하안이 찬미하기를 "요긴한 말은 번다

비록 그래도 지금은 진퇴가 다르거니　　　　雖然今日行藏異
아녀자와 산림 중에 뉘 높은지 묻지 말게[49]　　　　兒女山林莫問尊

'비록 그래도 지금은 진퇴가 다르니〔雖然今日行藏異〕'가 다른 본에는 '진퇴는 다 결신(潔身)으로 귀결됨을 늘 보나니〔長看出處同歸潔〕'[50]로 되어 있다.

하지 않다 할 만하구나."라고 하였다.《資治通鑑 卷75 魏紀》

49 비록……말게 : '아녀자'는 일반적으로 부귀를 높이므로 여기서는 속세를 비유하는 말로 쓰였고, '산림'은 뜻을 품고 초야에 은거하는 사람을 비유한 것이다. 이 두 구절은 '오늘날은 다른 때와 달리 그래도 벼슬에 나아가 뜻을 펼 수 있는 세상이 되었으니 진퇴를 고민하지 말고 벼슬길에 나가도 좋다'는 뜻을 말한 것이다. 주희(朱熹)의 시에 "늙어 가며 가을 나무 뿌리에서 책 읽으니 산림과 아녀자 중에 정히 누가 높은가?〔老去讀書秋樹根, 山林兒女定誰尊?〕"라고 한 구절을 원용한 것이다.《晦庵集 卷9 白雲寺送儲枷伯升》 그리고 주희의 시는 소식(蘇軾)의 시에 "한번 속세의 더럽힘을 받고서야 비로소 산림이 존귀한 걸 알았네.〔一遭兒女汚, 始覺山林尊.〕"라고 한 구절을 원용한 것이다.《東坡全集 卷27 弔徐德占幷引》

50 진퇴는……보나니 :《맹자》〈만장 상(萬章上)〉에 "성인의 행동은 똑같지 않아서 혹 멀리 은둔하기도 하고 혹 가까이 벼슬에 나아가기도 하며 혹 떠나기도 하고 혹 떠나지 않기도 하는데, 끝내 그 귀결은 모두 몸을 깨끗이 하는 것일 뿐이다." 하였다.

송 참의[51] 국택 에 대한 만사 기해년(1659, 효종10)

宋參議 國澤 挽 己亥

사우당 기문을 아직 반도 안 썼는데[52] 四友堂文半未成
여관에서 별세 소식 듣고 무척 놀랐네 忽驚旅館復三聲
물러가 초야에서 함께할 생각 늘 했는데[53] 常思退去同丘壑
가시자마자 유명을 달리할 줄 뉘 알았으랴 誰謂歸來異死生
지난날 다정한 말씀 아직 귀에 쟁쟁하니 疇昔款言猶在耳
노년에 남은 눈물 오래 눈에 어리네 暮年殘淚久凝睛
이제부터 다시금 비래암[54] 길 향할 때면 從今更向飛菴路
수풀에 새 울음소리 차마 듣지 못하리 不忍林間聽鳥嚶

51 송 참의(宋參議) : 송국택(宋國澤, 1597~1659)으로, 본관은 은진(恩津), 자는 택지(澤之), 호는 사우당(四友堂)이다. 김장생(金長生)의 문인으로 송준길(宋浚吉)과 교유하였고, 형조와 예조의 참의를 지냈다.

52 사우당……썼는데 : 송국택의 문집인 《사우당집(四友堂集)》에, 송시열의 서울 집으로 송국택이 찾아와 사우당의 기문을 부탁하였다는 내용이 있다. 《四友堂集 年譜上 壬午》

53 물러가……했는데 : 《사우당집》에, 송국택이 송시열에게 사우당의 기문을 부탁한 뒤에 말하기를 "내가 먼저 내려갈 터이니 그대도 뒤따라와서 함께 노닐다가 세상을 떠난다면 어찌 즐겁지 않겠는가."라고 하였는데, 송시열이 항상 그 말을 잊지 않고 있었다는 내용이 있다. 《四友堂集 年譜上 壬午》

54 비래암(飛來菴) : 충청도 회덕(懷德) 송촌(松村)에 있던 암자로, 송국택이 제자들에게 강학했던 곳이다.

완남군[55] 이후원 에 대한 만사 경자년(1660, 현종1)

完南 李厚源 挽 庚子

영릉에서의 피눈물 일 년도 안 됐는데[56]	血泣寧陵未改霜
어찌하여 선생께서 바삐 뒤를 따르시나	如何夫子下從忙
평생의 우의가 금석처럼 단단했고	平生契誼如金石
만년에 주신 충고 가슴에 젖어 있네	晩歲箴規盡肺腸
마지막 글 펼쳐 보니 마음 끊어지려 하고	絶筆披來心欲斷
이 글 써 내려가는데 한스럽기 그지없네	些章寫去恨偏長
생각자니 이 생도 슬플 일 얼마 없거니	此生自料悲無幾
무성하게 귀밑머리 희어진 게 보이네	視已茫茫鬢已蒼

55 완남군(完南君) : 이후원(李厚源, 1598~1660)으로, 본관은 전주, 자는 사진(士晉), 호는 우재(迂齋)이다. 김장생의 문인으로 김집(金集), 송준길(宋浚吉) 등과 교류하였다. 인조반정 후 정사공신(靖社功臣) 3등으로 완남군에 봉해졌다. 시호는 충정(忠貞)이다.

56 영릉(寧陵)에서의……됐는데 : 영릉은 효종(孝宗)의 능호이다. 효종이 죽은 지 채 일 년도 안 지났다는 말이다.

한 참판[57] 필원 에 대한 만사 경자년(1660, 현종1) 3월

韓參判 必遠 挽 庚子三月

평생 효도 우애에 품행이 순수했고	孝友平生行誼純
벼슬이 높았어도 시종 청빈 즐겼네	官高終始樂淸貧
충심과 노고는 위기 임해 드러났고[58]	忠勤已著臨危日
일 아뢸 때 올곧음[59] 다들 칭찬하였네	讜直爭稱奏事辰
슬하 자제 훌륭하니 적선가임을 알겠고	膝下芝蘭知積慶
인간 세상 수복이 인에서 온 걸 알겠네[60]	人間壽福驗由仁
상가에서의 하룻밤 유독 눈물 흐르니	寢門一夕偏揮淚
우리 교분 오히려 골육의 정과 같다네	情分還同骨肉親

57 한 참판(韓參判) : 한필원(韓必遠, 1578~1660)으로, 본관은 청주, 자는 원이(遠而), 호는 도천(道川)이다. 예조와 병조의 참판을 지냈다.

58 충심과……드러났고 : 1624년(인조2) 이괄의 난 때 공주(公州)로 왕을 호종한 것과 병자호란 때 남한산성을 방어한 일을 말한다. 《宋子大全 卷184 禮曹參判韓公墓誌銘》

59 일……올곧음 : 이황(李滉)의 문묘 종사(文廟從祀)에 반대하는 정인홍(鄭仁弘)을 유적(儒籍)에서 삭제하기를 청하여 광해군의 노여움을 산 것 등을 말한다. 《宋子大全 卷184 禮曹參判韓公墓誌銘》

60 인간……알겠네 : 한필원이 83세의 장수를 누린 것은 그의 인덕(仁德)으로 말미암은 것이라는 말이다.

곽 참봉[61] 현 에 대한 만사 신축년(1661, 현종2)

郭參奉 鉉 挽 辛丑

어려서의 글공부 기구한 운수 만났으나[62] 少小攻文坐數奇
노년에는 산림에서 한가로이 생활했네[63] 暮年丘壑任葳蕤
배회하며 시서 즐김 싫증 내지 않았고 徘徊未厭詩書樂
혼란할 땐 강개한 뜻 길게 탄식하였네[64] 慷慨長嗟叔季時
팔순 광영 누린 분 땅속으로 보내는데 八耋光華輪窀穸
출중한 두 아들[65] 가업을 이어받았네 二郎賢俊繼裘箕
외로운 나 무엇보다 무궁한 애통 있나니 孤生最有無窮慟
위수에서 사모곡을 슬피 읊조리누나[66] 渭水悲吟念母詩

61 곽 참봉(郭參奉) : 곽현(郭鉉, 1575~1661)으로, 본관은 선산(善山), 자는 공거(公擧), 호는 삼안당(三安堂)이다. 조헌(趙憲)과 김장생의 문하에서 수학하였다.

62 어려서의……만났으나 : 곽현이 어린 나이에 조실부모한 것과 1612년(광해군4) 사마시에 입격했으나 과거에는 급제하지 못한 것을 말하는 듯하다. 《宋子大全 卷194 昌陵參奉郭公墓表》

63 노년에는……생활했네 : 곽현은 인조반정 뒤에 학행으로 천거되어 창릉 참봉(昌陵參奉)에 제수되었으나 나아가지 않고 용산(龍山) 남쪽에 정사(精舍)를 짓고 국안(國安), 민안(民安), 가안(家安)을 바란다는 의미로 삼안당(三安堂)이라는 당호를 걸고 학문에 전념하였다. 《宋子大全 卷194 昌陵參奉郭公墓表》

64 혼란할……탄식하였네 : 1640년(인조18) 치국강병을 건의하는 〈만언소(萬言疏)〉를 올리려 한 것 등을 말하는 듯하다. 《宋子大全 卷194 昌陵參奉郭公墓表》

65 두 아들 : 곽문용(郭文溶)과 곽문함(郭文涵)을 말한다.

66 위수(渭水)에서……읊조리누나 : 춘추 시대 진 강공(秦康公)이 이미 돌아간 어머니를 그리워하는 마음에 위수까지 나와 외삼촌인 진 문공(晉文公)을 전송하면서 "외삼

홍 감사[67] 위 에 대한 만사 신축년(1661, 현종2)

洪監司 葳 挽 辛丑

중흥 꾀한 효종 당시 이름 있는 신하로　　興王當日有名臣
예원과 옥당에서 가까이 보필하였네[68]　　藝掖詞垣步武親
잠시 고을 다스릴 때 공적 기록할 만했고[69]　　暫試牛刀堪記績
시 쓰는 붓 쥘 때마다 처음처럼 기뻐했지　　每拈詩筆喜如新
음성과 모습 갑자기 황천으로 돌아가니　　音容倏爾歸泉壤
누가 능히 풍모로서 사대부의 사표될까　　風彩誰能表搢紳
이 늙은이 옛 생각에 눈물 유독 더 나거니　　老子偏增懷舊淚
정공 문하의 자취 더욱 사라지게 되었네[70]　　靜公門下迹尤陳

촌을 전송하러 위수까지 나왔네. 무엇을 선물로 드릴까? 노거(路車)와 황마(黃馬) 네 필이라네."라고 읊은 시가 있다.《詩經 秦風 渭陽》여기서는 곽현이 죽었다는 부음을 듣자 돌아가신 어머니 생각이 나서 애통한 마음을 금할 수 없다는 말이다. 곽현은 송시열의 어머니 곽씨 부인과 재종간(再從間)이다.《宋子大全 卷194 昌陵參奉郭公墓表》

67 홍 감사(洪監司) : 홍위(洪葳, 1620~1660)로, 본관은 남양(南陽), 자는 군실(君實), 호는 청계(淸溪)이다. 경상 감사를 지냈으며 저서에《청계집(淸溪集)》이 있다.

68 예원(藝苑)과……보필하였네 : 옥당은 홍문관(弘文館)의 이칭으로, 홍위는 부수찬, 수찬, 교리 등 홍문관의 여러 관직을 역임하였다. 한편 예원은 예문관(藝文館)의 이칭인데 그가 예문관의 직임을 맡았다는 기록은 찾지 못하였다.

69 잠시……만했고 : 홍위가 양주 목사(楊州牧使)로 나갔을 때 고을의 폐단을 시정하기를 청하는 글을 올리는 등 적극적으로 정사를 펼쳐 통정대부로 승진하였고, 경상 감사로 있을 때에도 응지 상소(應旨上疏)를 올려 도내의 폐단을 남김없이 진달한 결과 효종이 그 건의를 받아들인 일이 있었는데 이를 말한다.《淸溪集 附錄 墓誌銘》

70 정공(靜公)……되었네 : 정공은 홍위의 외삼촌인 조석윤(趙錫胤, 1606~1655)의

윤 승지[71] 비경 부인에 대한 만사

尹承旨 飛卿 夫人挽

아득한 천도를 누가 주장하는가	天道茫茫誰主張
선한 사람 자고로 재앙 많이 당하네	善人自古多罹殃
승지의 모친 빈소 여막에 불이 나서	承宣母殯火炎起
현부인 그 불길에 목숨 잃고 말았어라[72]	賢婦蛾燈軀命亡
유향의 《열녀전》에 들어갈 만한 일이고	子政遺編堪與續
당나라 때 노씨[73]도 빛을 잃을 정도지	唐時盧氏還無光
우리 집안 질부도 남은 향기 받았거니[74]	吾家低面襲餘馥

호가 낙정재(樂靜齋)이기 때문에 그렇게 칭한 것이다. 본관은 배천(白川), 자는 윤지(胤之)이다. 홍위는 조석윤의 문하에서 오래 수학하였는데 뛰어난 제자인 홍위가 죽으면서 그 문하가 쇠해지게 된 것을 안타까워 한 것이다.

71 윤 승지(尹承旨) : 윤비경(尹飛卿, 1607~1680)으로, 본관은 파평(坡平), 자는 충거(沖擧)이며 우승지를 역임하였다.

72 승지의……말았어라 : 윤비경이 어머니 권씨(權氏)의 상을 치르고 있을 때 빈소의 여막(廬幕)에 불이 났는데, 부인 이씨(李氏)는 윤비경이 불을 피하지 못하고 안에 있다고 잘못 알고는 남편을 구하기 위해 불길에 뛰어들었다가 화염 속에서 죽었다. 이 일이 알려지자 조정에서는 정려(旌閭)하여 표창하였다. 《宋子大全 卷169 戶曹參判尹公神道碑銘》

73 당(唐)나라 때 노씨(盧氏) : 당나라 때 정의종(鄭義宗)이라는 사람의 아내 노씨는 시집온 뒤로 시부모를 극진하게 섬겼는데, 하루는 집에 수십 명의 강도가 들었다. 이때 집안사람들은 모두 도망을 갔는데 노씨는 거의 죽을 만큼 도적에게 매를 맞으면서도 혼자 있는 시어머니를 지켜 냈다고 한다. 《舊唐書 列女列傳 鄭義宗妻盧氏》

74 우리……받았거니 : 윤비경의 딸이 송시열의 조카 송기학(宋基學)의 부인이니 송

이 초상의 가슴 아픔 견딜 수가 없구나 不勝其喪吁可傷

시열에게는 질부(姪婦)가 된다. 그 질부도 훌륭한 어머니의 행실을 이어받았다는 말이다. 실제로 후에 송시열의 질부 윤씨는 친정에 이러한 변고가 있었다는 사실을 알고 애통해하다가 세상을 떠났다고 한다. 《宋子大全 卷211 貞夫人李氏行狀》

신 청주[75] 속 에 대한 만사 신축년(1661, 현종2)

申淸州 涑 挽 辛丑

좌천과 귀양으로 낮게 맴돈 건 아니거니　非因遷謫此低徊
백성들이 늦은 부임 탄식하는 일 있었네[76]　端爲編氓歎暮來
임금 계속 감싸 주어 어진 정사 펼쳤으나[77]　惠政仍承黃紙放
빠른 세월 노쇠하여 떠나게 됨 어이하랴　頹齡奈與白駒催
붉은 명정 저 멀리 양주를 향해 가고　丹旐遠向維楊去
무덤 이제 선영 있는 옛 언덕에 마련했네　玄宅還從舊壟開
외족의 은정[78]을 내 참 많이도 받았는데　親表恩情吾最荷
이 가을 만사 짓자니 슬픔 금할 길 없네　素秋題挽不堪哀

75 신 청주(申淸州) : 신속(申涑, 1600~1661)으로, 본관은 고령(高靈), 자는 호중(浩仲), 호는 이지(二知)이다. 공주 목사와 청주 목사 등을 지냈다.

76 백성들이……있었네 : 신속이 옥천 현감(沃川縣監) 등 지방 수령으로 있을 때 백성들이 고을에 늦게 부임해 온 것을 탄식할 정도로 근면하고 민첩하게 직임을 잘 수행하여 갖가지 폐단을 제거하는 등의 선정을 펼쳤고, 후에 공주와 청주의 목사를 맡았을 때에도 감사와 병사가 잇달아 표창을 건의하는 장계를 올릴 정도로 정사를 잘 돌보았다고 한다.《宋子大全 卷177 公州牧使申公墓碣銘》

77 임금……펼쳤으나 : 신속은 김자점(金自點)의 생질이다. 김자점이 죄를 짓고 축출되었을 때 인척 관계가 문제되자 효종은 과거 동궁(東宮) 시절에 세자시강원 필선으로 자신을 보필해 준 신속과의 옛정을 생각하여 덮어 주었고, 그 뒤 김자점이 역모죄로 복주되고 나서 다시 역적의 친척을 관직에 둘 수 없다는 주장이 제기되었을 때에도 문제 삼지 않고 무마해 준 것을 말한다.《宋子大全 卷177 公州牧使申公墓碣銘》

78 외족(外族)의 은정 : 신속이 신숙주(申叔舟)의 7세손이고 송시열의 조모 이씨(李氏)가 또 신숙주의 외현손(外玄孫)이므로 이렇게 말한 것이다.

박 아산[79] 안건 에 대한 만사 신축년(1661, 현종2)

朴牙山 安建 挽 辛丑

선친과 동갑에다 사촌 형제간이라서[80] 先子庚同又弟兄
내 유년 시절부터 늘 달려가 맞이했지 遺孤丱角慣趨迎
만날 때마다 주씨 진씨 일[81] 자주 말씀했고 逢場賸說朱陳事
노년에는 형제의 정 유독 깊이 나누었지 末路偏尋魯衛情
지상의 신선으로 보이는 점 많았지만 地上神仙看自夥
인간 복록 본래부터 다 갖추긴 어려워라 人間福履故難幷
이제 밤 골짜기에 배 숨겼다 잃었거니[82] 如今夜壑藏舟失
죽음 참고 만사 쓰매 눈물이 갓끈 적시네 忍死題詞淚滿纓

79 박 아산(朴牙山) : 박안건(朴安建, 1574~1661)으로, 본관은 밀양(密陽), 자는 사건(士建)이다. 사헌부 감찰, 거창 현감, 아산 현감 등을 지냈다.

80 선친과……형제간이라서 : 송시열의 아버지 송갑조(宋甲祚)와 박안건은 모두 1574년(선조7) 생으로 동갑이다. 그리고 박안건의 부인 송씨(宋氏)는 송응광(宋應光)의 딸인데, 송응광은 바로 송시열의 종조부(從祖父)이다. 따라서 송시열의 아버지 송갑조와 송씨 부인은 사촌 형제간이 된다. 《宋子大全 卷194 牙山縣監朴公墓表》

81 주씨(朱氏) 진씨(陳氏) 일 : 당(唐)나라 때 서주(徐州) 풍현(豐縣)의 한 마을에 주씨와 진씨 두 성씨가 함께 살면서 대대로 혼인하며 세의(世誼)를 나누었으므로 그 마을을 주진촌(朱陳村)이라 하였다. 《白樂天詩集 卷10 朱陳村》

82 이제……잃었거니 : 《장자(莊子)》 〈대종사(大宗師)〉에 "골짜기 속에 배를 숨겨 두고는 안전하다고 여기지만 한밤중에 힘센 자가 등에 지고 달아나도 어리석은 사람은 알지 못한다."라고 하였다. 여기서는 죽어서 묘지에 묻힌 것을 비유하여 말한 것이다.

송 감찰[83] 규광 에 대한 만사

宋監察 奎光 挽

지난해 오마 타고 훌쩍 떠나가더니　前年五馬去翩然

그 이별이 구천 가는 길 되고 말았구려[84]　此別仍成隔九泉

한밤 통곡 소리[85] 뉘 듣고 아니 울 것이며　夜哭誰人聞不泣

성 무너진 오늘 원통함 그 얼마나 깊으랴[86]　城崩今日怨何偏

옛집은 매몰되어 가을 풀에 감춰 있고　舊堂埋沒藏秋草

83 송 감찰(宋監察) : 송규광(宋奎光, 1623~1667)으로, 본관은 은진(恩津), 자는 백회(伯晦), 호는 불환재(不換齋)이다. 송국택(宋國澤)의 아들이며 송준길(宋浚吉)의 문하에서 수업하였다. 전설사 별감, 사헌부 감찰 등의 관직을 역임하였다.

84 지난해……말았구려 : 오마(五馬)는 한(漢)나라 때 태수(太守)가 다섯 필의 말이 끄는 수레를 타고 다녔던 데에서 유래하여 보통 지방 수령을 가리키는 말로 쓰이는데, 여기서는 송규광이 음죽 현감(陰竹縣監)으로 임명되어 부임한 것을 말한다. 《승정원일기》에 따르면, 송규광은 1666년(현종7) 8월 7일에 음죽 현감으로 임용되어 8월 21일에 임금에게 하직 인사를 하고 부임하였다. 그로부터 1년 뒤인 현종 8년 8월 21일에 승정원에서 그의 후임을 속히 차출해야 한다는 계사를 올린 것으로 보아 송규광은 그 전에 임지에서 사망한 것으로 보인다. 《承政院日記 顯宗 7年 8月 7日·21日, 8年 8月 21日》

85 한밤 통곡 소리 : 어머니가 아들의 상에 슬프게 통곡하는 것을 의미한다. 춘추 시대 노(魯)나라 대부 공보목백(公父穆伯)의 부인이자 문백(文伯)의 어머니인 경강(敬姜)이 남편의 상에는 낮에만 곡하고 아들 문백의 상에는 밤낮으로 곡하자 공자(孔子)가 예를 안다고 칭찬하였다. 《禮記 檀弓下》

86 성……깊으랴 : 성이 무너진다는 것은 남편을 잃은 것을 비유하는 말이다. 춘추 시대 제(齊)나라 대부 기량(杞梁)이 전쟁에 나갔다가 죽어 시신으로 돌아왔다. 그러자 그의 아내가 남편의 시신을 성 아래에다 놓고 계속 통곡을 하였는데, 열흘 만에 성이 무너져 내렸다고 한다. 《列女傳 卷4 貞順列傳 齊杞梁妻》

선영은 황량하여 저녁 연무 자욱하네　　先兆荒涼鎖暮煙
모든 일 지금 이미 다 끝나긴 했으나　　萬事如今渾已了
현명한 자식이 좋은 명성 전하리라　　只應賢子慶譽傳

김생[87] 강에 대한 만사
金生 橿 挽

주안의 송씨 집안 사위가 되었는데	當年快壻于周岸
주안은 선친과 자매의 항렬이었지[88]	周岸先人姊妹行
술 있어도 친족 모임 함께하지 못하다가	有酒未同親表會
노년에 청유한 시골 나누어 점하였네[89]	暮年分占水雲鄉
만나면 뽕과 삼이 자라는 것만 얘기하고	相逢但說桑麻長
안부 물을 때에는 밤 향기도 함께 왔지[90]	寄問仍來茅栗香
시골에서 별세 소식 갑자기 듣고 보니	漳浦忽聞仙路遠
늙은 눈물 옷깃 적셔 견딜 수가 없구나	不堪衰淚濕衣裳

87 김생(金生) : 김강(金橿)이란 인물의 행적에 대해서는 기록이 남아 있지 않고, 《성담집(性潭集)》에 규암(圭菴) 송인수(宋麟壽, 1499~1547)의 손자 송정영(宋廷英)에게 딸이 여섯 명이 있는데 그중 첫째 사위로 이름이 거론되어 있다. 《性潭集 卷24 學生宋公墓表追記》

88 주안(周岸)의……항렬이었지 : 주안은 조선 시대 청주목(淸州牧)에 속했던 고을인 주안향(周岸鄕)을 가리키는 듯한데, 김강의 장인인 송정영의 집안이 주안에 살았는지는 자료가 없어 확인하지 못하였다. '자매의 항렬'이라고 한 것도 뜻이 분명하지 않는데, 아마도 송정영의 아들 송계조(宋啓祚)와 송이조(宋履祚)가 송시열의 아버지 송갑조(宋甲祚)와 같은 돌림자를 쓰는 동일 항렬이므로 이렇게 말한 것인 듯하다.

89 청유(淸幽)한……점하였네 : '청유한 시골'이란 일반적으로 물 맑고 구름 고요한 은자(隱者)가 사는 곳을 일컬으며, '나누어 점하였다'는 것은 이웃 마을에 살았다는 말이다.

90 만나면……왔지 : 만나면 서로 농사짓는 얘기를 주로 나누었고 안부를 물을 때에는 밤 같은 것들을 함께 보내오는 등의 성의를 표하고 마음을 나누었다는 말이다.

풍악에서 놀다가[91] 윤미촌의 시에 차운하다 임인년(1662, 현종3)

遊楓嶽次尹美村韻 壬寅

옛 책에 옛사람의 마음 있다 들었기에	陳編聞有古人心
반평생 문 닫고서 한 자 한 자 찾았다오	半世牢關字字尋
아무리 몰두해도 끝낼 날 없을 듯하여	却恐埋頭無了日
한가로운 걸음으로 외로운 새 찾아왔네	遂將閑脚逐孤禽
금강산 맑은 기운 천년토록 쌓였고	楓山灝氣千年積
동해의 푸른 물결 만 길이나 깊구나	蓬海滄波萬丈深
이 땅에서 남악 시구[92] 읊음이 마땅하니	此地只宜南嶽句
높은 곳 오를 적마다 길게 한번 읊노라	每登高處費長吟

91 풍악(楓嶽)에서 놀다가 : 송시열은 1662년 3월 제천(堤川)에서 어머니의 기제(忌祭)를 지내고 청풍(淸風)으로 가서 그곳 부사(府使)로 있던 이단상(李端相)과 뱃놀이를 즐긴 뒤, 17일 금강산으로 들어가 산 정상과 골짜기를 두루 유람하고 나서 4월 5일에 원기촌(遠基村)의 집으로 돌아왔다. 《宋子大全 附錄 年譜》

92 남악(南嶽) 시구 : 주희가 남악을 유람하면서 남헌(南軒) 장식(張栻)과 수창한 〈취하축융봉(醉下祝融峯)〉 등과 같은 시들을 말한다. 《晦庵集 卷5》

이 원주[93] 성연 에 대한 만사

李原州 聖淵 挽

공께서는 나보다 스무 살이나 위지만	公年長我廿春秋
망년지교 일찍 허여해 노년에 이르렀네	早許忘年到白頭
군자의 당중에서 함께 긴 밤 지새웠고	君子堂中曾永夕
감사 댁에서 몇 번이나 한 이불 덮었던가[94]	監司宅裏幾同裯
그동안 늘 맑은 호수 가로막힌 걸 한했는데	由來每恨淸湖阻
이번엔 못 따라갈 무덤 속으로 가시누나	此去難追厚夜幽
간소한 제수 올려 산에서 울며 보내거니	哭送山樊菲薄奠
혼령은 내 올리는 한 잔 술을 드시는가	精靈嘗我一盃不

93 이 원주(李原州) : 이성연(李聖淵, 1586~1662)으로, 본관은 한산(韓山), 자는 충원(沖遠)이다. 원주 목사와 장악원 정을 지냈다.

94 군자의……덮었던가 : '군자의 당중'이란 이유당(怡愉堂) 이덕수(李德洙, 1577~1645)의 집을 가리킨다. 이덕수는 이성연의 숙부로, 자는 사로(師魯)이며 김장생의 문인이다. '감사'는 이홍연(李弘淵, 1604~1683)을 가리키는데, 바로 이덕수의 아들이자 이성연의 종형(從兄)이다. 이홍연은 자는 정백(靜伯)·이정(而靜), 호는 삼죽(三竹)이다. 황해 감사, 공조 판서, 좌참찬 등을 지냈다. 《宋子大全隨箚 卷1》 여기서는 송시열이 이성연뿐만 아니라 그 집안사람들과도 가깝게 지냈다는 말이다.

김자빈[95] 익형 에 대한 만사

金子彬 益炯 挽

젊어 스승 모시며 종유할 기회 얻어[96]	少陪函丈獲從遊
절차탁마 깊은 정 노년까지 이르렀네	磋切情深到白頭
두 어른[97]의 거문고 책 옛 유업이 슬프고	二老琴書悲舊業
한평생 가난과 병 같은 걱정이 있었지	一生貧病有同憂
우물 버린 하늘의 뜻 오래 탄식했더니[98]	長嗟報施抛廬井
창졸간에 밤배 잃음[99] 문득 보게 되었구나	遽見蒼黃喪夜舟
상가에서 무한한 슬픔 견디기 어렵거니	不耐寢門無限慟
단지 늙은 눈물을 맑은 가을에 뿌릴 밖에	但將衰淚洒淸秋

95 김자빈(金子彬) : 김익형(金益炯, 1600~1662)으로, 자빈은 그의 자이다. 김집(金集)의 서자(庶子)로, 김집은 정실부인에게서는 자녀가 없었고 측실인 이이(李珥)의 서녀(庶女)에게서 2남 2녀를 낳았다. 《愼獨齋遺稿 卷15 墓誌銘幷序》

96 젊어……얻어 : 스승은 김집을 가리킨다. 송시열이 김집을 모시면서 자연스럽게 그의 아들인 김익형과도 교유하게 되었다는 말이다.

97 두 어른 : 김장생과 김집을 가리킨다.

98 우물……탄식했더니 : 《맹자》 〈진심 상(盡心上)〉에 "무슨 일을 하는 것은 비유하자면 우물을 파는 것과 같으니, 우물을 아홉 길이나 팠더라도 샘물에 미치지 못하면 오히려 우물을 버리는 것이다."라고 하였다. 여기서는 김익형을 서자로 태어나게 하여 능력을 펴 보지 못하게 한 하늘의 뜻을 오래 탄식했다는 말이다.

99 밤배 잃음 : 사람이 죽은 것을 비유하는 말이다. 181쪽 주82 참조.

유시남[100]에 대한 만사 갑진년(1664, 현종5)

兪市南挽 甲辰

거친 주먹과 지극 정성에 매이지 않았기에	不繫麤拳與至誠
지금까지 성현들은 본래 이룬 것 없었지[101]	由來賢聖故無成
맑은 물결에 누워 있다 그해 우연히 나와[102]	當年偶起淸波臥
후일에 괜히 태산 같은 이름만 남았어라	他日空留岱嶽名
세상일들 지금은 머리가 지끈거리고	世事秖今甘首疾
인간 세상 마음에 놀랍지 않은 게 없구나	人間無處不心驚
외로운 나 강호에서 통곡하고 있거니	孤生慟哭江湖裏
어찌 오랜 교분에 옛정 생각뿐만이랴	豈獨交親念舊情

100 유시남(兪市南) : 유계(兪棨, 1607~1664)로, 시남은 그의 호이다. 본관은 기계(杞溪), 자는 무중(武仲)이다. 김장생의 문인이고, 호서(湖西)의 유림 오현(五賢)으로 불렸다. 《가례원류(家禮源流)》, 《여사제강(麗史提綱)》 등을 편찬하였고, 저서로는 《시남집(市南集)》이 있다.

101 거친……없었지 : 주희(朱熹)가 진량(陳亮)에게 보낸 편지에 "공자는 어찌 지극히 공정하고 지극히 정성스러운 분이 아니겠으며, 맹자는 어찌 거친 주먹질을 하고 크게 발길질을 한 분이 아니겠는가."라고 하였는데, 이 말의 의미는 공자는 유학을 진흥시켰고 맹자는 이단을 배척하는 데 힘썼다는 말이다. 《晦庵集 卷28 答陳同父書》 여기서는 예로부터 성현들은 그러한 노력을 다하지만 또 그것에 매여 반드시 이루겠다고 기필하는 마음은 없으므로 어떤 분야에서든 뚜렷한 성취를 이룬 것은 없는데, 시남 유계도 그와 같은 성향을 지녔다는 말이다.

102 맑은……나와 : 정호(程顥)의 시에 "두 마리 용 맑은 낙수에 한가로이 누웠다가 오늘 도성 문에서 홀로 전별하게 됐네."라는 구절에서 온 말인데, 여기서는 유계가 산림에 은거하고 있다가 출사(出仕)한 것을 말한다. 《二程文集 卷1 明道文集 送司馬君實》

이 판서 시발 의 부인[103]에 대한 만사

李判書 時發 夫人挽

서책의 중간에 기록할 만한 일이거니	圖史中間事可陳
부인의 현숙함은 본래 짝이 없었지	夫人賢淑故無倫
환소군이 베옷 입고 남편 따르듯이 했고[104]	桓君著布承司隷
낙수가 잔을 들고 아들 축하하듯 했네[105]	絡秀稱觴慶伯仁
남편 죽은 당일에 나라 풍속 보았고[106]	當日城崩看國俗

103 이 판서(李判書)의 부인 : 이 판서는 이시발(李時發, 1569~1626)로, 본관은 경주(慶州), 자는 양구(養久), 호는 벽오(碧梧)이다. 한성 판윤, 형조 판서 등을 지냈다. 여기서의 부인은 후취(後娶)인 고령 신씨(高靈申氏)를 가리킨다.《宋子大全 卷164 刑曹判書李公神道碑銘》

104 환소군(桓少君)이……했고 : 후한(後漢) 때 포선(鮑宣)이라는 사람의 아내는 환씨(桓氏)의 딸로 자(字)가 소군(少君)이었다. 환소군이 시집올 때 많은 재물을 가져오자, 포선은 그렇게 많은 예물은 감당할 수 없다고 사양하였다. 이에 환소군은 기꺼이 남편의 뜻을 따라 재물을 모두 돌려보낸 뒤, 베옷 치마를 입고 시댁으로 가서 바로 물동이를 이고 물을 길어 날랐다. 후에 포선은 관직이 사예(司隷)에 올랐다.《後漢書 列女列傳 鮑宣妻》 여기서는 이시발의 부인이 그러한 부도(婦道)가 있었다는 말이다.

105 낙수(絡秀)가……했네 : 동진(東晉) 때 재상인 주의(周顗)는 자가 백인(伯仁)이고 그의 어머니 이씨(李氏)는 자가 낙수였다. 주의와 그의 두 아우가 모두 현달하여 높은 관직에 오르자, 어머니 낙수가 동짓날 술잔을 들어 축하하기를 "내가 본래 강을 건너올 때는 몸을 의탁할 곳이 없었는데, 뜻하지 않게 너희들이 모두 귀하게 되어 내 눈 앞에 앉아 있으니 다시 무슨 걱정을 하겠느냐." 하였다.《晉書 周顗母李氏列傳》 여기서는 이시발의 부인이 낳은 아들 이경휘(李慶徽)는 이조 판서가 되고 이경억(李慶億)은 좌의정에 오르는 등 모두 현달하였다는 말이다.

106 남편……보았고 : 남편이 죽었을 때 마음을 다해 애통해하면서 우리나라의 장례

세상 떠난 오늘에 이생의 인연 다했네	今朝劍化了生因
당에 올라 뵙는 바람 영영 저버렸는데[107]	愚蒙永負升堂願
멀리 자제들 생각자니 눈물이 수건 적시네	遙想萊裾淚濕巾

풍속대로 잘 행하여 모범이 될 만하였다는 말이다.

107 당(堂)에……저버렸는데 : 한(漢)나라 때 범식(范式)과 장소(張劭)가 태학(太學)에서 동문수학하며 친하게 지내다가 졸업 후에 향리로 돌아갈 때, 범식이 2년 후에 장소의 어머니를 찾아가 뵙겠다고 약속을 하고 헤어졌는데, 2년 뒤 바로 그날이 되자 과연 범식이 찾아와 당에 올라 어머니에게 절을 하였다. 《後漢書 獨行列傳 范式》 여기서는 송시열이 이시발의 부인을 찾아뵙고 싶은 바람이 있었는데 생전에 그 소원을 이루지 못했다고 탄식한 것이다.

윤동토[108] 순거 에 대한 만사 정미년(1667, 현종8)[109]

尹童土 舜擧 挽 丁未

뜻밖에도 금년에는 많은 이들 상이 나서	不謂今年多少人
전후로 상가에서 눈물 흘릴 일 이어졌네	寢門前後淚相因
팔송의 훌륭한 풍모 욕되게 한 적 없고	八松文彩曾無忝
문간공의 그 규모 닮지 않음 보았지[110]	文簡規模看不磷
진나라 글씨 당시풍 시 묘처에 이르렀고[111]	晉筆唐詩三昧事
베옷 입고 초야에 앉아 한평생 보내었네	麻衣草坐一生身
이제부터 사우들이 누굴 우러러 존경할까	從今士友誰宗仰

108 윤동토(尹童土) : 윤순거(尹舜擧, 1596~1668)로, 동토는 그의 호이다. 본관은 파평(坡平), 자는 노직(魯直)이다. 성문준(成文濬), 강항(姜沆), 김장생(金長生)의 문인이다. 저서로는 《동토집(童土集)》이 있다.

109 정미년 : 〈행장〉과 〈신도비명〉 등에는 윤순거의 죽은 해가 무신년(1668)으로 되어 있다. 《童土集 附錄 司憲府掌令童土先生尹公行狀》《童土集 續 卷5 附錄 神道碑銘》

110 팔송(八松)의……보았지 : 팔송은 윤순거의 생부 윤황(尹煌, 1571~1639)의 호이다. 윤순거는 윤황의 둘째 아들로 태어났으나 큰아버지 윤수(尹燧)의 양자로 입양되었다. 문간공(文簡公)은 윤순거의 외조부 성혼(成渾)의 시호이다. 윤순거가 생부 윤황의 풍모에 누가 되는 일을 하지 않았고 외조부 성혼의 현덕과 도량을 그대로 물려받았다는 말이다.

111 진(晉)나라……이르렀고 : 윤순거는 외증조부 청송(聽松) 성수침(成守琛, 1493~1564)에게서 처음 필법을 배웠고, 위(魏)나라 종요(鍾繇)와 진나라 왕희지(王羲之)의 필법에다 당(唐)나라 회소(懷素)의 초서를 바탕으로 독자적인 글씨체를 확립하면서 당대의 명필로 이름이 났고, 당시풍(唐詩風)의 시를 즐겨 썼다. 《童土集 續 卷5 附錄 神道碑銘》

홀로 형제 있으니 촉 땅 민산 같아라[112] 獨有連倫似蜀岷

112 홀로……같아라 : '홀로 형제가 있다'는 것은 윤순거에게는 뛰어난 동생들인 석호(石湖) 윤문거(尹文擧)와 노서(魯西) 윤선거(尹宣擧)가 있다는 말이다. 그리고 '촉 땅 민산(岷山)'은 사천성(四川省)의 민산과 아미산(峨眉山) 지역 출신인 소식(蘇軾)과 소철(蘇轍)을 비유한 말이다. 소식의 〈남강망호정(南康望湖亭)〉 시에 "민산과 아미산의 머나먼 고향 집에 늙은 몸 사직하고 돌아갈 수 있을까."라는 구절이 있다. 《東坡全集 卷28》 여기서는 소식에게 소철과 같은 동생이 있었듯이 윤순거에는 윤문거·윤선거와 같은 존경받을 만한 동생이 있다는 말이다.

윤 판서[113] 강 에 대한 만사

尹判書 絳 挽

곧은 자품 세인들이 알아보지 못하다가　　貞姿不與世人知
추상같은 만년 절개 드문 걸 알게 됐네[114]　　晩節凌秋始覺稀
기장밥 반 익을 때 누가 꿈을 깨었나[115]　　半熟黃粱誰夢覺
한평생 붉은 인끈[116] 마음에 두지 않았지　　一生朱紱不心期
남쪽 밭길 북쪽 논길 초야로 돌아갔고　　南阡北陌眞歸去
동쪽 가 서쪽 끝 시비에 관여 아니했지　　東畔西頭任是非
찾아뵙고 싶어도 이제 어쩔 수 없으니　　欲擧籃輿今已矣
냇가에서 눈물과 함께 슬픈 만사 쓰누나　　澗邊和淚寫哀詞

113 윤 판서(尹判書) : 윤강(尹絳, 1597~1667)으로, 본관은 파평(坡平), 자는 자준(子駿), 호는 무곡(無谷)이다. 형조 판서, 예조 판서, 이조 판서 등을 지냈다.

114 추상같은……됐네 : 윤강은 인조(仁祖), 효종(孝宗), 현종(顯宗) 등 세 임금을 섬기면서 80여 관직을 거쳤는데, 1664년(현종5) 민유중(閔維重)의 탄핵으로 사퇴하고 안산(安山)의 고향집으로 돌아간 뒤로는 일체의 부름에 나오지 않았던 것을 말한다.

115 기장밥……깨었나 : 당(唐)나라 때 노생(盧生)이 한단(邯鄲)의 여관에서 도인(道人) 여옹(呂翁)을 만났는데, 자신의 곤궁한 처지를 한탄하자 여옹이 그에게 목침을 주고 잠을 자게 하였다. 노생은 꿈속에서 온갖 부귀영화를 다 누리다가 꿈을 깨었는데 여관 주인이 짓던 누런 기장밥이 채 익지 않았다는 한단몽(邯鄲夢)의 고사가 있다. 여기서는 윤강이 부귀 영욕의 덧없음을 알고 시골에 내려가 일체 세상사에 관여하지 않은 것을 말한다. 《枕中記》

116 붉은 인끈 : 관리의 인장(印章)에 다는 것인데, 여기서는 벼슬이나 관직의 의미로 쓰였다.

유시남의 부인[117]에 대한 만사

愈市南夫人挽

당시에 시남이 집안 바르게 다스릴 때	當年市老正家時
부인의 규문 법도 훌륭하다 말들 했지	人道夫人閫範宜
반평생 온갖 고생 운명처럼 편안했고	半世糟糠安若命
만년 봉작 조서[118] 내림 도리어 의심했지	晩來封誥到還疑
남편 죽음 너무 슬퍼 몸에 병이 들었는데	崩城杞哭身仍疾
교지 반기던 모의처럼 누굴 위해 효도하나[119]	喜檄毛顔孝爲誰
호숫가에 새 봉분이 나란히 솟아 있나니[120]	湖上新封相對起
상가에서 흐르는 눈물 다시 수염 적시네	寢門餘淚更沾髭

117 유시남(兪市南)의 부인 : 시남은 유계(兪棨)의 호이고, 그의 부인은 전주 이씨(1608~1667)로 이산악(李山岳)의 딸이다.

118 봉작(封爵) 조서(詔書) : 임금이 신하와 그의 선조 및 아내에게 봉작을 주면서 내리는 조서를 말한다.

119 교지……효도하나 : 후한(後漢)의 모의(毛義)는 어머니가 살아 있을 때에는 현령의 임명 교지를 받고 기뻐하며 부임했다가 어머니 사후에는 벼슬길에 나아가지 않았는데, 이를 보고 사람들이 비로소 그가 벼슬길에 나아간 것이 어머니를 위한 것이었음을 알았다고 한다.《後漢書 劉趙淳于江劉周趙列傳》여기서는 어머니가 병들었다가 죽었으므로 그 자식들은 교지가 내려도 모의처럼 기뻐하면서 효도할 수 있는 대상이 없어졌다는 말이다.

120 호숫가에……있나니 : 유계가 1664년(현종5)에 죽어 임천(林川)의 선산에 묻혔는데, 3년 뒤인 지금 다시 그 부인이 죽어 새 무덤을 만들었기 때문에 이렇게 말한 것이다.

이초려의 대부인 김씨[121]에 대한 만사 정미년(1667, 현종8)

李草廬大夫人金氏挽 丁未

궁한 길에 약하게 심긴 여린 싹 같은 신세[122]	窮途弱植似浮芽
지금 세상에 몇 집이나 그런 사람 아껴 줄까	今世相憐有幾家
고당에 올라 뵐 때마다 태사의 덕 느껴지고[123]	每上高堂徵荇葛
삼밭에 난 쑥과 같이 자제들과 교유했지[124]	却從諸胤作蓬麻
어진 자식 나라 빛내 임금 은택 내려왔고[125]	娠賢賁國恩榮降

121 이초려(李草廬)의 대부인 김씨 : 초려는 이유태(李惟泰, 1607~1684)의 호이다. 본관은 경주(慶州), 자는 태지(泰之)이다. 이유태의 어머니는 청풍 김씨로 김양천(金養天)의 딸이다.

122 궁한……신세 : 이유태의 아버지 이서(李曙, 1580~1637)가 1616년(광해군8)에 병으로 죽었을 때 이유태는 10세였고 다른 형제들도 모두 어렸으므로 궁한 길에 여린 싹 같은 신세로 비유한 것이다.

123 고당(高堂)에……느껴지고 : 남편이 죽고 곤궁한 처지에서도 어린 자식들을 훌륭하게 키운 이유태 어머니의 현덕이 주(周)나라 문왕(文王)의 부인인 태사(太姒)의 덕에 비할 만하다는 말이다.

124 삼밭에……교유했지 : 《순자(荀子)》 〈권학(勸學)〉에 "쑥이 삼밭에서 자라면 붙잡아 주지 않아도 곧아진다."라는 말이 있는데, 여기서는 송시열이 삼밭의 삼대처럼 올곧은 자제들과 교유하면서 좋은 영향을 많이 받았다는 말이다.

125 어진……내려왔고 : 효종(孝宗) 즉위년(1649)에도 이유태의 병든 어머니에게 쌀과 약물을 하사하라는 명이 내렸고, 현종(顯宗) 1년(1660)에 형 이유택(李惟澤)에게 경기 지역 고을 현감을 제수하여 특별히 어머니를 편히 봉양하게 한 것도 이유태를 도성에 남아 있게 하기 위해서였다. 그리고 현종 8년에 임금이 온양 온천에 행차했을 때도 이유태의 어머니에게 다시 음식물을 내려 주라는 명이 내려졌다. 《宋子大全 卷180 孺人淸風金氏墓碣銘》《承政院日記 孝宗 卽位年 6月 4日》

덕성으로 집안 잘 꾸려 복록이 더해졌네	秉德宜家福履加
역사에 남을 규문 법도 지금 누가 모으나	彤史今誰收壼範
만사 쓰자니 하염없이 눈물 흘러내리네	不堪題挽淚橫斜

이 제주[126] 인 에 대한 만사 무신년(1668, 현종9)

李濟州 璌 挽 戊申

바다 건너는 먼 이별 마음이 아팠는데	過海猶傷遠別離
어이 견디랴 명정이 찬바람에 실려 왔네	那堪丹旐送寒颸
평소 지닌 곧은 도리 출셋길 막히었고	平生直道名塗枳
발군의 기재로도 작은 고을 다스렸네	高世奇才下邑麾
두터운 교분 지금 이제 뉘 남아 있는가	事契于今誰在者
근심이 이러하니 내 그대 생각나네	艱虞如許我思之
새 무덤에 제수 놓고 술 한 잔 못 올린 채	新阡永負鷄綿酹
산중에 홀로 서서 늙은 눈물 흘리누나	獨立山中老淚垂

126 이 제주(李濟州) : 이인(李璌, 1608~1668)으로, 본관은 벽진(碧珍), 자는 야수(野叟), 호는 소옹(素翁)이다. 양양 부사, 정주 목사, 의주 부윤, 성주 목사, 제주 목사 등을 지냈다.

학사 이이중[127]의 시에 차운하다

次李學士彝仲韻

말세에 어느 누가 다시 나루터 묻겠나[128]	末路何人更問津
운대의 빈집에서 문득 참모습 감추었네[129]	雲臺虛館便藏眞
시서의 학술 지녔지만 나라 고치긴 어려웠고	詩書有術難醫國
산수는 무심하나 좋은 이에게 맡기었네	山水無心屬可人
흰머리 쇠한 얼굴로 봉사를 올렸었고	白髮蒼顔封事日
붉은 노을 밝은 달에 봄의 감회[130] 느꼈지	丹霞明月感懷春
노백시 무궁한 뜻 낮게 읊조리면서[131]	沈吟老柏無窮意

127 학사 이이중(李彝仲) : 이민서(李敏敍, 1633~1688)로, 이중은 그의 자이다. 본관은 전주(全州), 호는 서하(西河)이며, 송시열의 문인이다. 대제학과 이조 판서 등을 지냈다.

128 나루터 묻겠나 : 도(道)를 행하기 위해 노력한다는 뜻이다. 《논어》 〈미자(微子)〉에 "장저(長沮)와 걸닉(桀溺)이 같이 밭을 갈고 있는데, 공자가 지나다가 자로(子路)를 시켜 나루터를 물었다."라는 내용이 있다.

129 운대의……감추었네 : 주희(朱熹)가 56세에 화주(華州) 운대관(雲臺觀)의 사관(祠官)이 되어 자신을 운대 진일(雲臺眞逸)이라고 칭하기도 했는데, 벼슬이 낮았으므로 감추었다고 한 것이다. 《朱子年譜別本下 淳熙 12年, 13年》

130 봄의 감회 : 천하에 도를 펼 경륜을 지니고 있으면서도 임금이 불러 주지 않아 산중에서 지내고 있는데 어느새 꽃다운 봄날은 속절없이 흘러가고 있기에 느낄 수밖에 없는 감회를 말한다. 《晦庵集 卷1 感春賦》

131 노백시(老柏詩)……읊조리면서 : 노백시는 당(唐)나라 두보(杜甫)의 시 〈고백행(古柏行)〉을 말한다. 그 시에 "공명의 사당 앞에 늙은 측백나무, 가지는 청동 같고 뿌리는 바위 같네."라는 구절이 있다. 《杜詩批解 卷16 古柏行》 주희가 만년에 북쪽을

담사를 향해 백륜을 그릴 뿐이네[132] 只向潭祠畫白綸

바라보며 "이제 내가 늙어 중원(中原)의 회복을 못 보겠구나."라고 탄식하면서 이 노백시를 읊었다고 하는데, 여기서도 뜻을 펴 보지 못하고 늙어 가는 것에 대한 비유로 노백시의 늙은 측백나무를 인용하고 있는 것이다.

132 담사(潭祠)를……뿐이네 : 담사는 주희가 여산(廬山)의 오란봉(五亂峯) 밑에 있는 와룡담(臥龍潭)에 촉한(蜀漢)의 승상 제갈량(諸葛亮)을 향사하기 위해 지은 무후사(武侯祠)를 말한다.《晦庵集 卷79 臥龍菴記》 백륜(白綸)은 흰 베로 만든 두건(頭巾)으로, 진(晉)나라 은자 도잠(陶潛)이 쓰고 지냈다 하여 이후로 은자가 쓰는 두건을 말할 때 쓰인다. 여기서는 만년의 주희가 그랬던 것처럼 뜻을 접고 계속 은거하겠다는 뜻을 피력한 것이다.

손자 주석을 생각하다

憶疇孫

주석은 돌아가고 한양에 남아 있나니	疇也辭歸在漢師
이후로 삼 개월을 나 서쪽에서 슬퍼했네	而來三月我西悲
꿈속에서도 완연히 문 열고 들어오고	夢中宛爾開門入
버들 아래 여전히 책을 끼고 따르는 듯	柳下依然挾冊隨
술 걸러 동이 채우고 괜히 너를 기다리며	酒漉盈樽虛待爾
종이에 글 써 놨어도 누구와 의논할까	文成在紙對論誰
그리움 간절하나 바르게 살기 바라거니	相思切後還歸正
해치고 탐내는 마음 이겨내고 다스리길	忮與求心最克治

명도(明道) 선생이 《시경》〈웅치(雄稚)〉 시를 해설하기를 "'저 해와 달을 보니 나의 생각 간절하네. 길이 그리 멀다 하니 어찌 올 수 있으랴.'라고 한 것은 그리움이 간절한 것이고, '모든 군자들이여 덕행을 모르는가? 해하지 않고 구하지 않으면 어찌 선하지 않으랴.'라고 한 것은 바르게 살기를 바란 것이다." 하였다. 《시전(詩傳)》 주(註)에 "해한다는 것은 해치는 것이고 구한다는 것은 탐내는 것이다." 하였다.

경림군[133] 이정 에 대한 만사
慶林君 李淀 挽

계림군[134]은 공훈과 덕, 상서[135]는 현능 갖췄는데	鷄林勳德尙書賢
그 아들에 형이라 훌륭함 견줄 이 없네	爲子爲兄美莫肩
내 일찍이 사계 문하 나란히 제자 되었고	曾與竝爲溪上士
진작에 서로 도우면서 서울에서 함께했지	故承相庇漢中年
끝내 작명에 응했으나 뉘와 영화 다투랴	終膺爵命榮誰競
청렴 소탈함 지킨 일 전해질 만하구나	不失淸疎事可傳
무덤 향해 부질없이 눈물 뿌리지 말아야지	莫向佳城空洒淚
살아 있은들 어찌 죽어 온전히 돌아감만 하랴	生今何似死歸全

133 경림군(慶林君) : 이정(李淀, 1588～1668)으로, 본관은 경주(慶州), 자는 노천(老泉)이다. 김장생(金長生)의 문인이자 손녀사위이다. 장례원 판결사(掌隷院判決事)를 지냈으며 경림군에 봉해졌다.

134 계림군(鷄林君) : 이정의 아버지 이수일(李守一, 1554～1632)의 봉호이다. 자는 계순(季純), 호는 은암(隱庵)이다. 무장(武將)으로서 임진왜란 때 공로를 세웠으며, 1624년(인조2)의 이괄(李适)의 난 때 서울을 수복한 공으로 진무공신(振武功臣) 2등에 책록되었고 계림부원군(鷄林府院君)에 봉해졌다.

135 상서(尙書) : 공조 판서, 형조 판서, 병조 판서를 지낸 이정의 동생인 이완(李浣, 1602～1674)을 가리킨다. 자는 징지(澄之), 호는 매죽헌(梅竹軒)이다. 효종(孝宗)과 함께 북벌(北伐) 정책을 추진하였다.

이 감사[136] 태연 에 대한 만사 기유년(1669, 현종10)

李監司 泰淵 挽 己酉

가정과 목은 광휘가 일월처럼 밝으니 稼牧輝光日月懸
지금 와선 후손 역시 현명함을 보겠네[137] 至今猶見後人賢
재능은 위급할 때마다 절로 발휘되었고 才猷自合安危仗
행실은 누가 흠잡으랴 효우를 다하였네 行義誰疵孝友全
조서 내려 바야흐로 감사 직임 맡겼는데 紫誥方專荊楚任
윤년의 회양목처럼 갑자기 횡액 만났구나[138] 黃楊遽値閏餘年
돌이켜 어이 차마 평소의 일을 말하랴 回頭忍說平生事
무덤에서 통곡하니 눈물 땅속에 젖어 드네 痛哭堂封淚入泉

136 이 감사(李監司) : 이태연(李泰淵, 1615~1669)으로, 본관은 한산(韓山), 자는 정숙(靜叔), 호는 눌재(訥齋)이다. 충청 감사, 전라 감사, 경상 감사, 평안 감사 등을 역임하였다.

137 가정(稼亭)과……보겠네 : 가정은 이곡(李穀)의 호이고 목은(牧隱)은 그의 아들 이색(李穡)의 호인데, 부자가 모두 문장과 학문으로 이름을 떨쳤다. 여기서는 그 후손인 이태연 역시 훌륭한 조상을 본받아 현명하다는 말이다.

138 윤년의……만났구나 : 회양목은 원래 잘 자라지 않는 나무인데 윤달이 드는 해에는 도리어 한 마디가 더 줄어든다고 한다. 여기서는 비운을 만나 죽게 되었다는 뜻이다. 《蘇東坡詩集 卷11 監洞霄宮俞康直郎中所居四詠 退圃》

이 판서[139] 경휘 에 대한 만사

李判書 慶徽 挽

영로의 풍류는 창서가 알아주었는데[140]	穎老風流蒼嶼知
그 덕분에 나라 광명 지금까지 전해졌네	國之光耿至今垂
후손의 뛰어난 재덕 뒤를 이을 만하여	後人賢俊能薪荷
노성한 선배들이 모두 그를 후원했지	前輩老成皆轂推
밝은 세상 재상으로 임금 뜻과 맞았으나	明世鹽梅方有契
저승길 귀신들이 끝내 데려갔어라	冥途神鬼終相欺
우려할 일 오늘날 정히 이리 심각하니	憂端今日正如此
원성 같은 좋은 팔자라 말해도 무방하리[141]	還說元城命好時

139 이 판서(李判書) : 이경휘(李慶徽, 1617~1669)로, 본관은 경주(慶州), 자는 군미(君美), 호는 묵호(默好)·춘전거사(春田居士)이다. 경기 감사, 이조 판서 등을 역임하였다.

140 영로(穎老)의……알아주었는데 : '영로'는 '후영(後穎) 노인'이라는 뜻인데, 후영은 이경휘의 아버지 이시발(李時發, 1569~1626)의 호이다. '창서(蒼嶼)'는 정유재란(丁酉再亂) 때 조선에 왔던 명(明)나라 장수 양호(楊鎬)의 호이다. 정유재란 때 이시발은 양호를 따라 왜적을 의성(義城)까지 추격하였고 또 군량미 운반을 관장하여 명군의 군량을 대 주었으며, 또 대신(大臣)의 직임을 섭행하여 양호를 접대하는 일을 맡아 수행하였다. 여기에 나오는 '양호가 이시발의 풍류를 알아주었다'는 내용을 확인할 만한 직접적 증거는 찾지 못하였으나 명나라 장수 낙상지(駱尙志)가 이시발을 평가하기를 "이런 인물은 중국에서 구해도 그 유(類)가 드물다."라고 한 말이나 그가 선조(宣祖)에게 "이시발은 기재(奇才)이니 왕께서는 크게 쓰시기 바랍니다."라고 아뢴 말에서 보면 미루어 알 수 있다. 《宋子大全 卷164 刑曹判書李公神道碑銘》

141 원성(元城)……무방하리 : 원성은 지명(地名)으로 송(宋)나라 사람 유안세(劉安

조 판서[142] 계원 에 대한 만사 경술년(1670, 현종11)

趙判書 啓遠 挽 庚戌

노년에 치사할 때 발길 가벼웠거니 老去懸車步履便
사람들은 속세에 신선이 있다 말하였지 人言塵界有神仙
옛날 출사하던 길은 하늘길같이 트였고 搏扶路昔天衢闊
한가한 삶의 명성 지금 야사에 전하누나 休逸名今野史傳
방랑의 자취 뉘라서 즐기는 법 알겠나[143] 放跡誰知安樂法
조건 잊은 교분으로 기쁜 인연 맺었네 忘形眞作喜歡緣
나계의 오서산[144] 끝내 적막해졌거니 蘿溪烏[145]嶽終寥落
그 풍도 추모하며 짧은 만사를 읊노라 追挹餘風詠短篇

世)를 가리킨다. 정강(靖康) 1년(1126)에 금(金)나라 군대가 쳐들어와 수도가 함락되고 휘종(徽宗)과 흠종(欽宗)이 잡혀가는 정강의 변이 일어났는데, 유안세는 그보다 1년 전에 죽어 정강의 변을 당하지 않았으므로 주희(朱熹)가 논하기를 "유원성이 정강의 난리를 보지 않고 먼저 죽은 것은 팔자가 좋은 것이다."라고 하였다. 《宋史 劉安世列傳》

142 조 판서(趙判書) : 조계원(趙啓遠, 1592~1670)으로, 본관은 양주(楊州), 자는 자장(子長), 호는 약천(藥泉)이다. 도승지, 공조 참판, 형조 판서를 역임하였다.

143 방랑의……알겠나 : 조계원은 형조 판서를 마지막으로 은퇴한 뒤 보령(保寧)으로 내려와 봄가을로 산수를 유람하며 시를 읊는 한가로운 여생을 보냈으므로 이 사람만큼 산수에 노닐며 편안히 즐기는 법을 아는 사람은 없을 것이라고 한 것이다. 《宋子大全 卷166 刑曹判書趙公神道碑銘》

144 나계(蘿溪)의 오서산(烏棲山) : 나계는 조계원이 은퇴 생활을 했던 충청도 보령에 있는 마을 이름이다. 지금은 청라동(青蘿洞)이라 일컬어지며 이곳에 오서산이 있다.

145 烏 : 대본에는 '鳥'로 되어 있는데, 《신증동국여지승람(新增東國輿地勝覽)》 권20 〈충청도(忠淸道) 보령현(保寧縣)〉에 근거하여 바로잡았다.

한 상주[146] 수원 에 대한 만사

韓尙州 壽遠 挽

천지간의 이 인생 외로움 분명 알거니	懸知宇宙此生孤
무슨 일로 이 아침 눈물 옷깃 적시는가	底事今朝淚濕襦
부임 행차 막 산 밖 지났다 들었는데	五馬纔聞山外過
낙동강 가 초혼 소리 홀연히 전해졌네	三皐忽報洛濱呼
대대로 맺은 우의 이제 누가 있는가	通家契誼今誰在
고제[147]에 어진 수령 세상에 다시없어라	高第循良世更無
동기[148]의 촌사에서 하던 말 생각나니	却憶東畿村舍語
어찌 잊으랴, 부지런하라는 진정 어린 가르침[149]	忍忘勤誨盡情輸

146 한 상주(韓尙州) : 한수원(韓壽遠, 1602~1669)으로, 본관은 청주(淸州), 자는 자구(子耉)이며, 김장생(金長生)과 정엽(鄭曄)의 문인이다. 1633년(인조11) 생원과 진사 양시(兩試)에 입격하였고 1635년 성균관 유생으로 이이(李珥)와 성혼(成渾)의 문묘 배향을 상소하였다가 들어주지 않자 과거를 단념하고 은거하였다. 그 뒤 음보(蔭補)로 벼슬길에 나아가 공조 좌랑, 안성 군수, 이천 부사를 지낸 뒤 상주 목사로 재직 중 임지에서 죽었다.

147 고제(高第) : 과거에 우수한 성적으로 급제하는 것을 일컫는 말인데, 여기서는 한수원이 생원과 진사시에 모두 입격한 것을 두고 한 말이다.

148 동기(東畿) : 주(周)나라 때에는 최초의 도성인 풍호(豐鎬)를 서기(西畿)라 하고 나중에 건립된 낙양(洛陽)을 동기라 했으며, 우리나라에서는 개성(開城)을 서기, 경주(慶州)를 동기라고 하였다. 그러나 경주의 경우 한수원이나 송시열과의 관련성이 전혀 없는 지역이다. 따라서 여기에서의 동기는 동쪽 경기 지역을 지칭하는 말로 쓰였을 개연성이 있으나 이와 관련된 근거는 찾지 못하였다.

149 어찌……가르침 : 송시열이 쓴 한수원에 대한 묘갈명에, “사계(沙溪) 문하에서

이자구[150]에 대한 만사 신해년(1671, 현종12)

李子久挽 辛亥

죽음 없는 인생은 없는 법이긴 하지만	人生未有長無死
천도는 어찌하여 이 지경에 이르는가	天道如何而至斯
부군 잃었던 홀어머니 계속 밤에 통곡하고[151]	晝燭偏親仍夜哭
어미 잃었던 아이들 더욱 슬피 울부짖네[152]	喪慈諸孺更呼伊
심산의 늙은 나를 누가 반가이 맞아 주랴	深山老我誰青眼
어제 그대 찾으니 흰 장막 안에 누웠네	昨日尋君但素帷
시냇가의 낚시터 솔숲 속에 있는 집	溪上漁磯松裏宅
지금 학과 원숭이 함께 슬퍼하리라[153]	秖今猿鶴共傷悲

공부할 때 한공(韓公)이 나를 매우 아껴 주기에 나 역시 성심으로 공을 따랐다. 일찍이 한번은 공이 나에게 '항상 부지런하라.'라는 규계(規戒)의 말을 한 적이 있었는데, 나도 그와 비슷하게 되갚아 주려고 생각하고 있었으나 그의 행실에는 규계할 만한 일이 없었다."라는 내용이 있다. 《宋子大全 卷178 尙州牧使贈參判韓公墓碣銘》

150 이자구(李子久) : 이후망(李後望, 1622~1671)으로, 자구는 그의 자이다. 송시열이 쓴 이후망에 대한 묘표(墓表)에 보면, "군은 효성이 지극하고 경사(經史)에 통달한 인물이다. 내가 화양동(華陽洞)에 있을 때 군이 가까이 살면서 경사에 의심나는 부분이 있으면 자주 찾아와 묻곤 하였다."라고 한 내용이 보인다. 《宋子大全 卷198 學生李君墓表》

151 부군……통곡하고 : 한밤의 통곡은 일반적으로 어머니가 아들의 상에 슬프게 통곡하는 것을 말할 때 쓰인다. 182쪽 주85 참조.

152 어미……울부짖네 : 이후망의 부인인 은진 송씨(恩津宋氏)는 이후망보다 두 달 전에 사망하였다. 《宋子大全 卷198 學生李君墓表》

153 지금……슬퍼하리라 : 공치규(孔稚圭)의 〈북산이문(北山移文)〉에 보면, 은거를

민 장령[154] 여로에 대한 만사 신해년(1671, 현종12) 12월
閔掌令 汝老 挽 辛亥十二月

가난 속에 피나는 공부 행실조차 바르더니	食廳攻苦行未頗
늦게 예조 과거 시험 우수하게 급제했네[155]	晩闈南宮甲乙科
세 임금[156]과 영욕 겪다 귀밑머리 짧아졌고	寵辱三朝衰鬢短
두 고을을 잘 다스려 칭송이 자자했지[157]	呴嚅兩邑頌聲多
귀향한 뒤 이웃들 복을 넉넉히 받았으니	歸田剩見鄉隣福
황천에선 귀신들 질책 응당 없으리라	入土應無鬼魅呵
천지간의 외로운 나 아직 죽지 못하고	宇宙孤生猶未死
설창 가에 만사 쓰며 눈물 펑펑 흘리네	雪窓題挽淚如河

그만두고 벼슬하러 떠난 주옹(周顒)을 비난하면서 "혜초 장막 텅 비자 밤의 학이 원망하고 산사람 떠나니 새벽 원숭이 놀라더라."라고 말하는 대목이 있는데, 이후망이 평생 은거하며 살았으므로 그와 산속 생활을 함께했던 학과 원숭이들도 죽음을 애도할 것이라는 말이다. 《古文眞寶 後集 卷2 北山移文》

154 민 장령(閔掌令) : 민여로(閔汝老, 1598~1671)로, 본관은 여흥(驪興), 자는 태수(台叟)이다. 헌납과 장령 등을 지냈다.

155 늦게……급제했네 : 민여로는 45세 때인 1642년(인조20) 식년 문과 을과에 급제하였다.

156 세 임금 : 인조(仁祖), 효종(孝宗), 현종(顯宗)을 말한다.

157 두……자자했지 : 민여로는 무장 현감(茂長縣監)과 풍기 군수(豐基郡守)를 지낸 바 있다.

송 호군[158] 국강 에 대한 만사 임자년(1672, 현종13)
宋護軍 國綱 挽 壬子

우리 집안 종손[159]으로 두 대에 걸친 우의　主我宗盟兩世宜
고풍스런 화수 의례 몇 년이나 함께했나　幾年花樹古風儀
희비와 경조사에 서로 함께 관여했고　悲歡弔慶相關事
청풍명월 강산에서 좋은 모임 가졌지　風月溪山好會時
그때 취옹[160] 작고하여 남은 눈물 있는데　當日醉翁餘淚在
오늘 아침 사한리에 또 만가 슬프구나[161]　今晨沙里挽歌悲
가련해라 풀 무성한 저 무덤 속에서는　可憐荒草幽墟裏
부모 형제 함께 모여 기쁘게 지내겠지　昆弟爺孃喜共隨

158 송 호군(宋護軍) : 송국강(宋國綱, 1588～1672)으로, 본관은 은진(恩津), 자는 백기(伯紀)이다. 80세에 노인직으로 절충장군(折衝將軍)에 제수되었다.

159 우리 집안 종손 : 송국강은 쌍청당(雙淸堂) 송유(宋愉)의 7대 종손이다.

160 취옹(醉翁) : 송희명(宋希命, 1572～1656)의 호이다. 송국강의 아버지로 자는 자순(子順)이며 쌍청당 송유의 6대 종손이다.

161 오늘……슬프구나 : 사한리(沙寒里)는 공주(公州)의 마을 이름으로, 송국강 집안의 선영이 있는 곳이다. 송국강도 이 마을 선영의 해좌(亥坐) 언덕에 묻혔다.《寒水齋集 卷31 副護軍宋公國綱墓表》

송 정산 유식 에 대한 만사

宋定山 有栻 挽

황산서원 종유한 지 어언 이십 년	黃院從遊已廿年
중간에 세상사 변고 참으로 많았지	中間世故儘推遷
그 누군들 심중의 일 고치지 않으랴만	何人不改心中事
내 친구 입가에 침 흘리는 일 전혀 없네[162]	吾友全無口角涎
부임의 명 대궐에서 이제 막 내렸는데	寵命才宣丹鳳下
상여가 갑자기 백마강 가로 나가누나[163]	靈輀遽出白江邊
평생 우의 나누던 이 지금 뉘 있는가	平生事契今誰在
만사를 쓰자니 늙은 눈물 하염없네	蕭挽題來老淚漣

162 그……없네 : 세상사의 여러 변고를 겪다 보면 세속에 물들면서 마음이 변하는 법인데 송유식은 시종 초심을 잃지 않고 이익이나 영달을 좇는 세류에 휩쓸리지 않았다는 말이다.

163 부임의……나가누나 : 정산 현감에 제수하는 임금의 명이 내려온 지 얼마 안 되어 갑자기 송유식이 죽은 것을 두고 이렇게 말한 것이다.

윤석호[164]에 대한 만사

尹石湖挽

동토와 미촌[165] 가서 남은 눈물이 있는데	童丈村兄餘淚在
어찌하여 그대가 또 이렇게 간단 말인가	如何夫子又長休
단맛과 흰색 같은 기품과 자질 근사하고[166]	甘和白采姿資近
송로와 파옹[167]의 도학 넉넉히 갖추었지	松老坡翁道教優
초야의 시서 부질없이 좀이 절로 슬 것이고	丘壑詩書空自蠹
전원의 밤알들은 다시 누가 거둘 것인가	田園茅栗更誰收
평생 나 보는 것을 가장 기뻐하였기에	平生心悅看吾最
통곡하며 괜스레 흰머리만 긁적이네	痛哭空搔此白頭

164 윤석호(尹石湖) : 윤문거(尹文擧, 1606~1672)로, 석호는 그의 호이다. 본관은 파평(坡平), 자는 여망(汝望)이다. 김집(金集)의 문인이며 팔송(八松) 윤황(尹煌)의 아들이다. 예조 좌랑, 제천 현감, 춘추관 수찬관 등을 역임하였다. 글씨에 뛰어났으며 저서로는 《석호유고(石湖遺稿)》가 있다.

165 동토(童土)와 미촌(美村) : 동토는 윤순거(尹舜擧, 1596~1668)의 호이고, 미촌은 윤선거(尹宣擧, 1610~1669)의 호이다. 모두 팔송 윤황의 자제들이다.

166 단맛과……근사하고 : 《예기》 〈예기(禮器)〉에 "단맛은 맛의 근본이라 백미(百味)를 조화시키고 흰색은 색의 근본이라 모든 색을 받아들인다. 이와 마찬가지로 오직 충실하고 신실한 사람이라야 예를 배울 수 있다."라는 말이 있는데, 여기서는 맛과 색의 근본인 단맛과 흰색처럼 윤문거의 기품과 자질 또한 근본적으로 훌륭하다는 말이다.

167 송로(松老)와 파옹(坡翁) : 송로는 윤문거의 아버지 팔송 윤황을 가리키고 파옹은 윤문거의 외할아버지인 우계(牛溪) 성혼(成渾, 1535~1598)을 가리킨다.

성 지사[168] 직 에 대한 만사

成知事 稷 挽

우계 가문 도덕 전범 그대로 지녔기에	溪門道德典刑存
온 세상이 장수의 복 우러러 보았었지	一世爭瞻壽考尊
팔순의 높은 자급 치사를 고하였고	八帙崇資輸已致
수령으로 극진한 봉양 성은을 받들었지	專城榮養戴君恩
시서의 가업 잇는 훌륭한 손자 있고	詩書舊業賢孫在
후하고 선한 풍도 박한 풍속 바꾸리라	厚善遺風薄俗敦
근래에 맑은 가르침 막힌 게 슬펐는데	怊悵年來淸誨阻
만사를 쓰게 되니 눈물 금하기 어려워라	不堪題挽淚生痕

168 성 지사(成知事) : 성직(成稷, 1586~1680)으로, 본관은 창녕(昌寧), 자는 자교(子喬), 호는 매변(梅邊)·매변정옹(梅邊鼎翁)이다. 우계 성혼의 손자이며 성문준(成文濬)의 아들이다. 1665년(현종6) 80세의 나이로 정3품 통정대부에 올라 세 차례나 첨지중추부사를 지냈고, 86세 때인 1671년에는 노인을 우대하는 은전을 받아 종2품 가선대부에 오르고 동지돈녕부사가 되었다. 나이 90세 때에는 정2품 자헌대부로 승품하고 지중추부사에 제수되었다.

박 판관[169] 세기 에 대한 만사

朴判官 世基 挽

한빈한 띳집 세신 대가 크기 절로 다르거니	衡茅喬木自殊程
자제들 사이 끼여서 노성한 분 알게 됐네	猥介諸郎識老成
집안에선 가업을 잘 받드는 것 알았고	居室已知承藉遠
벼슬살이 진퇴를 가벼이 함에 탄복했지	處官嘗服去留輕
승방에서 작별하고 삼 년이 지났는데	僧堂別去如三歲
절벽 가에 편지 오니 홀연히 구천이네[170]	崖广書來忽九京
기억나네 유언비어 어지럽던 그때에	記得流言交亂日
공 아니면 내 마음 어찌 밝힐 수 있었으랴	非公那得寸心明

169 박 판관(朴判官) : 박세기(朴世基, ?~?)로, 돈녕부 판관(敦寧府判官)을 지냈다.

170 절벽……구천이네 : 송시열이 지내는 화양동 계곡으로 박세기가 죽었다는 부음이 왔다는 말이다.

이 참판[171] 민적 에 대한 만사 갑인년(1674, 현종15)

李參判 敏迪 挽 甲寅

승상의 높은 이름[172] 북두처럼 빛나거니	丞相高名北斗懸
어진 아들[173] 선조 유업 지키는 게 보기 좋네	喜看賢子守青氈
가정교육 넉넉함은 행실에서 징험되고	趨庭綽綽徵群行
나라에 몸을 바쳐 큰 상소를 올리었네[174]	許國僂僂奏大篇
경세제민의 초심이 이젠 막연해졌고	經濟初心空墮井
평생 훌륭한 그 절개 끝내 땅에 들어갔네	平生姱節竟重泉
오늘날 세도 크게 무너지고 말았으니	秖今世道沈淪甚
숙예가 어느 해에 이 현자 일으킬까[175]	叔譽何年起此賢

171 이 참판(李參判) : 이민적(李敏迪, 1625~1673)으로, 본관은 전주(全州), 자는 혜중(惠仲), 호는 죽서(竹西)이다. 아버지는 영의정을 지낸 이경여(李敬輿)인데, 숙부 이정여(李正輿)에게 입양되었다. 윤문거(尹文擧)의 문인이며 이조 참판 등을 지냈다. 저서로는 《죽서집(竹西集)》이 있다.

172 승상의 높은 이름 : 승상은 이민적의 생부 이경여로, 영의정을 지냈다.

173 어진 아들 : 시의 흐름상으로는 이민적을 가리키는 말로 보는 것이 타당할 듯한데, 《송자대전수차》에는 이민적의 아들인 이이명(李頤命, 1658~1722)과 이사명(李師命, 1647~1689)을 가리킨다고 주석되어 있다. 《宋子大全隨箚 卷1》

174 나라에……올리었네 : 이민적은 정치와 경제에 관련한 많은 소차(疏箚)를 올렸는데, 그 가운데에서도 〈옥당조진시폐차(玉堂條陳時弊箚)〉는 특히 명문으로 손꼽힌다.

175 숙예(叔譽)가……일으킬까 : 숙예는 춘추 시대 진(晉)나라 사람 숙향(叔向)이다. 《예기》 〈단궁 하(檀弓下)〉에 "조문자(趙文子)가 숙예와 함께 진나라 귀족들의 묘지가 있는 구원(九原)을 구경하고 있을 때, 조문자가 묻기를 '여기 죽은 자들을 만일 살릴 수 있다면 내 누구를 살려 함께 돌아갈까?' 하자, 숙예가 말하기를 '양처보(陽處父)

계담의 풍월정[176]에 쓰다

題桂潭風月亭

갑천의 아래 노봉의 남쪽 지역	甲川之下魯峯南
지난날 누가 여길 계담이라 이름했나	往昔誰名此桂潭
우리 족숙 일경[177]이 정자를 세우니	吾叔一卿營棟宇
성긴 소나무 몇 그루 이내를 거느리네	疏松數箇領煙嵐
넓은 들에서 바람 오니 정신이 상쾌하고	風來曠野神魂爽
맑은 물에 달이 드니 별들이 잠기었네	月入澄波象緯涵
바로 우리 쌍청당의 옛 가업[178]이거니	自是雙淸吾舊業
염옹의 가슴[179]도 다시 더듬어 보아야지	濂翁胸次更須探

와 구범(舅犯)이다.'라고 하였다." 하였다. 여기서는 숙예의 고사를 원용하여 세도가 무너진 오늘날 이민적과 같은 사람이 필요함을 역설하면서 동시에 그의 죽음을 안타까워한 것이다.

176 계담(桂潭)의 풍월정(風月亭) : 계담은 송국사(宋國士, 1612~1690)의 호이고, 풍월정은 그가 지은 정자이다. 현재 대전시 대덕구 신일동에 있다.

177 족숙 일경(一卿) : 일경은 송국사의 자이다. 그는 사계(沙溪) 김장생(金長生, 1548~1631)의 문하에서 수학하였고 사헌부감찰 겸 전중어사(司憲府監察兼殿中御使)와 고창 현감(高敞縣監) 등을 지냈다.

178 쌍청당(雙淸堂)의 옛 가업 : 쌍청당은 송유(宋愉, 1388~1446)의 당호(堂號)인 동시에 그의 호인데, 회덕(懷德)에 사는 송씨는 모두 그의 후손이다. 두 개의 맑은 것이란 뜻의 쌍청(雙淸)은 바로 바람과 달을 가리키는데, 이를 벗하여 살고자 했던 선조의 뜻을 기려 옛 가업이라 한 것이다. 《宋子大全隨箚 卷1》

179 염옹(濂翁)의 가슴 : 염옹은 송(宋)나라 때의 학자 염계(濂溪) 주돈이(周敦頤)를 말한다. 황정견(黃庭堅)은 〈염계시서(濂溪詩序)〉에서 주돈이의 높은 인품과 탁 트

손자 주석이 섣달 그믐날에 회포를 읊은 시에 차운하다
次疇孫除夕詠懷韻

점점 절서가 새해에 가까워져 오는데	看看節序逼新年
묵묵히 초심 생각자니 밤잠을 못 이루네	默念初心夜未眠
거백옥의 그름[180]은 진정 고쳐야 하지만	蘧伯玉非眞可改
시신의 관 욕되어도 가여울 것 없어라[181]	侍臣冠辱不須憐
의는 바른 길이고 인은 편안한 집이니[182]	義爲路又仁爲宅
우러러볼수록 높고 뚫을수록 더 견고하네[183]	仰益高兼鑽益堅

인 흉금을 묘사하기를 "흉금이 시원하기가 마치 맑은 바람에 밝은 달과 같다."라고 하였다.《山谷集 卷1 濂溪詩》

180 거백옥(蘧伯玉)의 그름 : 거백옥은 춘추 시대 위(衛)나라 대부인데, 50세가 되어서도 49세 때의 그름을 알고 고쳤다 한다.《春秋左氏傳 襄公14年》

181 시신(侍臣)의……없어라 : 주희(朱熹)가 70세에 치사(致仕)하면서 지은 시에 "늘그막의 영광은 간당에 이름 적힌 것이요, 과거에 욕된 것은 시신의 관이었네."라고 하였다.《晦庵集 卷9 蒙恩許遂休致陳昭遠丈以詩見賀已和答之復賦一首》 간당에 이름이 적혔다는 것은 간신 채경(蔡京) 등이 사마광(司馬光)과 정이(程頤) 등 309인을 간당으로 지목하여 이들의 성명을 기록하여 세운 비를 말하고, 시신의 관이 욕되었다는 것은 벼슬하여 제대로 보필하지 못하고 욕을 당한 것을 말한다.《宋史 徽宗本紀, 姦臣列傳 蔡京》 여기에서 송시열이 말하고자 하는 뜻은 벼슬하면서 뜻을 펴려고 하다가 욕을 당하는 것은 개의할 것이 없다는 말이다.

182 의(義)는……집이니 :《맹자》〈이루 상(離婁上)〉에 "인(仁)은 사람의 편안한 집이고 의는 사람의 바른 길인데, 편안한 집을 비워 두고 거처하지 않으며 바른 길을 버려두고 가지 않으니, 슬프다."라고 하였다.

183 우러러볼수록……견고하네 :《논어》〈자한(子罕)〉에, 안연(顔淵)이 "공자(孔

시냇가에서 염옹이 했던 말 외우거니	坐誦濂翁溪上語
현인 바라고 성인 바라며 또 하늘 바란다지[184]	希賢希聖也希天

子)의 도는 우러러볼수록 더욱 높고 뚫을수록 더욱 견고하며, 바라보면 앞에 있는 듯하더니 홀연히 뒤에 있도다."라고 탄식하는 구절이 나온다.

184 시냇가에서……바란다지 : 염계(濂溪) 주돈이(周敦頤)가 《통서(通書)》 〈지학편(志學篇)〉에서 말하기를 "성인은 하늘을 본받기를 바라고, 현인은 성인을 본받기를 바라고, 선비는 현인을 본받기를 바란다."라고 하였다. 시냇가에서 이 말을 했다고 한 것은 주돈이가 강서성(江西省) 여산(廬山)의 연화봉(蓮花峰) 아래 염계라는 시냇가에 집을 짓고 살면서 저술하였으므로 그렇게 말한 것이다.

갑인년(1674, 현종15) 설날에 차손[185]의 시에 차운하다

甲寅元日次次孫韻

아끼는 손자 돌아오자 봄도 돌아오니	愛子初回春亦回
산집의 그윽한 흥취 정말 솟아오르네	山家幽興正難裁
손자의 시구도 사성팔병[186]을 아는데	兒孫詩句知聲病
늙은 할아비 생애는 재난에 맡기었네	老父生涯任蹇災
다만 옛 책에 파묻히는 것 원하노니	但願陳編浸灌去
인간 세상의 시비여 오지 말기를	莫教人世是非來
눈앞의 꽃나무 장차 곱게 피리니	眼前花木行將好
푸른 벼랑에 앉아 보면 참 장관이겠지	坐對蒼崖儘壯哉

185 차손(次孫) : 송주석(宋疇錫)을 가리킨다.

186 사성팔병(四聲八病) : 남북조 시대 심약(沈約)이 창시한 성률설(聲律說)로, 율시를 지을 때 피해야 할 성률과 압운상의 여덟 가지 금기 규칙을 말하는데, 그 여덟 가지는 평두(平頭), 상미(上尾), 봉요(蜂腰), 학슬(鶴膝), 대운(大韻), 소운(小韻), 방뉴(傍紐), 정뉴(正紐)이다.

손자 주석이 설날 지은 시에 차운하다 을묘년(1675, 숙종1)

次疇孫元日韻 乙卯

당적에 오른 광영[187] 아, 우리들이여	黨籍光華嗟我輩
더구나 지금은 명절 정초 설날이거니	況今佳節屬三元
천륜의 즐거운 일로 잗단 것 다 잊고	天倫樂事忘瑣瑣
조정의 탄핵 글[188] 떠들도록 놔두네	朝著彈文任喧喧
굳센 대는 서리 견디며 골짝에 임해 있고	勁篠凌霜臨壑谷
아침 해는 안개 뚫고 산림에 흩어지네	晴暾穿霧散丘樊
제현들은 멋대로 혀를 놀리지 말아라	諸賢且莫爭饒舌
벼랑 풀에도 우로 은택 무젖는 법이니	崖草猶沾雨露恩

187 당적(黨籍)에 오른 광영 : 당적이란 원래 송나라 때 간신 채경(蔡京) 등이 사마광과 정이 등을 간당(奸黨)으로 지목하여 이들의 성명을 기록한 것을 말하는데, 역설적으로 거기에 이름이 오른 것이 오히려 영광스러운 상황이라 할 수 있는 것이다. 여기서는 반대파들이 송시열 일파를 사론(邪論)을 주도하는 당으로 지목하는 것을 두고 그렇게 말한 듯하다.

188 조정의 탄핵 글 : 숙종 즉위년(1674) 12월에 장령 남천한(南天漢), 지평 이옥(李沃), 정언 목창명(睦昌明) 등의 주도로 양사(兩司)가 합계하여 송시열의 파직을 청했던 글을 말한다. 《肅宗實錄 卽位年 12月 18日》

손자 주석이 소나무를 읊은 시에 차운하다

次疇孫詠松韻

시냇가에 두 그루 솔 심은 이 뉘인가	誰栽澗畔兩株松
종횡의 가지 줄기 늙은 용과 같구나	枝榦縱橫作老龍
단비가 씻어 주니 묵은 때 없어지고	好雨洗來除舊染
청풍이 불어 가니 새 모습 시원하다	淸風吹去爽新容
봉래에 학 지나자 상서로운 구름 감싸고	蓬萊鶴過祥雲襲
화산에 사람 노닐자 서기 짙게 드리우네	華嶽人遊瑞氣濃
세한에도 절개 변함없다 하지 말아라	休說歲寒無改節
안개에 잠긴 솔도 대부에 봉해졌거니[189]	鎖煙堪受大夫封

189 안개에……봉해졌거니 : 진 시황(秦始皇)이 태산(泰山)에 올라가 봉선(封禪)을 하고 내려오는 길에 갑자기 폭풍우를 만나서 소나무 아래로 피했는데, 그때의 공을 인정하여 그 소나무에게 오대부(五大夫)의 작위를 내려 봉해 주었다. 《史記 秦始皇本紀》

이동보[190]의 꿈을 기록한 시에 차운하다

次李同甫記夢韻

성학 연원 인심과 도심에서 나왔는데[191]	淵源聖學自危微
예로부터 이 도를 아는 자가 드물었지	此道由來識者稀
찬 물에 덩그러니 가을 달이 비추나니[192]	寒水空餘照秋月
고정에서 누가 다시 심의를 받을 것인가[193]	考亭誰復受深衣
정관재가 과거에 그 도 실천하였거니	靜觀昔者嘗從事

190 이동보(李同甫) : 이희조(李喜朝, 1655~1724)로, 동보는 그의 자이다. 본관은 연안(延安), 호는 지촌(芝村)이다. 이단상(李端相)의 아들이며 송시열의 문인이다. 대사헌과 이조 참판 등을 지냈다.

191 성학(聖學)……나왔는데 : 《서경》 〈대우모(大禹謨)〉에, 순(舜) 임금이 우(禹) 임금에게 "인심은 오직 위태롭고 도심은 오직 은미하니, 오직 정밀히 하고 오직 한결같이 하여야 진실로 그 중을 잡을 수 있다.〔人心惟危, 道心惟微, 惟精惟一, 允執厥中.〕"라고 하였는데, 이 네 구가 성학의 연원이 되었다는 말이다. 정주(程朱)가 이를 성인(聖人)의 도통(道統)을 전한 '십육자 심전(十六字心傳)'이라고 명명한 이래, 개인의 도덕 수양과 치국의 핵심 원리가 되었다.

192 찬……비추나니 : 주희(朱熹)의 시 〈재거감흥(齋居感興)〉에 "천 년 세월 전해온 성인 마음은 가을 달이 찬 물에 비추는 듯하네."라는 구절이 있는데, 옛 성인들이 살다 간 시간적인 차이는 천 년이 넘지만 서로 전수한 심법(心法)은 하나이며 그 맑고 밝은 마음은 마치 찬 물에 비친 가을 달처럼 밝다는 뜻이다. 《晦庵集 卷4 齋居感興》

193 고정(考亭)에서……것인가 : 유학의 연원을 누가 이을 것인지를 뜻한다. 고정은 주희가 만년에 거처하며 학문을 강론했던 곳으로, 주희를 가리키는 말로도 쓰인다. 주희는 임종 무렵에 자신의 지은 책과 복건(幅巾)과 심의(深衣)를 제자이자 사위인 면재(勉齋) 황간(黃榦)에게 전수하였다고 한다. 《宋史 道學列傳 黃幹》

숙예 오늘 그와 함께 돌아오려 하리라[194] 叔譽今朝欲與歸
진중한 옛집에 책이 서가에 가득하니 珍重遺廬書滿架
아들인 그대 낚시터 자랑할 필요 없네[195] 兒郎不必詑漁磯

194 정관재(靜觀齋)가……하리라 : 정관재는 이동보의 아버지 이단상(李端相)이고, 숙예에 대해서는 213쪽 주175 참조. 여기서는 숙예가 만약 죽은 사람을 다시 살리고자 한다면 이동보의 아버지 이단상을 살리려고 할 것이라는 말이다. 옛 성학의 도를 실천했던 인물로 이단상을 거론하며 칭송한 말이다.

195 아들인……없네 : 산림에 은거할 생각하지 말고 아버지처럼 도학을 연마하여 뜻이 실현될 수 있도록 노력하라는 말이다.

윤경임[196] 형성 의 시에 차운하다
次尹景任 衡聖 韻

남산에서 누가 슬픈 영척가를 들으랴[197]	南山誰聽甯歌悲
안 미쳤다고 말했던 역이기를 비웃었네[198]	自謂非狂笑食其
단지 옛 책 읽으면서 얻음 있길 바랐으니	只把陳編期有得
어찌 장초의 무지를 부러워하였으랴[199]	那將萇草樂無知

196 윤경임(尹景任) : 윤형성(尹衡聖, 1608~1676)으로, 경임은 그의 자이다. 본관은 남원, 호는 기기재(棄棄齋)이다. 55세 때인 1662년(현종3) 증광 문과에 급제하여 정언, 사간, 삼척 부사, 진주 목사 등을 지냈다.

197 남산에서……들으랴 : 영척(甯戚)은 춘추 시대 위(衛)나라 사람으로 집이 가난하여 남의 수레를 끌어 주며 먹고살았다. 그러다가 제 환공(齊桓公)을 만났을 때 쇠뿔을 두드리면서 노래하기를 "남산은 깨끗하고 흰 돌은 눈부시네. 요순이 선양(禪讓)하던 시절을 못 만나니, 단포(短布) 단의(單衣) 정강이뼈까지 이르렀네. 저물녘부터 한밤중까지 소에게 꼴 먹이니 길고 긴 밤 언제 가고 아침이 오려나."라고 했다고 한다. 그러자 제 환공이 이상하게 여겨 관중(管仲)을 시켜 만나 보게 하고는 그를 맞아들여 대부(大夫) 벼슬을 주었다고 한다.《藝文類聚 卷94 寧戚飯牛》 여기서는 윤형성이 자신의 능력을 숨기고 55세가 될 때까지 은거한 채 벼슬하지 않은 것을 영척에 빗대어 말한 것이다.

198 안……비웃었네 : 역이기(酈食其)는 진류(陳留) 고양(高陽) 사람으로 글 읽기를 좋아했지만 집안이 가난하여 고을의 감문리(監門吏)로 생계를 꾸렸는데, 그때 고을의 세력가에게 부림을 당하려 하지 않아 사람들이 '미친 사람'이라고 비웃었다. 그러다 유방(劉邦)이 진류의 교외에 오자, 유방을 아는 고을 사람에게 소개를 청하면서 말하기를 "사람들은 나를 미친 사람이라고 하지만 나는 미친 사람이 아니다."라고 전하게 하였고, 그 뒤로 유방을 만나 유세객이 되었으나 결국에는 제왕(齊王)에게 죽임을 당하고 말았다.《史記 酈食其列傳》 여기서는 윤형성이 결국 영달을 위해 청탁하는 역이기의 모습을 비웃으면서 은거했던 것을 두고 한 말이다.

초강의 두형 방지[200] 가을에도 향긋한데 楚江蘅芷秋猶馥
성인의 길 가시덤불은 헤치는 이 없어라 聖路荊榛世莫披
그대 다시 해안 찾아 떠나가고 말았으니[201] 夫子又尋崖海去
구름 날개 축 늘어져 더욱 애처롭구나 更憐雲翅困低垂

199 어찌……부러워하였으랴 : 《시경》 〈회풍(檜風) 습유장초(隰有萇楚)〉에 "습지에 장초가 있으니 그 가지 부드럽네. 어리고 윤기 나니 세상모르는 너 부럽구나."라고 하였는데, 이 시는 당시에 정사가 번거롭고 세금이 중하여 백성이 고통이 심하므로 차라리 아무것도 모르는 초목이 부럽다는 뜻으로 읊은 것이다. 여기서는 윤형성이 그런 초목을 부러워하기만 한 것이 아니라 정사에 참여하여 자신의 뜻을 펼치고 개혁할 뜻이 있었다는 점을 말한 것이다.

200 초강의 두형(杜蘅) 방지(芳芷) : 초(楚)나라 굴원(屈原)의 〈이소경(離騷經)〉에 "두형과 방지도 섞어 심었네."라는 구절이 있다. 둘 다 향초의 일종인데, 주로 은거하는 군자나 현인을 비유하는 뜻으로 쓰인다.

201 그대……말았으니 : 1674년 갑인예송(甲寅禮訟) 때 윤형성이 사간(司諫)으로 있으면서 송시열의 편을 들다가 파직된 것을 두고 한 말인 듯하다.

재종손 원석[202]의 시에 차운하다

次再從孫元錫韻

학력으로 울타리 부수지 못함 부끄러워	慙無學力破藩籬
또 위태로운 계단에서 걷는 법 익혔다네[203]	且向危階習了危
남쪽 지역 말소리 듣기 익숙하지 않고[204]	蠻土語音聽未慣
배우의 관복 은밀하여 알기가 어려워라[205]	優人冠服祕難知
너는 야은 집안 명성 잘 이어 가는데[206]	爾能野隱家聲嗣
나는 효종의 성덕만을 생각하고 있구나	我獨寧王聖德思
무엇보다 음탕한 소리 떠드는 이 많으니	最是淫哇饒喙喙
삼뢰를 남기에게 묻는 일 하지 마라[207]	休將三籟問南綦

202 원석(元錫) : 송원석(宋元錫, 1653~1735)을 가리킨다. 자는 선장(善長), 호는 창암(蒼巖)이며, 송시열의 문인이다.《宋子大全隨箚 卷1》

203 위태로운……익혔다네 : 송(宋)나라 때의 학자 상채(上蔡) 사양좌(謝良佐)가 말하기를 "나는 옛날 두려움이 많았기 때문에 위태로운 계단 위에서 걷는 연습을 하면서 이를 없애려고 하였다."라고 하였다.《宋元學案 卷24 上蔡學案》

204 남쪽……않고 : 을묘년(1675, 숙종1)에 송시열이 지금의 포항 일대인 장기(長鬐)로 유배 갔을 때의 일을 말한 것인 듯하다.

205 배우의……어려워라 : 바로 아래 원주(原註)에 관련된 설명이 있다.

206 너는……가는데 : 야은(野隱)은 송원석의 조부 송시영(宋時榮, 1588~1637)의 호이다. 송시영은 본관은 은진, 자는 공선(公先)·무선(茂先)이다. 송시열의 종형이며 김장생(金長生)의 문인이다. 병자호란 때 강화도에서 순절하였다.

207 삼뢰(三籟)를……마라 : 삼뢰란 인뢰(人籟), 지뢰(地籟), 천뢰(天籟)를 말하는데, 인뢰는 사람이 울리는 소리인 악기 소리이고, 지뢰는 대지가 일으키는 바람 소리이고, 천뢰는 인뢰와 지뢰의 근본이 되는 대자연의 소리이다. 남기(南綦)는 남곽자기(南

배우의 관복에 대한 내력은 이러하다. 송나라 영종(寧宗) 초년에 황제가 주자에게 특별히 마음을 쓰자, 한탁주(韓侂胄)가 배우를 시켜 심의(深衣)와 복건(幅巾)과 방리(方履)를 착용한 뒤에 팔짱을 끼고 느릿느릿 걷게 함으로써 주자를 흉내 내어 희롱하고는 황제로 하여금 혐오하는 뜻이 생기게 했다는 것이다.

두 번째 其二

계책이 옹졸해서 늘 작은 울에 기댔는데　計拙常依短短籬
늘그막에 이렇듯 삼위에 떨어졌네[208]　暮年流落此三危
파리 머리 위 영리는 작고도 작은 것　蠅頭榮利小之小
만촉의 분분함[209]은 아는지 모르는지　蠻觸紛紜知不知
무망의 소 취해 감[210] 참으로 웃을 만하고　無妄得牛眞好笑

郭子綦)를 가리킨다. 《장자(莊子)》 〈제물론(濟物論)〉에 "남곽자기가 안석에 기대어 앉아서 멍하니 마치 자신조차도 잊어버린 것처럼 하늘을 우러러 한숨을 짓고 있었다. 안성자유(顏成子游)가 그 연유를 물으니, 대답하기를 '너는 인뢰는 들었더라도 지뢰는 못 들었을 것이고 지뢰는 들었더라도 천뢰는 아직 못 들었을 것이다.'라고 하였다." 하였다. 여기서는 송시열이 송원석에게 이런저런 온갖 소리를 듣더라도 시비를 따지고 개입하는 일을 하지 말라고 당부한 것이다.

208 삼위(三危)에 떨어졌네 : 삼위는 중국의 지명으로 멀고 살기 어려운 지역을 말한다. 《서경》 〈순전(舜典)〉에 "삼묘(三苗)를 삼위로 쫓아냈다."라고 하였다. 여기서는 송시열이 1675년에 멀리 남쪽 지방 장기로 귀양 간 것을 두고 말한 것이다.

209 만촉(蠻觸)의 분분함 : 《장자》 〈칙양(則陽)〉에, 달팽이의 두 뿔 안에 만(蠻)과 촉(觸)이라는 나라가 있어서 끊임없이 피를 흘리며 싸운다는 우화가 있다.

210 무망(無妄)의……감 : 《주역》 〈무망괘(无妄卦) 육삼(六三)〉에 "애매하게 당하

새옹의 말 잃음[211] 곰곰이 생각할 만하네　塞翁亡馬可冥思
화복의 순환[212]은 본래 다 이러하니　由來倚伏皆如此
연주에 올라 을기를 찾을 것이 없어라[213]　莫上蓮舟訪乙蓁

소를 취해 가고 말을 잃는다는 말은《주역》〈무망괘(无妄卦)〉에서 "길 가는 사람이 소를 취해 간 것은 마을 사람들의 재앙이다."라고 하였으니, 오늘날 새로 귀해진 사람들이 얻은 것이 크지만 반대로 그 재앙을 입은 자가 매우 많다는 것이며, 또 네가 끌려갈 때[214] 타고 있던 말을 의금부 군졸에게 빼앗겼으므로 소를 취해 가고 말을 잃는 고사를 쓴 것이니, 한번 크게 웃을 만하다. 을기(乙蓁)라고 하는 것은 오행복명서(五行卜命書)의

는 재앙이다. 누군가가 매어 둔 소를 길 가는 사람이 취해 갔는데, 오히려 마을 사람들이 누명을 쓰게 된다."라고 하였다.

211 새옹의 말 잃음 :《회남자(淮南子)》〈인간훈(人間訓)〉에 나오는 새옹지마(塞翁之馬)의 고사로, 세상의 득실에 대한 무상함을 의미하는 말이다.

212 화복의 순환 :《노자(老子)》 제58장에 "화는 복이 의지하는 바이고 복은 화가 숨어 있는 바이다."라고 하였는데, 이 말은 화 속에도 복의 가능성이 깃들어 있고 복 속에도 화의 요소가 내장되어 이것이 서로 순환한다는 뜻이다.

213 연주(蓮舟)에……없어라 : 연주는 연엽주(蓮葉舟)로 신선인 태을진인(太乙眞人)이 타는 배이다. 을기(乙蓁)는 전거를 찾지 못하였으나 태을진인의 행적이라는 뜻이 아닐까 생각된다. 이 시의 원주에는 을기가 "오행복명서의 근원이 된다."라고 하였는데, 오행복명서란 오행의 원리로 명을 점치는 책이라는 뜻이다. 이런 책은 운명을 탐색하고 과거의 일을 통해 미래의 일을 미루어 알고 천지의 비밀을 밝히는 데 목적이 있는데, 여기서의 뜻은 화복은 순환하는 것이므로 그런 공허한 데에서 이치를 찾을 필요가 없다는 말이다.

214 네가 끌려갈 때 : 1675년(숙종1)에 송시열에게 삭탈관작과 원찬(遠竄)의 명이 내렸을 때, 송원석도 송시열의 문도(門徒)라는 이유로 체포되어 의금부로 끌려갔다가 뒤에 허적(許積)의 진언(陳言)으로 석방되었다.《宋子大全隨箚 卷1》

근원이 되는 바이다.

세 번째 其三

인을 방패 삼고 예로 울타리 만드니　干櫓於仁禮作籬
즐거움 아님 없는데 어찌 안위 걱정하랴　亡非其樂豈安危
때때옷 입고 재롱떨면 어버이 기뻐하고　斑斕戲處庭闈喜
서직 제수 정결할 때 조상들도 아신다네　黍稷蠲時祖考知
상체의 빛 연이으면[215] 향기 더욱 멀리 가고　棣蕚聯輝香益遠
각궁이 뒤집어질 때[216] 허물 생각해야지　角弓翩反咎宜思
무엇보다 부부 생활에 긍지 있어야 하거니　最宜衽席矜持在
자식 교육엔 모름지기 작은 일도 삼가야지　教子還須謹屨綦

각궁(角弓) 운운은 《시경》에서 각궁이 뒤집어지는 것으로 친척이 서로 어긋난 것을 비유하였고, 또 《시경》에서 "살찐 숫짐승 잡아서 이웃 어른들 초청하니 마침 오지 않았더라도 나의 허물 아니네."라고 하였으니, 이 점이야말로 너희들이 가슴에 새길 일이므로 언급한 것이다.

215 상체(常棣)의 빛 연이으면 : 형제간의 우애를 말한다. 《시경》 〈소아(小雅) 상체〉에 "상체 꽃 빛나지 않는가. 지금 세상 사람 중에서 형제만 한 이 없느니라."라는 구절이 있다.

216 각궁(角弓)이 뒤집어질 때 : 형제간의 반목을 말한다. 《시경》 〈소아 각궁〉에 "줄 메운 좋은 각궁은 줄 풀면 뒤집어지네. 형제와 인척들은 멀리하지 말지어다."라는 구절이 있는데, 이는 주(周)나라 유왕(幽王)이 구족(九族)과 친목하지 못하고 반목하는 것을 풍자한 시이다.

홍원구[217]가 부쳐 준 시에 차운하다

次洪元九所寄韻

수척한 몰골 앙상한 칠십 나이에	瘦骨稜稜七十霜
참대 많은 유배지에 사방이 황량하다	囚山苦竹四邊荒
번거로운 말 새 성왕께 이미 다하였고	煩言已極新王聖
가시울타리 깊어도 밝은 해 비추누나	栫棘雖深白日光
상자 안에 보던 책은 함께 객이 되어 주고	一篋殘書同作客
오경의 외로운 달은 절로 당에 가득고녀	五更孤月自盈堂
그대여 산중의 일 얘기하지 말아라	憑君莫說山中事
바닷가 푸른 솔 만 줄이나 늘어섰네	海畔蒼松亦萬行

두 번째 其二

외로운 죄수 작은 성 동쪽에 오래 있나니	孤囚長在小城東
늙을수록 내 오히려 주자 꿈을 꾸게 되네	老去吾猶夢晦翁
주자는 운곡 무이[218]에서 몸이 건강했었고	雲谷武夷身易健

217 홍원구(洪元九) : 홍석기(洪錫箕, 1606~1680)로, 원구는 그의 자이다. 본관은 남양(南陽), 호는 만주(晩州)이며, 구서봉(具瑞鳳)의 문인이다. 해주 판관(海州判官)과 남원 부사(南原府使)를 지낸 뒤 벼슬을 그만두고 청주에 살면서 화양동(華陽洞)에 와 있던 송시열과 교유하였다.

218 운곡(雲谷) 무이(武夷) : 둘 다 산 이름이다. 주희(朱熹)가 이 두 산에 각각 운곡정사(雲谷精舍)와 무이정사(武夷精舍)를 짓고 제자들과 강학하였다.

이영과 수공에선 자취 통하기 어려웠지[219]	邇英垂拱迹難通
추양강한 같은 분 남긴 책 속에 파묻히고[220]	秋陽江漢遺書裏
봄옷 입고 기우 나들이 그림 속에 노니네[221]	春服沂雩寫照中
늘 우러르는 이 뜻으로 생사를 다짐하니	羹墻此意須生死
요즘 사람들 갖은 비난 전혀 개의치 않네	不管今人齒舌叢

219 이영(邇英)과……어려웠지 : 이영과 수공(垂拱)은 모두 송나라 때 대궐 안의 전(殿) 이름인데, 주희가 주로 입시(入侍)하여 왕을 뵙던 곳이다. 자취가 통하기 어려웠다는 것은 임금과 뜻이 잘 맞지 않았다는 말이다.

220 추양강한(秋陽江漢)……파묻히고 : 추양은 가을 햇빛이고 강한은 양자강(揚子江)과 한수(漢水)이다. 공자(孔子) 사후에 자하(子夏)와 자유(子游) 등이 유약(有若)의 모습이 공자와 비슷하게 생겼다 하여 그를 공자 대신 섬기려 하자, 증자(曾子)가 말하기를 "공자의 덕은 양자강과 한수에 베를 씻고 가을 햇볕에 말린 것과 같아 누구도 이보다 더 깨끗할 수는 없다."라고 하며 반대하였다. 《孟子 滕文公上》 여기서는 주희가 바로 그런 학덕을 지닌 사람이므로 그가 남긴 책을 읽으며 그 속에 파묻혀 지내고 있다는 말이다.

221 봄옷……노니네 : 기우(沂雩)는 기수(沂水)와 무우(舞雩)의 준말로, 기수는 물 이름이고 무우는 기우제를 지내던 곳이다. 공자가 증점(曾點)에게 뜻을 묻자, 그가 말하기를 "늦봄에 봄옷이 다 지어지면 대여섯 명의 어른과 예닐곱 명의 아이들과 함께 기수에서 목욕하고 무우에서 바람 쐰 뒤에 노래하면서 돌아오는 것입니다."라고 하였다. 《論語 先進》 여기서는 주희를 증점에 비유하여 그런 풍모를 지닌 영정(影幀) 속의 주희 모습을 닮고 싶은 뜻을 표현한 것이다.

손자 아이들에게 보여 주다 을묘년(1675, 숙종1) 10월

示孫兒輩 乙卯十月

타향이 꼭 고향과 다르지만은 않나니	不必他鄕異故鄕
겨울 짧고 여름 긴 건 모두가 한가지네	一同冬短夏舒長
저 동복이 친구처럼 대하는 것 놓아두고	任他僮僕禮如友
조손간에 마주앉아 책 보는 거 싫지 않네	不厭祖孫書對床
나의 언행 기질 따르니 너무나 부끄럽고	愧我言爲循性氣
사람 호오 털과 종기 나게 함을 보누나[222]	看人好惡生毛瘡
집 밖에 안 나가도 천지 속에 노닐거니	戶庭不出遊天地
작은 집 낮은 처마 악양루보다 낫구나	矮屋低簷勝岳陽

222 사람……보누나 : 백거이(白居易)의 시 〈태항로(太行路)〉에 "그대 마음의 호오(好惡)는 몹시 일정치 않아서 좋아할 땐 털이 나게 하고 싫어할 땐 종기 나게 하네."라고 한 데서 온 말이다. 《古文眞寶前集 卷7 太行路》 여기서는 귀양 와서 바라보니 자신을 좋아하고 미워하는 인간들의 세태가 극명하여 마음을 상하게 만든다는 말이다.

조가운[223] 일주 의 시에 차운하다

次曺可運 一周 韻

열흘 넘는 장맛비에 동남쪽이 어두우니	經旬淫雨暗東南
이런 날 나그네 시름 둘 다 견디기 어렵지	此日羈愁兩不堪
곧장 격류에 지주가 기울어질까 두려운데[224]	直恐橫流傾砥柱
어이 논하랴 찌는 장기 산 이내와 섞임을	寧論蒸瘴渾山嵐
당시 사람 거개 오름 개의치 않았거니[225]	時人遮莫登車蓋
성모는 단정하여 〈갈담〉 읊는 것 당연했네[226]	聖母端宜賦葛覃

223 조가운(曺可運) : 조일주(曺一周, 1646~1718)로, 가운은 그의 자이다. 본관은 창녕(昌寧), 호는 정한재(靖閒齋)이며, 송시열의 문인이다. 전라도 영암(靈巖)에서 소나무와 국화를 심어 놓고 조용한 삶을 살았으나 죽을 때까지 청나라 연호를 쓰지 않고 지조를 지켰다. 《宋子大全隨箚 卷13》

224 격류에……두려운데 : 지주(砥柱)는 중국 하남(河南)의 황하(黃河) 중류에서 거센 격류를 받아 내면서 버티고 서 있는 바위산이다. 여기서는 당시에 벌어지고 있는 격동의 정치 상황에 맞서 위태롭게 버티고 서 있는 당내(黨內) 상황을 비유적으로 표현한 것으로 보인다.

225 당시……않았거니 : 거개(車蓋)는 안주(安州)의 서북쪽에 있던 정자의 이름이다. 송나라 신종(神宗) 때 권력을 누리다가 철종(哲宗) 즉위 이후에 밀려나 지방 관리로 전전하던 채확(蔡確)이 원우(元祐) 2년(1087)에 거개정에 올라 시를 지었는데, 철종을 대신하여 수렴첨정하던 선인태후(宣仁太后)를 측천무후(則天武后)에 빗대어 비방하는 내용이었다. 하지만 당시 선인태후는 많은 인재를 등용하여 원우의 성세(盛世)를 이룩하면서 여중 요순(女中堯舜)으로 일컬어지던 상황이므로 당시 사람들은 그 시에 대해 크게 개의치 않았다는 말이다. 《宋史 姦臣列傳 蔡確》

226 성모(聖母)는……당연했네 : 《시경》 〈주남(周南) 갈담(葛覃)〉은 주나라 문왕

묻노니 영암으로 귀양 가 있는 나그네 뜻[227] 爲問朗州遷客意
정위조가 나뭇가지 머금는 것 어떤가 何如精衛樹枝含

거개(車蓋)는 정자 이름인데, 채확(蔡確)이 이곳에 올라 시를 지어 선인태후(宣仁太后)를 기롱하고 비방하였다.《시경》〈갈담(葛覃)〉에는 후비(后妃) 태사(太姒)의 네 가지 덕이 있는데, 근면, 검소, 효성, 공경이다. 이백(李白)의 시 "구차하게 애쓰는 정위새, 나뭇가지 물고 부질없이 슬피 읊조리네.〔區區精衛鳥, 含木空哀吟.〕"라는 구절에 대한 주(註)에 "신하가 나라에 보답하려는 구구한 마음을 품고 충성을 다해 힘을 쏟고 있는데도 알아주는 사람이 없음을 비유한 것이다."라고 하였는데, 그 뜻이 은미하면서 분명하게 드러난다 하겠다.

(文王)의 후비인 태사가 읊은 시로, 그녀의 덕이 잘 드러난 시이다. 여기에서 성모는 표면적으로는 태사를 가리키고 있으나, 그 이면에는 원우의 성세를 이룬 선인태후를 가리키고 있으며 동시에 우리나라 현종(顯宗)의 비인 명성왕후(明聖王后) 김씨(金氏)를 비유한 것이다. 1675년(숙종1)에 삼복(三福)의 비리 사건이 벌어졌을 때 대비(大妃)인 명성왕후가 개입하여 이들을 귀양 보내자 윤휴(尹鑴)를 비롯한 남인(南人)들이 대비를 비방하는 일이 있었는데, 송시열 입장에서는 선인태후를 비방한 채확을 윤휴 등의 남인에 빗대고 명성왕후를 선인태후에 빗대어 말함으로써 명성왕후의 일련의 조처가 성덕에서 나온 합당한 판단이었음을 말하고 있는 것이다.《宋子大全 附錄 卷2 年譜 崇禎 48年 乙卯》

227 영암으로……뜻 : '영암으로 귀양 가 있는 나그네'란 문곡 김수항(金壽恒, 1629~1689)을 가리킨다. 그는 1675년에 허적(許積)과 윤휴를 배척하고 삼복의 처벌을 주장하다가 영암에 유배되었다.《宋子大全 附錄 卷2 年譜 崇禎 48年 乙卯》

두 번째 其二

소동파 해남 귀양 말하기 좋아하는데	喜說蘇公謫海南
홍옥 같은 얼굴로 매사 잘도 견뎠다네[228]	面如紅玉百能堪
혜원의 꽃 눈 되는 걸 한가로이 읊었고[229]	閒吟惠院花成雪
담산[230]의 해 이내에 물듦 즐겨 마주했었지	好對儋山日染嵐
내 애써 심오한 경전 이치 찾고 있는데	伊我苦尋經理奧
아, 그댄 넓은 성은 외람되이 축하하네	嗟君漫祝主恩覃
이제는 세상사 놓고 베개에 기대 누워	如今世事輸欹枕
법령과 벼슬 손에 쥐고 호령하는 것 바라보네[231]	憲爵看渠握復含

228 홍옥(紅玉)……견뎠다네 : 소식(蘇軾)이 왕안경(王安卿)에게 답한 편지에 보면 "군실(君實)이 일찍이 이르기를 '정국(定國)은 장기(瘴氣)가 짙은 해변가에서 5년 동안 지냈는데도 얼굴빛이 홍옥과 같았다.' 하였습니다."라는 구절이 있다. 군실은 사마광(司馬光)의 자이고 정국은 왕안경(王顔卿)의 자이다. 《東坡全集 卷81 答王定國》 원래는 소식이 왕안경을 찬탄한 말인데, 여기서는 소식도 장기가 있는 해변 지역의 유배 생활을 잘 견뎠다는 의미로 확대하여 쓴 것이다.

229 혜원(惠院)의……읊었고 : 혜원은 호북성(湖北省) 황주(黃州)에 있는 정혜원(定惠院)이란 절을 가리킨다. 소식이 정혜원 안에 있는 한 그루의 해당화가 꽃을 피워 눈처럼 날리는 것을 보고 지은 〈정혜원해당(定惠院海棠)〉이란 시가 있다. 《蘇東坡詩集 卷20 定惠院海棠》

230 담산(儋山) : 정혜원 일대에 있는 담이산(儋耳山)을 가리킨다.

231 이제는……바라보네 : 당시에 권력을 장악하고 호령하는 세력들의 횡포를 바라보는 심정을 말한 것이다.

손자 아이가 식영당 시를 차운한 것에 화답하여 보여 주다
孫兒次息營堂韻聊步以示

욕심 적은데 어찌 음악 들을 필요 있으랴[232]	欲寡何須理八音
탐천의 물도 백이 마음 바꾸지 못하였네[233]	貪泉不易伯夷心
우인은 이익에 빠져 종신토록 살아가고	愚人沒利生仍死
속된 선비 명리 추구 고래로 그러했지	俗士趨名古匪今
맑고 그윽한 이 경계 홀로 차지했으니	獨占淸幽斯境界
맑고 깨끗한 이 흉금 뉘 알 수 있으랴	誰知瀟洒此胸襟
촌 늙은이[234] 다시 아마 염계 같은 집에서	村翁復應濂翁宅
즐겨 천승시 구절[235] 낭랑하게 읊조리리	好把千繩句朗吟

232 욕심……있으랴 : 옛말에 "욕심이 적어지면 팔음(八音)의 음악을 들을 필요가 없다."라는 말이 있다. 《宋子大全隨箚 卷1》

233 탐천의……못하였네 : 오은지(吳隱之)의 〈탐천시(貪泉詩)〉에 "옛사람이 말하기를 이곳 샘물은 한번 마시면 천금을 생각한다는데 백이와 숙제에게 마시게 한다면 끝내 그 마음 바꾸지 않으리라."라고 하는 구절이 있다. 《晉書 吳隱之列傳》

234 촌 늙은이 : 식영당(息營堂)의 주인을 가리킨다.

235 천승시(千繩詩) 구절 : 염계(濂溪) 주돈이(周敦頤)의 시에 "명리 다투고 좇느라 꽁꽁 매여 지냈으니 물 건너고 산에 올라 만사를 잊으리라.〔爭名逐利千繩縛, 度水登山萬事休.〕"라는 구절을 말한다. 《周元公集 卷2 同石守遊》

식영당의 '당' 자 운에 차운하여 손자 아이에게 보여 주다
次息營堂塘字韻以示孫兒

듣건대 신선 거처 작은 못에 임했다니	聞說仙居枕小塘
맑은 흥취 고당에 담겨 있다는 생각 드네	坐思淸興屬高堂
꽃 즐기고 버들 따르며 명도를 추억하고[236]	傍花隨柳追明道
책 던지고 봄 찾으며 주자를 경모하지[237]	抛冊尋春景紫陽
연꽃이 진흙 속에 어찌 더러워지겠으며	菡萏靑泥寧受汚
지란은 빈 골짝에 절로 향기 머금으리	芝蘭空谷自含香
그대 길이 경영을 멈춘 뜻 알겠거니	知君永息經營意
세상맛 고루 맛봄이 좋다 뉘 말했던가	世味誰言好備嘗

236 꽃……추억하고 : 송나라 학자 정호(程顥)의 시에 "뭉게구름 떠 있고 바람 살랑대는 한낮에 꽃밭 지나 버들길 따라가며 앞 들녘으로 나선다."라는 구절이 있는데, 식영당의 주인이 바로 이런 뜻을 지닌 명도(明道) 선생 정호를 흠모하여 그처럼 즐기며 살고 있다는 말이다. 《千家詩 卷3 春日偶成》

237 책……경모하지 : 주희(朱熹)의 시에 "서책에 머리 파묻고 끝낼 날 없으니 내던지고 봄 찾아 떠남만 못하네."라는 구절이 있다. 《晦庵集 卷9 出山道中口占》

다시 풍월정 시운을 거듭 써서 송생[238] 상기 에게 보여 주다

復疊風月亭韻示宋生 相琦

그대는 호서 있고 나는 영남에 있는데[239] 君在湖西我嶺南
듣건대 그대 학문이 깊고도 넓다지 聞君學海正潭潭
동춘당에서 스스로 여향을 찾을 만하고 春堂自可尋遺馥
월악에서도 푸르른 산기운 당겨야 하리[240] 月嶽還宜挹翠嵐
주자는 모든 이치 도학으로 관통하고 晦父精粗吾道貫
염옹의 광풍제월[241] 이 마음에 담겼네 濂翁光霽此心涵
신묘한 경이 기본임을 또한 잘 알아서 也知妙敬爲基本
지극한 이치 모름지기 여기에서 찾아야지 至理須從這裏探

수련(首聯)에서 화제(話題)를 높인 것[242]은 초학에게는 말할 것이 못 되니,

238 송생(宋生) : 송상기(宋相琦, 1657~1723)로, 본관은 은진(恩津), 자는 옥여(玉汝), 호는 옥오재(玉吾齋)이다. 송규렴(宋奎濂)의 아들이며, 송시열의 문인이다. 대제학, 이조 판서, 예조 판서 등을 지냈다. 저서로는《옥오재집(玉吾齋集)》이 있다.

239 나는 영남에 있는데 : 송시열은 당시에 영남의 장기(長鬐)로 귀양 가 있었다.

240 동춘당(同春堂)에서……하리 : 동춘당은 송준길(宋浚吉, 1606~1672)의 호이다. 월악(月嶽)은 전라도 영암(靈巖)의 산 이름인데, 이곳에 유배 와 있던 문곡(文谷) 김수항(金壽恒, 1629~1689)을 가리킨다. 그는 본관은 안동(安東), 자는 구지(久之)이며, 송상기의 외삼촌이다. 송준길의 학덕과 김수항의 절의를 배워야 한다고 말한 것이다.

241 염옹의 광풍제월 : 염옹은 송나라 때의 학자 염계(濂溪) 주돈이(周敦頤)를 말한다. 황정견(黃庭堅)은 〈염계시서(濂溪詩序)〉에서 주돈이의 높은 인품과 탁 트인 흉금을 묘사하기를 "흉금이 시원하기가 맑은 바람에 밝은 달과 같다.〔胸中灑落, 如光風霽月.〕"라고 하였다.《山谷集 卷1 濂溪詩》

그로 인해 단계를 뛰어넘고 절차를 무시하여 몸에 절실하지 않는 병폐가 있을까 두렵네. 그래서 다시 마지막 연에서 경계가 되는 한마디 말을 덧붙여 전환한 것이니, 부디 양해해 주면 좋겠네.

두 번째 其二

이 도학에 그 누가 나침반 될 것인가	此道伊誰是指南
동방 표준 사계와 석담[243]에 있다네	東偏標的在溪潭
진주를 얻으려면 창해 노닐어야 하고	美珠得必遊滄海
신마를 구하려면 가람에 올라야 하지	神馬求將上嵑嵐
문예를 쇄소응대에 우선함 가소롭고	文藝笑他先灑掃
성인 교훈 예부터 깊고 넓음 중시했지	訓謨從古貴泓涵
좋은 일 끝내 무한함을 알려고 하면	欲知好事終無限
주자 편지 속에서 자세히 살피게나	塾子書中仔細探

가람(嵑嵐)은 산 이름이다. 그 산 위에 악와수(渥洼水)가 있는데, 신마(神馬)가 산출된다.○주자가 아들을 경계시키는 편지에 "'근면하고 신중하라.〔勤謹〕'라는 두 글자를 따라 올라가면 무한히 좋은 일이 있는데, 내가 감히 말하지는 못하나 적이 너를 위해 그렇게 하기를 원한다. 그에 반하여 아래로 내려가면 무한히 좋지 못한 일이 있는데, 내가 말하고 싶지는 않으나 너를 위해 이를 걱정하지 않을 수 없다."라고 하였다.

242 수련(首聯)에서……것 : 송상기의 학문이 깊고도 넓다고 추켜세운 것을 말한다.

243 사계(沙溪)와 석담(石潭) : 사계는 김장생(金長生, 1548~1631)의 호이고, 석담은 이이(李珥, 1536~1584)의 호이다.

칠석에 손자 주석의 시에 차운하여 도원 부자[244]에게 보여 주고 화답을 구하다 병진년(1676, 숙종2)

七夕次疇孫韻示道源父子求和 丙辰

남가 오르는 개미떼 한가로이 보는데[245]	閑看群蟻上南柯
계절은 무단히도 물을 따라 흘러가네	歲序無端逐水過
거원보다 많은 나이 허물 적길 생각하고[246]	年邁衛蘧思過寡
원헌과 같은 가난[247] 이 한 몸도 많구려	貧同原憲覺身多
박자 소리 큰 곳에 다투어 육씨 따르고	拍頭大處爭趨陸
예의가 무너진 때 누가 하씨를 죄줄까	禮器壞時孰罪何
하늘의 좋은 기약[248] 나는 상관없으니	天上佳期吾不管

244 도원(道源) 부자 : 도원은 제월당(霽月堂) 송규렴(宋奎濂, 1630~1709)의 자이다. 그의 아들은 옥오재(玉吾齋) 송상기(宋相琦, 1657~1723)이다.

245 남가(南柯)……보는데 : 당(唐)나라 때 순우분(淳于棼)이 홰나무의 남쪽 가지 아래에 누워 잠이 들었다가 꿈속에 괴안국(槐安國)에 가서 온갖 부귀영화를 누리다가 깨어 보니 홰나무 아래에 커다란 개미구멍이 있었다는 남가일몽(南柯一夢)의 고사를 인용하여, 헛된 부귀영달에 골몰하고 있는 당시 벼슬아치들을 풍자한 듯하다.

246 거원(蘧瑗)보다……생각하고 : 춘추 시대 위(衛)나라 대부 거원은 50세가 되어서도 49세 때의 잘못을 알고 고쳤다 한다. 《春秋左氏傳 襄公14年》

247 원헌(原憲)과 같은 가난 : 원헌은 공자 제자인데 매우 가난하였다. 하루는 자공(子貢)이 큰 말을 타고 찾아와 묻기를 "선생은 어찌 병(病) 되게 사십니까?" 하니, 답하기를 "재물이 없으면 가난이라 하고 배움을 행하지 못하면 병이라 하는데, 이 원헌은 가난할 뿐 병은 아닙니다." 하자, 자공이 부끄러워했다는 말이 있다. 《莊子 讓王》

248 하늘의 좋은 기약 : 칠월 칠석에 견우와 직녀가 만나는 것을 말한다.

내 기꺼이 두 사람과 함께 시를 읊으리　　　　好將雙抱得詩哦

주자(朱子)의 시에 "가난하여 한 몸도 많은 것을 알게 되었다.〔貧覺一身多.〕"라고 하였고, 또 이르기를 "육자정(陸子靜)이 박두(拍頭)를 크게 치며 되지도 않는 소리를 떠들어 대는데,[249] 그의 말이 자못 강호 사이에 유행되는 것이 걱정이다."라고 하였다. 박두는 음악을 연주할 때 치는 것이다. 범영(范寗)[250]이 일찍이 말하기를 "왕필(王弼)과 하안(何晏)이 예의를 멸시하고 풍속을 어지럽힌 죄는 걸주(桀紂)보다 심하다."라고 하였다.

249 육자정(陸子靜)이……대는데 : 자정은 송대 학자 육구연(陸九淵)의 자이다. 그는 평소 자신의 학문에 대한 자부심이 강하여 다른 사람과 논쟁할 때에는 항상 기세등등하게 큰 소리로 떠들어 대면서 조금도 거리끼는 바가 없었다고 한다. 이런 모습을 빗대어, 박두를 크게 치며 되지도 않는 소리를 떠들어 댄다고 한 것이다. 《芝山集 心經質疑考誤 心經後論》

250 범영(范寗) : 중국 동진(東晉) 때의 학자로 자가 무자(武子)이다. 예장 태수(豫章太守)로 있을 때 그곳에 학교를 세우고 경학(經學)에 힘썼다. 당시에 청담(淸談)에 빠져 있던 지식인들의 경박한 풍조를 비판하였고 특히 왕필과 하안이 후생을 그르치고 있다고 배척하였다. 《춘추곡량전(春秋穀梁傳)》의 주해서인 《집해(集解)》 12권이 있다.

최선여[251] 세경 의 시에 차운하다 정사년(1677, 숙종3)

次崔善餘 世慶 韻 丁巳

을묘년에 북쪽으로 내 귀양 갔을 때	蒼兎吾爲有北臣
그대 와서 나와 함께 덕원 사람 되었지[252]	君來同作德源人
황량한 남쪽 천리 다시 마주 앉은 오늘	南荒千里重聯榻
정사년 설날에다 또 봄이 찾아왔네	丁巳三元又一春
백발의 붉은 충심 옛날과 똑같은데	白髮丹心渾是舊
도깨비불 검은 안개 갈수록 더 새롭구나	青燐黑霧去猶新
떠나는 길에 하는 말 그대 기억해 주게	君行有語君須記
인생에 뜻 못 펴는 것 한탄하지 말기를	莫歎人生志不伸

251 최선여(崔善餘) : 최세경(崔世慶)으로, 선여는 그의 자이다. 본관은 해주(海州), 송시열의 문인이다. 윤문거(尹文擧)의 사위이고 음직으로 덕산 현감(德山縣監)을 지냈다. 《宋子大全隨箚 卷4》

252 을묘년에……되었지 : 송시열은 1674년 12월 양사의 탄핵을 받아 파직되었고 이듬해인 을묘년 1월 함경도 덕원(德原)으로 유배되었는데, 이 시에 따르면, 이때 최세경이 덕원까지 송시열을 따라갔던 것으로 보인다. 《肅宗實錄 卽位年 12月 18日, 1年 1月 13日》

봄날 손자 아이에게 보여 주다

春日示兒孫

한해 새로이 돌아와 봄빛이 따뜻하니	歲律回新淑景溫
하늘가 바람 기운 골고루 퍼지려 하네	天邊風氣欲平分
세속 인연 주자 시구 한가로이 읊지만	閒吟晦父區中句
소동파 영외의 문장은 읽지 않노라[253]	不讀坡公嶺外文
바다 가까운 대숲에는 햇순 나오려 하고	近海叢篁將抱子
성 누르는 높은 나무 황혼 구름 감도네	壓城高樹晩生雲
고향이 천 리 넘은들 무엇을 시름하랴	何愁故國逾千里
만년 맞아 즐거이 옛글에 의지하리라	好把殘年寄典墳

주자의 시에 "세속 초월의 기약은 아직 몰라도 이미 세속의 인연은 끊었노라.〔未諧物外期, 已絶區中緣.〕" 하였다.

253 소동파(蘇東坡)……않노라 : 주희(朱熹)가 일찍이 말하기를 "소동파가 바다로 귀양 갔을 때 지은 글들은 대체로 다 황당무계한 논의들이다."라고 한 적이 있으므로, 송시열도 이에 따라 읽지 않는다는 말이다. 《宋子大全隨箚 卷1》

곡운[254]이 쓴 방옹[255]의 시운에 차운하다

次谷雲所用放翁韻

이사하여 새로이 두어 칸 집 마련하니[256]	移家新作數椽宮
풍악의 서쪽이고 한강의 동쪽이라네	楓嶽之西漢水東
그 몸 세상 밖으로 도망갔다 말들 해도	爭說此身逃物外
지극한 낙이 근심 속에 있음을 뉘 알리오	誰知至樂在憂中
마음 고금에 노니니 회포가 원대하고	心遊今古襟懷遠
책상에 시서 있으니 사업이 대단하다	案有詩書事業鴻
무엇보다 와룡사에 모셔 놓은 초상[257] 보면	最是臥龍祠裏像
고인과의 교감 깊어 생각이 무궁하네	神交冥漠思無窮

254 곡운(谷雲) : 김수증(金壽增, 1624~1701)으로, 곡운은 그의 호이다. 본관은 안동, 자는 연지(延之), 김상헌(金尙憲)의 손자이다. 형조 정랑, 사직서 영, 안악 군수 등을 지냈다.

255 방옹(放翁) : 송나라 때의 시인 육유(陸游)의 호이다.

256 이사하여……마련하니 : 김수증은 1675년(숙종1) 남인(南人)이 집권하여 동생 김수항(金壽恒)과 송시열이 유배되자 춘천(春川)의 곡운산(谷雲山) 화음동(華陰洞)에 곡운정사(谷雲精舍)를 지었다. 《三淵集 卷30 伯父谷雲先生墓表》

257 와룡사(臥龍祠)에……초상 : 주희(朱熹)가 여산(廬山)의 오란봉(五亂峯) 밑에 와룡암(臥龍菴)과 무후사(武侯祠)를 지은 뒤 그곳에 촉한(蜀漢)의 승상 제갈량(諸葛亮)의 초상을 모셔 놓았다. 《晦庵集 卷79 臥龍菴記》 김수증도 이를 본받아 곡운정사 안에 와룡사를 짓고 제갈량의 초상을 모셔 놓은 것으로 보인다. 《宋子大全隨箚 卷1》

퇴우[258]가 현종 기일에 지은 시에 차운하다

次退憂顯廟諱日韻

만세 부르며 몇 번이나 만수무강 축원했나	山呼幾祝萬年期
성세라서 누구나 덕화의 은택 바랐었지	聖世爭希物物滋
십육 년 동안 그 은택이 널리 미쳐 갔고	十六春中流惠澤
셀 수 없는 많은 정무 마음을 다하셨지	萬千幾上盡心思
돌아가신 가을날이 바로 오늘 아침인데	南巡秋日今朝屆
사모하는 외로운 신하 죽도록 슬퍼하네	北望孤臣至死悲
생각건대 상공께서도 이 뜻과 같으리니	遙想相公同此意
이런 마음 오로지 귀신이나 알아주리	寸誠惟許鬼神知

258 퇴우(退憂) : 김수흥(金壽興, 1626~1690)으로, 퇴우는 그의 호이다. 본관은 안동, 자는 기지(起之), 김수항(金壽恒)의 형이다. 1680년(숙종6) 경신대출척(庚申大黜陟)으로 서인이 집권한 뒤에 영의정에 올랐으나 1689년 기사환국(己巳換局)으로 남인이 다시 집권하자 장기(長鬐)에 유배되었다가 이듬해 배소에서 죽었다.

문곡[259]이 꿈속에서 효종을 뵙고 지은 시에 차운하다
次文谷夢拜孝廟韻

영암에 유배된 나그네 야밤삼경에	朗州遷客夜三更
꿈속에서 임금 뵙고 혈성을 다했다네	夢拜重瞳罄血誠
어린 임금 보필 없어 준재 찾고 있는데	孺子無朋初籲俊
미천한 신하 죄지은 채 오래도 사는구나	微臣有罪久含生
팔음이 삼 년간 멈춘 일 기억하는데[260]	八音尙記三年遏
구주(九疇) 같은 법도 남아 만세를 밝히네	九法空敎萬世明
옷깃 여며 담소한 지 얼마 안 돼 꿈을 깨니	斂衽未央蝴蝶散
죽림에 두견새 울음 애간장을 끊누나	竹林悽斷杜鵑聲

259 문곡(文谷) : 김수항(金壽恒, 1629~1689)의 호이다.

260 팔음(八音)이……기억하는데 : 팔음은 음악을 말한다. 《서경》 〈순전(舜典)〉에 "요(堯) 임금이 세상을 떠나자 백성들은 마치 부모의 상을 당한 것처럼 삼년복을 입었고 천하에는 음악 소리가 끊겨서 조용하였다."라는 말에서 온 것이다. 효종(孝宗) 상중에 신민들이 마치 부모상을 당한 것처럼 임금의 죽음을 슬퍼했었다는 말이다.

퇴우가 산에 살며 마음 가는 대로 읊은 시에 차운하다
次退憂山居漫吟韻

형법을 말하자니 뜻이 평온치 못한데	說著刑章意不平
어찌 그 해독이 송 유민에게 흘렀던가	如何流毒宋遺氓
사일에 밥 먹으며 선후 생각 없었고[261]	都無社飯思先后
되레 모두 현명한 선관들이 있다 했네[262]	却有仙官總庶明
구필의 수레는 푸른 바다로 떠나가고[263]	舊弼復輿青海去

261 사일(社日)에……없었고 : 옛날에는 입춘과 입추 뒤의 다섯 번째 무일(戊日)인 사일에 토지신에게 제사를 지냈는데, 제사 후에는 모두 함께 돼지고기, 양고기 등의 고기를 밥 위에 얹어서 먹었다. 여기에서 선후(先后)는 송나라 철종(哲宗) 때 수렴청정을 했던 선인태후(宣仁太后)를 가리킨다. 태후가 사일에 구신(舊臣)들에게 밥을 내려 주면서 "내년 사일에 경들은 응당 나를 생각해야 할 것이다."라고 했는데, 후에 위정자 중에 태후를 생각하는 사람이 전혀 없었다고 한다. 여기에서의 선후는 다시 우리나라 현종(顯宗)의 비 명성왕후(明聖王后) 김씨(金氏)를 비유하고 있는바, 당시 정권을 잡은 남인들이 대비인 명성왕후를 무시하고 모욕한 일을 두고 이렇게 말한 것이다.《宋子大全隨箚 卷1》

262 되레……했네 : 송나라 휘종(徽宗) 때의 방사(方士)인 임영소(林靈素)가 방술(方術)로 임금을 현혹하여 말하기를 "남방을 주관하는 상제(上帝)의 장자(長子)를 장생대제군(長生大帝君)이라고 하는데 폐하가 바로 그분이고, 선관(仙官)이 800인이 있는데 지금의 채경(蔡京)이 바로 좌원선백(左元仙伯)으로서 하늘에서 내려와 제군(帝君)을 보좌하고 있는 것입니다."라고 하였다. 여기에서 선관들로 일컬어지고 있는 간신(奸臣) 채경 등은 당시 정권을 잡고 있었던 윤휴(尹鑴)의 당을 비유한 것이다.《宋子大全隨箚 卷1》

263 구필(舊弼)의……떠나가고 : 구필은 북송 때의 신하 사마광(司馬光)이 거처하던 마을 이름인데, 여기서는 사마광을 가리킨다. 사마광이 채경에 의해 원우당인(元祐黨

상원 시구 이룬 건 푸른 물굽이에서였지[264] 上元詩句碧灣成
그래도 부옹 안색 좋았던 게 기쁘거니[265] 尙喜涪翁鬝髮好
한가로이 효상으로 주공 뜻 탐구했지[266] 閒將爻象賾周情

선관(仙官)은 채경(蔡京)의 고사를 활용한 것이고, 상원(上元)은 채확(蔡確)이 선인태후(宣仁太后)를 모욕한 고사를 활용한 것이다.

人)으로 지목되어 지방으로 축출된 것을 말한다. 여기서는 김수흥(金壽興)이 남인에 의해 벼슬에서 물러난 것을 비유하여 말한 것이다.

264 상원(上元)……물굽이에서였지 : '상원 시구'란 송나라 신종(神宗) 때 권력을 누리다가 철종(哲宗) 즉위 이후에 밀려나 지방 관리로 전전하던 채확(蔡確)이 원우(元祐) 2년(1087)에 안주(安州)의 거개정(車蓋亭)에 올라가 지은 시를 말하는데, 당시에 수렴첨정을 하고 있던 선인태후를 당나라 상원 연간의 측천무후(則天武后)에 빗대어 비방하는 내용이다.《宋史 姦臣列傳 蔡確》 여기서는 당시에 명성왕후 김씨가 윤휴의 당에게 모욕을 당한 일이 있었기 때문에 그 일과 연관 지어 말한 것이다.《宋子大全隨箚 卷1》

265 그래도……기쁘거니 : 부옹(涪翁)은 송나라 때의 학자 정이(程頤)를 가리킨다. 그가 부주(涪州)로 귀양 갔다가 돌아왔을 때 용모와 안색이 귀양을 가기 전보다 더 나았다고 한다.《二程全書 卷50 伊川年譜》

266 한가로이……탐구했지 : 정이가 부주로 귀양 갔을 때 주공(周公)의《주역》효사(爻辭)를 탐구하여《역전(易傳)》을 지은 것을 말한다.《二程全書 卷50 伊川年譜》

퇴우가 쓴 이동보[267]의 시운에 차운하다

次退憂所用李同甫韻

주자가 한평생 한 언덕을 지키면서	晦父平生守一丘
알아주고 죄줄 게 《춘추》라고 기약했지[268]	自期知罪是春秋
의리와 사리 함께 행한다 동보를 비판했고[269]	雙行義利譏同甫
현과 사 둘 다 괜찮다는 응구에게 탄식했지[270]	兩可賢邪歎應求
그대 근심을 걱정하니 어찌 끝이 있겠으며	憂子所憂寧有極

267 이동보(李同甫) : 이희조(李喜朝, 1655~1724)로, 동보는 그의 자이다.

268 알아주고……기약했지 : 《맹자》 〈등문공 하(滕文公下)〉에서 공자(孔子)가 말하기를 "나를 알아주는 것도 오직 《춘추》를 통해서이고 나를 죄주는 것도 오직 《춘추》를 통해서일 것이다."라고 하였다. 주희(朱熹)도 시에서 "평생 나를 죄줄 것은 단지 《춘추》일 것이네."라고 말한 적이 있는데, 이는 주희가 많은 책을 지어 후세에 남긴 것을 두고 이렇게 말한 것으로 보인다. 《晦庵集 卷5 次韻別范伯崇二首》

269 의리(義理)와……비판했고 : 동보(同甫)는 남송 때의 학자 진량(陳亮)의 자이다. 그는 이학(理學)의 공리공담을 반대하고 사공(事功)과 실질적 효용을 중시하였는데, 이에 대해 주희는 비판하기를 "이것은 원칙 없이 왕도(王道)와 패술(覇術)을 함께 쓰고 의리와 사리(私利)를 함께 행해야 한다고 주장하는 것이다."라고 하였다. 《晦庵集 卷36 與陳同甫》

270 현(賢)과……탄식했지 : 응구(應求)는 남송 효종(孝宗) 때의 재상 진준경(陳俊卿)의 자이다. '현과 사(邪) 둘 다 괜찮다'는 말에 대한 분명한 전거는 찾지 못하였으나 진준경이 승상이 되고 난 뒤에 "현자를 등용하고 간사한 자를 물러나게 하는 과거의 승상 역할은 현 시국이 절박하므로 반드시 그렇게 할 수는 없다."라고 말한 것에 대해 주희가 정도를 지켜 줄 것을 촉구하는 편지를 보낸 적이 있는데, 이를 말하는 것으로 보인다. 《晦庵集 卷24 賀陳丞相書》

네 즐거움을 즐기나니 도리어 근심 없네[271] 樂吾之樂却無愁
이제까지 백록동 사당 앞을 흐르는 물 至今白鹿祠前水
발원지에서 솟아나 콸콸콸 흐르누나[272] 來自源頭汩瀄流

주 선생(朱先生)이 범백숭(范伯崇)의 시에 차운하기를 "평생 나를 죄줄 것은 단지 《춘추》일 것이네.〔平生罪我只春秋.〕"라고 하였다.

두 번째 其二

어떤 이가 문 쓸겠다 청했다고 들었는데[273] 聞說何人請掃門
이를 통해 그대 성덕 질실함을 알겠네 從知盛德缶兼尊
삶은 돼지 보낸 곳에 양이 되레 가하였고[274] 蒸豚饋處羊還可

271 그대……없네 : 《주희집(朱熹集)》 권1 〈감춘부(感春賦)〉의 마지막 구절에 "슬프다, 좋은 시절 다시 오지 않음이여. 그리워라 그대의 덕음 잊을 수 없네. 나의 즐거움 즐기는 일 참으로 끝없지만, 그대 근심을 걱정하느라 내 마음 길이 편치 않음 뉘라서 알랴."라는 말이 있다. 이 〈감춘부〉는 도를 펼칠 만한 경륜을 지니고도 임금의 부름을 받지 못한 자신의 처지에는 만족하면서도 나라를 위해 근심하는 뜻을 담고 있는데, 송시열은 이 구절을 통해 자신의 뜻도 그와 같다는 것을 피력한 것이다.

272 발원지에서……흐르누나 : 《주희집》 권1 〈백록동부(白鹿洞賦)〉에 "산은 푸른빛으로 사우를 둘러싸고 물은 콸콸콸 뜨락에 흐르누나."라는 구절이 있는데, 이를 차용한 것이다.

273 어떤……들었는데 : 전한(前漢) 때의 신하 위발(魏勃)이 제상(齊相)으로 있던 조참(曹參)을 만나고 싶었으나 처지가 가난하여 뜻대로 되지 않자, 조참의 집 사인(舍人)을 대신해 그 집 문 앞을 계속 쓸어 결국에는 조참을 만났다고 한다. 《史記 齊悼惠王世家》 여기서는 김수흥에게도 그와 유사한 일이 있었던 것으로 보인다.

274 삶은……가하였고 : '삶은 돼지를 보냈다'는 것은 노(魯)나라 대부 양화(陽貨)가 공자를 자기 집에 오게 하려고 삶은 돼지를 선물로 보낸 것을 말하는데, 선비를 대하면

슬을 당겨 노래할 때 세상 시끄러웠지[275]	取瑟歌時世自喧
이녀 구절 벗의 도리 안 잃었다 하지 마라[276]	貍女莫言無失故
향초와 악초 동산에 함께 살 수는 없다네	薰猶自是不同園
썩은 쥐 빼앗길까 으르렁대는 저 꼴 보라[277]	看他腐鼠爭相嚇

서 성심으로 하지 않고 형식만 갖추는 것을 뜻한다. 《論語 陽貨》 '양(羊)이 되레 가하였다'는 것은 북송 때의 재상인 구준(寇準)의 고사이다. 그는 정위(丁謂)에 의해 유배된 적이 있었는데 그 뒤 정위가 임금을 속인 죄로 애주(崖州)로 좌천되어 오자, 동복(僮僕)들이 옛 감정을 풀려고 하는 것을 구준이 미리 알고 동복들에게 그렇게 못하도록 단속하고는 사람을 시켜 삶은 양을 가지고 가서 정위를 대접하게 하고 자신은 직접 만나지 않았는데, 당시 사람들이 그것을 바른 처신이라고 칭송하였다. 《宋史 寇準列傳, 丁謂列傳》 이 구절은 사람을 예의에 맞고 진실하게 대하는 경우와 그렇지 않은 경우의 두 가지 예시를 들어 당시의 어떤 정치적 상황을 비판한 것으로 보인다.

275 슬(瑟)을……시끄러웠지 : 《논어》 〈양화〉에 "유비(孺悲)가 공자를 뵙고자 하니, 공자가 병을 핑계로 사절한 뒤에, 명령을 전하러 온 자가 문을 나가자 슬 가져다 연주하며 노래를 불러 그로 하여금 듣게 하였다."라고 하였다. 유비가 공자에게 어떤 죄를 지었기 때문에 공자가 처음에는 신병을 이유로 만남을 거절하였고 나중에는 슬을 타고 노래하여 거절의 뜻을 분명하게 알림으로써 유비에게 죄를 뉘우칠 길을 열어 준 것인데, 이에 대해 세상에서는 이러저런 말들이 많다는 것이다. 여기서는 송시열이 당시에 분명하게 행한 처신에 대해 오히려 세상의 비난이 많은 것을 두고 유비의 고사를 빗대어 비판하려고 한 것으로 보인다.

276 이녀(貍女)……마라 : 《예기》 〈단궁 하(檀弓下)〉에, "원양(原壤)의 어머니가 죽자, 공자는 친구로서 곽(槨)을 만들 나무를 부조(扶助)하였는데, 원양은 오히려 곽을 만들 그 나무 위에 올라가 노래하기를 '살쾡이의 머리처럼 알록달록하고, 여인의 손을 잡은 것처럼 부드럽구나.〔貍首之班然, 執女手之卷然.〕'라고 하였다. 이에 공자는 못 들은 척하고 지나쳤는데, 제자들이 왜 원양의 무례함을 말리지 않느냐고 묻자, 공자가 대답하기를 '부모는 그 부모 된 도리를 잃지 말아야 하고, 벗은 그 벗의 도리를 잃지 말아야 한다.' 하였다."라는 구절이 있다. 송시열이 볼 때에는 도리에 어긋난 행동을 하는 친구에 대해서는 그 어긋남을 지적해 주는 것이 도리라는 것이다.

봉황새는 원래부터 거기에 생각 없거늘 鸞鷟元來思匪存

277 썩은……보라 : 《장자(莊子)》 〈추수(秋水)〉에, 남방에 봉황의 일종인 원추(鵷鶵)라는 새가 있어 남해를 출발하여 북해로 날아갈 때, 오동나무가 아니면 쉬지 않고 대나무 열매가 아니면 먹지 않으며, 단물이 나오는 샘이 아니면 마시지도 않는데, 이때 솔개는 썩은 쥐를 물고 있으면서 그 위를 날아가는 원추를 보고는 자기의 썩은 쥐를 빼앗길까 봐 으르렁댄다는 대목이 있다. 여기서는 이욕에 골몰하는 당시의 남인들을 지목하여 말한 것으로 보인다.

밤에 앉아 빗소리를 듣다가 동보의 시에 차운하여 올리다

정사년(1677, 숙종3) 2월 29일

夜坐聽雨次同甫韻奉呈 丁巳二月小晦

시냇물 소리 비 내리자 찬 밤에 요란하니	溪聲得雨鬧寒更
띳집의 나그네 꿈 맑아 견디기 어려워라	不耐茅齋旅夢淸
더구나 형제가 한 베개 베는 낙 있으니[278]	況有弟兄長枕樂
이로 인해 풀무 같은 도심[279] 생기게 되네	從教橐籥道心生
남송에선 주자를 허위라 곧잘 말하였고	南朝喜說全閩僞
진나라에선 반 좌중이 맞는다고들 하였지[280]	晉室爭言半坐迎
이러한 분분한 말 들을 가치 뭐 있겠나	此箇紛紛何足聽
도리어 좋은 벗에게만 또한 마음 가노라	却於良友也關情

278 형제가……있으니 : 당나라 현종(玄宗)이 형제간에 우애가 깊어 긴 베개를 함께 베고 넓은 이불을 같이 덮었다는 장침대피(長枕大被)의 고사를 말한다. 《資治通鑑 卷211 唐紀 玄宗 開元2年》 이때 장기의 유배지로 형제들이 찾아왔던 것으로 보인다.

279 풀무 같은 도심(道心) : 《노자(老子)》 제5장에 "천지간은 풀무와 같구나. 텅 비었으면서 굽어 있지 않고 움직일수록 더욱 내뿜는다."라고 하였다.

280 진(晉)나라에선……하였지 : 진나라 경왕(景王)이 태초(太初) 하후현(夏侯玄)을 죽이려 하면서도 결단을 내리지 못하자, 그 형이 말하기를 "조암(趙巖)의 아들 장례식 때 네가 왔을 땐 반 정도의 좌중이 맞이하더니 태초가 이르자 온 좌중이 맞이하더라."라고 하니, 경왕이 드디어 하후현을 죽였다고 한다. 《諸子筆記類 卷5 魏世人》

정사년(1677, 숙종3) 8월 어느 날에 회포를 읊다
丁巳八月日詠懷

남쪽 지방 세월 길다고 말하지 마라	蠻土休言歲月長
몸 편하면 어디인들 내 고향 아니랴	安身何處不吾鄉
나뭇잎에 바람 불어도 뿌리 되레 고요하고	風吹木葉根猶靜
난초 가지 서리에 꺾여도 뜻 절로 향기롭네	霜折蘭枝意自香
주자가 나의 귀를 이끌어 줌 감사하고	多謝晦翁提我耳
소 강절 남의 눈 밝게 해 줌도 알아야지	須知康節刮人眶
이 속에 긴밀하고 절실한 공부 있으니	箇中密切工夫在
맹자도 당시 조장과 망각을 경계했네[281]	鄒聖當年戒助忘

281 맹자(孟子)도……경계했네 : 《맹자》 〈공손추 상(公孫丑上)〉에 "호연지기를 기르는 사람은 반드시 의(義)를 쌓는 일을 행하되 미리 그 결과를 기대하지 말 것이며, 마음속에 항상 그것을 망각하지 말고 억지로 조장하지도 말아야 할 것이다."라고 하였다.

《격양집》을 보다가 우연히 읊다

觀擊壤集偶吟

칠 척의 늙은 몸에 병이 다시 침범하여　七尺殘軀病復侵
한가로이 이치 살피니 그야말로 산림이다　閒看物理是山林
바쁜 벌은 봄철 한때의 일을 관장하나　忙蜂都管一春事
늙은 준마 오히려 천리의 마음 지녔어라　老驥猶存千里心
왕도와 패도 경륜은 금과 쇠의 구분이고　帝霸經綸金與鐵
현자와 우인 성패는 고금이 다 같구려　賢愚興敗古猶今
때때로 무궁한 일에 말이 미칠 때마다　時時說到無窮事
소 강절 〈우견음〉[282]을 되풀이 읽어 보네　三復堯夫偶見吟

282 우견음(偶見吟) : 소옹(邵雍)이 지은 세 수의 시편인데, 도덕은 무궁해도 부귀는 일정할 수 없다는 내용이다.

이백종[283] 동명 의 매학정[284] 시에 차운하다

次李百宗 東溟 梅鶴亭韻

출거시와 봉진 구절 함께 걸려 있거니[285] 出粔詩兼偈奉塵

옥산이 일찍이 이 강가에서 살았었지[286] 玉山曾臥此江濱

천지간에 이런 경계 더 이상 있지 않고 寰中未有如斯境

세상에는 이런 사람 아마도 없으리라 世上應無似此人

매화와 학이 어찌 나를 얽어맬 수 있으랴 梅鶴者何而管我

283 이백종(李百宗) : 이동명(李東溟, 1624~1692)으로, 백종은 그의 자이다. 본관은 덕수(德水), 호는 학정(鶴汀)이며, 이우(李瑀)의 증손이다. 경주 부윤, 예조 참의, 서천 군수, 승지 등을 지냈다.

284 매학정(梅鶴亭) : 이우가 거처했던 정자로 선산(善山)에 있다.

285 출거시(出粔詩)와……있거니 : 출거시란 두보(杜甫)의 〈대우(大雨)〉에 "사방 이웃 따비 보습 들고 나간다고 해서 내 집까지 그걸 잡을 필요 뭐 있겠는가.〔四隣耒耟出, 何必吾家操.〕"라고 한 구절을 말하고, 봉진(奉塵)은 《능엄경(楞嚴經)》에 "이 심신을 가지고 중생을 받드는 것, 이를 일러 부처님 은혜 보답하는 거라 하네.〔將此心身奉塵刹, 是則名爲報佛恩.〕"라고 한 구절을 말한다. 주희(朱熹)가 진동보(陳同甫)에게 답하는 편지에서 이 구절들을 인용하여 출처(出處)를 구차하게 해서는 안 된다는 뜻으로 사용하였다.《晦庵集 卷36 答陳同甫》 반면 여기에서 출거시는 세상에 나가 도를 펴고자 했던 이이(李珥)를 가리키고 봉진은 출사하지 않고 은거하며 시서화(詩書畫)를 즐겼던 이우를 가리키는 것으로 보이는데, 매학정에 이와 관련된 시나 글이 걸려 있었던 듯하다.《宋子大全隨箚 卷1》

286 옥산(玉山)이……살았었지 : 옥산은 이우의 호이다. 본관은 덕수(德水), 자는 계헌(季獻)이며, 이이의 동생이다. 시(詩), 서(書), 화(畫), 금(琴)에 능하여 사절(四絶)이라 불렸다. 장인 황기로(黃耆老)의 정자인 매학정을 물려받아 말년을 그곳에서 보냈다.《宋子大全 卷193 軍資監正李公墓表》

이익과 명예 또한 나와 상관없다네　利名且也不關身
지금 태사가 그 진적 이렇게 남겼거니[287]　秖今太史留眞蹟
강심에 귀신 있을까 문득 두렵구나　却怕江心有鬼神

두 번째 其二

문하에 그 누가 율곡보다 더 높은가　門墻誰與栗翁尊
대해가 넓고 깊어 모든 물 흘러가지　巨海涵泓衆水奔
온전한 그릇 귀인이 상체의 빛 연이었고[288]　全器貴人聯棣蕚
바람을 타는 호기로 천근을 밟았다네[289]　駕風豪氣躡天根

287 태사(太史)가……남겼거니 : 여기에서 태사는 이동명을 가리키는 것으로 보이는데, 그가 가주서를 지낸 적이 있기 때문에 그런 칭호를 붙인 듯하다. 매학정은 임진왜란을 거친 이후로 무너져 터만 남아 있었는데 이동명이 이때 다시 짓고 선조들과 당대 명사들의 글과 글씨를 이 정자에 걸었던 것으로 보인다. 《東溟集 卷7 梅鶴亭 幷序》

288 온전한……연이었고 : '온전한 그릇'이란 송나라 때의 학자 장식(張栻)이 자신의 동생 장표(張杓)를 일러 "나의 동생은 온전한 그릇이다."라고 한 데에서 온 말이고, '귀인(貴人)'이란 정자(程子)가 장재(張載)의 동생 장전(張戩)을 일러 "자연스러운 덕기(德氣)의 위망(威望)을 지녔고 귀인의 상이 있다."라고 한 데서 온 말이다. '상체의 빛 연이었다'는 것은 《시경》 〈소아(小雅) 상체(常棣)〉에 "상체 꽃 빛나지 않는가. 지금 세상 사람 중에서 형제만 한 이 없느리라."라는 구절에서 온 것이다. 이이의 동생인 이우가 형과 마찬가지로 훌륭한 자품을 지녔으므로 이렇게 말한 것이다.

289 바람을……밟았다네 : 주희(朱熹)의 〈육선생화상찬(六先生畫像贊)〉 가운데 〈강절선생찬(康節先生讚)〉에서 "바람을 타고 벼락을 채찍질하며 하늘 끝을 두루 보았네. 손으로 월굴(月窟)을 만지고 발로 천근(天根)을 밟았도다."라는 구절을 인용한 것이다. 《晦庵集 卷85 六先生畫像贊》 월굴과 천근은 음(陰)과 양(陽)을 비유한 것으로 천지 음양의 이치를 말할 때 쓰인다. 여기서는 이우가 소옹과 같은 그런 풍모와 깊이를 지녔다는 말이다.

서호의 빼어난 흥취 지금의 화정이고[290]	西湖逸興今和靖
남쪽 지방 명승 중엔 이곳이 장원일세	南土名區是壯元
이 속의 그 후손들 모두 속되지 않거니	箇裏後人皆不俗
승지가 다시금 수초의 손자 되었네[291]	承宣還作遂初孫

290 서호(西胡)의……화정(和靖)이고 : 화정은 송나라 진종(眞宗)으로부터 화정처사(和靖處士)라는 호를 받은 은자 임포(林逋)를 가리킨다. 그는 서호의 고산(孤山)에 은거하면서 처자도 없이 매화와 학만을 좋아하였으므로 당시에 매처학자(梅妻鶴子)로 불렸다. 《宋史 林逋列傳》 여기서는 이곳 매학정이 바로 서호이고 이우가 바로 오늘날의 화정처사라는 말이다.

291 승지가……되었네 : 승지는 이동명을 가리킨다. 진(晉)나라 때의 손작(孫綽)이 산림에 은거하려던 처음의 뜻을 이루는 내용으로 된 〈수초부(遂初賦)〉를 지었는데, 여기서는 증조부 이우와 마찬가지로 증손자 이동명도 그 뜻을 이어받아 이곳에 은거하고 있으므로 이렇게 말한 것이다. 《晉書 孫綽列傳》

손자 주석이 밤에 앉아 읊은 시에 차운하다

次疇孫夜坐吟韻

치마의 벌에 대한 시어 정히 두렵거니[292]	裙蜂詩語正凌兢
사면 알리는 파리 어찌 꿈에라도 바랄까[293]	夢寐寧望報赦蠅
초야에서의 비난 상소 경쟁하듯 준열하고	草野封章爭峻截
언관들의 탄핵 계사 서늘하기 짝이 없네	霜臺白簡劇威稜
몸 보전하는 법 있으니 처한 곳에 편안하고[294]	存身有術須安土

292 치마의……두렵거니 : 송시열이 덕원(德源)에서 장기(長鬐)로 유배 가다가 양양(襄陽)의 물치촌(勿淄村)에 들렀을 때, “시장에 호랑이 나타났다고 세 번 전하니 사람들이 다 믿고, 한 번 치마폭 벌 잡으니 아버지도 의심하네. 세상 공명에 대해선 나무와 오리를 보고, 앉아 담소할 적에는 뽕나무와 거북 조심하라.”라는 시가 촌사(村舍)에 걸려 있었다고 한다. 《宋子大全 卷51 答金延之》 이 시구 중에 ‘치마폭의 벌을 잡으니 아버지가 의심하였다’는 것은 백기(伯奇)의 고사이다. 주(周)나라 선왕(宣王) 때의 신하 윤길보(尹吉甫)에게 백기라는 아들이 있었다. 그 아들이 계모를 지성으로 섬겼는데도 계모는 그를 모함하기 위해 자기 치마에 벌을 붙인 뒤 백기에게 떼어 달라고 부탁하고는 백기가 떼려 하자 큰소리를 지르면서 자기를 유혹한다고 모함하였다고 한다. 《太平御覽 蟲豸部 蜂》 여기서는 송시열 자신에 대해 모함하는 말들이 매우 두렵다는 말이다.

293 사면(赦免)……바랄까 : ‘사면 알리는 파리’란 사면을 받는다는 의미이다. 전진(前秦) 왕이었던 부견(符堅)이 사면하는 글을 작성할 때 큰 파리가 방에 들어와 자꾸 큰 소리를 내면서 성가시게 하기에 여러 번 몰아내었는데도 다시 들어오곤 하였다. 그런데 이때는 대외적으로 아직 사면령을 반포하지 않은 상황이었는데 사람들이 이미 그 사실을 다 알고 있었으므로 부견이 어떻게 알았느냐고 힐난하자, 사람들이 말하기를 “어떤 청의동자(青衣童子)가 거리를 돌아다니며 외쳤다.”라고 하였다. 그것이 바로 방에 들어와 성가시게 하던 그 파리였던 것이다. 《宋子大全隨箚 卷1》

294 몸……편안하고 : 《주역》 〈계사전 상(繫辭傳上)〉에 “성인(聖人)은 천명을 알고

도 배워 성취 없으니 얼음 조각 우습구려[295]	學道無成笑鏤氷
늙어 갈수록 어찌 이리 혼미와 나태 심해지나	老去其如昏惰甚
고요 속에 도리어 서암승에 부끄럽네[296]	靜中還愧瑞巖僧

두 번째 其二

어찌 저녁에 두려워하고 아침에도 조심하나	如何夕惕復朝兢
떨쳐 일어나기 보단 언 파리 되는 게 낫다네[297]	抖擻無如被凍蠅

즐기기 때문에 근심이 없고 처하는 곳마다 편안히 지내면서 인을 돈후하게 지니기 때문에 사람을 제대로 사랑할 수 있는 것이다."라고 하였다. 군자는 바라는 것 없이 자신이 처해 있는 위치에서 편안히 지내며 만족한다는 뜻이다.

295 도……우습구려 : 한(漢)나라 때의 신하 환관(桓寬)이 쓴 《염철론(鹽鐵論)》 〈수로(殊路)〉에 "안으로 바탕이 없이 겉으로 문만 배운다면 아무리 어진 스승이나 훌륭한 벗이 있더라도 마치 기름 덩이에 그림을 그리거나 얼음에 조각하는 것과 같아서 시간만 허비하고 보람은 없을 것이다."라고 하였다.

296 서암승(瑞巖僧)에 부끄럽네 : 서암승은 태주(台州)의 서암원(瑞巖院)에 있었던 당대(唐代)의 어떤 고승(高僧)을 말한다. 《심경(心經)》에 따르면, 사양좌(謝良佐)가 "공경은 바로 성성(惺惺)한 법이다."라고 한 데 대하여, 주희(朱熹)가 이르기를 "서암의 중은 매일 항상 스스로에게 '주인옹은 성성한가?'라고 묻고는 '성성하다.'라고 스스로 대답하곤 했다."라고 하였다. 《心經附註 敬以直內章》 매일 항상 성성하게 마음이 깨어 있었던 서암의 중처럼 그렇지 못하므로 부끄럽다는 말이다.

297 떨쳐……낫다네 : 당(唐)나라 때 신하 소미도(蘇味道)는 재식(才識)이 뛰어나서 인망이 높았고 왕방경(王方慶)은 노둔한 언사에 재지(才智)가 범용했는데도 소미도와 왕방경이 똑같이 봉각 시랑(鳳閣侍郎)이 되자, 어떤 사람이 장원일(張元一)에게 묻기를 "소미도와 왕방경 중에 누가 더 나은가?" 하자, 장원일이 대답하기를 "소미도는 구월에 서리를 맞은 매와 같고 왕방경은 시월에 얼어붙은 파리와 같다."라고 하였다. 《太平廣記 卷254 嘲誚2》 여기서는 재주가 뛰어나서 두드러지는 것보다는 범용한 것이 더

성도에서 통 만드는 이 만나는 건 기쁘고[298]	喜向成都逢造篅
미도에게 모릉을 배우는 건 부끄럽네[299]	羞從味道學模稜
절벽처럼 우뚝 서면 도학 빛남[300]을 뉘 알까	誰知壁立能光道
숲에서 개처럼 짖은 대부[301] 가소롭네	堪笑叢嘷是伐氷
권계는 저 훌륭한 사가의 붓에 맡기노니	勸戒任他良史筆
단정히 거해 묵언하는 스님처럼 살리라	端居好作默言僧

낫다는 말이다.

298 성도(成都)에서……기쁘고 : 송대의 학자 정이(程頤)가 부주(涪州)에 귀양 가서 《역전(易傳)》을 저술하던 중, 〈잡괘(雜卦)〉에서 "미제는 남자의 궁함이다.〔未濟, 男之窮也.〕"라는 말의 뜻을 잘 깨닫지 못하고 있었는데, 하루는 성도에서 통(篅) 만드는 은자가 찾아와서 그 대목의 뜻을 물었다. 정이가 대답을 못하고 그에게 되묻자, 그 사람이 말하기를 "세 양효(陽爻)가 제자리에 있지 못해서이다."라고 하였다. 《宋子大全隨箚 卷1》 여기서는 옛글을 놓고 서로 토론하고 질정하는 생활이 기쁘다는 말이다.

299 미도(味道)에게……부끄럽네 : 모릉(模稜)은 애매모호한 것을 말한다. 당나라 측천무후(則天武后) 때 재상을 지낸 소미도가 재상으로 처신하는 방도를 스스로 말하기를 "일을 처리할 때는 입장을 명백히 하려 들지 말고 애매모호하게 양쪽 입장을 다 견지하는 것이 좋다." 하였다. 《新唐書 蘇味道列傳》 여기서는 입장을 분명하게 견지해야지 소미도처럼 애매모호한 태도를 취하는 것은 부끄럽다는 말이다.

300 절벽처럼……빛남 : 주희가 한탁주(韓侂冑)에게 당화(黨禍)를 입으려 할 때, 문인(門人)들이 조용히 화를 피하는 것이 좋겠다고 권하자, 주희가 답하기를 "지금 화를 피해야 한다는 말을 하는 사람은 참으로 아껴 주는 마음에서 나온 것이지만 만약 나를 만 길 절벽처럼 우뚝 서게 한다면 어찌 더욱 우리 도학의 빛이 되지 않겠는가."라고 하였다. 《朱子語類 卷107 朱子四內》

301 숲에서……대부 : 송나라 이종(理宗) 때 가사도(賈似道)가 별장을 만들자, 어떤 대부가 숲에 들어가 개 짖는 소리를 내면서 아첨했다는 이야기가 있고, 영종(寧宗) 때의 권신(權臣) 한탁주에게 아첨하기 위해 그의 별장에서 개 짖는 소리를 냈다는 부윤(府尹)의 이야기도 있다. 《宋子大全隨箚 卷1》

밤에 《맹자》를 보다가 감회가 있어 짓다

夜看孟子有感

땅은 외지고 날씨는 추워 할 일 없으니	地僻天寒無一事
시 읊는 일 외에는 다시 무엇을 하겠나	沈吟之外更何爲
긴 밤에 외로운 등불 내 무척 좋아하는데	燈孤長夜吾偏愛
옛 책 속의 오묘한 이치 아는 이 없어라	理奧陳編世莫知
증서가 관중을 부끄러워한 뜻[302] 알려면	欲識曾西羞管意
말몰이꾼 새 잡을 때를 살펴봐야지[303]	須看御者獲禽時
맹자의 이런 의리 묻혀 없어졌는데	鄒輿此義因埋沒
오직 강도 있어서 믿어 의심치 않았구나[304]	惟有江都信不疑

302 증서(曾西)가……뜻 : 증서는 공자의 제자 증삼(曾參)의 손자이고, 관중(管仲)은 제(齊)나라 환공(桓公)의 신하이다. 증서에게 어떤 이가 묻기를 "그대와 관중 가운데 누가 더 나은가?"라고 하자, 증서가 발끈 화를 내며 말하기를 "관중은 임금의 신임을 저토록 독차지하고 국정을 그처럼 오래 맡았는데도 공적이 저렇게 형편이 없었다. 어찌하여 나를 그런 사람과 비교하는가."라고 하면서 관중이 행한 패도(霸道)를 부끄러워하였다. 《孟子 公孫丑上》

303 말몰이꾼……살펴봐야지 : 사냥할 때 말몰이꾼이 정도(正道)로 말을 몰면 새를 잡기가 어렵고 속임수를 써서 하면 많이 잡게 되는데, 증서는 정도대로 말을 몰아 새를 잘 잡지 못한 격이고 관중은 부정한 방법으로 말을 몰아 새를 많이 잡은 격이라는 의미이다. 《孟子 公孫丑上》

304 오직……않는구나 : 강도(江都)는 한(漢)나라 무제(武帝) 때 강도상(江都相)을 지낸 동중서(董仲舒)를 가리킨다. 그가 일찍이 말하기를 "의리를 바르게 하고 이해는 도모하지 않으며, 도리를 밝히고 공업(功業)은 계산하지 않는다." 하였는데, 주희는 동중서가 맹자의 논리를 더욱 정밀하게 확장하였으므로 유학에 공이 크다고 칭찬하였

차운하여 한여익[305] 성익 에게 주고 겸하여 여석 성보 성주[306] 에게도 바치다

次贈韓汝翼 聖翼 兼奉汝碩 聖輔 城主

상봉하여 사흘 밤 평생을 얘기했나니 相逢三夜說平生
이별 앞에 어찌 차마 송별곡을 부르랴 臨別那堪唱渭城
그댄 정안에서처럼 괜히 눈물 흘렸고[307] 君似淨安空下淚
나는 지덕 아닌데 형만으로 도망 왔지[308] 吾非至德却逃荊

다.《宋子大全隨箚 卷1》

305 한여익(韓汝翼) : 한성익(韓聖翼, 1624~1673)으로, 여익은 그의 자이다. 본관은 청주이다. 상의원 별제, 수운판관(水運判官) 등을 지냈다.

306 여석(汝碩) 성주(城主) : 여석은 한성보(韓聖輔, 1620~1697)의 자이다. 호는 이은정(理隱亭)이다. 한성익의 형이고, 송시열의 문인이다. 성주라는 단어를 쓰고 바친다는 표현을 쓴 것은 한성보가 송시열의 고향인 회덕(懷德)의 현감을 지낸 적이 있기 때문에 자신의 문인임에도 높여 예우한 것이다.

307 정안(淨安)에서처럼……흘렸고 : 남송(南宋) 경원(慶元) 연간에 채원정(蔡元定)이 한탁주(韓侂胄)에 의해 위학당(僞學黨)으로 몰려 도주(道州)로 유배 갈 때, 주희가 문인들과 함께 정안사(淨安寺)에서 그와 작별하였는데, 채원정은 평상시와 다름없이 담담하였으나 구자복(丘子服) 등이 눈물을 흘리면서 슬퍼하였다.《宋史 蔡元定列傳》 여기서는 송시열이 장기(長鬐)로 유배 올 때 한성익이 구자복처럼 눈물을 흘렸던 일을 회상하여 말한 것이다.

308 지덕(至德)……왔지 : 태백(泰伯)은 주(周)나라 태왕(太王)의 큰아들이었는데, 태왕이 막내아들 계력(季歷)을 후사로 삼으려는 뜻이 있음을 알고 남쪽 형만(荊蠻)으로 도망치자, 공자가 그를 일러 지덕이라고 칭송하였다.《論語 泰伯》 여기서는 송시열이 형만처럼 남쪽 지역인 장기로 귀양 왔기 때문에 이렇게 말한 것이다.

천명 알고 즐기라는 기대의 뜻을 받고 樂天知命蒙期許
두꺼운 버선 새 도포에 우의가 느껴지네[309] 厚襪新袍見義情
생각건대 돌아가면 깊이 문을 닫아걸고 想得行歸深閉戶
함께 앉아 조석으로 정자 주자 강하겠지 連床晨夕講朱程

309 두꺼운……느껴지네 : 한성익이 송시열과 이별하면서 버선과 도포를 선물한 것으로 보인다.

판서 남운경[310]이 일찍이 동춘당에 이르러 시를 지은 적이 있었다. 동춘공이 죽은 뒤 그 손자 병원[311]이 와서 차운시를 구하기에 슬피 눈물을 흘리면서 시를 짓고 이어 손자 주석으로 하여금 이어서 지으라고 하다 무오년(1678, 숙종4)

南判書雲卿嘗至同春堂賦詩同春公沒後其孫炳遠來求步韻愴涕而副之仍令疇孫繼之 戊午

뉘 굶주려 먹을 게 없고 뉘 입을 옷 없는가[312]	孰飢無食孰無衣
측은한 마음 사수 기수 터놓은 듯하였네[313]	惻隱心如決泗沂

310 판서 남운경(南雲卿) : 남용익(南龍翼, 1628~1692)으로, 운경은 그의 자이다. 본관은 의령(宜寧), 호는 호곡(壺谷)이며, 송시열의 문인이다. 이조 판서와 대제학 등을 지냈다.

311 손자 병원(炳遠) : 동춘당(同春堂) 송준길(宋浚吉)의 손자 송병원(宋炳遠)을 가리킨다. 그의 자는 자징(子徵)이며, 송시열의 문인이다. 의금부 도사를 지냈다. 《寒水齋集 卷32 都事宋公墓表》

312 뉘 굶주려……없는가 : 주희(朱熹)의 〈지도재명(志道齋銘)〉에 "배고프고 추위에 떠는 자에게 누가 먹이고 입힐 것인가. 그러므로 도라는 것은 잠시도 떠나서는 안 되는 것이다."라는 구절이 있는데, 항상 도에 뜻을 두고 인(仁)을 행해야 한다는 것이다. 《晦庵集 卷85 志道齋銘》

313 측은한……듯하였네 : 주희의 시 〈인술(仁術)〉에 "측은한 마음은 어디에서 오는가. 밝고 허령(虛靈)한 심경에서 참된 이치를 안다네."라고 하였고, 〈문선결강하(聞善決江河)〉라는 시에서 "순 임금은 한마디 말에 선(善)과 이(利) 구분하여 행할 때면 만 리에 강하를 터놓은 듯하였네."라고 하였다. 《晦庵集 卷2 仁術, 聞善決江河》 여기서는 송준길이 동춘당이라는 당호를 지을 때 이러한 의미를 담았고 이러한 뜻을 실천하고자 했다는 말이다.

내 사욕을 이겼을 때 물아가 같게 되고	已到克時均物我
양기 따뜻이 품는 곳 천기 작용 묘하구나	揚從休處妙緘機
따뜻한 바람 불어오자 만물에 싹이 트고	溫風習習催芽甲
봄빛이 화락하니 물고기 뛰고 새 나네	淑景熙熙動躍飛
당호 지은 당시의 뜻 삼가 우러르거니	仰止名堂當日意
동춘공 구원으로 돌아간 지 몇 해던가	幾年夫子九原歸

몇 해 동안 일이 없는 중에 우연히 주자가 도가에 관한 일을 논한 것을 보다가 마음에 느낌이 있어 배우려 하였다. 그런데 이번에 청송 사람 심덕승[314] 제 이 멀리 와서 함께 보낼 적에 오로지 우리 유가의 문자만 이야기하기에 그의 시에 차운하여 떠날 때 주다

數年無事偶閱晦翁論及道家事有感於心而願學焉今靑松沈德升 梯 遠來相守專說吾儒文字因次其韻以贈行

구름과 달 뜬 바다와 하늘 광대무변하거니	海天雲月浩無邊
도가들은 자연대로 맡긴다 하는구나	有道家流任自然
유안은 한 솥의 단약을 복용했고[315]	服食劉安丹一鼎
굴원은 노을 머금으며 천수를 구하였지[316]	含霞屈子壽千年
우리 도 마귀라고 예부터 거듭 금했는데[317]	邪魔自昔申爲禁

314 심덕승(沈德升) : 심제(沈梯, 1637～1706)로, 덕승은 그의 자이며, 송시열의 문인이다.

315 유안(劉安)은……복용했고 : 유안은 한(漢)나라 문제(文帝)의 조카인 회남왕(淮南王)의 이름이다. 연단(鍊丹)해서 신선이 되었다고 하는데, 솥 속에 남은 찌꺼기를 핥아 먹고 개와 닭도 모두 올라갔다는 이야기가 전한다.《宋子大全隨箚 卷1》

316 굴원(屈原)은……구하였지 : 굴원이 지은 〈원유(遠遊)〉라는 글에 "육기를 먹고 맑은 이슬을 마심이여, 정양으로 양치질하고 아침노을 머금네."라는 구절이 있다.《楚辭 遠遊》

317 우리……금했는데 : 송(宋)나라 때 신하 공문중(孔文仲)이 정이(程頤), 구양비(歐陽棐), 필중유(畢仲游), 양국보(楊國寶), 손박(孫朴) 등을 오귀(五鬼)로 지목하고 특히 정이를 탄핵하면서 위학(僞學)의 금단을 주장하였다.《宋史 孔文仲列傳》

그들 비결은 어째서 전해지지 못했는가	眞誥何人續不傳
진중한 심군이 천릿길 예 찾아와서	珍重沈君千里至
도리어 사법 가지고 문선왕을 외우네[318]	還將死法誦文宣

318 사법(死法)……외우네 : 사법은 유학(儒學)을 비유한 것이고 문선왕(文宣王)은 공자(孔子)의 봉호(封號)이다.

《역전》[319]을 읽다

讀易傳

염여퇴 배 안에서 성경을 보존했고[320]	灩澦舟中誠敬在
부주성 안에서는 상과 효를 설명했네	涪州城裏象爻陳
일찍이 이런 세상 어찌 없었으랴마는	何嘗不有如斯世
이와 같은 사람은 일찍이 없었으리	只是曾無似此人
칠분이나 밝힌 이치 누구에게 줄 것인가[321]	七分理明誰與授
어지럽던 천년 실마리 다스릴 만해졌구나	千年緖亂却堪綸
가엾어라 깊은 병이 고황에 든 때 만나	可憐正値膏肓日
신단 있어도 백성들 수 누리게 못하니[322]	空使神丹未壽民

319 역전(易傳) : 《주역》을 풀이한 책으로 정이(程頤)가 부릉(涪陵)에 귀양 가 있을 때 지은 것이다. 《二程全書 卷50 伊川年譜》

320 염여퇴(灩澦堆)……보존했고 : 염여퇴는 사천성(泗川省) 구당협(瞿唐峽)의 강 한복판에 솟은 큰 바위인데, 이곳 물살이 매우 급하기 때문에 배들이 전복되는 경우가 많았다. 그런데 정이가 부주로 귀양 가면서 이곳을 지날 때 다른 사람들은 모두 정신을 잃었으나 그의 신색(神色)은 태연자약했다고 한다. 《心經附註 卷2》

321 칠분(七分)이나……것인가 : 정이가 부주에서 《역전》을 완성하고 보여 주면서 말하기를 "이 책은 단지 7분(分)만 설명했을 뿐이니 뒷사람들이 다시 스스로 체득하고 연구해야 할 것이다."라고 하였다. 《近思錄 卷3 致知類》

322 신단(神丹)……못하니 : 정이의 시 〈사왕전기기약(謝王佺期寄藥)〉에 "나에게 신단이 있다는 걸 그대는 아는가. 때맞추어 쓰면 백성들 오래 살게 할 것이네."라고 구절이 있다. 신단은 먹으면 신선이 된다는 신령스러운 약인데, 정이는 백성에게 선정을 베풀어 오래 복을 누리며 살게 할 방책이 있다는 뜻으로 말한 것이다. 《二程遺書 卷18 劉元承手編》 여기서는 그런 선단이 있어도 쓸 수 없을 만큼 세상이 깊이 병들어

여름날에 읊다

夏日吟

일 년의 계절 중에 여름이 되면	一年時節當三夏
경물과 풍광 절로 즐길 만하여라	景物風光可自怡
유연한 혀의 꾀꼬리 새끼 한창 말을 배우고	嫩舌鶯雛方學語
노랗게 물든 살구 애석히 가지와 작별하네	粧黃杏子惜辭枝
비가 와서 그윽한 꿈에 호접 잊어버리고	雨闕幽夢忘蝴蝶
시초점 효 이루자 복희씨 만나는 듯하네	筮到成爻見伏羲
노년 즐기는 회포를 누구와 얘기할까	娛老情懷誰與說
때때로 붓을 잡고 새로운 시 쓰노라	時時拈筆寫新詩

있음을 탄식한 것이다.

손자 아이에게 보여 주다
示孫兒

더운 여름 막 지나자 가을 또 찾아오고	炎夏才消秋又至
열흘 내린 비 그치니 흥취가 그윽하다	旬餘雨止興悠哉
시 속의 허물은 네가 능히 고칠 테고	詩中罪過伊能改
술 마시는 공효는 병도 시기 않으리	酒裏功勞病不猜
옛날의 장한 마음 다 꿈속에 들어가고	昔者壯心都入夢
그동안의 새로 할 일 쌓인 대로 놔두네	由來新事任成堆
노년의 노고는 부디 경계하지 마라[323]	臨年勤苦須毋戒
삼가는 맘 거의 없어 그게 되레 슬프니[324]	無幾淵氷是可哀

323 노년의……마라 : 노년이 되면 몸과 마음을 다해 애써 일을 처리하려고 하지 않게 되므로 노고에 대해서는 걱정할 필요가 없다는 말이다.

324 삼가는……슬프니 : 노년이 되자 매사 조심하고 삼가는 마음으로 신중하고 부지런히 일을 처리하는 자세가 없어져서 오히려 슬프다는 말이다.

비가 오래 오고 나서 이어 큰바람이 불기에 들판을 바라보는 데 감회가 일다

久雨因以大風望野有感

비 온 뒤 난초 혜초 한창 만발하였다가	雨餘蘭蕙正離披
다시 멋대로 불어 대는 강풍에 시달리네	更被勍風滿意吹
낭패 당함 근심하여 탄식하지 말 것이며	且莫愁嘆逢敗處
아직 피지 않았을 때 도리어 생각하라	却須思念未生時
저 꽃들 고운 자태 다투는 대로 놔두고	任他群艶爭娟媚
곧은 마음 변치 않음 절로 기뻐할 일이다	自喜貞心不改移
도를 들은 어진 사람 모두 이와 같나니	聞道仁人皆若是
어찌 그게 시든다고 괜히 눈썹 찌푸리랴[325]	肯因憔悴浪皺眉

325 어찌……찌푸리랴 : 소옹(邵雍)의 〈안락와중음(安樂窩中吟)〉 제11수에 "술 마시되 만취하도록 먹지는 말 것이며 꽃구경하되 만발할 때 하지는 말아야지. 사람이 이런 일을 능히 알 수 있다면 양미간에 괜한 시름 둘 것이 뭐 있으랴."라는 구절이 있다. 《擊壤集 卷10 安樂窩中吟》 여기서는 난초와 혜초의 꽃이 시드는 것에 연연하지 말고 그것의 변치 않는 곧은 마음을 헤아릴 수 있어야 한다는 말이다.

손자 주석에게 보여 주다

示疇孫

아, 꽃다운 네 나이 학문 이루지 못했는데	嗟爾年芳學未成
마음의 말[326]이 굴레 벗고 달려감을 뉘 말릴까	誰禁意馬脫羈行
은미한 곳에 부끄러운 마음 없기 어렵고	難於隱處心無愧
겸손하지 못한 때에 근심 이미 생기는 것	當不遜時患已生
선조들은 학문 있고 행실도 있었으니	先世有文兼有行
네 몸 중히 하고 가벼이 해선 안 된다	汝身宜重不宜輕
고금을 막론하고 다수의 군자들은	古今多少爲君子
일일이 모두 애써서 욕정 억제했느니	一一皆從强制情

326 마음의 말 : 제어하기 어려운 심신의 욕망과 욕정을 말한다.

우연히 읊다

偶吟

옛 음악이니 이제 누가 대하[327]를 알겠는가	古樂今誰知大夏
영도에서 〈양춘곡〉 화답할 이 다시 없으리[328]	郢都無復和陽春
술도 띠풀로 거르면 원래 진국이 아니고[329]	酒當茅處元非釅
국도 조미를 하게 되면 참맛이 아니 나지[330]	羹到鉶時未是眞
군자의 도 잊기 어렵다 말들은 하지만	縱說難忘君子道
자기 몸을 잘 아는 이 도리어 없구나	還無能認自家身
칠정과 오성[331]이 모두 하늘의 명이니	七情五性皆天命
진실함과 밝음[332] 모르면 끝내 순수치 못하리	不識誠明竟不純

327 대하(大夏) : 하우씨(夏禹氏)의 음악 이름이다.

328 영도(郢都)에서……없으리 : 영도는 춘추 시대 초(楚)나라의 수도 이름이고 〈양춘곡(陽春曲)〉은 가곡 이름이다. 이 곡은 부르기가 매우 어려워서 영도에서 따라 부를 수 있는 사람이 아주 적었다고 한다. 《文選 宋玉對楚王問》

329 술도……아니고 : 《예기》 〈교특생(郊特牲)〉에 "술을 거르는 데에 띠풀을 써서 거른 것은 맑은 술이다."라고 하였다.

330 국도……나지 : 《예기》 〈악기(樂記)〉에 "성대한 제향의 예에서는 현주를 높이 치고 제기에 생선을 올리며, 태갱은 조미를 하지 않으니, 다하지 않은 맛이 들어 있기 때문이다."라고 하였다.

331 칠정(七情)과 오성(五性) : 칠정은 희(喜), 노(怒), 애(哀), 구(懼), 애(愛), 오(惡), 욕(欲)을 말하고 오성은 인(仁), 의(義), 예(禮), 지(智), 신(信)을 말한다. 《禮記 禮運》

332 진실함과 밝음 : 《중용장구》 제21장에 "진실함으로 말미암아 선(善)에 밝은 것을 성(性)이라고 하고 선을 밝힘으로 말미암아 진실해지는 것을 교(敎)라고 하는데, 진실

감회를 적어 주석과 회석[333] 두 손자에게 보여 주다

書懷示疇晦二孫

주자의 글 외에는 다시 아는 게 없으니	朱文之外更無知
영욕과 생사에 대해선 힘을 쏟기 어렵네	榮辱死生難力爲
답답한 가슴 씻기엔 한 동이 술이 좋고	滌蕩煩襟一瓮酒
그윽한 심사 드러낼 땐 몇 편의 시가 좋지	揄揚幽思數篇詩
다행히 물과 대나무 시내와 산 마주한 곳	幸當水竹溪山處
어찌 따뜻함 서늘함 눈과 달을 저버리랴[334]	肯負暄涼雪月時
노년의 큰 뜻 오로지 고인 따르려 하거니	暮景雄圖惟及古
옛 책을 아니 읽고 다시 무얼 기약하랴	陳編不讀復何期

하면 사리에 밝고 사리에 밝으면 진실해지는 것이다."라는 말이 나온다.

333 회석(晦錫) : 1658~1688. 송시열의 다섯째 손자로, 자는 희문(希文), 호는 동계(東溪)이다.

334 다행히……저버리랴 : 사계절의 변화에 따라 달라지는 아름다운 경물을 보면서 시를 쓰기에 좋은 곳이라는 말이다.

북쪽 변방에 귀양 간 두 사람[335]을 생각하다

憶塞北二謫

두어 달 장마로 물이 도랑에 가득하니　　淫潦連月漲盈溝
백로와 원앙이 좋은 시절 만났구나　　蜀玉鴛鴦得意秋
세상의 잡소리 끊임없이 들려오고　　世上喧啾來不盡
하늘가 가는 세월 멈추기 어려워라　　天涯歲月去難留
울 너머 새 초빈엔 아침마다 곡성이고[336]　　隔籬新殯朝朝哭
섬돌 옆에 생강 싹은 날마다 돋아나네　　傍砌生薑日日抽
북녘에 귀양 간 채씨 이씨를 생각하니　　遙憶北荒囚蔡李
모진 바람 눈보라에 옷이라도 받았는지　　獰飆吹雪授衣不

335 북쪽……사람 : 채하징(蔡河徵, 1619~1687)과 이동형(李東亨, 1637~1717)을 말한다. 1678년(숙종4)에 영남 유생 이재헌(李在憲)이 송시열을 모함하는 상소를 올린 것에 대항하여 두 사람이 상소를 올렸다가 육진(六鎭)이 있는 함경도의 경흥부(慶興府)로 유배되었다. 《宋子大全 附錄 年譜》

336 울……곡성(哭聲)이고 : 이 시를 지을 당시 송시열의 배소(配所) 울타리 너머 이웃집에 초상이 났던 것으로 보인다.

《주자대전》을 읽다 감회가 있어 읊다

讀朱子大全有感而吟

집대성한 사람이 오래 아니 나오다가	集大成人久不生
천 년 뒤에 흐린 황하 다시 맑아졌구나[337]	一千年後濁河淸
칠민의 산악에서 신이 모두 내려와서[338]	七閩山嶽神皆降
뭇 성인의 서책 속의 이치 다 밝혔네	群聖圖書理盡明
무슨 일로 황조에선 육학을 높이는가[339]	底事皇朝尊陸學
동방에도 여우 정령 날뜀이 한탄스럽네[340]	可嘆東土騁狐精

337 천……맑아졌구나 : 삼국 시대 위(魏)나라 이강(李康)의 〈운명론(運命論)〉에 "황하는 천 년에 한 번 맑아지는데, 그 상서에 응하여 성인이 나온다."라는 말이 있다. 여기서는 공자(孔子)의 집대성 이후 천 년 뒤에 주희(朱熹)가 나와 이학(理學)을 집대성하여 세상을 맑게 하였다는 말이다.

338 칠민(七閩)의……내려와서 : 칠민은 주희가 태어난 중국 복건성(福建省) 일대를 말한다. '산악에서 신이 내려왔다'는 것은 《시경》 〈대아(大雅) 숭고(崧高)〉에 "산악에서 신령스러운 기운 내려와 보후(甫侯)와 신백(申伯) 낳았네."라는 구절에서 온 것으로, 일반적으로 현자가 태어남을 의미하는데, 여기서는 주희가 태어났다는 뜻으로 말한 것이다.

339 황조(皇朝)에선 육학(陸學)을 높이는가 : 황조는 명나라를 말하고, 육학은 육상산(陸象山)의 계통인 왕수인(王守仁)의 양명학(陽明學)을 가리킨다.

340 동방에도……한탄스럽네 : '여우 정령'은 본원적인 깨달음이 아닌 사악한 술수를 가리키는 말로 쓰이거나 그런 술수를 부려 혹세무민하는 사람을 지칭하는 말로 쓰인다. 소식(蘇軾)이 왕안석(王安石)의 〈계지향사(桂枝香詞)〉를 보고 "이 노인은 참으로 들여우의 정령이다."라고 한 것과 《고려사》에서 공민왕(恭愍王) 때의 신돈(辛旽)을 늙은 여우의 정령〔老狐精〕이라고 일컬은 데에서 볼 수 있다. 《古今詞話 卷1 王安石》《高麗史

원컨대 창공에 음산한 구름 없어지고　　願言空碧陰雲滅
해와 달 높이 솟아 도깨비 놀라게 해 주길　　日月高懸鬼魅驚

卷112 李達衷列傳》 여기서는 양명학에 심취하였던 정제두(鄭齊斗) 등을 가리켜 말한 것으로 보인다.

마음 가는 대로 읊어 손자 아이에게 보여 주다
漫吟示兒孫

하늘 가 가는 세월 빠른 냇물 같나니	天邊歲月似奔川
때때로 상자 속의 한두 책을 읽노라	時閱塵箱一二編
마음이 방일할 때 매우 강한 적이 되고	心放逸時爲劇敵
몸이 아주 편안한 곳 바로 참된 신선이리	體便安處是眞仙
인간들 보루 치밀하게 연결된 게 보이고[341]	人間營壘看隅落
책 속 공부 정밀하게 연구하기 어렵구나	卷上工夫怕鑽研
세밀한 일에 점검 소홀해 매우 부끄럽나니	多愧細微疏點檢
손자는 삼가 내 허물을 본받지 말아다오	兒孫愼勿效吾愆

341 인간들……보이고 : 주희(朱熹)가 유지부(劉智夫)에게 준 편지에 "진(陣)을 연결한 것이 제갈공명의 영루와 같다."라는 말이 있는데, 이는 시류배(時流輩)들의 모략이 치밀하여 논리정연하다는 뜻으로 말한 것이다.《晦庵集 別集2 卷9 與劉智夫書》여기서는 상대 당파의 모략이 치밀한 것을 지적하여 한 말인 듯하다.

이미숙[342]의 시에 차운하다

次李美叔韻

봉산 늙은이[343] 소식은 알기 어렵지 않으니 蓬翁消息不難知

원시(原詩)에는 "부릉 소식 아득하여 알기 어렵네.〔涪陵消息邈難知.〕"로 되어 있다.

봉산 늙은이 농담할 때 그걸 알 수 있다네 須識蓬翁戲劇時

주자의 천 길 절벽[344] 함부로 본받으려다 晦壁千尋妄意效

양자직의 누더기 옷 입을 때가 있다네[345] 楊鶉百結有時披

요사한 재상 요망한 짓 거침없어 역정 나고[346] 生憎魘相妖仝騁

문곡(文谷)에 대한 대간(臺諫)의 글에는 염매(魘魅)나 고독(蠱毒)이란 말

342 이미숙(李美叔) : 이수언(李秀彦, 1636~1697)으로, 미숙은 그의 자이다. 본관은 한산(韓山), 호는 농계(聾溪)·취몽헌(醉夢軒)이며, 송시열의 문인이다. 병조 참판과 형조 판서 등을 지냈다.

343 봉산(蓬山) 늙은이 : 봉산은 장기(長鬐)의 별칭인데, 송시열이 장기에 유배 와 있었기 때문에 자신을 이렇게 칭한 것이다.

344 주자의……절벽 : 주희(朱熹)가 한탁주(韓侂胄)에게 당화(黨禍)를 입으려 할 때, 문인(門人)들이 조용히 화를 피하는 것이 좋겠다고 권하자, 이에 대해 주희가 대답한 말이 아래 원주(原註)에 보인다.《朱子語類 卷107 朱子四內》

345 양자직(楊子直)의……있다네 : 양자직은 주희의 제자 양방(楊方)으로, 자직은 그의 자이다. '누더기 옷'에 대해서는 아래 원주에 관련 설명이 있으나 이 말이 구체적으로 무슨 뜻이고 무엇을 비유하여 말한 것인지 의미가 분명치 않다.

346 요사한……나고 : '요사한 재상'이란 남인(南人)들이 문곡 김수항(金壽恒, 1629~1689)을 지칭하는 말이고 '요망한 짓 거침없다'는 것은 송시열이 남인들의 입장에서 서술하는 말이며, '역정 난다'는 것은 오히려 반어적(反語的) 농담으로 말한 것이다.

을 전적으로 쓰고 있다.[347]

절뚝발이 대관의 길 갈수록 험해 웃음 나네[348] 可笑跛臺路轉危
취한 뒤에 이 늙은이 죄과가 늘어났는데 醉後此翁增罪過
사람들 다 슬퍼할 때 홀로 슬플 일 없네 衆皆悲處獨無悲

주 선생(朱先生)이 말하기를 "지금 화를 피해야 한다는 말을 하는 사람은 참으로 아껴 주는 마음에서 나온 것이지만 만약 나를 천 길 절벽처럼 우뚝 서게 한다면 그것이 어찌 더욱 우리 도학의 빛이 되지 않겠는가."라고 하였다. 그리고 주 선생이 일찍이 말하기를 "양자직(楊子直)이 일찍이 '공자(孔子)도 변복(變服)을 하고 송(宋)나라를 지나갔다.'라는 말로 가르침을 주었는데, 지금 그가 누더기 옷을 입고도 역시 면치 못하였으니, 역시 웃음이 나올 만하다고 하겠다." 하였다.

347 문곡(文谷)에……있다 : 문곡은 김수항의 호이다. 염매는 주문(呪文)이나 저주로 남을 죽게 만드는 일이고, 고독은 짐승의 독으로 만든 약을 먹여 남을 죽게 만드는 일이다. 김수항을 탄핵하는 남인 대간의 글에 보면, 염매니 고독이니 하는 말을 써서 김수항을 지칭하고는 그가 사악한 술수와 계책으로 남을 저주하고 해친다는 식으로 말하고 있다는 것이다.

348 절뚝발이……나네 : '절뚝발이 대관(臺官)'이란 지평(持平)을 지낸 이수언이 다리에 병이 있어 절뚝거렸으므로 그렇게 칭한 것이다. 여기서의 절뚝발이 대관도 남인의 입장에서 이수언을 일컫는 말이며, '길 갈수록 험하다'는 것은 이수언이 숙종 즉위년(1674)에, 송시열을 공격하는 상소를 한 곽세건(郭世楗)을 유배 보내고 송시열을 풀어 주라는 상소를 올렸다가 파직되면서 위태로운 상황에 놓이게 된 것을 말한다. 여기서는 이렇게 몰아가는 남인들의 행태에 대해 송시열의 입장에서는 웃음이 난다고 말하고 있는 것이다.

편지 대신에 박징지[349]에게 답하다

代書答朴徵之

대도에 있어 그 누가 주자 찾을 것인가 大道誰尋朱晦父
일가 이룬 시인에 포조만 한 이 없네[350] 全家難見鮑參軍
가시울타리 담소는 내 몫으로 돌아오고 荊圍談笑須歸我
임천의 맑고 소탈함 다 그대에게 속했네 林局淸疏盡屬君
좋은 일 부질없이 한바탕 꿈에 지나가고 好事空隨一夢過
장한 마음 그 어찌 백가 좇아 불사르랴[351] 壯心寧逐百家焚
장한 마음과 좋은 일 아직 남아 있으니 壯心好事猶爲賸
문 닫고 부지런히 독서 전념해야 하리 秖得關門佔畢勤

349 박징지(朴徵之) : 박태징(朴泰徵, 1630~?)으로, 징지는 그의 자이다. 본관은 반남, 호는 돈계(遯溪)이며, 유계(兪棨)와 송시열의 문인이다. 음직으로 아산 현감(牙山縣監) 등을 지냈다.

350 대도(大道)에……없네 : 포조(鮑照)는 남조(南朝) 송(宋)나라 때 저명한 시인으로 전군참군(前軍參軍)을 지냈으므로 포참군(鮑參軍)이라 불리기도 한다. 두보(杜甫)의 〈춘일억이백(春日憶李白)〉이라는 시에 "청신(淸新)하기로는 유신(庾信)의 시이고 준일(俊逸)하기로는 포조의 시라네."라는 평이 있다. 여기서는 박징지가 주희의 대도를 찾아 제대로 공부할 수 있는 사람이며 포조처럼 뛰어난 시인의 자질도 갖추고 있다는 것을 말하려는 것이다.

351 좋은……불사르랴 : 한바탕 꿈처럼 금방 지나갈 수 있으니 좋은 일을 서둘러 해야 하고 젊은 열정과 의지를 주희의 대도를 공부하는 데 쏟아야지 다른 백가(百家)에 대한 공부에 쏟아서는 안 될 것이라는 말이다.

신성시[352]가 다시 와서 나를 방문해 주었다. 그가 돌아갈 때 이 시를 써서 주고 겸하여 수곡의 여러 벗 및 마암의 여러 조카와 손자들에게도 보여 주게 하다[353]

申聖時復來見訪於其歸書此爲贈兼示首谷諸友馬巖群姪孫

가을 만나 묵은 병 아직 낫지 아니하니	逢秋舊病未能瘥
띳집에서 장탄식하며 취하여 잠이 드네	長歎茅簷帶醉眠
천리 먼 길 친구가 문을 열고 들어오니	千里故人開戶入
사 년간의 심사를 마주 앉아 전하누나	四年心事對床傳
백일이 머리 위에 임한 게 만족스럽고	自多白日臨頭上
청산이 눈앞에 보이는 것도 참 좋아라	更喜靑山在眼前
늙고 추한 내 모습 놀라워할 것 없나니	形貌不須驚老醜
부주의 통 만드는 이와 즐겨 《주역》 논한다네[354]	好從涪篅理韋編

352 신성시(申聖時) : 신계징(申啓澄, 1632~?)으로, 성시는 그의 자이다. 호는 은곡(隱谷)이고, 송시열의 문인이다. 세마(洗馬)와 임실 현감(任實縣監) 등을 지냈다.

353 수곡(首谷)의……하다 : 수곡은 청주에 있는 마을 이름이다. 마암(馬巖)도 청주의 마을 이름으로 송시열의 종가와 조부모의 사당이 있는 곳이다. 《宋子大全 附錄 年譜》

354 부주(涪州)의……논한다네 : 송대의 학자 정이(程頤)가 부주에 귀양 가 있을 때 통(篅) 만드는 은자와 《주역》에 대해 토론한 것을 말한다. 여기서는 옛글을 놓고 이곳 사람들과 서로 토론하고 질정하는 생활이 좋다는 말이다.

밤에 앉아 회포를 써서 손자 주석에게 보여 주다

夜坐書懷示疇孫

늘그막에 병이 중해 오직 약을 즐기니	老年沈病惟耽藥
젊을 때의 장한 마음 모두 재가 되었네	少日壯心都作灰
다만 어린 손자는 재주 가망이 있고	只有小孫才可望
많은 고민 배제하니 마음 항상 열리네	却排多悶意常開
도성 궁궐 권셋길 남을 따라가지 말고	莫於城闕隨人去
서시와 모장[355] 향해 시선 둘 게 뭐 있는가	肯向施嬙著眼來
이 두 가지 관문을 제대로 뚫고 나가면	二者之關能透得
옛 성현 따르는 길 훤히 열리게 되리라	追蹤先古儘恢恢

두 번째 其二

내 직접 모범 보여 손자 교육 못했으니	我教小孫不以身
순순히 타일러도 건성인 게 당연하네	宜其邈邈此諄諄
그래도 내 말은 성현이 하신 말씀이고	余言而自聖賢說
네 자질도 다행히 어리석은 자 아니지	汝質幸非愚下人
맹상군이 무 캔 것이 어찌 뿌리 때문이랴[356]	齊[357]相采葑豈下體

355 서시(西施)와 모장(毛嬙) : 둘 다 춘추 시대 절세미인으로, 여기서는 아름다운 여색(女色)을 비유하고 있다.

356 맹상군(孟嘗君)이……때문이랴 : 전국 시대 제(齊)나라의 정승이었던 맹상군이

촛불 들라는 초나라 편지 현신의 길 열었네[358] 郢書擧燭開賢臣
아무리 이 할아비 바르지 못하다 하더라도 雖云夫子未於正
너의 덕 일신하는 데 무슨 문제 되겠느냐 於爾何妨德日新

초(楚)나라에 사신으로 갔을 때 불순한 의도가 있는 자기 측근의 간언(諫言)을 듣고는 초왕이 주는 상아로 된 상(牀)을 받지 않았는데, 이 일에 대해 사마온공(司馬溫公)이 평하기를 "진실로 그 말이 선하면 비록 거짓에서 나왔더라도 채택해야 한다. 《시경》 〈패풍(邶風) 곡풍(谷風)〉에 '순무를 캐고 무를 캐는 것이 뿌리 때문은 아니다.' 하였는데, 바로 맹상군에게 적용되는 말이다." 하였다. 그 사람은 달갑지 않더라도 좋은 말을 하면 받아들여야 한다는 뜻이다.

357 齊 : 대본에는 '趙'로 되어 있는데, 《자치통감(資治通鑑)》 권2 〈주기(周紀)2〉 현왕(顯王) 48년 조에 근거하여 바로잡았다.

358 촛불……열었네 : 남의 말이나 글을 그 의미 이상으로 좋게 받아들이는 것을 말한다. 초나라 정승이 연(燕)나라 정승에게 편지를 보낼 때 촛불을 맡은 사람을 불러 "촛불을 들라.〔擧燭〕"라고 하였다. 그러자 받아쓰는 사람이 그 말까지 편지에 썼는데, 연나라 정승이 이 편지를 받아 보고는 '거(擧)' 자는 어진 이를 천거하라는 말이고 '촉(燭)' 자는 어둠을 밝히라는 뜻으로 해석하고 그대로 시행하여 연나라가 크게 발전했다는 고사에서 나온 말이다. 《韓非子 外儲說》

돈계 박징지[359]의 시에 차운하다

次遯溪朴徵之韻

전후의 돈계 편지에 역정이 나는 것은 生憎前後遯溪書
큰길을 멀리 내게 보여 주지 않음일세 不把周行遠示余
청사에 고금의 일이 절로 나와 있으니 自有丹青今古事
밝고 넓은 성현의 삶 찾아야 마땅하리 要尋昭曠聖賢居
중장통의 〈낙지론〉[360] 그대 자랑하지 말라 仲長樂志君休詑
서유자의 높은 풍치[361] 내 미치지 못하네 孺子高風我不如
만약 주자에게서 대도를 듣는다면 若向七閩聞大道
다시는 더러운 때 옷에 묻지 않으리 更無紛垢到衣裾

359 돈계(遯溪) 박징지(朴徵之) : 280쪽 주349 참조.

360 중장통(仲長統)의 낙지론(樂志論) : 중장통은 동한(東漢) 말기의 사람으로 자연 속에서의 유유자적한 생활과 심경을 토로한 〈낙지론〉을 썼다.

361 서유자(徐孺子)의 높은 풍치 : 서유자는 동한 때 남주(南州)의 고사(高士)로 이름난 서치(徐穉)로, 유자는 그의 자이다. 진번(陳蕃)이 예장 태수(豫章太守)로 있을 때 고아한 풍취를 지닌 은자였던 그를 위해 특별히 의자를 만들어 놓고 그가 오면 내려서 앉게 하고 그가 떠나가면 다시 올려 두었다고 한다.《後漢書 徐穉列傳》후에 주희도 서유자의 고아한 풍취를 매번 칭송하였다.

두 번째 其二

때는 하늘에 있지 않고 내가 때를 만드니	時不由天我作時
입 닳도록 흥망성쇠 말할 것이 뭐 있는가	何嘗剌口說興衰
맹자는 날 놔두고 누가 있나 말하였고[362]	孟言捨我其誰也
공자는 배우고 수시로 익히라 하셨지	孔曰學而時習之
도학 자임하는 일 큰일이긴 하지만	任道以身雖大事
내 공부 쌓는 일 이것이 참스승이네	積功於己是眞師
대장부 이와 같음을 비로소 알게 되면	始知大丈夫如此
천지에 홀로 서서 공손연 장의 비웃으리[363]	獨立乾坤笑衍儀

362 맹자(孟子)는……말하였고 : 《맹자》 〈공손추 하(公孫丑下)〉에 "하늘이 천하를 태평하게 다스리려고 하지 않아서 그렇지 천하를 태평하게 다스리려고 한다면 지금 세상에 나를 놔두고 그 누가 있겠느냐."라는 말이 있다.

363 천지에……비웃으리 : 공손연(公孫衍)과 장의(張儀)가 한번 노하면 제후들이 두려워하였고 가만히 있으면 천하가 조용하였으니 이들은 실로 대장부가 아니겠느냐고 경춘(景春)이 맹자에게 말하자, 맹자는 인의예지(仁義禮智)의 대도(大道)를 행하면서 빈천이나 위력 앞에서도 절개와 지조를 꺾지 않을 때 대장부라고 할 수 있는데 이들은 단지 순종하는 아녀자의 도리를 편 데 지나지 않으니 대장부라 할 수 없다고 대답하였다. 《孟子 滕文公下》

스스로를 경계하는 시를 읊어 손자 아이에게 보여 주다
自警吟示兒孫

어떤 이를 이름하여 대장부라 하는가	何者名爲大丈夫
재물과 여색에 대해선 없는 듯 보아야지	於財於色視如無
예쁜 것이 어찌 족히 내 몸 해칠 것이며	夭嬌豈足戕身者
귀신 어찌 부귀한 집 엿볼 수 있겠는가[364]	神鬼寧能闞室乎
밝은 달 뜬 일천 강에 마음 함께 빛나고	霽月千江心共照
장풍 부는 팔방에 기운이 같이 달린다	長風八宇氣同驅
만고의 영웅들이 행한 일 한번 보라	須看萬古英雄事
조심하고 삼가는 게 참으로 요체란다	戰戰兢兢實作樞

364 귀신……있겠는가 : 한나라 양웅(揚雄)이 쓴 〈해조(解嘲)〉에 "부귀한 집은 귀신이 반드시 그 방을 엿본다."라는 말이 있다. 《文選 卷45 解嘲》 여기서는 내 자신이 재물을 탐하지 않으면 귀신도 나를 해칠 일이 없다는 말이다.

자책하는 글을 급히 적어 손자 주석에게 보여 주고 화답하게 하다. 무척 사랑하기 때문에 나도 모르게 번거롭게 고해 준 것이다

走筆自訟示疇孫使和蓋愛之甚故不覺告之瀆也

세상길에 인욕보다 험한 것이 없다는	世路無如人欲險
주자의 이 글귀[365]가 나를 깊이 일깨우네	閩翁此句警余深
한 치 아교로 천 길 탁수 어찌 구할 것이며[366]	寸膠爭柰渾千丈
색정의 향내 끝내는 만 길 구덩이 채운다네[367]	香澤終成塹萬尋

365 세상길에……글귀 : 송 고종(宋高宗) 때 호전(胡銓)이 금(金)나라와의 화친을 주장하는 진회(秦檜)를 탄핵한 죄로 섬으로 귀양 갔다가 10년 만에 풀려나 돌아오는 길에 매계관(梅溪館)에서 기생 여천(黎倩)의 유혹에 빠졌는데, 이튿날 주인이 그를 추잡하다고 여겨 밥 대신 여물을 주는 봉변을 당하였다. 그 뒤 주희(朱熹)가 그곳을 지나다가 시를 지어 비판하기를 "십 년간 호해(湖海)에서 가벼웠던 몸이 돌아올 때 여천에게 욕정이 일었다네. 세상길에 인욕(人欲)처럼 험한 것이 없으니 몇이나 여기에서 일생을 그르쳤나."라고 하였다. 《晦庵集 卷5 宿梅溪胡氏客館觀壁間題詩自警二絶》

366 한……것이며 : 《포박자(抱朴子)》〈외편(外篇) 가둔(嘉遯)〉에 "한 치 아교로는 흐린 황화 맑게 할 수 없으며 한 자 되는 물로는 소구섬의 불을 끌 수 없다."라고 하였다. 여기에서 '천 길 탁수'는 인욕을 비유한 것이고 '한 치의 아교'는 경(敬)을 비유한 것인데 웬만한 경으로는 인욕을 제어하기가 쉽지 않다는 뜻이다.

367 색정의……채운다네 : 전국 시대 제(齊)나라 위왕(威王)이 순우곤(淳于髡)에게 술을 얼마나 마실 수 있는지 묻자, 순우곤이 대답하기를 "안주인이 저를 남겨 두고 손님들을 돌려보낸 뒤 엷은 속적삼의 옷깃을 풀어헤치며 색정의 향내를 풍기면 이때에는 제 마음이 너무 즐거워 한 섬이라도 마실 수 있습니다."라고 하였다. 《史記 滑稽列傳 淳于髡》 여기서는 색욕을 제어하지 않으면 걷잡을 수가 없게 되어 모든 것을 삼킬 수 있다는 말이다.

흙을 퍼 담아 그 누가 맹진의 물을 메울까[368]	捧土誰塡孟津水
말로만 하니 백어의 잠언에 무척 부끄럽네[369]	以言偏愧伯魚箴

백어는 제오륜(第五倫)의 자이다.

얼굴 붉히며 강제하는 교육 부질없나니	騂顔强敎徒爲耳
혼자 있을 때 사심을 내 스스로 금하련다	獨處邪心余自禁

옛말에 "거문고 금(琴) 자는 금(禁)한다는 뜻이니, 사심(邪心)을 금하는 것이다."라고 하였다.[370]

368 흙을……메울까 : 동한(東漢) 때 주부(朱浮)가 대장군이 되어 북쪽 변방을 토벌할 때 어양 태수(漁陽太守)가 항명하자, 주부가 그에게 말하기를 "어찌하여 자그마한 어양을 가지고 천자와 원한을 맺으려 하는가. 이는 흙을 손으로 떠다가 황하에 있는 맹진(孟津)의 물을 메우려고 하는 것과 같다."라고 하였다. 《後漢書 朱浮列傳》 여기서는 누구나 인욕을 억제하기란 참으로 쉽지 않다는 말이다.

369 말로만……부끄럽네 : '백어(伯魚)의 잠언'이란 후한(後漢) 때의 재상 제오륜이 당시 관리들의 가혹한 정사에 대해 올린 상소에 "몸으로 가르치면 따라오지만 말로 가르치면 송사한다."라는 말을 가리킨다. 《後漢書 第五倫列傳》 여기서는 송시열 자신도 쉽지 않은 것을 손자에게 말로만 가르치고 있어 부끄럽다는 말이다.

370 옛말에……하였다 : 한나라 때 반고(班固)가 지은 《백호통(白虎通)》 권2 〈사직(社稷)〉에 "거문고 금 자는 금한다는 것이니, 음사(陰邪)를 금하고 인심을 바로잡는 것이다."라고 한 데에서 온 말이다.

밤에 앉아서 읊어 주석(疇錫), 회석(晦錫) 두 손자에게 보여 주고 화답하게 하다

夜坐吟成示疇晦二孫使和

소나무 계수나무 옆 우리 집 생각 말라	莫憶吾廬松桂傍
배소에 갇혔지만 햇볕이 무척 고맙구나	囚山偏荷日垂光
친구들은 농사지을 전토를 사지만	諸朋劵買耕田地
홀로 나는 거처를 책 읽는 곳 만들었네	獨我居爲佔畢坊
칠십이 년 몸은 매우 고난을 겪었지만	七十二年身戹困
이삼천 년 사업은 매우 장대하였다네	二三千歲事張皇
도리어 조손간에 지기가 되게 하였으니	還敎祖孫爲知己
밝은 창 앞 조용히 마주 앉는 게 좋아라	好向明窓靜對床

즉흥시
卽事

조석으로 언제나 아무 일도 없으니　昔昔朝朝無一事
이 몸 한가히 거하며 배회할 뿐이네　此身閑處只徘徊
곤수 수령 주저하여 외롭고 위태로우며[371]　孤危帥宰趑趄在
친척 친구 서찰 받기 참 어려워졌구나　珍重親朋筆札來
대해의 파도 소리 마룻대를 흔들고　大海波聲搖棟宇
서산의 대나무 빛 술잔에 가득하다　西山竹色撲尊罍
손자에게 다행히 현명한 첩이 있어　兒孫幸有佳知姓
때때로 번역서로 유개중도 강하네[372]　時把飜書講柳開

371 곤수……위태로우며 : 1679년(숙종5) 4월에 송시열은 거제(巨濟)로 이배(移配)되었다. 당시에 통제사(統制使)가 군문(軍門)을 지켰기 때문에 자손들과 노복이 출입하기 쉽지 않았고, 고성 현감(固城縣監)이 남인(南人) 이원정(李元禎)의 친척으로 계략을 쓰고 있어서 어려운 상황에 놓여 있었다.《宋子大全隨箚 卷1》 여기에서 주저한다는 것은 통제사와 수령도 변화하는 정치적 상황을 주시하며 눈치를 보고 있다는 뜻이다.

372 손자에게……강하네 : 여기에서 말한 번역서는 1666년(현종7)에 간행된《소학언해(小學諺解)》를 말하는 것으로 보이며, 유개중도(柳開仲塗)는《소학(小學)》〈가언(嘉言)〉에 나오는 유개중도장(柳開仲塗章)을 말한다. 유개중도장은 유개중도의 아버지가 살아 있을 때, 초하루와 보름마다 자제들과 며느리들을 대청에 모아 놓고 서로 우애 있게 지내고 화합하라고 훈계한 내용이 기록되어 있다. 이를 본받아 송시열도 평소 초하루와 보름에 부인과 앉아 자손들을 모아 놓고 장손부(長孫婦)에게 유개중도장과 강주진씨장(江州陳氏章)을 읽도록 명하고 며느리들이 둘러앉아 그것을 듣게 하였다고 한다.《宋子大全 附錄 卷2 年譜》 여기서는 송시열이 유배와 있는 상황이므로 평소대로 할 수 없었고 단지 가끔씩 자신을 시봉하고 있는 손자의 첩에게 유개중도장을 강했던 것으로 보인다.

《격양집》[373]을 보다

觀擊壤集

칠 척의 내 몸이 대지 위에 서 있는데	七尺吾身立厚坤
근원 캐 보면 본래 하늘 뿌리에서 왔다네	推原本是自天根
고요 속에 이치 살펴 작은 차이 분석했고	靜中觀理分毫釐
꿈속에서 사람 찾아 소호 헌원[374]에 이르네	夢裏尋人到皞軒
부합되는 때 만나면 죄 있는 것도 다 잊고	會有契時忘有罪
무심한 곳에 이르면 문득 말이 없게 되네	到無心處却無言
뱀의 머리 전갈 꼬리[375] 무슨 관계 있는가	蛇頭蝎尾干何事
소 강절 의논 좋아하매 웃음 절로 나오네	可笑堯夫好議論

373 격양집(擊壤集) : 송나라 때의 학자 소옹(邵雍)의 시집이다.

374 소호(少皞) 헌원(軒轅) : 소호는 중국 상고시대 전설상의 황제 소호 금천씨(少昊金天氏)를 가리키고 헌원은 삼황(三皇)의 한 사람인 황제 헌원씨(黃帝軒轅氏)를 가리킨다.

375 뱀의……꼬리 : 소옹의 〈사갈음(蛇蝎吟)〉에 "뱀과 전갈 비록 같지 않지만 그 독은 실로 차이가 없네. 뱀은 머리로 사람 물고 전갈은 꼬리로 용사(用事)하니, 어찌하랴 천지간에 머리와 꼬리 두려워하는 걸."이라는 구절을 말한 것이다. 《擊壤集 卷11 蛇蝎吟》

여러 손자에게 보여 주다

示諸孫

내외의 손자와 증손 이십 명도 넘다 보니	外內孫曾餘二十
난초 옥수 숲 이뤘다 사람들은 말하네[376]	人言蘭玉鬱成林
나 노쇠해 시서 학업 다 마치지 못했고	我衰未課詩書業
너희들은 게을러 옷 걸친 우마[377] 되려 하네	渠懶甘爲牛馬襟
규암 서부[378]의 학문을 그 누가 이을 건가	誰紹圭菴西阜學
습정 수옹의 이불을 함께하기 어렵구나[379]	難同習靜睡翁衾

376 난초(蘭草)……말하네 : 진(晉)나라 사안(謝安)이 자제들에게 어떤 자제가 되고 싶은지 묻자, 조카 사현(謝玄)이 답하기를 "비유하자면 지초(芝草), 난초, 옥수(玉樹)가 뜰 안에 자라게 하고 싶습니다."라고 하면서 자신의 소망을 밝혔다. 《晉書 謝安列傳 謝玄》 여기서는 송시열의 집안에 난초와 옥수, 즉 우수한 자제들이 숲을 이룰 정도로 많다고 남들은 칭찬한다는 말이다.

377 옷 걸친 우마(牛馬) : 한유(韓愈)의 〈부독서성남(符讀書城南)〉이라는 시에 "사람이 못 배워서 고금을 통하지 못하면 우마에 사람 옷을 입혀 놓은 것과 같다."라는 구절이 있다.

378 규암(圭菴) 서부(西阜) : 규암은 송인수(宋麟壽, 1499~1547)의 호이고, 서부는 그의 형 송귀수(宋龜壽, 1497~1538)의 호이다. 송인수는 학문을 좋아하여 성리학에 밝았고 성리학의 보급에 힘썼는데, 을사사화(乙巳士禍) 때 탄핵을 받고 사사(賜死)되었다. 송귀수는 학문뿐만 아니라 효성과 우애가 지극하였고 예에 밝았다.

379 습정(習靜)……어렵구나 : 습정은 송방조(宋邦祚, 1567~1618)의 호이고, 수옹(睡翁)은 그 동생 송갑조(宋甲祚, 1574~1628)의 호인데, 송방조는 송시열의 큰아버지이고 송갑조는 송시열의 아버지이다. 이들은 이불을 같이 덮으며 잠자리를 함께할 정도로 형제간에 깊은 우애를 나누었는데 지금 그 후손들은 선조들이 행했던 그와 같은 우애를 제대로 행하지 못하고 있다는 말이다.

매사 조상 욕보이지 않는 도리 안다면　　如能一一知無忝
세상의 부질없는 근심 마음에 안 이르리　　世上閑愁不到心

두 번째 其二

매사 조상 욕보이는 일 없길 구한다면　　如求一一能無忝
뭇 새 중에 모름지기 봉황도 있게 되리　　衆鳥中須有鳳凰
독수리나 할조도 길들여지면 순해지고　　鵰鶡化仁忘獝狘
까마귀 갈까마귀 색 변하면 빛이 나리[380]　　烏鴉變色爛文章
공문의 칠십 제자 어찌 다 현철했겠으며　　孔門七十寧皆哲

이천(利川) 선생이 말하기를 "공맹(孔孟)의 문인이 어찌 모두 현철했겠는가. 본래 보통 사람도 많았을 텐데 감히 자기를 믿지 않고 스승을 믿었기 때문에 도를 추구하여 터득했던 것이다." 하였다.

무왕의 삼천 신하[381] 처음엔 광인도 있었으리　　周德三千始或狂
이러한 책임을 부탁할 곳이 없으니　　此責任無分付處
너희들은 노력하고 삼가 잊지 말아라　　汝疇努力愼毋忘

380 독수리나……나리 : 할조(鶡鳥)는 꿩과 비슷한 모양의 새인데 잘 싸운다고 한다. 독수리나 할조와 같은 매우 거친 새들도 잘 길들이면 순해지고 검은 까마귀도 색이 변하면 화려한 빛이 날 수 있듯이 사람도 학문과 수양을 통해 자신의 기질을 변화시킬 수 있다는 말이다.

381 무왕(武王)의 삼천 신하 : 주(周)나라 무왕이 은(殷)나라를 정벌하러 가면서 군사를 모아 놓고 말하기를 "힘이 같을 경우에는 덕(德)을 헤아리고 덕이 같은 경우에는 의(義)를 헤아리는데, 은나라 왕 수(受)는 신하가 억만이 있지만 억만의 마음이고 나는 신하가 삼천이 있는데 오직 한마음이다." 하였다. 《書經 泰書上》

친구의 시에 차운하다

次友人韻

번다한 말 날로 쌓여 산과 나란할 정도지만	煩言日積竝梁岷
내 마음을 귀신은 알아주리라 자신한다	自信吾心質鬼神
세월 아직 팔 년도 채 흐르지 않는 동안	歲序未盈三次閏
조정은 다른 일파[382]로 이미 다 바뀌었네	朝廷已換一番人
오두막에서 외롭게 우는 게 애처로워도	堪憐白屋孤惸泣
대저택 벼슬아치 새로워진 걸 견뎌야지[383]	正耐朱門劍佩新
그래도 나에게는 평생지기 남았으니	惟有平生知己在
소중한 몇 편의 시 띠에 적어 새기리	數詩珍重可書紳

382 다른 일파 : 당파나 이념을 달리하는 쪽의 사람들을 구체적인 명칭으로 지칭하고 싶지 않을 때 '다른 일파〔一番人〕'라고 한다. 여기서는 남인(南人) 일파를 가리킨다.

383 대저택……견뎌야지 : 권세를 지닌 사람들이 새로이 바뀌어 행세하는 것을 받아들이고 견뎌 내야 한다는 말이다.

어떤 사람에게 주다

贈人

성난 바다 파도 소리 몇 길이나 깊은데	怒吼滄溟幾丈深
하늘 가 세월은 귀밑머리에 침범하네	天邊歲月鬢邊侵
맹자의 말하기 어려운 기[384] 늘 생각해 보고	常思孟氏難言氣
《중용》의 마음 말하지 않음[385] 반드시 알아야지	要識中庸不說心
은밀한 곳 그 누가 빈집의 도적 막을까[386]	密處誰防虛屋寇
활동할 때 〈경재잠〉[387] 저버린 것 부끄럽네	用時慙負敬齋箴
진실함과 밝음[388]을 그대와 깊이 논했으니	逢君賸討明誠事
등잔 앞에서 괴로운 시 읊어서 뭐하겠나	肯向燈前費苦吟

384 맹자(孟子)의……기 : 호연지기(浩然之氣)가 무엇인지 공손추(公孫丑)가 묻자, 맹자가 말하기를 "말하기 어렵다. 이 호연지기는 지극히 크고 강하니, 곧은 도의로 잘 기르고 해치지 않으면 천지 사이에 꽉 차게 된다."라고 하였다. 《孟子 公孫丑上》

385 중용(中庸)의……않음 : 《대학》에서는 성(性)에 대해 언급한 내용이 없고 《중용》에서는 마음〔心〕에 대해서 말한 내용이 없다.

386 은밀한……막을까 : 여대림(呂大臨)이 말하기를 "생각이 많은데 몰아내지 못하는 것이 걱정이다."라고 하자, 정호(程顥)가 말하기를 "이는 바로 텅 빈 부서진 집 안에서 도적을 막는 것처럼, 동쪽에서 한 명의 도적이 오면 이를 쫓아내기도 전에 서쪽에서 또 한 명의 도적이 오는 것과 같다."라고 하였다. 이 말은 남이 알지 못하는 은밀한 내 마음이 확고하게 서 있지 않으면 잡다한 생각을 몰아내기 쉽지 않다는 뜻이다. 《近思錄集解 卷4 存養》

387 경재잠(敬齋箴) : 주희(朱熹)가 지은 잠(箴)이다. 본성을 함양하는 방도는 마음을 보존하는 데 있고 마음을 보존하는 요체는 경(敬)에 있다는 내용이다. 《心經附註 卷4》

388 진실함과 밝음 : 272쪽 주332 참조.

효종의 덕음을 추억하다

追憶孝考德音

효종이 늘 말씀하길 내가 맡은 책임은	孝考常言予責任
천리 밝히고 인심을 바루는 데 있노라	在明天理正人心
중원의 오랑캐 내쫓긴 어렵지 않지만	中原寇虜非難逐
자기의 부정한 마음 금하기 쉽지 않지	自己私邪未易禁
나라 안정 임금 일인데 임금이 바로 나고	定國由君君卽我
은 고종이 부열 얻으니 부열이 바로 비였노라[389]	殷宗得說說爲霖
그때 소신 절을 하며 축수하고 나왔는데	小臣拜手嵩呼退
죽도록 마음에 새겨 덕음을 기억합니다	至死刳肝記德音

389 은……비였노라 : 《서경》 〈열명(說命)〉에 보면, 은나라 고종이 부열(傅說)을 재상으로 임명하면서 말하기를 "만약 큰 시내를 건너게 되면 너를 배와 돛으로 삼고 만약 큰 가뭄을 만나면 너를 비가 되게 하리라." 하였다. 여기에서 효종은 송시열을 부열로 생각하며 말한 것이다.

《주역》을 읽고 읊다

讀易吟

성인이 물리 깨닫는 데는 《주역》이 제일이니	聖人開物無如易
복희씨 뜻은 문왕이 유리에 갇혀 전하였네[390]	羲旨曾因羑里傳
비록 물성과 흥망성쇠 그 이치는 통했지만	雖通物性興衰理
천심과 호오의 권도 아직 깨치지 못했네	未悟天心好惡權
통을 만드는 사람도 미제괘를 알았으며[391]	箍桶猶能知未濟
구슬 가지고 논 누가 다시 선천 완미했나[392]	弄丸誰復玩先天
별들 북극에 귀향하듯 이천의 전[393] 있었고	星陳拱極伊川傳
다시 주자가 나와서 체용이 온전해졌네[394]	更得閩翁體用全

390 복희씨(伏羲氏)……전하였네 : 《주역》의 팔괘(八卦)를 복희씨가 맨 처음 그려 정하였고, 주(周)나라 문왕(文王)이 주(紂)에 의해 유리(羑里)의 감옥에 갇혀 있을 때 괘마다 총론을 붙여 길흉을 판단한 단사(彖辭)를 지은 것을 두고 한 말이다.

391 통(桶)을……알았으며 : 정이(程頤)가 부릉(涪陵)으로 귀양 가서 《주역》을 강하다가 하루는 통 만드는 사람을 만났는데, 그가 정이에게 묻기를 "미제괘(未濟卦)를 어찌하여 남(男)이 궁했다 합니까?"라고 하였으나 대답을 하지 못하고 오히려 그에게 반문하였다. 그러자 그가 말하기를 "삼양(三陽)이 모두 위치를 잃었기 때문입니다."라고 하니, 정이가 매우 감탄하였다고 한다. 《宋子大全隨箚 卷1》

392 구슬……완미했나 : 소옹(邵雍)의 《격양집(擊壤集)》 권12 〈자작진찬(自作眞贊)〉의 말미에 "구슬을 가지고 노는 여가에 한가로이 왔다 갔다 하네."라는 말이 나오는데, 그 자주(自註)에 "구슬은 태극(太極)이다."라고 하였다. 즉 구슬을 가지고 논다는 말은 역리(易理)를 탐구하는 것을 가리키는데, 소옹이 하늘과 태극이 하나의 구슬과 같다고 하면서 원도선천학(圓圖先天學)을 설명한 것을 말한다.

393 이천(伊川)의 전(傳) : 정이가 지은 《역전(易傳)》을 말한다.

마음 가는 대로 읊다

漫吟

분분한 사물 이치 아득하기 모래 같아	紛紛物理莽如沙
걱정과 낙이 엇갈리고 정과 사도 그렇네	憂樂橫斜又正邪
바람과 달의 누대에는 신선이 모이고	風月樓臺仙聖集
비단 구슬 많은 집엔 귀신이 엿본다지[395]	錦珠家室鬼神差
찬 숲에 시든 잎은 애석해하는 이 없는데	寒林莫惜災殃葉
상림원 화려한 꽃은 앞다투어 보는구나	上苑爭看富貴花
가소로워라 마경[396]은 글이 뛰어났지만	可笑馬卿詞俊逸
동방삭이 우아를 분변함과는 어떠한가[397]	何如方朔辨吽牙

394 주자(朱子)가……온전해졌네 : 기존의 《주역》 설명에 대한 한계를 극복하고 그 체용(體用)을 온전히 마무리한 것이 주희(朱熹)의 《주역본의(周易本義)》라는 말이다.

395 비단……엿본다지 : 한나라 양웅(揚雄)이 쓴 〈해조(解嘲)〉에 "부귀한 집은 귀신이 반드시 그 방을 엿본다."라는 말이 있는데, 재물을 탐하기에 귀신이 해치려 한다는 말이다. 《文選 卷45 解嘲》

396 마경(馬卿) : 한나라 무제(武帝) 때의 문장가인 사마상여(司馬相如)의 자이다.

397 동방삭(東方朔)이……어떠한가 : 동방삭은 사마상여와 같은 시대 사람으로 해학(諧謔)으로 유명하다. 곽사인(郭舍人)이 그를 곤경에 빠뜨리기 위해 "의우아(狋吽牙)가 무엇인가?"라고 묻자, 동방삭이 대답하기를 "개 두 마리가 싸우는 소리이다." 하면서 바로 알아맞혔다고 한다. 《漢書 東方朔傳》 여기서는 동방삭이 사마상여보다 더 뛰어난 능력을 지녔다는 말이다.

손자 아이에게 보여 주다

示孫兒

내 깊은 걱정이 어찌 유배 때문이랴	幽憂豈是爲三危
이날의 깊은 걱정 내 스스로 아노라	此日幽憂我自知
귀 기울여 들어봐도 기쁠 일이 없으니	强側耳聽無可喜
술동이 열어 안 마시고 다시 뭘 하겠는가	不開尊飮更何爲
〈주남〉〈소남〉 배우게 한 건 공리 이끌기 위함이고[398]	周南召南將鯉也
소씨 좌씨 가리킨 건 수지에게 실망해서라네[399]	蘇氏左氏嗟受之
더구나 또 증손 아이 계속 나태하다니	況復曾兒長懶惰
천운이란 고인의 시[400]를 읊조릴 수밖에	惟吟天運古人詩

398 주남(周南)……위함이고 : 공자(孔子)가 아들 공리(孔鯉)에게 《시경》의 〈주남〉과 〈소남(召南)〉을 배우게 함으로써 깊고 넓은 학문과 사유와 실천의 세계로 이끈 바 있다. 《論語 陽貨》

399 소씨(蘇氏)……실망해서라네 : 수지(受之)는 주희(朱熹)의 맏아들 주숙(朱塾)의 자이다. 주희는 주숙을 여조겸(呂祖謙)에게 보내 수학하게 하면서 《춘추좌씨전(春秋左氏傳)》과 소식(蘇軾)의 글을 배워 과거(科擧)에 응시하도록 과업(科業) 중심의 공부를 시켰다고 한다. 자신의 아들은 자질상 학문적으로 크게 성장하여 학자로서의 중임을 감당할 재목이 아니므로 차라리 세속을 따라 과거에 응시하여 집안을 꾸려 가게 하는 것이 낫겠다고 판단한 것이다. 《宋子大全隨箚 卷1》

400 천운(天運)이란 고인(古人)의 시 : 도잠(陶潛)이 무능한 다섯 아들을 한탄하여 지은 〈책자(責子)〉 시의 마지막 구절에 "천운이 진실로 이와 같으니 또한 술잔이나 기울여야지."라고 한 것을 말한다. 《陶淵明集 卷3 責子》

손자 주석을 추억하다

憶疇孫

늙어 가면서 근골이 좀 나은 게 기쁘거니	向老筋骸喜少康
섬돌 주위 제철 국화 한꺼번에 피었구나	繞階時菊一時芳
요즘 사람 계략의 기교 참 교묘하고	時人圈套機關巧
전대 성인 하신 말씀 의미가 심장하네	前聖語言意味長
식사 후에 때때로 약초밭을 찾아가고	食罷有時尋藥圃
잠깬 뒤에 일없이 의학서를 뒤져 보네	睡餘無事閱醫方
천리 밖 손자 아이 나태하지만 않다면	兒孫千里如無懶
비록 겨우내 격조해도 역시 무방하리라	雖阻三冬亦不妨

입춘날 급히 적어 손자 주석의 시에 차운하다
立春日走筆次疇孫韻

명년 정월 초하루 이런 길일 맞이해도	明歲春元此穀朝
오히려 유랑하는 신세 같아 한스럽네	一身猶歎類蓬飄
밥 짓는 연기 자욱해 마을 운무 생기고	炊煙漠漠生村靄
백발이 늘어져서 버들가지 대하는 듯	華髮垂垂對柳條
퍼붓는 눈바람 타고 선계를 이루었고	密雪乘風成玉界
물여우 기를 뿜어 무지개다리 놓았네[401]	短狐噓氣作虹橋
어떠한가 백결의 집 거문고와 방앗공이	如何百結家琴碓
아내의 굶주린 배 위로할 수 있었지[402]	能使妻兒慰腹[403]枵

401 물여우……놓았네 : 물여우는 고대 전설에 나오는 물속에 사는 괴물로 자라와 같이 생겼고 발이 세 개인데, 사람의 그림자를 보고 모래를 입으로 뿜으면 독기가 있어 그 사람이 병에 걸리거나 죽기까지 한다고 한다. 《搜神記 卷12》 여기에서 물여우가 무지개다리를 놓았다는 것이 어떤 상황이나 경물을 묘사한 것인지는 분명하지 않다.

402 백결(百結)의……있었지 : 신라(新羅) 자비왕(慈悲王) 때 백결 선생(百結先生)이 낭산(狼山) 아래 동리(東里)에 살고 있었는데, 집이 가난하여 옷을 백 군데나 기워 입었으므로 사람들이 '동리의 백결 선생'이라 불렀다. 항상 거문고를 지니고 다니며 마음의 온갖 희로애락을 거문고를 타면서 풀었다. 연말에 이웃에서는 곡식을 찧어 새해를 맞이하느라 분주한데 그의 아내는 방아 찧을 곡식이 없어서 탄식하니 백결 선생이 거문고를 타면서 방아 찧는 소리를 음악으로 만들어 위로하였다. 이것이 세상에 대악(碓樂)이라는 이름으로 전해진다. 《東史綱目 第2下 己未年 新羅 慈悲王 22年》

403 腹 : 대본에는 '腸'으로 되어 있는데, 두주에 근거하여 바로잡았다.

무오년(1678, 숙종4) 섣달 그믐날에 읊다

戊午除日吟

오늘 바로 섣달 그믐날이 되고 보니	臘月正當三十日
조손 부자 아우 형이 모두 다 모였네	孫翁父子弟兄幷
반가운 귀한 손님 두세 분도 찾아와서	佳賓青眼兩三至
좋은 술 넘치는 잔 너덧 차례 기울였지	美酒深盃四五傾
늙고 보니 가는 세월 놀랄 일도 아니고	已老不須驚歲去
삼팽 막느라 날 새는 것[404] 오히려 우습구나	禦彭還笑到天明
일찍이 굴자의 양생술도 전하건만[405]	曾傳屈子長年術
내년엔 두 기둥의 꿈 두려워 않으리라[406]	不怕來年夢兩楹

404 삼팽(三彭)……것 : 삼팽은 사람 몸속에 보이지 않게 숨어 있다는 세 마리의 벌레인 삼시충(三尸蟲)을 말한다. 도가(道家)에서는 이 벌레가 평소에 사람의 과실을 살피고 있다가 경신일(庚申日) 밤 사람이 잘 때 하늘로 올라가서 천제(天帝)에게 그 사람의 과실을 고자질한다고 한다. 그래서 일반적으로 경신일에는 잠을 자지 않는데, 여기서는 섣달 그믐날도 그 풍속에 따라 날을 지새운 것이다.

405 굴자(屈子)의 양생술도 전하건만 : 굴자는 초(楚)나라 사람 굴원(屈原)을 말하는데, 그가 지은 〈원유(遠遊)〉라는 글에 "육기(六氣)를 먹고 맑은 이슬을 마심이여, 정양(正陽)으로 양치질하고 아침놀을 머금네."라는 구절이 있다. 주희는 이 대목에 대해 "굴원이 신선처럼 불로장생의 소원을 발한 것은 당시 사람들의 망녕된 행태를 견디지 못한 나머지 그들의 종말이 어떻게 결판날지 보고 싶어서 그런 것일 텐데, 나는 매번 읽을 때마다 여기에 이르면 파안대소를 발하지 않은 적이 없다."라고 하였다. 《晦庵集續集 卷4 答劉德修》

406 내년엔……않으리라 : 공자(孔子)가 죽기 일주일 전에 두 기둥 사이에서 제수(祭需)를 받는 꿈을 꾸고서 말하기를 "은(殷)나라 사람은 두 기둥 사이에 빈소를 차리니

마지막 구는 너무나 죄송하다. 대체로 송(宋)이란 성씨가 본래 은(殷)나라에서 나왔으므로 죽은 후에도 은나라 예를 쓸 만하고, 내 나이도 내년에는 마침 73세가 되기 때문에 그렇게 말한 것이다.[407]

내가 아마도 이제 죽을 것이다." 하였는데, 그 후로 과연 공자는 7일 만에 세상을 떠났다. 《禮記 檀弓上》 여기서는 송시열이 내년에 죽음을 맞이하게 되더라도 두렵지 않다는 뜻으로 인용한 것이다.

407 마지막……것이다 : 마지막 구에 대해 너무 죄송하다고 말한 것은 공자의 꿈과 죽음을 외람되게 송시열 자신의 죽음과 결부시켜 말하였으므로 공자에게 죄송하다는 뜻이다. 그리고 공자도 은나라 후손이고 송씨(宋氏)도 원래는 은나라 후손의 성씨이며, 공자가 73세에 죽었는데 송시열 자신도 내년에 73세가 되기 때문에 외람되지만 공자를 비유로 들어 자신의 죽음을 거론한 것이란 말이다.

손자 주석의 제야의 시에 차운하다

次疇孫除夜韻

내 몸이 오랫동안 천지 사이에 있으면서	吾身久在兩儀中
하늘이 준 본성 오래 저버린 게 부끄럽네	慙愧長孤帝降衷
자신 바룸에 어떻게 극기 공부 없으랴	正己何能無己克
생한 게 되레 아직 생하지 않음과 같구나	有生還與未生同
총알 같은 세월 끝내 매어 두기 어려우니	如丸歲月終難繫
남아 있는 시서에 공을 들여야 하리라	未燼詩書可著功
백발로 시 읊으며 손자 아이와 수작하니	白首吟詩酬稚齒
평생의 장한 뜻이 금세 다 사라지네	平生壯志轉頭空

기미년(1679, 숙종5) 정월 초하루에 써서 손자들에게 보여 주다

己未新元書示諸孫

서경이니 하북이니 떠드는 대로 놔두고[408]	西京河北任啾喧
서가 가득한 책들로 자손을 가르치네	滿架詩書教子孫
이날 주는 교훈이 어긋나는 것 같지만	此日貽謨雖齟齬
훗날에는 효과 거둬 안정을 이루리라	他年收效定安尊
이치의 정미한 곳 탐색해야 할 것이고	理精微處須探索
기미에서 선악 나뉠 때[409] 어둡지 말아야지	幾善惡時莫眛昏
늙은 내가 깨우쳐 줄 일 며칠이나 되겠는가	老我提撕能幾日
노망난 말 아니니 마음에 간직하길	斯言非耄要心存

정사년(1677)에 유생들이 억울함을 변론하는 상소를 올렸을 때, 윤휴(尹鑴)가 상소하여, 서경(西京)에서 왕망(王莽)을 칭송했다느니, 하북(河北)에서 성인(聖人)이라 일컬었다느니 하는 말을 하였다.[410]

408 서경(西京)이니……놔두고 : 원주(原註)에 따르면, 서경과 하북 등의 말은 윤휴(尹鑴)가 올린 상소에 있는 말이라고 하는데, 여기서는 시끄럽게 떠들어대는 그런 말들은 신경 쓰고 싶지 않다는 것이다.

409 기미에서……때 : 송나라 학자 주돈이(周敦頤)의 《통서(通書)》〈성기덕(誠幾德)〉에 "성(誠)은 작위가 없으나 기미에서 선과 악이 나누어진다."라는 대목에서 온 말로, 마음이 동하기 이전의 성(誠)의 상태에서는 작용이 없지만 미세한 움직임이 일어나면서 비로소 선과 악이 나뉘어지기 시작한다는 뜻이다. 《近思錄 卷1 道體類》

410 정사년에……하였다 : '정사년에 유생들이 올린 억울함을 변론하는 상소'는 예송(禮訟)과 관련하여 위리안치된 송시열의 무죄를 변론하고 이를 주도한 윤휴를 배척하

읊어서 여러 손자에게 보여 주다
吟示諸孫

유배지의 빈 땅을 동서로 그냥 왔다 갔다	棘城空隙任西東
해진 신에 지팡이 들고 걷는 걸음 게으르네	弊屣枯笻步步慵
친구가 문 두드리니 때때로 반갑고	故舊叩門時款曲
시서를 책상에 두니 몸 절로 편안하다	詩書留案體從容
시내의 물고기는 강호 속처럼 즐겁고	溪魚樂似江湖裏
뜨락의 새들도 계곡 안처럼 친근하네	階鳥親如澗谷中
아무 일없이 늘 술 마실 필요 뭐 있겠나	不必無何長飮酒
한가로운 참된 취미 이리 절로 무궁하니	虛閒眞趣自無窮

는 내용으로 1677년 7월 25일에 전라도 생원 나중기(羅重器) 등이 올린 상소와 7월 26일에 유학(幼學) 윤헌경(尹憲卿) 등이 올린 상소를 말한다. 그리고 8월 2일에는 윤휴가 다시 이에 대해 반박하는 상소를 올린 바 있다.《肅宗實錄 3年 7月 25日·26日, 8月 2日》이 윤휴의 상소에서 했다는 서경이니, 하북이니 하는 등의 말은 전거를 찾지 못하여 정확한 의미를 알 수 없으나, 단 서경에서 왕망을 칭송했다는 것은 서한(西漢) 말엽에 왕망이 권력을 잡고 기세를 부릴 때 사대부들의 절의가 무너진 나머지 왕망을 칭송한 글을 올린 자가 48만 명 이상에 달하였던 일을 두고 말한 것이다.《史略 卷2 孝平皇帝》윤휴의 입장에서는 송시열의 억울함을 변론하는 유생들의 행태가 왕망을 칭송하거나 하북에서 누군가를 성인이라 칭송하는 것과 같다고 보았기 때문에 그런 비유를 들어 비난한 것이다.

날마다 손자 주석과 시를 주고받는데 〈소아〉의 원망하는 뜻이 있을까 염려되므로[411] 이를 기록하여 스스로 알고자 하는 바이다

日與嚋孫酬唱慮有小雅怨誹意書以自識

날마다 시 읊는 건 화락하려는 것인데	日日吟詩要樂和
일 없는 곳에 도리어 할 일이 생기누나	於無事處事還生
그래도 장기바둑으로 다투는 것보단 낫고	猶賢博奕資爭競
얘기하다 공부를 거르는 것보단 훨씬 낫지	遠勝談言廢課程
추위 더위 따뜻함 서늘함 그 섭리 알려 주고	寒暑暄涼輸爕理
바람 꽃 물 대나무 다 시 속으로 들어온다	風花水竹入題評
그중에 시사와 인사는 절대 얘기 말아야지	箇中絶去時人事
진나라 사백 구덩이 보게 될까 두렵구나[412]	怕見嬴秦四百坑

411 소아(小雅)의……염려되므로 : 《사기(史記)》 〈굴원열전(屈原列傳)〉에 "국풍(國風)은 색(色)을 좋아하면서도 음란한 지경에는 이르지 않았고 〈소아〉는 원망을 하면서도 질서를 어지럽히는 지경에는 이르지 않았는데, 〈이소(離騷)〉의 경우에는 이 두 가지를 겸했다고 할 만하다."라는 말이 있는데, 여기서는 송시열 자신이 쓴 시에 남들에 대한 원망과 비방이 담긴 내용이 있을까 염려한다는 말이다.

412 진(秦)나라……두렵구나 : '진나라 사백 구덩이'란 진 시황(秦始皇) 때의 분서갱유(焚書坑儒)를 말하는데, 송시열 자신이 쓴 시가 빌미가 되어 혹시라도 그와 같은 참화를 겪을 수 있을지 모르니 두려워하고 조심해야겠다는 말이다.

두 손자와 술에 대해 읊다

與二孫吟酒

누가 술을 큰 동이와 함께 보내줬는가　麴米誰兼深瓮贈
가랑비에 맑은 가을 소리를 마악 들었네　初聞細雨響淸秋
서로 주고받으니 내 일 없지 아니하고　相酬不爲吾無事
다시 권하니 그게 어찌 네 근심 때문이랴　更進寧因爾有愁
마음이 넓어지니 도잠의 금주[413] 되레 밉고　浩浩還憎陶令止
거나하게 취하니 조화옹과 노니누나　醺醺却與化翁遊
그렇지만 향당에 분명한 법도 있으니[414]　雖然鄕黨存明法
팽문에서 큰 술잔에 마신 것 자랑 마라　莫誇彭門大白浮

주자(朱子)가 남강(南康)에서 돌아올 때 여러 사람과 팽려(彭蠡)에 앉아서 큰 술잔에 가득 부어 마셨다는 말이 있다. ○경련(頸聯)이 다른 본에는 "서로 주고받으니 일이 없어서가 아니고 다시 권하니 어찌 근심 있기 때문이랴.〔相酬不是因無事, 更進何曾爲有愁.〕"로 되어 있다.

413 도잠(陶潛)의 금주 : 도잠이 술을 끊겠다고 맹세하면서 쓴 오언고시가 있다. 《陶淵明集 卷3 止酒》

414 향당(鄕黨)에……있으니 : 《논어》 〈향당〉에 "공자는 술에 있어서는 정해진 주량이 없었지만 취해서 흐트러지는 데까지는 이르지 않으셨다."라는 말이 있다.

수곡[415]이 경주(慶州)를 유람하면서 쓴 시에 차운하다
次樹谷遊東京韻

그대 방랑의 자취 승경 찾기 일삼거니	夫君浪迹事幽尋
오마의 행차가 이제 박사를 지났구나[416]	五馬今過亳社陰
땅은 따비와 호미 대면 백옥이 많이 나고	地著犂鋤多白玉
누대는 가무로 이름났지 황금이 아니라네[417]	臺名歌舞不黃金
당시의 성사 연기처럼 사라져 서글프고	當時盛事悲煙沒
오늘 중원도 오랑캐 땅이 되어 애통하네[418]	此日神州痛陸沈
묻노니 구경의 그 많은 무덤 속에서	爲問九京墟墓裏
뉘와 함께 돌아와 슬픈 노래 위로할까[419]	與歸何者慰悲吟

415 수곡(樹谷) : 조세환(趙世煥, 1615~1683)으로, 수곡은 그의 호이다. 본관은 임천(林川), 자는 억망(嶷望), 또 다른 호는 수촌(樹邨)이다. 동래 부사, 전라 감사, 병조 참의 등을 지냈다.

416 오마(五馬)의……지났구나 : 오마는 지방관의 행렬을 일컫는 말이다. 박사(亳社)는 주(周)나라가 은(殷)나라의 수도였던 박(亳) 땅을 일컫는 말인데, 여기서는 이전 왕조의 도읍지인 경주를 가리키는 말로 쓰였다. 아마도 조세환이 지방에 부임해 있을 때 경주 등을 포함한 여러 지역을 유람했던 것으로 보인다.

417 땅은……아니라네 : 경주에는 땅을 파면 귀한 유물이 많이 나오고 누대는 가무로 유명하지 화려하지는 않다는 말인 듯하다.

418 오늘……애통하네 : 지금 중국의 중원도 청(淸)나라의 지배를 받게 되어 슬프다는 말이다.

419 구경(九京)의……위로할까 : 구경은 구원(九原)이라고도 하는데 진(晉)나라 귀족들의 묘지가 있던 곳이다. 《예기》 〈단궁 하(檀弓下)〉에 보면, 조문자(趙文子)가 숙예(淑譽)와 함께 이곳을 구경하면서 “여기 죽은 자들을 만일 살릴 수 있다면 내가 누구

손자 주석이 수곡의 유산시(遊山詩)에 차운하였는데 그 두 번째 연의 말에 겸손함이 거의 없었다. 이것이 아무리 시격의 상례라 해도 끝내 마음이 편치 않았다. 그래서 마침내 정신이 번쩍 들 한마디 말을 해 주고 이어서 그 운자를 따라 시 한 편을 짓다

疇孫次樹谷遊山韻其次聯語略無遜此雖詩格常例而終不能安遂下一轉語仍步成一篇

수곡이 이원의 반곡에 비해 어떠한가	樹谷何如李氏盤
그동안 무단히도 많이 돌아다녔구나[420]	向來投迹太無端
여산에서 깃발 안 세우고 나간 것 추종하고[421]	今追廬阜謝旟出
왕휘지 수판 뺨에 괴고 보았던 것 비웃었네[422]	堪笑徽之拄笏看

를 살려 함께 돌아갈까?"라고 묻는 내용이 나온다. 여기서는 지난 왕조의 무상한 역사가 참으로 안타깝고 비감스럽다는 말이다.

420 수곡(樹谷)이……돌아다녔구나 : 당(唐)나라 때의 문장가 한유(韓愈)의 〈송이원귀반곡서(送李愿歸盤谷序)〉는 반곡으로 돌아가는 친구 이원(李愿)을 전송하는 글인데, 여기서는 수곡 조세환의 승경을 찾아 유람하는 것이 이원에 못지않다는 뜻으로 한 말인 듯하다. 《韓昌黎文集 卷19 送李愿歸盤谷序》

421 여산(廬山)에서……추종하고 : 주희(朱熹)가 남강군 태수(南康軍太守)를 맡고 있을 때 여산과 삼협(三峽) 일대를 유람하면서 지은 시에 "말에 멍에 매고 북쪽 성곽문 나갈 때 이 새매 깃발 세우는 걸 사양했네."라는 구절이 있다. 《晦庵集 卷7 立秋日……》 여기서는 수곡 조세환이 주희가 유람할 때의 고사에 따라 행동하였다는 말이다.

422 왕휘지(王徽之)……비웃었네 : 진(晉)나라 때의 명사(名士)인 왕휘지가 환충(桓沖)의 기병 참군(騎兵參軍)으로 있을 때 한번은 환충이 그에게 말하기를 "경(卿)이 부(府)에 있은 지 오래되었으니, 요즘에는 사무를 잘 알아서 처리하겠지."라고 하자,

노나라 작다 했을 때의 성인 배종할 만하고[423] 小魯國時陪聖某
형산 구름 걷히게 한 호방한 한유 따르네[424] 開衡雲處挹豪韓
남초의 운몽 넓다고 자랑한 것 가련하니 却憐南楚誇雲夢
흉금이 그보다 열 배 넓은 것만 하랴[425] 爭似胸襟十倍寬

왕휘지가 아무런 대꾸도 없이 고개를 들고 수판으로 뺨을 괴고는 엉뚱하게 "서산이 이른 아침에 상쾌한 기운을 불러온다."라고 하였다. 《世說新語 簡傲》 여기서는 실제로 유람을 하지 않고 경물에 대해 말하는 왕휘지를 조세환이 비웃었다는 말이다.

423 노(魯)나라……만하고 : 《맹자》 〈진심 상(盡心上)〉에 "공자(孔子)는 동산(東山)에 올라가 보시고 노나라가 작다 하셨으며, 태산(太山)에 올라가 보시고는 천하가 작다 하셨다."라는 말이 나온다. 여기서는 조세환이 공자를 수행하고 유람할 수 있을 만큼 호연한 기개를 지녔다는 뜻으로 한 말인 듯하다.

424 형산(衡山)……따르네 : 한유(韓愈)가 형산에 올라가서 지은 시에 "내가 찾아온 것은 마침 가을비 내리는 계절이라 음기가 어둑하건마는 씻어 낼 맑은 바람도 없네. 마음을 가라앉히고 말없이 기도를 올리자 감응이 있는 듯하니, 신명이 어찌 정직한 마음의 기도를 들어주지 않겠는가. 조금 있자 운무가 개면서 봉우리들이 드러나서 우러러 보니 우뚝하게 창공을 버티고 서 있구나."라는 구절이 나온다. 《韓昌黎集 卷3 謁衡嶽廟遂宿嶽寺題門樓》 소식(蘇軾)의 〈조주한문공묘비(潮州韓文公廟碑)〉에 "공의 정성이 형산의 구름을 걷히게 할 수 있었다."라는 대목도 있다. 여기서는 조세환이 운무를 개게 했던 한유를 따를 만한 호방한 기운을 지니고 있음을 말한 것이다.

425 남초(南楚)의……하랴 : 운몽(雲夢)은 동정호(洞庭湖) 남쪽에 있던 옛날 대택(大澤)으로 사방이 900리나 된다. 한(漢)나라 사마상여(司馬相如)의 〈자허부(子虛賦)〉에 "운몽과 같은 것 여덟아홉 개를 한꺼번에 집어삼키듯, 그 흉중이 일찍이 막힘이 없었다."라는 구절이 있는데, 여기서는 조세환의 마음이 넓은 것을 운몽에 비유하여 말한 것이다.

또 수곡의 시에 차운하다

又次樹谷韻

가로막는 고난 앞에 죽어도 탄식 않거니	困阨遭屯死不嘆
그대 같은 한가로움 옛날에도 보기 어려웠지	如君優逸古猶難
집에는 금이 없었고 몸엔 비단 없었으며	家無金艮身無帛
엄자릉 여울 있었고 이원의 반곡 있었지[426]	瀨有嚴陵谷有盤
초야에서 한가로운 사업 즐겨 이루었고	林局好成閑事業
작은 못에 작은 물결 기쁘게 보곤 했네	盆池喜看小波瀾
이제 어이 흰 머리로 홍진에 뛰어들까	如今白首趨塵坌
많든 적든 되는 대로 술잔 기울인다네	一任酒盃寬不寬

426 엄자릉(嚴子陵)……있었지 : 엄자릉은 후한 때의 은자 엄광(嚴光)으로, 자릉은 그의 자이다. 그는 광무제(光武帝)의 친구로 간의대부(諫議大夫)에 임명되었음에도 응하지 않고 절강성(浙江省)의 부춘산(富春山)으로 들어가 엄릉뢰(嚴陵瀨)라는 물가에서 낚시질을 하며 생을 마쳤다. 《後漢書 逸民列傳 嚴光》 반곡(盤谷)은 한유(韓愈)의 친구 이원(李愿)이 은거했던 골짜기 이름이다. 《韓昌黎集 補遺 送李愿歸盤谷序》 여기서는 조세환이 엄광이나 이원과 같이 언제나 벼슬보다는 은거의 뜻을 지니고 있었고 주로 은거지에 머물면서 유람을 즐기며 살았다는 말이다.

또 이전 시의 운을 거듭 쓰다

又疊前韻

유배지에 갇힌 것 한탄치 말아야지	鵩舍囚山且莫嘆
매주로 귀양 간 대제 죽음 꺼리지 않았네[427]	梅州待制死無難
기자 봉해진 우리나라 태평성대 칭송하니	箕封公頌千年會
세상길 아홉 번씩 굽이돈다 말을 마라	世路休言九折盤
〈소아〉에 계곡 나오는 것 평생 생각했거니[428]	周雅一生思出谷
무이에서 그 언제나 시원스레 여울 볼까[429]	武夷何日快觀瀾

427 매주(梅州)로……않았네 : 송(宋)나라 때 직간으로 이름났던 유안세(劉安世)가 보문각 대제(寶文閣待制)로 있으면서 장돈(章惇)과 채경(蔡京) 등 간신들을 탄핵한 결과, 그들의 미움을 받아 유배되었다가 마침내 매주로 이배(移配)되었는데, 이때 장돈이 그곳의 전운판관(轉運判官)을 시켜 유안세를 죽이도록 사주하였다. 그때 매주의 군수(郡守)가 유안세에게 사람을 급히 보내어 위급한 상황을 알렸음에도 그는 조금도 동요하지 않은 채 "나는 죽음을 꺼리지 않는다."라고 말했다고 한다. 《宋史 劉安世列傳》

428 소아(小雅)에……생각했거니 : 《시경》 〈소아 벌목(伐木)〉에 "나무 찍는 소리 쩡쩡 울리는데 새는 꾀꼴꾀꼴 우는구나. 새가 깊은 계곡에서 나와서 높은 나무로 옮겨가네."라는 구절이 있다. 새가 계곡에서 나와 높은 나무로 올라간다는 것은 일반적으로 벼슬길에 나아가거나 관직이 높아지는 등의 신분 상승을 비유하는 뜻으로 쓰이는데, 여기서는 학문이나 도(道)의 성취를 이루는 것을 의미하는 말로 쓰인 듯하다.

429 무이(武夷)에서……볼까 : 《맹자》 〈진심 상(盡心上)〉에 "물을 구경하는 데에 방도가 있으니, 반드시 그 여울을 보아야 한다."라고 하였다. 여울을 보면 물에도 근원이 있음을 알 수 있다는 뜻인데, 도(道)의 근원이 있음을 비유적으로 말한 것이다. 무이는 주희(朱熹)가 머물렀던 무이산(武夷山)의 계곡을 말하는데, '무이에서 언제나 시원스레 여울물을 보겠느냐'고 한 것은 결국 주희의 학문 세계를 통해 도의 근원을 분명하게 깨닫고자 하는 바람을 표현한 것이다.

그대 만나 장대한 풍경 유람한 얘기 들으면	逢君聽說遊觀壯
내 흉금에 드넓은 대지 품는 듯이 느껴지네	似我胸呑大地寬

수곡이 지리산을 유람한 시에 차운하다

次樹谷遊智異山韻

내 평생의 뜻과 사업 대도를 저버렸거니	平生志業負朝聞
늙어 가며 무단히 세상 분란에 저촉되네	老去無端觸世紛
세 길 높이 가시울 유배된 나 한탄하며	歎我拘幽三丈地
만 겹 구름 뚫고 가는 그대 부러워하네	羨君衝破萬重雲
백 리 인동 다스리는 사람은 옥과 같고	仁同百里人如玉

이때 이중우(李仲羽)가 인동 부사(仁同府使)로 있어서[430] 상종(相從)하였기 때문에 이렇게 말한 것이다.

지리산 일천 봉우리 비단 무늬 펼쳐졌네	智異千峯錦作紋
어찌하면 병주의 잘 드는 가위 얻어서	安得幷州翦刀快
시 주머니 속 청풍명월 잘라 나눠 가질까[431]	奚囊風月割平分

430 이때……있어서 : 이중우는 이숙(李䎘, 1626~1688)으로, 중우는 그의 자이다. 본관은 우봉(牛峰), 호는 일휴정(逸休亭)이며, 송시열의 문인이다. 1678년(숙종4) 인동 부사로 부임하여 재직하면서 송시열의 유배지를 자주 방문하였다.《承政院日記 肅宗 4年 1月 15日》

431 어찌하면……가질까 : 두보(杜甫)의 시에 "어찌하면 병주(幷州)의 잘 드는 가위를 얻어다가 오송강(吳松江) 그림 반쪽이라도 잘라 내어 가져 볼까."라는 구절이 있는데, 병주는 좋은 가위의 생산지로 유명하다.《杜少陵詩集 卷9 戲題王宰畫山水圖歌》 당(唐)나라 때의 시인 이하(李賀)는 외출할 때마다 종에게 비단 주머니를 들고 따라다니게 하면서 시를 지으면 그 속에 넣었다고 한다.《新唐書 文藝列傳下 李賀》 여기서는 이 고사를 인용하여 여유롭게 시를 지으며 유람하는 수곡 조세환에 대한 부러운 마음을 표현한 것이다.

수곡의 유산시(遊山詩)에 추후 차운하다

追次樹谷遊山韻

천하 선비 하나같이 근심 안고 살거늘	滿天下士多憂者
수곡은 어찌하여 홀로 즐거워하는가	樹谷何爲獨樂哉
세상 밖 자연과는 한가히 연 맺으면서	物外有緣閑水竹
세간엔 누대 하나 세울 땅이 없었구려[432]	世間無地起樓臺
공무를 마치고서 잠시 여가 날 때마다	暫時朱墨優餘了
도처에 호수와 산 안팎으로 펼쳐졌네	到處湖山表裏開
모름지기 알아야지 주자가 호기 발한 게	須識晦翁豪氣發
탁주 두세 잔과는 아무 상관없다는 걸[433]	非關濁酒二三盃

주자(朱子)가 산을 유람한 흥취는 성인(聖人) 공자(孔子)의 이른바 "인자는 산을 좋아하고 지자는 물을 좋아한다."라는 데에서 터득한 것이다. 그래서 마지막 구에서 말한 것이니, 이는 서로 권면하는 뜻이다.

432 세간엔……없었구려 : 송나라 태종(太宗) 때의 신하 구준(寇準)은 재상으로 30년을 지내면서도 사저를 짓지 않았다. 그래서 당시의 이름난 처사인 위야(魏野)가 구준에게 준 시에 "벼슬은 삼공의 높은 자리에 앉았는데 누대 하나 지어 올릴 땅이 없구나."라는 말로 그를 칭송하였다. 《五朝名臣言行錄 卷4》 여기서는 수곡 조세환이 자연과 인연이 있어 유람을 즐기지만 누대 하나 지을 땅이 없는 청렴한 인물이었다는 말이다.

433 모름지기……걸 : 주희(朱熹)의 〈취하축융봉(醉下祝融峯)〉이라는 시에 "내 만리에 장풍을 타고 오니 깊은 계곡 층층 구름 가슴이 탁 트이네. 탁주 세 잔에 호기가 발하여 낭랑히 시 읊으며 축융봉을 내려오네."라고 하였는데, 탁주 세 잔에 호기가 발했다고 말은 했지만 송시열 자신이 보기에는 술과 아무 상관없고 오히려 은연중에 공자의 인자요산(仁者樂山)의 흥취를 담고 있다는 말이다.

수곡에게 보내어 화답을 구하다

寄樹谷求和

수곡 지금 남쪽 고을 원님이 되었는데[434]	樹谷今爲南邑宰
담소로 한가롭지 않은 날이 없다네	笑談無日不淸閒
지난날엔 운산 속에 유유자적하였고	向來得意雲山裏
오늘날엔 술과 시에 마음이 노니누나	此日遊心詩酒間
입에서 시 나올 때면 백전을 치르다가[435]	詩出口時堪白戰
목에 술만 넘어가면 얼굴이 불그죽죽	酒過喉後發朱顔
알게나, 베개 베고 봄잠 자다 깨고 나면	應知一枕春眠破
누운 채 뜨락 벌레 싸움만 볼 터이니[436]	臥看階蟲作觸蠻

434 수곡……되었는데 : 전후 시의 흐름으로 보아 이 시는 1678년(숙종4) 전후에 쓰인 것으로 판단되는데, 수곡 조세환은 1677년 11월 23일에 고성 현령에 제수된 뒤에 1678년 1월 15일에 임금에게 하직 인사를 하고 임지에 부임하였다가 그해 12월 6일에는 대구 부사에 임용되었다. 따라서 여기에서의 남쪽 고을은 고성일 것으로 짐작된다. 《承政院日記 肅宗 3年 11月 23日, 4年 1月 15日·12月 6日》

435 입에서……치르다가 : 백전(白戰)은 어떤 소재로 시를 지을 때 그와 관련된 글자를 쓰지 않고 시를 짓는 것을 말하는데, 여기서는 조세환이 자유자재로 시를 짓는 재능이 뛰어났다는 말이다.

436 뜨락……터이니 : '벌레 싸움'이란 《장자(莊子)》 〈칙양(則陽)〉에 나오는 우화로, 달팽이의 왼쪽과 오른쪽 뿔에 각각 촉(觸)과 만(蠻)이라는 나라가 있어 늘 영토 싸움을 하느라 다툰다는 것인데, 여기서는 자잘한 이해와 시비로 싸움이 끊이지 않는 세태를 비유한 것이다.

옥천의 유생들이 정자의 설을 굳게 지키고 또 오랑캐의 도를 미워하여 서원에 배향하는 의논에 이의를 제기했으므로 크게 시류배들의 노여움을 사서 세 사람은 관서로 귀양 가고 세 사람은 영남으로 귀양 갔으니,[437] 참으로 이른바 멀리 떨어졌다고 할 만하다. 수곡도 마침 바닷가 고을로 좌천을 당해 있으면서 곤양에 귀양 간 진사 여유형을 찾아갔는데, 그가 마침 사면을 받아 돌아오던 중에 만나서 시를 지었다고 하므로 나도 그 시에 차운하다

沃州諸生固守程子說又以夷虜之道爲可惡立異於院享之論大觸時輩之怒三人謫關西三人謫嶺南眞所謂分背矣樹谷適貶官海上爲訪昆陽謫人呂進士有衡呂蒙赦在途邂逅賦詩聊次其韻

옥천에서 죄에 걸린 여러 명의 유생들	沃州羅網二三君
관서의 눈 속에서 영남 구름 멀리 보네	關雪遙望嶺海雲

437 옥천(沃川)의……갔으니 : 중종(中宗) 때의 문신인 전팽령(全彭齡)은, 처가의 재물이 탐나 처남을 죽인 김축(金軸)의 비행을 알고도 그의 사위가 되었던 인물이고, 곽시(郭詩)는 옥천 출신으로 중종 때 정자(正字)를 지낸 인물로 당시 정이(程頤)를 배척하는 글을 지어 물의를 일으킨 적이 있었는데도 옥천의 서원에 배향이 되었다. 그러나 그 후 다시 문제가 제기되어 사우(祠宇)가 헐리고 제향(祭享)이 중단되었는데, 1676년(숙종2)에 전팽령의 외손인 정용(鄭墉)이 다시 이 사우를 복설(復設)하고자 여이진(呂以振)을 시켜 상소하여 조정의 긍정적인 반응을 얻은 뒤에 복설을 적극 추진하려 하자, 옥천 유생 박수흠(朴守欽), 곽증(郭橧), 곽노(郭櫓), 여유형(呂有衡), 박명흠(朴明欽), 남명거(南溟擧) 등이 감사에게 정문(呈文)하여 그 부당성을 주장하였다. 그러나 이 일로 인해 이들은 선현을 모함했다는 죄명으로 모두 관서와 영남에 귀양을 가게 되었다. 《宋子大全 卷44 與張淨之, 卷72 與李擇之》

숨은 봉황 나는 올빼미 말할 게 뭐 있는가[438] 竄鳳翔鴟那足說
소인과 군자가 여기서 나눠지나니 小人君子此中分
잘되고 못됨 따져 보면 다 물거품인 것을 乘除默算都泡幻
돌고 도는 화복에 어찌 일희일비하랴 倚伏相酬肯戚忻
가는 길 서서히 하고 평탄히 돌아오라 去路徐徐歸坦坦
세간의 말들이야 떠들도록 놓아두고 世間唇舌任紛紛

438 숨은……있는가 : 여기서 봉황은 군자를, 올빼미는 소인을 비유한 것이다. 가의(賈誼)가 지은 〈조굴원부(弔屈原賦)〉에 군자가 쫓겨나고 소인이 득세하는 것을 비유하여 "난새와 봉황 숨음이여, 올빼미가 높이 날도다."라고 한 구절이 있다.

손자 주석의 시에 차운하다

次疇孫韻

이 뜻 죽어야 그치리라 기약했다가	此志嘗期死始休
귀밑머리 눈 쌓인 것 도리어 잊었구나	却忘雙鬢雪霜稠
세상 사람 다 좋은 사람인지 모르겠고	世人未見人人好
자기 일 어찌 일마다 다 잘할 수 있으랴	己事何能事事修
고요할 땐 신중함과 두려움 지녀야 하고	靜處要當存戒懼
움직일 땐 허물과 잘못 더욱 살펴야지	用時尤欲省愆尤
초상화 보고 지은 시어 간곡함이 있으니[439]	寫眞詩語丁寧在
운곡[440]의 문전에서 놀지 못한 게 한스럽네	雲谷門前恨未遊

손자 주석이 동한(東漢)의 황태자가 광무제(光武帝)에게 간(諫)한 말[441]을 가지고 경계의 뜻을 보이면서 시를 지어 나에게 넌지시 간하였다. 그

439 초상화……있으니 : 주희(朱熹)는 남성 오씨(南城吳氏)가 그려 준 초상화를 보고 지은 시에서 "늙어 얼굴 여윈 지 이미 십 년 전, 거울 잡고 되돌아보니 서글프기 그지없네. 매사 삼가고 조심할 날 얼마 남지 않았으니 이제 남은 나날을 독서로 보내리라."라고 하였다. 《晦庵集 卷9 南城吳氏……》

440 운곡(雲谷) : 중국 복건성(福建省) 건양현(建陽縣)에 있는 산 이름으로, 주희가 이곳에 초당을 짓고 독서하였다. 《晦庵集 卷78 雲谷記》

441 동한(東漢)의……말 : 후한 광무제(後漢光武帝)가 아침 일찍 일어나 조회를 열고 밤늦게까지 정사에 몰두하며 온갖 노고를 다하는 것을 본 황태자가 간하기를 "폐하께서는 우(禹) 임금이나 탕왕(湯王)의 명철함을 지니고서도 황노(黃老)의 양생(養生)의 복을 잃고 계시니, 이제 한가롭게 유유자적하면서 스스로 편안함을 도모하소서."라고 하였다. 《宋子大全隨箚 卷1》

뜻이 비록 진실된 깊은 효심에서 나온 것인 줄은 알지만 서로 알아줌이 없는 것 같기에 이런 내용으로 답한 것이다.

이생[442] 수준 을 보내며

送李生 秀儁

봄비가 부슬부슬 적소에 가득한데	春雨霏霏滿棘城
아, 그대 찾아오니 내 인생 위로되네	嗟君來訪慰平生
한가로이 고금 논하며 웃음꽃 피우고	閑論今古開眉笑
즐거이 시서 얘기하니 눈 환히 빛나네	喜說詩書照眼明
잘못 없이 받는 죄야 말할 게 뭐 있나	無妄生災何足道
명이괘 어둠 쓰는 게 가장 행할 만하지[443]	明夷用晦最堪行
파군[444]이 만약에 나의 일을 묻거든	跛君若問吾儂事
바다 신선들 다 친교 맺기 청한다 하게나	海上群仙盡乞盟

442 이생(李生) : 이수준(李秀儁)으로, 송시열의 문인이고 영유 현령(永柔縣令)을 지냈다.

443 명이괘(明夷卦)……만하지 : 《주역》 〈명이괘 상(象)〉에 "밝음의 덩어리가 땅속으로 들어가는 상이 명이이니, 군자는 이 상을 보고서 무리를 대할 적에 어둠을 써서 밝게 한다."라고 하였는데, 난세에는 밝다고 자처하면서 자세히 살피기보다는 사리에 어두운 척 처신하면서 남을 포용하는 것이 결과적으로는 밝게 처신하는 것이 된다는 뜻이다.

444 파군(跛君) : 이수언(李秀彦, 1636~1697)을 가리키는데, 그가 족질(足疾)이 있어 절뚝거렸기 때문에 그렇게 말한 것이다. 본관이 한산(韓山), 자는 미숙(美叔), 호는 농계(聾溪)·취몽헌(醉夢軒)이다. 송시열의 문인이며 이수준의 형이다. 대사헌과 지중추부사 등을 지냈다.

묵계[445]를 추억하다

憶墨溪

듣건대 그대 이제부터 걸을 수 있다 하니	聞君從此跛能履
물 건너고 산 오르기 어렵지가 않겠네	渡水登山不作難
궁궐에는 어찌하여 끝내 발길 끊었는가	文石如何終迹阻
갈매기와 맺은 약속 차마 못 저버렸네[446]	信鷗那忍使盟寒
사계절 중에 경치는 봄이 가장 좋지만	四時景最三春好
백 년 사는 사람 누가 하루인들 편하랴	百歲人誰一日安
생각건대 금천과 취리[447]의 친구들도	想得金川兼鷲里
거문고와 술 함께하며 쉬 기쁨 누리겠지	琴尊親友易成歡

445 묵계(墨溪) : 청주산성(淸州山城)의 북쪽에 있는 지명으로 농계 이수언이 살던 곳이다.

446 갈매기와……저버렸네 : 이수언이 신의 있는 갈매기와 함께 지내자고 한 약속을 저버리지 못하여 은거하고 있다는 말이다.

447 금천(金川)과 취리(鷲里) : 둘 다 농계 이수언이 살던 청주에 속한 지명이다.

문정 선생[448]이 감회가 있어 지은 시에 대해 김연지[449]가 화답한 시에 차운하다

次金延之奉和文正先生有感韻

호통치는 항우 같은 사람 어이 얻으랴	安得人如楚叱嗟
끝내 쇠 같은 산하도 믿을 수 없게 되었네[450]	終然無賴鐵山河
오랑캐의 누린 냄새에 뉘 토할 줄 알랴	腥膻者臭知誰瞉
예의 있는 말 들은 것이 많지 않구나	禮義之言聽不多
옛날의 도는 땅을 쓴 듯 다 없어졌거니	古道盡從平地掃
문정 선생 높은 덕은 하늘과 나란하네	先生高與上穹磨
이제 다만 〈청묘〉와 〈생민〉 시구[451]에 응하여	秖應淸廟生民句
어진 이의 취일가로 길이 들어가누나[452]	長入仁人醉曀歌

448 문정(文正) 선생 : 문정은 김상헌(金尙憲, 1570～1652)의 시호이다.

449 김연지(金延之) : 김상헌의 손자 김수증(金壽增, 1624～1701)으로, 연지는 그의 자이다. 본관은 안동(安東), 호는 곡운(谷雲)이다.

450 호통치는……되었네 : 항우와 같은 당당하고 기개 있는 장수가 없어, 쇠같이 견고하여 영원할 것 같다고 요광효(姚廣孝)가 예언했던 명나라도 결국 망하고 말았다는 말인 듯하다.

451 청묘(淸廟)와 생민(生民) 시구 : 〈청묘〉는 《시경》 〈주송(周頌)〉의 편명인데 문왕(文王)을 제사하면서 불렀던 악장이고, 〈생민〉은 《시경》 〈대아(大雅)〉의 편명인데 후직(后稷)으로 인해 주나라가 있게 되었음을 노래한 시이다.

452 어진……들어가누나 : 취일가(醉曀歌)는 《시경》 〈왕풍(王風) 서리(黍離)〉에 "힘없이 가는 길 더디기도 해라. 이 마음 취한 듯하도다.〔行邁靡靡, 中心如醉.〕"라는 구절과 "힘없이 가는 길 더디기도 해라. 이 마음 목이 꽉 멘 듯하도다.〔行邁靡靡, 中心如

요광효(姚廣孝)의 예언시에 "팔우의 산하가 쇠와 같이 견고하리.〔八牛山河堅似鐵.〕"라는 구절이 있다.[453]

噎.〕"라는 구절에서 한 글자씩 합성하여 만든 말로, 나라의 쇠망을 노래한 〈서리〉 편을 달리 일컫는 말이라고 볼 수 있다. 이 편은 주나라가 동천(東遷)한 뒤에 한 어진 대부(大夫)가 옛 왕도인 호경(鎬京)에 이르렀을 때 종묘와 궁실의 옛터가 메기장 밭으로 변해 있는 것을 보고 나라의 쇠망을 탄식하며 노래한 것이다. 여기서는 명나라가 망하고 오랑캐가 중원을 차지하여 청(淸)나라 세상이 된 것에 대한 서글픈 심정을 언급한 것으로 보인다.

453 요광효(姚廣孝)의……있다 : 요광효는 명나라 성제(成帝)를 황제로 옹립하는 데 공을 세운 승려 도연(道衍)에게 황제가 하사한 이름이다. 그의 예언시에서 말한 '팔우(八牛)'는 한 글자로 합치면 '주(朱)' 자가 되니 결국 주원장(朱元璋)이 세운 명나라를 가리키는 말이다. 결국 명나라의 산하가 쇠와 같이 견고하여 영원할 것이라는 예언을 한 것이다.

다시 이전의 시에 차운하다
復次前韻

곡운(谷雲)이 문정(文正) 선생의 시에 화답하여 지은 시를 기록해 보여 주기에 외람되이 차운하여 올렸는데, 시가 거칠고 졸렬하여 가소로웠다. 그래서 다시 그 운을 써서 양산(楊山)에 사는 퇴우(退憂)와 동주(東州)에 있는 문곡(文谷)[454]에게 삼가 바치는 바이다. 혹여라도 그 시가 곡운에게 올려진다면 정정을 받는 은혜를 입을 수 있을 것이나 감히 바라는 바는 아니다. 손자가 지은 시도 아울러 부쳐 올리니 정정하여 바로잡아 주기를 기대한다.

젊어 소일 좋아하다 늙어 탄식할 만하니　少喜因循老可嗟
모래 떠다 그 누가 맹진의 물을 메울까[455]　捧沙誰塞孟津河
머리 가에 부질없이 시서 많이 있으나　頭邊謾有詩書富
귀밑 가에 세월 흔적 되레 많아 놀라네　鬢上還驚歲月多
〈곤괘 상육〉 검누런 피로 들에 용 싸우는데[456]　上六玄黃龍戰野

454 양산(楊山)에……문곡(文谷) : 퇴우는 김수흥(金壽興)의 호인데 그는 당시 양산에 기거하고 있었다. 동주는 철원(鐵原)의 옛 이름이고 문곡은 김수항(金壽恒)의 호인데 김수항은 당시 이곳에 유배되어 있었다.

455 모래……메울까 : 맹진(孟津)은 황하(黃河)의 나루 이름인데, 흙이나 모래를 손으로 떠서 그 일대의 강을 메우는 것은 역부족이라는 말이다. 《後漢書 朱浮列傳》

456 곤괘……싸우는데 : 《주역》〈곤괘(坤卦) 상육(上六)〉에 "상육은 용이 들에서 싸우니 그 피가 검고 누렇다."라고 하였다. 이는 일반적으로 전쟁을 벌이는 것을 뜻하는데, 여기서는 명나라와 청나라가 천하의 패권을 놓고 전쟁을 치른 것을 말한다.

우리나라 협소하여 개미가 맷돌 따라 도네[457] 小邦褊迫蟻旋磨
마음 맞는 그대에게 은근히 고해 주나니 殷勤爲報同心子
세상 넘겠다는 시구[458] 칼 치며 노래하시길 凌八荒篇擊鋏歌

〈원유편(遠遊篇)〉은 주자(朱子)가 19세 때에 지은 시이다. 그 시의 요지는, 멀리 유람하는 수레로 천리(天理)를 보존하는 공부에 비유하고, 험난한 도로를 인욕(人欲)의 위태로움에 비유하였다. 그 수레가 수많은 험난함으로 인해 부서지고 깨지다 보면 마음이 평탄하며 밝고 넓어지게 되어 세상을 넘어서게 될 수 있다는 것이다. 이를 통해, 인욕이 다 없어지는 경지에 이르면 마음속의 천리를 분명하게 체득하게 됨을 비유하였다. 그래서 왕문헌(王文憲)[459]이 이 시를 주자의 학문적 시작이라고 보았던 것이다. 그렇다면 우리도 이에 대해 마음을 다하지 않아서야 되겠는가. 그래서 이에 감히 고(告)하여 올린 것이다. 비록 시격(詩格)에 들어가지는 않지만 그 뜻은 간절하지 않다고 말할 수 없을 것이다.

457 우리나라……도네 : '개미가 맷돌을 따라 돈다'는 것은 《진서(晉書)》〈천문지(天文志)〉에 "개미가 맷돌 위에서 다닐 때, 맷돌은 왼쪽으로 돌고 개미는 오른쪽으로 가면 맷돌은 빠르고 개미는 느리기 때문에 맷돌을 따라 왼쪽으로 돌지 않을 수 없다."라고 한 데서 온 말로, 여기서는 우리나라가 중국의 세계 질서와 그 운명의 굴레 속에서 벗어날 수 없음을 한탄한 것이다.

458 세상 넘겠다는 시구 : 주희(朱熹)가 19세 때 쓴 시 〈원유편〉에 "곁눈질하여 바라보니 곧 만리요, 단숨에 훌쩍 세상 끝을 넘어서네."라는 구절을 말한다.《晦庵集 卷1 遠游篇》 시의 의미와 비유에 대해서는 원주(原註)에 자세하다.

459 왕문헌(王文憲) : 송나라 이종(理宗) 때의 학자 왕백(王柏)으로, 문헌은 그의 시호이다. 자가 회지(會之) 또는 백회(伯會), 호는 노재(魯齋)이다. 황간(黃幹)의 문인인 하기(何基)의 제자이다.

소 강절이 "편의를 잃은 곳에서 편의를 얻는다."[460]라는 말을 하였는데, 내 마음과 합치되는 점을 기뻐한 나머지 한 수의 율시를 완성하여 손자 주석에게 보여 주고 화답하게 하다

康節有落便宜處得便宜之語喜其有會於余心因成一律示疇孫使和

편의를 잃은 곳에서 편의를 얻는다는	落便宜處得便宜
이 일을 복희씨에게 물을 길이 없구나	此事無由問伏羲
소나무는 눈 무릅쓸 때 마음 더 강해지고	松冒雪時心更傲
국화는 서리 맞은 뒤에 뜻 더욱 기이하네	菊迎霜後意尤奇
곤궁 속에 형통하니 곤궁 아님을 뉘 알까[461]	困亨誰識終非困
위험에서 달관하니 위험 아님을 알겠네[462]	危達方知不是危

460 편의를……얻는다 : 손해를 보는 것이 도리어 이득이 된다는 뜻이다. 애초에 진희이(陳希夷)가 "편의를 얻은 곳에서 편의를 잃게 된다.〔得便宜處落便宜.〕"라고 한 것에 대해 소옹(邵雍)은 "편의를 잃은 곳이 편의한 곳이다.〔落便宜處是便宜.〕"라고 변용하였고 이 시에서는 다시 "편의를 잃은 곳에서 편의를 얻는다."로 변용하였다.

461 곤궁……알까 : 《주역》〈곤괘(困卦)〉 괘사(卦辭)에 "곤괘는 형통하고 바르니 대인이기 때문에 길하고 허물이 없다."라는 말이 있고, 그 단전(彖傳)에 "험해도 기뻐할 줄 알고 곤궁해도 형통함을 잃지 않는 것은 오직 군자만이 가능할 것이다."라는 말이 나온다. 곤궁하고 험난한 상황에 있더라도 천명을 즐기고 처신이 의리를 잃지 않으면 오히려 그 도가 절로 형통해지므로 결국 곤궁은 곤궁이 아니라는 말이다.

462 위험에서……알겠네 : 정이(程頤)가 부릉(涪陵)으로 귀양 가면서 물살이 급하여 배가 전복되기로 유명한 염여퇴(灩澦堆)를 지날 때 다른 사람들은 극심한 풍랑에 모두 정신을 잃었는데 그의 신색(神色)은 태연자약하였다. 배에서 내린 뒤에 언덕 위에서 어떤 사람이 소리 높여 정이에게 묻기를 "모든 것을 버려서 이러한가, 모든 이치를 달관해서 이러한가?"라고 하였다. 《心經附註 卷2》 이 또한 위험 속에서도 달관하면

적막한 귀양살이 나와 너 둘뿐이니	寂寞囚山吾與爾
도 논하다 시 읊는 일 해롭지 않구나	不妨談道更吟詩

위험이 위험이 아니라는 말이다.

읊어 손자 주석에게 보여 주다

吟示疇孫

시를 읊어 써내도 보는 사람 없는데	吟詩寫出無人見
다행히 손자 있어 차례로 화답하네	幸有兒孫次第酬
즐겨 관대히 봐주니 허물이 용서되고	好與平反容罪過
서로 경쟁 않으니 마음 여유로워라	不相爭競意優游
황왕과 제패는 다 요량해 보았지만	皇王帝伯都爲料
설월과 풍화는 다 읊지 못하였네[463]	雪月風花未盡收
웃으며 묻노니 지나쳤단 주자 경계	笑問閩翁荒矣戒
매우 간절해진 뒤에 행하는 게 어떨지[464]	極丁寧後踐言不

463 황왕(皇王)과……못하였네 : 소옹(邵雍)이 지은 〈수미음(首尾吟)〉이란 시에서 "황왕과 제패는 가볍게 포폄하였으나 설월과 풍화는 품평하지 않았네.〔皇王帝伯輕褒貶, 雪月風花未品題.〕"라는 구절을 변용한 것이다.《伊川擊壤集 卷20 首尾吟》 삼황(三皇)과 삼왕(三王), 오제(五帝)와 오패(五伯)에 대한 역사와 인물에 대해서는 다 헤아려 보았지만, 눈과 달, 바람과 꽃 등의 사계절 온갖 경물들에 대해서는 아직 시로 다 읊지 못했다는 말이다.

464 웃으며……어떨지 : '지나쳤다는 주자의 경계'라는 것은 주희(朱熹)가 남악(南嶽)인 형산(衡山)을 유람하면서 4, 5일 동안 사람들과 수창한 시들이 140여 수에 달하자 "이 역시 너무 지나쳤다고 할 만하다."라고 자신을 허물하고는 드디어 남헌(南軒) 장식(張栻)과 서로 약속한 뒤 시 쓰기를 중단하였던 일을 말한다.《晦庵集 卷75 東歸亂稿序》 여기서는 사계절의 경물에 대해 다 읊지 못한 것이 많으니 그것으로 계속 시를 쓰다가 주희처럼 지나치다는 생각이 매우 간절해질 때 비로소 주희의 말을 실천하여 시 쓰는 일을 중지하는 것이 어떻겠느냐는 말이다.

스스로를 경책하는 시를 지어 손자 주석에게 보여 주다

自警吟示疇孫

죄와 공 으뜸인 건[465] 그래도 부끄러울 뿐이지만	罪魁功首尙堪羞
죄만 있고 공 없으니 너는 죽일 만하구나	有罪無功汝可劉
벗의 마음 또 잃었으니 철옹성이 무너졌고	復失友心壞鐵甕
뭇 비방 또 불렀으니 우리 주석 그르쳤네	更招群謗誤阿疇
크고 작은 괴이하고 놀라운 일 풍랑 같고	大驚小怪如風浪
몰려드는 노여움 시기 과녁처럼 되었으니	怒鏃猜叢覩射帿
너 이제 조심하고 아울러 우환 염려하라	汝且操心兼慮患
말년에 오히려 일분이라도 수습하게[466]	桑楡猶或一分收

465 죄와……건 : 소옹(邵雍)이 말하기를 "《춘추》는 공과 죄를 서로 가리지 않았다. 오패는 공이 가장 크면서 죄가 으뜸이니 먼저 오패의 공과 죄를 정해야 한다."라고 하였다. 《春秋集傳 卷3 莊公 10年 10月》

466 말년에……수습하게 : '말년에 수습한다'는 것은 초년의 실패와 잘못을 노년에 만회한다는 뜻이다. 후한(後漢) 때의 장수 풍이(馮異)가 적미(赤眉)의 난을 토벌할 때 처음에는 대패했다가 뒤에 군사를 정비하여 적미의 군대를 격파하였다. 그러자 황제가 친히 글을 내리기를 "참으로 해 뜨는 새벽에 잃었다가 해 지는 저녁에 수습하였다고 할 만하다."라고 하였다. 《後漢書 馮異列傳》

두 번째 其二

대체로 사람 욕정은 방종하기 쉽나니　　大抵人情流放易
규방의 침상에선 제어하기 더 어렵지　　於床第上制尤難
책 속의 예법은 침 뱉듯이 다 버리고　　書中禮法遺如唾
눈앞의 요사스러움 난초인 양 좇아가네　　目下妖邪就若蘭
학문 정진 방해는 그래도 해 적지만　　問學妨工猶害淺
본성 해치는 예리한 도끼[467] 그게 가장 두렵지　　戕生利斧最心寒
소싯적 거친 욕망에 내 몇 번 빠졌던가　　少時狂悖吾幾陷
하여 네 자신에게 힘써 경계하는 거라네　　故向而身勉戒殫

467 본성……도끼 : 한(漢)나라 매승(枚乘)의 〈칠발(七發)〉에 "아름다운 여인은 본성을 해치는 도끼이고 맛 좋은 술안주는 위장을 썩게 하는 약물이다."라는 말이 있다. 《文選 卷34 七發》

스스로를 경책하여 읊다

自警吟

나를 편안케 하는 건 노년만 한 게 없다는	始知逸我無如老
요부의 이 말 날 속인 것 이제야 알겠네[468]	此語堯夫欺我深
병 논하고 고치느라 약들을 찾아야 하고	論病治病尋藥餌
글 고치고 펴내느라 몸과 마음 고달프네	校書編書苦身心
현인 될 희망 절름발이 걷기보다 더 어렵고	希賢不翅跛思步
도움 구하긴 가뭄에 비 바라는 것 같구나	求助還如旱望霖
밤낮 애쓰고 걱정한들 무슨 일 이루었나	早夜憂勤成底事
등짐벌레의 무거운 짐 가엾기만 하여라	堪憐蝜蝂重難任

468 나를……알겠네 : 요부(堯夫)는 소옹(邵雍)의 자이다. 《장자(莊子)》〈대종사(大宗師)〉에 "대자연은 형체를 주어 나를 살게 하며, 삶을 주어 나를 수고롭게 하며, 늙음으로 나를 편안하게 하며, 죽음으로 나를 쉬게 한다."라는 말이 있다. 아마도 소옹이 《장자》의 이 구절을 인용하여 위와 같이 말한 것으로 보이는데, 관련된 전거는 찾지 못하였다.

소 강절 선생의 운을 써서 회암 부자에 대해 읊다

用康節先生韻詠晦菴夫子

부자는 하늘이 내신 자양이라 칭해지니	夫子天生號紫陽
사문에 밝은 광명 크게 드리우셨네	於斯文上大輝光
공자 안자 그로 인해 인자 성자 되시고	孔顏賴以仁而聖
하늘과 땅 이로 인해 크고 방정해졌지	天地由之大且方
부자와 군신 윤리가 이미 밝게 드러났고	父子君臣倫已顯
신불해 상앙 석가 노자 상관없게 되었네	申商釋老說何妨
남긴 글 시렁에 찼으나 그 누가 이해할까	遺書滿架誰能了
분주한 인생 백년 절로 탄식하노라	自歎人生百歲忙

손자 주석이 쓴 소 강절의 시운에 차운하다

次疇孫所用康節韻

많은 난관 겪다 보니 생각이 더욱 한가로워	歷盡艱危意愈閒
가시울타리 오히려 수운 사이에 있구나[469]	棘城猶在水雲間
곧은 마음 아니 고쳐 난초 혜초 서글프고	貞心不改悲蘭蕙
장한 뜻 되레 공자 안자 저버림에 놀라네	壯志還驚負孔顏
동쪽 저자[470] 외로운 혼 들풀에 얽혀 있고	東市孤魂纏野草
북쪽 하늘 돌아갈 꿈 관산에 막혔구나	北天歸夢阻關山
바라건대 바다로 신선의 배 타고 가서	願乘海上仙槎去
만리 연파에 오가는 대로 그냥 놔두었으면	萬里煙波任往還

469 가시울타리……있구나 : '수운 사이'란 물이 흐르고 구름이 떠가는 그윽한 풍경이 있는 은자가 사는 지역을 의미한다. 가시울타리가 둘러 있는 유배지도 은자가 살고 있는 고장처럼 한가롭게 느껴진다는 말이다.

470 동쪽 저자 : 원래는 한(漢)나라 때 사형 판결을 받은 사람들에게 사형을 집행하던 곳인데, 일반적으로는 형장(刑場)의 의미로 쓰인다.

손자 주석이 단옷날 읊은 시에 차운하다

次疇孫端陽日所吟

〈회사부〉 짓고 죽은 행동 지나치다 뉘 말했나[471]	誰道懷沙行過中
이소경의 풍격이 정말로 끝이 없구나	楚騷風韻儘無窮
다시 집주에 의해서 매우 분명해졌고[472]	還憑集註分明甚
더욱이 무함의 말도 다 사라지게 했네	更遣誣辭一竝空
임 그리는 깊은 충정 난초 혜초 눈물짓고	戀主危衷蘭蕙泣
시대 근심한 외로운 울분 귀신도 통했어라	愍時孤憤鬼神通
천년 동안 단옷날 경도 놀이로 추모하니[473]	千秋競渡悲今日

471 회사부(懷沙賦)……말했나 : 〈회사부〉는 초(楚)나라의 신하 굴원(屈原)이 강가를 거닐며 시를 읊다가 멱라수(汨羅水)에 몸을 던져 죽기 바로 전에 지었다는 글이다. 이런 굴원의 행동에 대해 주희(朱熹)는 평하기를 "그 지조와 행실은 비록 중용(中庸)보다 지나친 점이 있어 모범으로 삼을 수 없으나 그것은 모두 임금에게 충성하고 나라를 사랑하는 성심에서 나온 것이다."라고 말한 바 있다.《晦庵集 卷76 楚辭集注序》

472 다시……분명해졌고 : 주희의 〈초사집주서(楚辭集注序)〉에, 왕일(王逸)의《초사장구(楚辭章句)》와 홍흥조(洪興祖)의《초사보주(楚辭補注)》가 세상에 유행하고 있는데, 명물(名物)에 대한 훈고가 상세하기는 하지만 글의 함의를 분명하게 밝히지 못하였고 굴원의 명백한 뜻을 후세에 드러내지 못하였으므로 자신이《초사집주》8권을 편정하여 독자들로 하여금 굴원의 뜻을 분명하게 알게 하고 굴원 자신도 여한이 없게 하고자 하였다고 밝힌 바 있다.《晦庵集 卷76 楚辭集注序》

473 천년……추모하니 : 경도(競渡)는 굴원이 단옷날에 멱라수에 빠져 죽자 당시 그곳 어부들이 다투어 굴원의 시체를 건진 일에서 유래한 것으로, 그 이후로 매년 5월 5일이 되면 배를 타고 경주하는 놀이로 계속 행해져 왔다. 이날 줄잎〔菰葉〕에 싼 찹쌀밥을 강에 던져 굴원의 넋을 위로하는 제사를 지낸다고 한다.《事物紀原 歲時風俗部 競渡》

물고기 배 속 장사 지낸 그 충성 어찌하리[474] 爭奈江魚腹裏忠

474 물고기……어찌하리 : 굴원이 지은 〈어부사(漁父辭)〉에 "차라리 소상강(瀟湘江) 물에 뛰어들어 물고기 배 속에 장사 지낼지언정 어찌 이 깨끗한 몸으로 세속의 더러운 먼지를 뒤집어쓸 수 있겠는가."라는 말이 있다. 여기서는 지금도 그의 충성이 면면히 전해져 오고 있다는 말이다.

재차 손자 주석의 단옷날 시운을 쓰다

再用疇孫端午韻

백발의 외로운 신하 이 섬 속에 있지만	白首孤臣此島中
내 어찌 방달하게 길 막혔다고 울겠는가[475]	何須放曠哭途窮
대숲 언덕에 바람 이니 샘물 소리 멀고	風鳴竹塢泉聲遠
산성에 달이 뜨니 바다 색도 희뿌옇네	月出山城海色空
상상컨대 초강 사람 경도 놀이 할 텐데	緬想楚江人競渡
애달파라 고향 소식 통하기 어렵구나	遙憐鄉國信難通
배회하며 평소의 뜻 오래 생각해 보니	徘徊永念平生志
아홉 번 죽더라도 어찌 충효 잊으랴	九死寧忘孝與忠

475 내……울겠는가 : 진(晉)나라 때 완적(阮籍)이 수레를 타고 가다가 길이 막히면 통곡하고 돌아왔다고 하는데, 여기서는 곤경에 처해 희망이 없더라도 슬퍼하지 않겠다는 말이다. 《晉書 阮籍列傳》

손자 주석의 시에 차운하다

次疇孫韻

경서의 뜻은 반복하여 익히는 게 제일인데	經訓無如熟複過
들뜬 생각에 쉬 마장(魔障) 오는 게 가장 큰일	最嫌浮念易成魔
밤에 생각 후 낮에 읽으면 의심 완전 풀리고	夜思晝讀疑全釋
조금씩 쌓고 더해 가면 얻는 게 점점 많아지지	寸積銖加得漸多
성인의 도 단지 이제 시든 풀 되어 서글픈데	聖道只今悲委草
자기 사심은 확실하게 김을 매듯 없애야지	己私須復劇鉏禾
이제부턴 주자의 문으로 곧장 나아가라	從玆直向朱門去
몸 보전하기 위해 어찌 계화를 배우랴[476]	肯爲全身學季和

476 몸……배우랴 : 계화(季和)는 후한(後漢) 때의 신하 순숙(荀淑)의 자이다. 주희(朱熹)는 순숙의 집안에 대해서 다음과 같이 평하였다. 그의 아들 순상(荀爽)은 동탁(董卓)이 전횡하는 조정에 몸을 담았으며, 손자 순욱(荀彧)은 환관 당형(唐衡)의 사위가 되었고 조조(曹操)의 신하 노릇을 하면서도 그것이 잘못인 줄 모른 채, 일신을 보전하고 출세할 방법을 모색하였다는 것이다. 《晦庵集 卷35 答劉子澄》 따라서 송시열의 생각은 오로지 주희를 배워야지 순숙 집안의 처신하는 방도 따위는 전혀 배울 필요가 없다는 말이다.

《격양집》 속의 〈죽정수기〉 시[477]에 차운하다

次擊壤竹庭睡起韻

먼 지방에도 오히려 볼만한 게 있으니 遐方猶有眼開處
매일 뜰의 대나무들 자라는 것 보는 거지 日見庭筠箇箇長
그윽한 꿈을 깨자 조밥 반이나 익었고[478] 幽夢罷來粱半熟
비 갠 뒤에 어느새 보리 완연히 노랗구나 小霖收後麥全黃
귀양살이 초췌한 모습 말하지 말아라 休言楚澤形憔悴
효종의 명 받들던 일 길이 추억하노라 長憶寧陵命對揚
옛 역사 찬찬히 보면 마음 맞는 게 있나니 舊史閒看心有會
성현들은 간사함을 원래 용서치 않았지 聖賢元不恕姦强

477 격양집(擊壤集)……시 : 송대의 학자 소옹(邵雍)의 시집인 《이천격양집(伊川擊壤集)》 권2에 나오는 시이다.

478 그윽한……익었고 : 193쪽 주115 참조.

손자 주석의 '농' 자 운 시에 차운하다

次疇孫籠字韻

해안의 모래사장 밤에 달이 어리는데	海岸平沙夜月籠
초연히 사경 밤에 맑게 앉아 있노라	超然淸坐四更中
음양의 조화는 묘하고도 묘하며	陰陽樞紐妙乎妙
인물의 정형은 같으면서 같지 않네	人物情形同不同
옛날부터 지금까지 백천만 겁 있었고	往古百千萬浩劫
선천의 삼십육궁 모두 봄빛이라오[479]	先天三十六春宮
노곤하여 태평성대 꿈이나 꾸려 하니	倦來欲作羲皇夢
창 앞의 대나무 숲 소슬바람 일어라	蕭瑟窓前萬竹風

479 선천의……봄빛이라오 : 삼십육궁은 64괘 전체를 말하고, '모두 봄빛이다'는 것은 하늘의 생생(生生)하는 덕이 늘 행해진다는 뜻한다. 《주역》 64괘 중에서 바뀌지 않는 것이 8개이고 바뀌는 것이 28개이므로 합하면 36개가 되는데, 괘를 궁으로 표현해서 삼십육궁이라고 한 것이다. 《주역》 권수(卷首)의 주에 상세히 나온다.

손자 주석의 시에 차운하여 아울러 손자 회석에게도 보여 주다

次疇孫韻兼示晦孫

모든 일은 원래가 근심할 게 없나니	萬事由來不足愁
공자 죄주고 알아줌도 《춘추》에 있었네[480]	宣尼知罪有春秋
문장과 예악은 끝없이 드리웠고	文章禮樂垂無極
일월과 성신은 쉼 없이 비추누나[481]	日月星辰照不休
도 구할 땐 도 늦게 듣는 것 탄식 마라	求道莫嘆聞道晚
마음 보전하는 길은 방심 수습하는 거지	存心須要放心收
간곡히 몇 번이나 널 가르칠 수 있겠느냐	諄諄誨汝今能幾
편벽되고 방탕한 말들 들어올까 두렵구나	却怕詖淫入耳稠

480 공자(孔子)……있었네 : 《맹자》 〈등문공 하(滕文公下)〉에, 공자가 "나를 알아주는 것도 오직 《춘추》를 통해서이고 나를 죄주는 것도 오직 《춘추》를 통해서일 것이다."라고 말한 대목이 있는데, 여기서는 모든 일은 도의(道義)에 따라 행하면 되고 평가는 후세에 맡기면 된다는 말이다.

481 문장과……비추누나 : 소옹(邵雍)의 시에 "일월성신 모두가 높이 떠서 빛나고 황왕 제패 모두가 크게 널리 펴졌구나."라는 구절이 있다. 《朱子語類 卷100 邵子之書》

두 번째 其二

막수 같은 경국지색 근심할 게 뭐가 있나[482]	莫愁傾國豈須愁
단지 내 마음 가을처럼 서늘하면 되는 것	只要吾心凜似秋
깨끗하고 청명하면 요사 절로 멀어지고	洒落淸明邪自遠
조심하고 삼가는 건 죽어야 끝이 나리	淵氷危惕死方休
도끼가 몸 해친 뒤엔 후회해야 소용없고[483]	斧戕身後終無及
바람이 산목 떨궜을 땐 전혀 수습 안 되지[484]	風落山時百不收
매계시에 있는 말 내 분명히 외우나니	我誦梅溪詩上語
고금에 인생 망친 자 그 얼마나 많은가[485]	古今傾敗者何稠

482 막수(莫愁)……있나 : 막수는 남조(南朝) 양 무제(梁武帝)의 〈하중지수가(河中之水歌)〉라는 악부(樂府)에 나오는 전설상의 미녀로 노래를 잘 불렀다고 한다. 《古樂府 卷10 河中之水歌》

483 도끼가……소용없고 : 왕의(王褘)의 《화천치사(華川巵辭)》에 "재물은 몸을 빠뜨리는 함정이고 여색은 몸을 해치는 도끼이며 술은 장에 독이 되는 약이니, 사람이 이 세 가지를 지극히 경계한다면 재앙이 아마도 적어질 것이다."라고 하였다. 《浪迹續談 卷8 酒色財》

484 바람이……되지 : 《주역》 〈고괘(蠱卦)〉의 전(傳)에, 《춘추좌씨전(春秋左氏傳)》의 말을 인용하여 "바람이 산목(山木)의 잎을 떨어뜨리고 여자가 남자를 홀리는 것을 고(蠱)라고 한다."라고 하였다. 따라서 여기에서 바람이 산목의 잎을 떨어지게 했다는 것은 여자가 남자를 홀리는 것을 의미한다.

485 매계시(梅溪詩)에……많은가 : 주희(朱熹)가 지은 매계시에 "십 년간 호해(湖海)에서 가벼웠던 몸이 돌아올 땐 여천(黎倩)에게 욕정이 일었다네. 세상길에 인욕처럼 험한 것이 없으니 몇이나 여기에서 일생을 그르쳤나."라는 구절이 있다. 287쪽 주365 참조.

다섯 명이 귀양 갔다[486]는 소식을 듣고 손자 주석이 지은 시에 차운하다

次疇孫聞五謫韻

효종을 말할 때면 목메고 슬퍼지거니	說到寧陵咽復噫
당시 뛰어난 인물들 큰 계획 있었지	當時群彦有猷爲
그 경륜 주밀함은 왕업의 토대였고	經綸密勿基王業
밤낮 노심초사 나라 위태로울 때였지	夙夜憂勤際國危
임금 떠난 몇 해 동안 다 같이 애모했고	龍去幾年均痛慕
버림받은 오늘에는 더욱 눈물 흐르네	莅申今日更漣洏
음양의 성쇠란 게 다 시운이거니	陰陽消息皆時命
술 불러 추운 창에서 실컷 마셔야지	呼酒寒窓滿意持

486 다섯……갔다 : 1679년(숙종5)에 대사헌 이원정(李元禎) 등이 민정중(閔鼎重), 민유중(閔維重), 이숙(李翻), 이익(李翊), 이선(李選)을 오신(五臣)으로 지목하여 멀리 유배 보내기를 청하여 귀양 간 것을 말한다. 《宋子大全隨箚 卷1》

손자 주석이 《서경》 〈금등〉[487]을 읽고 지은 시에 차운하다
次疇孫讀金縢韻

《시경》 〈치효〉와 〈낭발〉[488] 다시 말하지 마라	鴟鴞狼跋莫重陳
누가 연못은 물가부터 안 마른다 했던가[489]	池渴誰云不自頻
만약에 참소한 자의 말과 같다 한다면	假使將如讒者說
어찌 주공 자신이 대신 죽길 청했겠나	何曾請代某之身

487 서경(書經) 금등(金縢) : 주(周)나라 무왕(武王)이 죽고 어린 성왕(成王)이 즉위하자 숙부인 주공(周公)이 섭정을 하였는데, 무왕의 동생인 관숙(管叔) 등이 참소하고 유언비어를 퍼뜨리자, 성왕조차 주공이 혹 왕위를 탐내고 있지 않은지 의심하였다. 이에 주공이 동쪽 교외에 나가 2년을 지냈는데, 마침 그해에 곡식을 수확하기도 전에 천재지변으로 큰 재해가 발생하였다. 성왕이 그때서야 금등을 열어서 주공이 예전에 맹세했던 글을 보고는 주공의 본의를 깨닫고 교외에 나가 주공을 맞아들이니 바로 천재지변이 그쳤다. 금등은 원래, 무왕이 병이 들어 위급했을 때 주공이 조상신에게 자신이 대신 죽을 테니 무왕을 살려 달라고 축원한 것을 사관(史官)이 일련의 과정과 함께 책으로 만들어 금궤 속에 넣어 봉해 둔 것이다. 《書經 金縢》

488 시경 치효(鴟鴞)와 낭발(狼跋) : 〈치효〉는 《시경》 〈빈풍(豳風)〉의 편명인데, 관숙 등이 퍼트린 유언비어를 믿고 성왕이 자신에 대한 의심을 풀지 않자, 주공이 위태로운 주나라를 염려하는 뜻에서 성왕에게 지어 준 시이다. 〈낭발〉도 〈빈풍〉의 편명으로, 주공이 유언비어의 대변(大變)을 만난 상황에서도 태연자약하며 성덕(盛德)을 잃지 않은 것을 당시의 대부들이 찬미한 시이다.

489 누가……했던가 : 《시경》 〈대아(大雅) 소민(召旻)〉에 "연못 물이 마를 때 물가부터 마른다고 하지 않네."라는 구절이 있다. 실제로는 물이 밖에서 연못으로 들어가지 않기 때문에 연못이 물가에서부터 마르는 것인데, 사람들이 그 원인에 대해서는 따져 보지 않는다는 뜻이다. 여기서는 결국 모든 화란은 반드시 초래하는 원인이 있어 발생한다는 의미로 쓰였다.

병 나을 때 신 감동했고 축원 때 간절했으니 瘳時神感祝時懇
이 궤 열어 하늘이 억울함 풀어 준 거라네 啓此天教得此伸
《시》와 《예》를 근거로 어찌 무덤 도굴하나[490] 詩禮詎堪資發冢
한 찬탈한 왕망이 따라 한 게 우습구나[491] 笑他依樣簒劉新

490 시(詩)와……도굴하나 : 《장자(莊子)》 〈외물(外物)〉에 "유자(儒者)가 《시경》과 《예기》를 근거로 하여 남의 무덤을 다음과 같이 도굴하였다. 대유(大儒)가 무덤 위에서 아래쪽에 대고 말하기를 '동녘이 환하게 밝아 온다. 일이 어떻게 되어 가느냐?' 하니, 소유(小儒)가 무덤 속에서 말하기를 '시신의 옷을 아직 다 벗기지 못하였습니다. 입속에 구슬이 있습니다.' 하자, 대유가 말하기를 '《시경》에도 이르기를 「푸르고도 푸른 보리가 무덤가에서 자라고 있네. 살아서 은혜를 베풀지도 아니했는데 죽어서 어찌 구슬을 물겠는가.」 하였다. 그놈의 머리를 잡고 그의 턱수염을 누른 다음 쇠망치로 그놈의 턱을 쳐서 천천히 그의 볼까지 벌린 다음 입속의 구슬이 다치지 않도록 잘 꺼내라.' 하였다."라는 대목이 있는데, 겉으로는 《시》와 《예》를 표방하면서 실제로는 그것을 빙자하여 간교한 짓을 하는 사람들을 빗댄 것이다.

491 한(漢)……우습구나 : 한나라 평제(平帝) 때 왕망(王莽)이 납제(臘祭)를 올리는 날을 이용해 초주(椒酒)에 독약을 넣어 황제에게 올려 병이 나게 하였다. 그러고는 책서(策書)에 자신이 황제의 죽음을 대신하게 해 달라고 적고는 이를 금등에 보관하여 정전에 놓아두었는데, 바로 주공의 금등 고사를 흉내 낸 것이다. 이로 인해 평제가 죽자 오히려 이를 명분으로 왕망 자신이 황제의 자리에 올랐다. 《資治通鑑綱目 卷8 漢平帝 元始 5年 12月》 여기서는 그럴듯한 명분, 즉 금등을 근거로 왕위를 찬탈한 왕망을 비판한 것이다.

가을밤에 읊어 손자 아이에게 보여 주다
秋夜吟示孫兒

근일 장마 습한 기운 몸이 견딜 수 없지만	近日淫霖不耐侵
침과 쑥도 찾지 않고 그대로 놓아두네	任他鍼爇不求尋
허물 많으니 작은 허물도 맹렬히 살피고	過多猛省幾微過
마음 젊으니 늙어 나태한 마음도 전혀 없네	心壯全無老懶心
좋은 글귀 얻었을 땐 봉황 나는 듯하고	逸句得時如鳳擧
대작 완성하고 나면 용이 읊은 것 같네	大篇成處若龍吟
다행히 네가 여기에서 좋은 벗 되어 주니	幸伊這裏爲良友
산수의 지음 위해 어찌 거문고 기다리랴[492]	山水知音豈待琴

492 산수의……기다리랴 : 백아(伯牙)가 거문고를 타면서 산을 생각하면 종자기(鍾子期)가 듣고 평하기를 "높은 산이 우뚝한 듯하도다."라고 하였고, 백아가 물을 생각하면 "흐르는 물이 넘실거리는 듯하도다."라고 하였다 한다. 《呂氏春秋 本味》 여기서는 손자 아이가 옆에서 좋은 벗이 되어 주고 있으니 자신의 마음을 알아주는 벗을 굳이 기다릴 필요가 없다는 말이다.

손자 주석이 《서경》 〈고명〉을 읽고 지은 시에 차운하다

次疇孫讀顧命韻

〈금등〉의 글 한 편 읽기를 좋아하는데	喜讀金縢書一篇
못 잊을 게 어찌 선왕의 현덕뿐이랴[493]	不忘何獨烈文賢
당시에 주공이 돌아갈 곳 없었으니	當時赤舃歸無所
주나라 국운 불안함 정히 볼 수 있었네[494]	定見蒼姬籙不全
〈고명〉편 천명 밝히려는 뜻인 줄 누가 알랴	顧命誰知明大命
지난 일이 도리어 미래의 경계될 수 있지[495]	已然還可戒將然

493 금등(金縢)의……현덕뿐이랴 : 《시경》 〈주송(周頌) 열문(烈文)〉에 "막강한 분을 사방에서 교훈 삼고 크게 드러난 현덕을 제후들이 본받나니, 아, 돌아가신 선왕(先王)을 다들 잊지 못하네."라는 구절이 있는데, 여기서는 《서경》 〈금등〉을 읽다 보면 선왕인 문왕(文王)과 무왕(武王)뿐만 아니라 주공(周公)의 현덕도 잊을 수 없게 된다는 말이다.

494 당시에……있었네 : '주공이 돌아갈 곳이 없었다'는 것은 당시에 관숙(管叔)과 채숙(蔡叔)이 퍼뜨린 유언비어로 인해 국론이 분열되고 주공이 성왕(成王)에게까지 의심을 받는 진퇴양난의 처지에 놓여 있었던 것을 말한다. 그리고 당시에 나라 안에는 여러 천재지변이 계속되고 있었으므로 주나라의 국운이 위기 상황에 처해 있었다고 할 수 있다.

495 고명(顧命)편……있지 : 성왕이 금등을 열어 주공이 예전에 맹세했던 글을 읽고 나서 오해를 푼 뒤에 주공과 함께 나라의 혼란을 수습하였는데, 그 뒤 성왕이 병이 들어 죽게 되었을 때 소공(召公)과 필공(畢公) 등의 제후들에게 강왕(康王)을 도와주기를 부탁하면서 유명으로 남긴 것이 바로 《서경》의 〈고명〉이다. 이 〈고명〉은 지난 일을 거울삼아 미래에도 주나라의 천명이 계속 이어지기를 바라는 염원이 담겼다고 할 수 있다는 것이다.

자신 다스려 악의 길 못 가게 하라는 저 훈계[496]　矧伊自亂非幾訓
유정유일[497]과 같은 말로 만세에 전해지리　精一同條萬世傳

496 자신……훈계 : 〈고명〉에, 성왕이 제후들에게 "생각건대 사람은 스스로 위의를 다스릴 수 있어야 사람답게 되는 법이니, 너희들은 원자(元子)인 소(釗)가 불선의 기미가 있는 데로 무턱대고 나아가지 않게 하라."라고 훈계하는 대목이 있는데, 이를 말한다. 여기에서 불선의 기미란 선에서 갈라져 악에 빠지는 갈림길을 말한다.

497 유정유일(惟精惟一) : 오직 정밀하게 살피고 오직 한결같이 하라는 말이다. 220쪽 주191 참조.

손자 주석이 《서경》 〈문후지명〉을 읽고 지은 시에 차운하다
次疇孫讀文侯之命韻

이 한 편은 성인의 깊은 경계 담겼는데 　此一篇存聖戒深
그 당시 환란들이 계속 겹쳐 일어났지[498] 　當時喪亂極尋侵
낙읍의 구차한 안일 과연 무슨 뜻인가 　偏安洛邑果何意
기양을 회복할 마음 없다는 뜻이라네[499] 　揮發岐陽無此心
보와 신의 수자리 백성이 원망했으니[500] 　戍甫戍申民已怨
검은 활과 화살로 포악 누가 막으랴[501] 　盧弓盧矢暴誰禁

498 이……일어났지 : 《서경》 〈문후지명(文侯之命)〉은 신(申)나라가 끌어들인 견융(犬戎)에 의해 주(周)나라 유왕(幽王)이 살해된 뒤 천자의 자리에 오른 아들 평왕(平王)이 서쪽 호경(鎬京)에서 동쪽 낙읍(洛邑)으로 도읍을 옮기고 나서 자신을 왕으로 세워 준 진(晉)나라 문후(文侯)에게 훈시하는 내용이다. '이 한 편은 성인(聖人)의 깊은 경계가 담겨 있다'는 것은 공자(孔子)가 《서경》을 엮으면서 이 편을 남겨 둔 것이 아버지를 시해한 원수와 역적을 토벌하지 않고 오히려 천도하여 안일만을 추구한 주나라 군신들에 대해 천하 후세에 깊은 경계를 보여 주기 위한 뜻이었다는 것이다.

499 기양(岐陽)을……뜻이라네 : 기양은 기산(岐山)의 남쪽으로 지금의 섬서성(陝西省) 부풍현(扶風縣) 서쪽에 있던 옛 지명이다. 주나라 고공단보(古公亶父) 때 훈육(薰育)이 빈(邠) 땅을 쳐들어오자 이를 피해 기양으로 옮겨 도읍을 정하였다. 《史記 周本紀》 여기서는 평왕이 낙읍으로 천도한 것은 단지 구차하게 안일을 도모하려는 의도였고 주나라 고토(古土)에 대한 수복의 의지는 전혀 없었다는 말이다.

500 보(甫)와……원망했으니 : 《시경》 〈왕풍(王風) 양지수(揚之水)〉에, 주나라 평왕이 자기 백성들을 멀리 보나라와 신(申)나라에 주둔시켜 수자리를 살게 하자 주나라 사람들이 원망하는 내용이 보인다.

501 검은……막으랴 : 《서경》 〈문후지명〉에, 평왕이 진(晉)나라 문후(文侯)를 방백

안일하다가 결국 〈서리〉 강등되고 말았으니[502] 因循遂至黍離降
천년토록 〈단의잠〉이 되는 것이 마땅하리[503] 千載宜爲丹扆箴

(方伯)으로 삼고 붉은 활과 화살, 검은 울창주, 검은 활과 화살, 말 네 필을 하사하는 내용이 나온다. 당시는 주나라 왕실의 위엄이 무너지고 제후가 강성해진 때이므로 평왕이 문후에게 행한 의례적인 훈시와 부탁만으로는 백성들에 대한 학정을 막을 수 없는 상황이었다는 말이다.

502 안일하다가……말았으니 : 〈서리(黍離)〉는 《시경》 〈왕풍(王風)〉의 편명이다. 〈왕풍〉은 평왕이 낙읍으로 천도한 이후에 수집한 〈서리〉부터 〈구중유마(丘中有麻)〉까지의 10편을 가리키는데, 이때에는 이미 주나라 왕실의 위엄이 무너져 제후와 다를 바가 없게 되었으므로 이 시들이 제후의 풍(風)으로 강등되어 편입되고 말았던 것이다.

503 천년토록……마땅하리 : 당(唐)나라 때 경종(敬宗)이 소인을 가까이하고 사냥을 좋아하므로 절서 관찰사(浙西觀察使) 이덕유(李德裕)가 붉은 병풍에 6편의 〈단의잠(丹扆箴)〉을 써서 올려 왕을 경계시켰다. 《舊唐書 李德裕列傳》 여기서는 《서경》의 〈문후지명〉이 왕을 경계시킨 〈단의잠〉과 마찬가지로 향후 천하 후세의 왕들에게 경계의 본보기가 되기에 충분하다는 말이다.

두 손자에게 써서 보여 주다

書示二孫

한가함 구하려 해도 못 얻는 법이거늘	人若求閑未得閑
하늘이 날 안 바쁘게 만들어 주었구나	天教我在不忙間
복희씨가 그린 괘 두 눈으로 보고 있고	羲皇畫卦供遮眼
소 강절의 시문도 즐겨 나를 위로하네	康節詩文好慰顏
초가의 문을 열면 해와 달이 빛나고	蓬戶開時明日月
가시울 낮은 곳엔 구름 산도 보여라	棘籬低處見雲山
책상머리에 홀연히 청풍과 만나서는	床頭忽與淸風會
한바탕 꿈 멀리 외루 갔다 돌아오네[504]	一夢遙從畏壘還

504 책상머리에……돌아오네 : 《장자(莊子)》 〈경상초(庚桑楚)〉에, 경상초라는 인물이 노자(老子)의 도를 터득하고 외루(畏壘)라는 산에 들어가 살았는데, 3년 만에 외루 지방에 큰 풍년이 들었다는 내용이 있다. 1156년 주희(朱熹)가 동안 주부(同安主簿)로 있을 때 이를 원용하여 자신이 머물던 처소를 외루암(畏壘菴)이라 명명한 적이 있다. 《晦庵集 卷77 畏壘菴記》 여기서는 주희가 머물던 바로 그 외루암을 가리키는지 아니면 유배 오기 전에 송시열이 머물던 화양동(華陽洞)을 가리키는지는 분명치 않다.

김 남원[505] 익렬 에 대한 만사
金南原 益烈 挽

젊은 시절 교분 맺어 머리 다 흴 때까지 蚤歲論交到白頭
형제와 같은 우의 매우 극진하였지 弟兄情誼荷綢繆
양식 없어 굶주릴 때 부지런히 도와줬고 糟糠絶日勤濡沫
율무 자주 보내와서 근심 풀 수 있었네[506] 薏苡頻時克解憂
형제분 함께 수령되어 막 기뻐했는데 甫喜朱幡聯棣萼
홀연히 붉은 명정 무덤 향하니 놀랍구려 忽驚丹旐向瑕丘
구천 가서 만약에 창주 노인[507] 만나거든 重泉若見滄洲叟
외로운 인생 눈물을 못 거둔다 전해 주오 爲報孤生淚未收

505 김 남원(金南原) : 김익렬(金益烈, 1602~1665)으로, 본관은 광산, 자는 자장(子章)이며, 김집(金集)의 아우 김반(金槃)의 맏아들이다. 음사(蔭仕)로 남원 부사 등을 지냈다.

506 율무……있었네 : 후한(後漢) 때의 복파장군(伏波將軍) 마원(馬援)이 교지(交趾)를 정벌할 때 율무를 복용하여 남방의 장기(瘴氣)를 이겨냈다고 한다.《後漢書 馬援列傳》 여기서는 송시열이 유배지에 있을 때 김익렬이 자주 율무를 보내왔기 때문에 이렇게 말한 것으로 보인다.《宋子大全隨箚 卷1》

507 창주(滄洲) 노인 : 김익렬의 아우 김익희(金益熙, 1610~1656)로, 창주는 그의 호이다. 본관은 광산, 자는 중문(仲文)이다. 조부는 김장생(金長生)이고 아버지는 김반이다. 대사성과 대제학을 지냈다.

박 안음[508] 정룡 에 대한 만사

朴安陰 廷龍 挽

흰머리에 색동옷 입은 게 몇 해던가[509]	華髮斑衣幾歲年
세상에 견줄 데 없는 복이라고들 했었지	人稱福履世無肩
일찍이 조정 반열에서 패옥을 울리다가	曾從朝列鳴璜佩
다시금 시냇가에서 자갈밭을 다스렸네	更向溪頭理石田
지난해에 만나 뵈어 너무 감사했었는데	多謝去年承一晤
홀연히 오늘 구천에 가시다니 놀랍구나	忽驚今日奄重泉
남은 목숨 죽지 않고 홀로 애도하자니	殘生未死孤鷄絮
눈물만이 절로 흘러 이 글에 떨어진다	只有無從落些篇

508 박 안음(朴安陰) : 박정룡(朴廷龍, 1599~1673)으로, 본관은 밀양(密陽), 자는 자운(子雲)이다. 40세에 출사하여 사헌부 감찰, 산음 현감(山陰縣監), 안음 현감(安陰縣監) 등을 지냈다. 《陶菴集 卷31 縣監朴公墓碣》

509 흰머리에……해던가 : 노래자(老萊子)가 나이 칠십에도 늙은 부모를 위해 색동옷을 입고 장난을 치면서 즐겁게 해 주었듯이, 박정룡도 늙은 나이까지 부모가 모두 생존해 있었다는 말이다.

종손 광석[510]의 시에 차운하여 가는 길에 주다
次從孫光錫韻以贈其行

빗속에 찾아와서 문 두드린 이 누구던가	雨中來叩者爲誰
이 가시울에서 웃으며 얘기 나누었지	笑語云云此棘籬
명철한 경지 오른 성상 얘기 나눴거니	共說聖明躋濬哲
현준한 이들에게 안위 달린 것 보겠네	佇看賢俊寄安危
중원에서의 격투는 천심이 싫어했고[511]	中州格鬪天心厭
초루의 정성에 황제가 은혜 드리웠지[512]	楚纍精誠帝眷垂
지금 네가 멀리 온 게 뭔 일인지 알거니	今汝遠來知底事
장강에서 유골 거둔 전례 있어서라네[513]	瘴江收骨有前規

510 광석(光錫) : 송광석(宋光錫)으로, 본관은 은진, 자는 중휘(仲輝)이며, 감역(監役)을 지냈다.

511 중원에서의……싫어했고 : 이 구절에 대해 《송자대전수차(宋子大全隨箚)》 권1에서는 오삼계(吳三桂)의 일을 말하는 것인 듯하다고 주해하고 있는데, 오삼계는 이자성(李自成)이 수도를 함락하고 자신의 애첩인 진원원(陣圓圓)을 취했다는 소식을 듣자, 청(淸)나라 군대를 거느리고 산해관(山海關)으로 들어가 이자성을 격파하였고, 뒤에는 다시 청나라를 배반하고 황제를 칭하다가 병사하였다. 《淸史 吳三桂列傳》

512 초루(楚纍)의……드리웠지 : 초루는 한(漢)나라 양웅(揚雄)이 지은 〈반이소(反離騷)〉에 "삼가 초(楚)나라의 상루(湘纍)에게 조의를 표한다."라는 구절에서 온 것으로, 상강(湘江) 지역으로 유배 간 굴원(屈原)을 지칭하는 말로 쓰인다. 여기에서 '황제가 은혜 드리웠다'는 것은 굴원의 충심을 생각하여 그를 죽이지 않고 유배를 보내는 은택을 내린 것을 말하는 듯한데, 바로 위 구와 어떤 의미로 연결되고 있는지는 분명하지 않다.

513 장강(瘴江)에서……있어서라네 : 장강은 장기(瘴氣)가 서려 있는 강변이란 뜻이

소 강절의 시어를 써서 연구를 읊다[514]

用康節語聯句

대장부의 마음을 아는 이가 드무니　　大丈夫心識者稀
인정과 물리에서 그 기미를 본다네　　人情物理見幾微

손자

황왕과 제패의 일 널리 펼쳐져 있고　　鋪舒帝伯皇王事
일월과 성신의 빛 밝게도 빛나네　　照耀星辰日月輝
많은 꽃과 꾀꼬리 다 스스로 관장하고　　富貴鶯花都自管
청한한 물과 대나무 귀의처로 삼누나　　淸閑水竹以爲歸

조부

이 밖의 영욕일랑 모두 잊어버리고　　自餘榮辱都忘了
취한 뒤에 때때로 큰 붓 휘두르시길　　醉後時時大筆揮

손자

다. '유골 거둔 전례가 있다'는 것은 당(唐)나라 때 한유(韓愈)가 조주 자사(潮州刺史)로 좌천되어 가던 길에 질손(姪孫)인 상(湘)을 만나서는 율시 한 수를 써 주었는데, 그 시에 "장기 서린 강변에서 내 뼈 잘 거두어다오."라고 한 것을 말한다.《韓昌黎集 卷10》

514 소……읊다 : 연구는 두 사람 이상이 모여 돌아가며 한 구씩 읊어서 한 편의 시를 완성하는 방식인데, 여기서는 송시열과 손자가 소옹(邵雍)의 시어를 활용하여 연구 형식으로 시를 지은 것이다. 이 시의 함련(頷聯)이 소옹의 시 "일월성신 모두가 높이 떠서 빛나고 황왕 제패 모두가 크게 널리 펴졌구나.〔日月星辰高照耀, 皇王帝伯大鋪舒.〕"라는 구절을 활용한 것이다.《朱子語類 卷100 邵子之書》

손자 주석이 《서경》 〈미자〉[515]를 읽고 시를 지었는데 나도 그 시운을 써서 짓다

疇孫讀微子有詩聊用其韻

〈미자〉편은 일찍이 성인의 손 거쳤으니　微子篇曾聖手經
훈계가 엉성하지 않다는 걸 알겠어라　終知訓誡不星零
세 인자 간곡했으나 한 사람 오만하여　三仁惻怛一夫傲
백성 슬피 울부짖자 상제가 들어줬지[516]　下土哀號上帝聽
덕이 같은 삼천 신하 두려워하지 않았으니　罔畏三千同德士
예닐곱 성군 혼령에게 공연히 진달했네[517]　空陳六七聖君靈
나라 망해도 남의 신하 되진 않겠다[518]는 말[519]　惟玆我罔爲臣語

515 서경(書經) 미자(微子) : 주왕(紂王)의 서형(庶兄)이었던 미자가 주왕의 폭정으로 은(殷)나라가 망하려 하자 이를 애통하게 여겨 기자(箕子)와 서로 주고받은 말을 기록한 편이다.

516 세……들어줬지 : '세 인자'는 미자, 기자, 비간(比干)을 가리키며, '한 사람'이란 폭군 주왕을 가리킨다. 그리고 '상제가 들어줬다'는 것은 폭정에 신음하는 백성들의 울부짖음을 하늘이 들어주어 주(周)나라 무왕(武王)으로 하여금 은나라를 정벌하여 망하게 하였다는 말이다.

517 덕이……진달했네 : 주나라 무왕이 은나라를 치러 가면서 군사를 모아 놓고 말하기를 "힘이 같을 경우에는 덕을 헤아리고 덕이 같을 경우에는 의를 헤아리는 법이니, 은나라 왕 수(受)는 신하가 억만이 있지만 억만의 마음이고 나는 신하가 삼천이 있는데 오직 한마음이다."라고 하였다. 《書經 泰書上》 여기서는 주나라에는 한마음 한뜻으로 뭉친 신하가 3000명이 있으니 국운이 다한 은나라로서는 아무리 옛날 탕왕(湯王)과 같은 예닐곱 성왕(聖王)의 혼령에게 진달하여 빌어도 소용이 없는 지경에 이르렀다는 말인 듯하다.

길이 후세 신하에게 본보기가 되리라　　　　長爲人臣作典刑

518 나라……않겠다 : 《서경》 〈미자〉에, 기자가 미자에게 "상(商)나라가 이제 재난이 있을 것이니, 나는 일어나 그 재앙을 받겠다. 상나라가 망하더라도 나는 남의 신하가 되지 않을 것이다."라고 말하는 대목이 나온다.

519 나라……말 : 두주에는 '我罔爲臣語一作二百卌餘字'로 되어 있다. 이에 따라 번역하면 '오직 이 이백 사십여 글자의 뜻'이란 의미가 되는데, 《서경》 〈미자〉의 글자 수가 237자이므로 240여 글자라고 한 것이다.

소 강절의 〈수미음〉에 차운하다[520] 기미년(1679, 숙종5) 8월 9일

次康節首尾吟韻 己未八月初九日

우옹은 시 읊기를 좋아하진 않으나	尤翁非是愛吟詩
시 읊는 건 우옹이 옛날 사모할 때라네	詩是尤翁慕古時
요순과 복희 헌원 시대 비록 멀긴 해도	堯舜羲軒雖邈矣
우탕과 문왕 무왕 문득 이를 이으셨네	禹湯文武却承之
《시경》《서경》《예기》《악경》 가르침 아님 없고	詩書禮樂無非教
신인 성인 인자 현자 모두 부합했나니	神聖仁賢儘著題
천만년간 사람은 모두 한가지였어라	千萬年人都一箇
우옹은 시 읊기를 좋아하진 않는다네	尤翁非是愛吟詩

520 소……차운하다 : 수미음(首尾吟)은 바로 소옹(邵雍)이 134수의 연작시 〈수미음〉을 지으면서 시작된 시체(詩體)의 하나로, 기본적으로 연작시의 형태를 취하되 같은 구절을 첫 구와 끝 구에 반복해서 쓰는 것이 두드러진 특징이다. 그리고 두 번째 구에서 두 글자가 바뀌는 형식이 기본적인데, 때에 따라서는 두 번째 구에서 네 글자, 여섯 글자, 혹은 일곱 글자 전부가 교체되기도 한다. 두 번째 구의 바뀌는 부분이 그 시의 주제와 전체 내용을 암시하게 되며, 이어지는 네 구에서 그 주제를 설명하는 방식으로 구성된다. 송시열은 소옹의 〈수미음〉 134수의 시운을 그대로 써서 소옹과 마찬가지로 134수나 되는 〈수미음〉 시를 창작함으로써 자신의 사상을 압축적으로 총정리하였다고 할 수 있다.

두 번째 第二

우옹은 시 읊기를 좋아하진 않으나	尤翁非是愛吟詩
시 읊는 건 우옹이 깊이 관찰할 때라네	詩是尤翁著眼時
드넓은 하늘과 땅 누가 이를 주재하나	磅礴昆侖誰主是
온화한 기와 숙살지기 절로 사가 없다네[521]	氤氳肅殺自無私
유행과 대대[522]는 은미하면서 드러나고	流行對待皆微顯
개폐와 강유는 단지 음양의 이치라네	闔闢柔剛只偶奇
대소가 같진 않아도 모두 일관되는 것	大小不同皆一貫
우옹은 시 읊기를 좋아하진 않는다네	尤翁非是愛吟詩

세 번째 第三

우옹은 시 읊기를 좋아하진 않으나	尤翁非是愛吟詩

521 온화한……없다네 : 하늘과 땅이란 음과 양의 체(體)이며, 음과 양이란 하늘과 땅의 용(用)이다. 봄은 온화한 양의 기운이 작용하여 만물을 생장시키고 가을은 음기인 숙살지기(肅殺之氣)가 작용하여 만물을 거두게 되는데, 이러한 음양의 작용에는 사(私)가 전혀 없다는 말이다.

522 유행(流行)과 대대(對待) : 유행은 수생목(水生木), 목생화(木生火) 등을 말하고, 대대는 건(乾)은 곤(坤)에, 이(離)는 감(坎)에 대(對)가 되는 따위를 말한다. 《周易總目》 송시열은 이에 대해 상세히 설명하기를 "하늘은 위에 위치하고 땅은 아래에 위치한 것이 곧 대대이고, 하늘의 기(氣)는 아래로 내려오고 땅의 기는 위로 올라가는 것이 유행이다. 사람의 숨으로 말하면 숨을 내쉬는 것과 들이마시는 것이 절로 양단(兩端)이 되니 바로 대대이고, 내쉬는 것이 다하면 들이마시게 되고 들이마시는 것이 다하면 내쉬게 되는데 이것이 유행이다."라고 하였다. 《宋子大全 卷102 答沈德升》

시 읊는 건 우옹이 스스로 경책할 때라네	詩是尤翁自警時
생각 진실한 것은 자족하는지 보면 되니[523]	誠意只須看自慊
하늘에 부합하면 남의 인정 꼭 필요할까	合天何必要人知
지금은 다들 일마다 유속에 끌려가지만	如今事事皆流俗
옛날인들 사람 모두 자질이 훌륭했겠나	雖古人人豈美資
백발에도 경서 연구 않느니보단 나은 법	白首窮經猶愈已
우옹은 시 읊기를 좋아하진 않는다네	尤翁非是愛吟詩

네 번째 第四

우옹은 시 읊기를 좋아하진 않으나	尤翁非是愛吟詩
시 읊는 건 우옹이 스스로 탄식할 때라네	詩是尤翁自歎時
이 작은 나라에 늦게 태어난 데다가	生此偏邦兼苦晚
편협한 성격조차 다시 고치기 어렵네	矧玆褊性復難移
취한 꿈에 살다가 죽을 줄 잘 알거니	極知醉夢生而死
어지러이 날고 뛰는 금수와 차이 없네	無異紛綸走與飛
장년 헛되이 보내고 이제 이미 늙었구나	虛負壯年今已老
우옹은 시 읊기를 좋아하진 않는다네	尤翁非是愛吟詩

523 생각……되니 : 《대학장구》 전(傳) 6장에 "이른바 그 생각을 진실되게 가진다는 것은 자기 자신을 속이지 않는 것이다. 악취를 싫어하듯 악을 싫어하고 예쁜 여자를 좋아하듯 선을 좋아하는 마음 상태, 이를 일러 자족한 상태라고 하는데, 이런 까닭에 군자는 혼자만 아는 마음속의 생각을 반드시 신중하게 살피는 것이다."라고 하였다.

다섯 번째 第五

우옹은 시 읊기를 좋아하진 않으나	尤翁非是愛吟詩
시 읊는 건 우옹이 술 마실 때라네	詩是尤翁飮酒時
가슴이 탁 트인 주자 따르려 하거니[524]	自可盪胸追晦父
하릴없던 원사[525]는 본받을 필요 없어라	非關無事效袁絲
술 따를 때 그 누가 황국을 따다 줄까	斟時誰爲採黃菊
취한 뒤에 백의의 술 보내는 이도 없네[526]	醉後還無送白衣
섭리와 경륜[527]이란 설정 참 좋나니	燮理經綸題目好

524 가슴이……하거니 : 이 구절은 주희(朱熹)의 〈취하축융봉(醉下祝融峯)〉이라는 시 일부 내용을 취한 것이다. 316쪽 주433 참조. 여기서는 산을 유람하다가 구름을 보면 가슴이 탁 트이고 그 흥취에 탁주를 마시고서 호기롭게 시를 읊으며 산을 내려오는 주희의 인자요산(仁者樂山)의 경지를 본받고자 한다는 말이다.

525 하릴없던 원사(袁絲) : 한(漢)나라 문제(文帝) 때의 신하인 원앙(袁盎)의 자가 사앙(絲盎)이므로 원사라고 일컬어진다. 원앙이 직간(直諫)으로 미움을 받아 오왕(吳王)의 정승으로 좌천되자, 조카 원종(袁種)이 말하기를 "오왕이 교만하게 행동한 지 오래되었고 나라에 간사한 자가 많으니, 지금 가서 심하게 다스리려고 하면 오왕이 상서(上書)하여 무고를 하거나 아니면 칼로 숙부를 죽일 것입니다. 그러니 하릴없이 술이나 마시면서 때때로 오왕을 타일러 모반하지 않게만 하면 화를 면할 것입니다." 하였다. 원앙이 조카의 말대로 하니 오왕이 매우 기뻐하면서 잘 대우하였다고 한다. 《漢書 袁盎傳》

526 취한……없네 : 도잠(陶潛)이 9월 9일 중양절에 술 생각이 간절했으나 마실 술이 없었는데, 그때 마침 백의(白衣)를 입은 사람 편에 강주 자사(江州刺史) 왕홍(王弘)이 술을 보내왔다고 한다. 《宋書 隱逸列傳 陶潛》

527 섭리와 경륜 : 북송(北宋) 때 부필(富弼)과 사마광(司馬光) 등이 소옹(邵雍)을 공경하여 원택(園宅)을 사 주자 소옹이 그 거처를 안락와(安樂窩)라고 이름하고는, 그곳에서 아침에는 향을 사르고 편안하게 앉아 있었으며 저녁에는 술 서너 사발을 마셨

우옹은 시 읊기를 좋아하진 않는다네　尤翁非是愛吟詩

여섯 번째 第六

우옹은 시 읊기를 좋아하진 않으나　尤翁非是愛吟詩
시 읊는 건 우옹이 묵묵히 셈할 때라네　詩是尤翁默數時
십이 회[528] 중에서 이제 반이 지났는데　十二會中今過半
삼천계[529] 내에 부처는 하는 일 없다네　三千界內佛無爲
만은 비록 만이지만 끝내 하나로 돌아오니　萬雖萬也終歸一
더할 수 없이 미묘해도 다 알 수 있다네　微莫微焉揔可知
한 치의 마음속에 받아들이면 그만이니　方寸中間輸入了
우옹은 시 읊기를 좋아하진 않는다네　尤翁非是愛吟詩

일곱 번째 第七

우옹은 시 읊기를 좋아하진 않으나　尤翁非是愛吟詩
시 읊는 건 우옹이 자책할 때라네　詩是尤翁自咎時
삼성과 구사[530] 모두 제대로 못하거니　三省九思都未了

는데 조금 취하면 바로 그쳤다고 한다. 그곳에서 쓴 시에 "술 따를 때는 얕고 깊음 있으니 섭리가 존재하고, 마실 적에는 많고 적음 없으니 경륜과 관계되네. 산 늙은이 별 쓸모없다 말하지 마라. 내 한 몸은 편안하게 지낼 수가 있다네."라고 하였다. 《宋史 道學列傳 程頤》

528 십이 회(會) : 162쪽 주15 참조.

529 삼천계(三千界) : 불교 용어인 삼천대천세계(三千大千世界)의 준말이다.

일곱 여덟 번 넘어진들 다시 누굴 허물할까 七顚八倒更尤誰
늘 주자의 머리가 목에 붙음 생각하니 常思晦父頭粘頸
감히 부옹의 머리와 수염을 바랄쏜가[531] 敢望涪翁髮與髭
칠 년 병에 삼 년 약쑥 구해야 하거니[532] 病七年求三歲藥
우옹은 시 읊기를 좋아하진 않는다네 尤翁非是愛吟詩

530 삼성(三省)과 구사(九思) : 삼성은 《논어》 〈학이(學而)〉에서 증자(曾子)가 말한 날마다 세 가지로 자신을 반성하는 조목인데, 그것은 "남을 위해 일을 도모하면서 최선을 다하지 않았는가, 친구와 사귀면서 신의를 지키지 않았는가, 스승에게 배운 것을 열심히 익히지 않았는가." 등이다. 구사는 《논어》 〈계씨(季氏)〉에 나오는 군자의 아홉 가지 생각인데, 그것은 "볼 때에는 분명하게 보기를 생각하고, 들을 때는 명확하게 듣기를 생각하며, 얼굴빛은 온화하게 가지기를 생각하고, 몸가짐은 공손하게 지니기를 생각하며, 말할 때는 진심을 다하기를 생각하고, 일할 때는 신중하기를 생각하며, 의심이 날 때는 묻기를 생각하고, 화가 날 때는 훗날 어려움을 당할 것을 생각하며, 이득을 볼 때에는 그것이 정의로운가를 생각한다."라는 것이다.

531 늘……바랄쏜가 : 남송(南宋) 때 한탁주(韓侂胄) 등의 위정자들이 당시의 학자들을 위학당(僞學黨)으로 몰아 탄압하면서 위학을 엄금할 때 주희(朱熹)의 제자인 팽귀년(彭龜年)이 세 번이나 관직이 깎이면서까지 부당성을 지적하며 항거하자, 주희가 말하기를 "팽 아무개는 지금 머리가 항상 목 위에 붙어 있을 것처럼 여긴다."라고 하였다고 한다. 《朱子語類 卷107 朱子四內》 부옹(涪翁)은 송나라 때의 학자 정이(程頤)를 가리킨다. 그가 부주(涪州)로 귀양 갔다가 돌아왔을 때 머리와 수염이 귀양 가기 전보다 더 젊어졌다고 한다. 《二程全書 卷50 伊川年譜》 여기서는 송시열 자신이 정이와 같은 경지를 바랄 수는 없지만 주희가 칭찬했던 팽귀년과 같은 의기는 항상 염두에 두고 있다는 말이다.

532 칠……하거니 : 오래된 허물을 갑자기 고치기는 어렵지만 현재의 시점에서부터 노력해야 한다는 말이다. 《맹자》 〈이루 상(離婁上)〉에 "지금 왕이 되고자 하는 자는 7년 된 병에 3년 묵은 약쑥을 구하는 것과 같다. 이처럼 인정(仁政)에 뜻을 두지 않으면 평생 근심하고 치욕을 당하다가 결국에는 죽거나 망하는 데에 이르고 말 것이다."라는 말에서 나왔다.

여덟 번째 第八

고향에 돌아가는 손자 회석(晦錫)을 전송하다

우옹은 시 읊기를 좋아하진 않으나	尤翁非是愛吟詩
시 읊는 건 우옹이 송별하는 때라네	詩是尤翁送別時
주자도 소동파의 철심석장 기렸는데[533]	晦父尙稱蘇鐵石
정안에서 어찌 채씨 기미를 보았으랴[534]	淨安寧見蔡幾微
변방에서 말 잃어도 의연해야 하는 것	馬亡塞上須寬愼
배 안에서 옷 젖어도 원망할 게 없어라[535]	衣濕舟中莫怨希

533 주자도……기렸는데 : 동파(東坡) 소식(蘇軾)이 귀양을 떠나게 되었을 때 친구 이공택(李公擇)이 실의에 젖어 근심하는 시를 보내오자, 소식이 편지를 보내기를 "나는 철심석장(鐵心石腸)을 공에게 기대했는데, 어찌 지금 이렇게 합니까. 우리들이 비록 늙고 곤궁하지만 도리가 심간(心肝)을 꿰뚫고 충의로 골수를 채워 마땅히 생사의 갈림길에서라도 담소하며 태연할 수 있어야 합니다. 만약 나의 곤궁함을 보고서 문득 서로 안절부절못한다면 도리를 배우지 못한 사람과 큰 차이가 없을 것입니다."라고 하였다. 《唐宋八大家 蘇軾 卷23 與李公擇》 주희는 이 글을 저행지(儲行之)에게 보내는 편지에 써서 좌우명으로 삼게 하였다고 한다. 《晦庵集 續集6 答儲行之》

534 정안(淨安)에서……보았으랴 : 남송 경원(慶元) 연간에 채원정(蔡元定)이 한탁주에 의해 위학당으로 몰려 도주(道州)로 유배 갈 때, 주희가 문인들과 함께 정안사(淨安寺)에서 그와 작별하였는데, 주위 사람들은 눈물을 흘리면서 슬퍼하였으나 채원정은 평상시와 다름없이 담담하였고 어떠한 기미도 보이지 않았다고 한다. 《宋史 儒林列傳 蔡元定》

535 배……없어라 : 북송(北宋) 때의 간신 장돈(章惇)이 범순인(范純仁)을 영주(永州)로 유배 보내자 범순인의 자식들이 장돈을 원망하였는데, 그때마다 그는 자식들에게 원망하지 말라고 당부하였다. 그러다가 배를 타고 유배지로 가던 도중에 배가 전복되어 그의 옷이 모두 젖자, 자식들에게 또 이르기를 "이것이 어찌 장돈이 한 일이겠느냐."라고 하였다고 한다. 《宋史 范純仁列傳》 사람의 운명은 하늘이 정한 것이므로 남을 원망할

바다 밖 가을바람에 많은 생각이 일 뿐　海外秋風多少意
우옹은 시 읊기를 좋아하진 않는다네　尤翁非是愛吟詩

아홉 번째 第九

우옹은 시 읊기를 좋아하진 않으나　尤翁非是愛吟詩
시 읊는 건 우옹이 안분할 때라네　詩是尤翁安分時
곤액과 빈궁을 모두 다 맛보았고　困戹貧窮都喫了
영화와 부귀도 모두 다 잊었다네　榮華富貴盡忘之
눈앞에는 인간사 유유히 지나가고　眼前人事悠悠去
머리 위엔 하늘 바람 소슬히 불어오네　頭上天風瑟瑟吹
이와 같이 살다가 죽으면 그만이니　如是死生而已矣
우옹은 시 읊기를 좋아하진 않는다네　尤翁非是愛吟詩

열 번째 第十

우옹은 시 읊기를 좋아하진 않으나　尤翁非是愛吟詩
시 읊는 건 우옹이 괴이한 일 볼 때라네　詩是尤翁怪事時
일식 월식 일어나고 하늘 도수 어긋나며　日月傷夷乾度錯
탕과 문왕 유폐되고 공자도 포위됐지[536]　湯文幽辱仲尼圍

필요가 없다는 말이다.

536 탕(湯)과……포위됐지 : 하(夏)나라 임금 걸(桀)은 하대(夏臺)라는 감옥에 탕 임금을 유폐시켜 죽이려 한 적이 있었고 은(殷)나라 임금 주(紂)는 유리(羑里)라는

어찌하여 치세에도 삼 년 가뭄 있으며	如何治世三年旱
뭣 때문에 엄한 서리 유월에 내리는가	胡乃嚴霜六月飛
상도와 변고의 추이 또한 이치거니	常變推遷還是理
우옹은 시 읊기를 좋아하진 않는다네	尤翁非是愛吟詩

열한 번째 第十一

우옹은 시 읊기를 좋아하진 않으나	尤翁非是愛吟詩
시 읊는 건 우옹이 늦게 깨칠 때라네	詩是尤翁晩悟時
명백한 성정 그 누가 은미하다 말하는가	明白性情誰謂隱
평상의 의리 잘못 알고 기이하다 여기네	平常義理謬爲奇
반세기를 도끼 자루 대충 본 것 아쉬워라[537]	堪嗟半世柯徒睨
어찌 대롱 구멍으로 하늘 볼 수 있으랴[538]	豈是穹天管可窺

감옥에 문왕(文王)을 가둔 적이 있었다. 그리고 공자(孔子)가 광(匡) 땅을 지나갈 적에 그곳 사람들이 공자를 자신들에게 포악한 짓을 했던 양호(陽虎)라고 잘못 알고 포위하여 해치려고 한 적이 있었다. 《史記 夏紀, 殷本紀》《論語 子罕》

537 반세기를……아쉬워라 : 《시경》〈빈풍(豳風) 벌가(伐柯)〉에 "도끼 자루 베고 도끼 자루 베는데, 도끼 자루 표본은 멀리 있지 않다네."라는 구절이 있는데, 《중용장구》 제13장에서 이 시를 인용하면서 "사람들은 도끼 자루를 잡고 도끼 자루로 쓸 나무를 베면서도 그것을 대충 보고 오히려 표본이 멀리 있다고 여긴다."라고 의미를 풀이하였다. 즉 여기서는 도(道)가 멀리 있지 않고 내 자신에게 있고 일상 속에 있는데 반세기 동안 그것을 제대로 보지 못하고 산 것이 안타깝다는 말이다.

538 어찌……있으랴 : 《장자(莊子)》〈추수(秋水)〉에 "이는 곧 대롱 구멍으로 하늘을 보고 송곳으로 땅을 가리키는 격이니, 또한 작지 아니한가."라는 구절이 있는데, 여기서는 이를 인용하여 송시열 자신이 좁은 식견으로 살아왔음을 한탄한 것이다.

일상의 이륜 외에 다른 도 없는 것을　日用彝倫外無道
우옹은 시 읊기를 좋아하진 않는다네　尤翁非是愛吟詩

열두 번째 第十二

우옹은 시 읊기를 좋아하진 않으나　尤翁非是愛吟詩
시 읊는 건 우옹이 절로 기쁠 때라네　詩是尤翁自喜時
구할 필요도 없이 원래 고졸 지녔고　不待求之元有拙
놓을 필요 뭐 있으랴 본래 기심 없나니[539]　何須息也本無機
머리 위의 해와 달은 한가로이 청명하며　頭邊日月閑瀟洒
눈앞 솔개 물고기는 자연스레 날고 뛰네[540]　眼底鳶魚任躍飛
세속 밖엔 유연히 한 가지 일도 없는 것을　物外悠然無一事
우옹은 시 읊기를 좋아하진 않는다네　尤翁非是愛吟詩

539 놓을……없나니 : 어떤 사람이 바다에서 갈매기와 친구처럼 지내다가 어느 날 부친의 부탁을 받고 갈매기를 잡으려는 기심(機心)을 품자, 갈매기가 기미를 알고는 그에게 내려오지 않았다고 한다. 《列子 黃帝》 여기서는 물외(物外)에서 세상일을 잊고 초연하게 자연과 동화된 생활을 하기 때문에 내려놓을 기심이 없다는 말이다.

540 솔개……뛰네 : 《중용장구》 제12장에, 《시경》 〈대아(大雅) 한록(旱麓)〉에 나오는 "솔개는 높이 날아 하늘에 이르는데 물고기는 연못에서 뛰어노누나."라는 구절을 인용하여 천지의 도가 위아래에 밝게 드러나 있음을 말하는 대목이 나온다.

열세 번째 第十三

우옹은 시 읊기를 좋아하진 않으나	尤翁非是愛吟詩
시 읊는 건 모두 높낮이 없을 때라네	詩是都無平仄時
가도 불가도 없어서 끝내 가로 돌아가고[541]	無可不可終歸可
알고 모르고가 분명한 게 바로 아는 거라네[542]	爲知不知是卽知
명예와 이익 위하는 게 끝내 무슨 소용인가	爲名爲利竟何爲
어두운 데나 밝은 데나 속임은 똑같은 것[543]	欺暗欺明同自欺
붓 들고 논하는 데 이 네 가지가 있나니	肆筆論之有四者
우옹은 시 읊기를 좋아하진 않는다네	尤翁非是愛吟詩

541 가(可)도……돌아가고 : 《논어》 〈미자(微子)〉에, 공자(孔子)가 백이(伯夷)와 숙제(叔齊), 유하혜(柳下惠) 등 현자들의 처신을 거론한 뒤에 말하기를 "나는 이들과 달라서 가한 것도 없고 불가한 것도 없다."라고 하였는데, 이는 어느 하나를 주장하거나 어느 한쪽에 치우침이 없이 그때그때의 상황을 보고 의리에 입각하여 행동한다는 것인데, 그래서 결국에는 가(可)가 될 수 있는 것이다.

542 알고……거라네 : 공자가 자로(子路)에게 말하기를 "아는 것을 안다고 하고 모르는 것을 모른다고 하는 것이 아는 것이다."라고 한 데서 온 말이다. 《論語 爲政》

543 어두운……것 : 어두운 데는 남이 보지 않는 곳이며 밝은 데는 남이 보고 있는 곳인데 보는 데서 속이든 보지 않는 데서 몰래 속이든 결국은 똑같이 다 속이는 것이라는 말이다. 《대학장구》 전(傳) 6장에 "소인배들이 혼자 있을 때에는 못할 짓이 없이 불선을 행하다가도 군자를 보게 되면 은근슬쩍 자기의 불선을 숨기고 선을 드러낸다. 하지만 폐부를 들여다보듯 사람들이 모두 자기를 꿰뚫어 보고 있나니, 숨긴들 무슨 소용이 있겠는가."라는 말이 있다.

열네 번째 第十四

우옹은 시 읊기를 좋아하진 않으나	尤翁非是愛吟詩
시 읊는 건 우옹이 독백할 때라네	詩是尤翁獨語時
어찌 꼭 요즘 사람만 다 험악하겠나	豈必今人皆險巇
다시 옛 도 생각하면 다 평탄해지지	還思古道儘平夷
구름 낀 산 풍경을 뉘와 같이 감상할까	雲山景色誰同賞
바람과 달 같은 회포[544] 내 절로 안다네	風月襟懷我自知
지친 뒤에 복희씨 길이 꿈에 들어오니	倦後羲皇長入夢
우옹은 시 읊기를 좋아하진 않는다네	尤翁非是愛吟詩

열다섯 번째 第十五

우옹은 시 읊기를 좋아하진 않으나	尤翁非是愛吟詩
시 읊는 건 우옹이 낮에 꿈꿀 때라네	詩是尤翁午夢時
아스라한 구의에서 순 임금께 조회하고[545]	蒼莽九疑朝帝舜
종횡의 팔괘 이치 복희씨께 물어보네	縱橫八卦問包犧
화답하며 사양한 게 석 잔의 술이고	歌賡揖遜三杯酒

544 바람과……회포 : 송나라 때의 시인 황정견(黃庭堅)이 〈염계시서(濂溪詩序)〉에서 주돈이(周敦頤)의 높은 인품과 탁 트인 흉금을 묘사하기를 "흉금이 시원하기가 맑은 바람에 밝은 달과 같다."라고 칭찬하였다. 《山谷集 卷1 濂溪詩》

545 아스라한……조회하고 : 구의(九疑)는 중국 호남성(湖南省)에 있는 산 이름이다. 순(舜) 임금이 남쪽으로 순행을 갔다가 창오(蒼梧)의 들에서 죽어서 이곳에 묻혔다. 《史記 五帝本紀》

도끼 자루 썩도록 한 판 바둑 다투네[546] 柯爛交爭一局棋
호접과 장주를 문득 둘 다 놓쳤거니[547] 蝴蝶與周俄兩失
우옹은 시 읊기를 좋아하진 않는다네 尤翁非是愛吟詩

열여섯 번째 第十六

우옹은 시 읊기를 좋아하진 않으나 尤翁非是愛吟詩
시 읊는 건 우옹이 농담할 때라네 詩是尤翁戲語時
천한 자취 언제나 새 귀족의 재화되고 賤迹常爲新貴貨
맨몸은 도리어 대자대비의 바탕 되네 赤身飜作大悲資
제현은 다 널리 은혜 베푸는 것 좋아하고 諸賢共喜施恩普
중론은 되레 보답받음 더딘 것 의심하네[548] 衆議還疑受報遲
군자는 베풀고서 보답 구하지 않나니 君子有施無責報
우옹은 시 읊기를 좋아하진 않는다네 尤翁非是愛吟詩

546 화답하며……다투네 : 소옹의 〈수미음〉에 "요순 임금 사양한 건 석 잔의 술이었고 탕왕 무왕 싸운 것은 한 판의 바둑이지."라고 한 구절을 원용하여 꿈속 정경을 말한 것이다. 《擊壤集 卷20 首尾吟》

547 호접(蝴蝶)과……놓쳤거니 : 《장자》 〈제물론(齊物論)〉에 나오는 장주(莊周)의 나비의 꿈에 대한 고사를 인용한 것이다. 여기에서 '호접과 장주를 둘 다 놓쳤다'는 것은 꿈에서 깨어났다는 말이다.

548 천한……의심하네 : 이 네 구절은 시사(時事)와 관련된 당시의 시류와 세태를 농담조로 지적한 것인 듯한데, 어떤 일을 두고 이렇게 말한 것인지는 분명하지 않다.

열일곱 번째 第十七

우옹은 시 읊기를 좋아하진 않으나	尤翁非是愛吟詩
시 읊는 건 우옹이 혼자 서 있을 때라네	詩是尤翁獨立時
외로운 죄인 머리에 흰 눈은 웃기지만	自笑孤囚頭雪白
새와 구름 날아가는 멋진 흥취 뉘 알랴	誰知逸興鳥雲飛
정자 앞에서 옛날 구산과 이별했는데[549]	亭前昔與龜山別
바다 밖에서 지금은 철옹 온단 소식 듣네[550]	海外今聞鐵瓮歸
기쁨과 슬픔 모두 술에 취해 보내거니	欣戚都來輸一醉
우옹은 시 읊기를 좋아하진 않는다네	尤翁非是愛吟詩

549 정자……이별했는데 : 이 구절에 대한 《송자대전수차(宋子大全隨箚)》 권1의 주석을 보면, "충청도 연산(連山)에 구산(龜山)이 있는데, 사계(沙溪) 김장생(金長生)을 제향하는 돈암서원(遯巖書院)이 있는 임리(林里)와 지척에 있다. 따라서 이 구절은 사계의 문하와 서로 이별한 것을 가리켜 말하는 듯하다."라고 풀이하였다. 그러나 여기에서 구산이 구체적으로 누구를 지칭하는지는 분명하지 않다.

550 바다……듣네 : 철옹(鐵甕)은 이유태(李惟泰)를 가리킨다. 철옹은 원래 평안도 영변(寧邊)에 있는 철옹산성(鐵甕山城)을 가리키는 말인데, 이유태가 1675년(숙종1) 복상(服喪) 문제로 제2차 예송(禮訟)이 일어났을 때 남인(南人)의 배척을 받아 이곳으로 유배되었기 때문에 이유태를 지칭하는 말로도 쓰인다. 이유태는 1679년 7월에 석방의 명이 내려져 돌아왔는데, 이때 송시열은 거제도(巨濟島)로 이배(移配)되어 있었으므로 바다 밖에서 이 소식을 들었다고 말한 것이다. 《草廬集 卷26 附錄 行狀》

열여덟 번째 第十八

우옹은 시 읊기를 좋아하진 않으나	尤翁非是愛吟詩
시 읊는 건 우옹이 경계할 줄 알 때라네	詩是尤翁知戒時
이 마음 돌아보면 하늘이 명한 것인데[551]	顧諟靈臺天所命
어둔 방에서도 귀신 못 속임 뉘 알랴[552]	誰知暗室鬼難欺
공부가 만약에 조금이라도 소홀하면	工夫倘或毫芒忽
물욕이 바다와 산 옮기게 할 수 있지	物欲能令海嶽移
늙어 갈수록 지난 결함 보완해 가길 생각나니	老去惟思追補去
우옹은 시 읊기를 좋아하진 않는다네	尤翁非是愛吟詩

열아홉 번째 第十九

우옹은 시 읊기를 좋아하진 않으나	尤翁非是愛吟詩
시 읊는 건 말재간에 찡그려질 때라네	詩是嚬顰好辯時
우레가 숲에 치니 도깨비가 놀라고	雷擊叢林驚魍魎
별이 적수 뚫으니 교룡이 달아나네	星穿積水走蛟螭

551 이……것인데 : 《대학장구》 전(傳) 1장에 "하늘의 밝은 명(命)을 돌아보아야 한다."라는 말이 있는데, 이에 대해 주희(朱熹)는 주석하기를 "하늘의 밝은 명이란 바로 하늘이 나에게 부여해 주어서 내가 덕(德)으로 삼은 것이니, 항상 이것을 주시하면 어느 때고 밝지 않은 경우가 없을 것이다."라고 하였다.

552 어둔……알랴 : 남이 보지 않는 어두운 방에 홀로 있을 때 하는 언행조차 귀신이 보고 듣기 때문에 속일 수 없다는 것인데, 홀로 있을 때 삼가는 이러한 신독(愼獨)의 공부를 제대로 알고 행하는 이가 거의 없다는 말이다.

공언은 실로 난세를 다스릴 만하지만[553]	空言固可治夫亂
세상 운세는 평평하면 기우는 법이지[554]	世運無如平則陂
힘 부족할 때는 죽으면 그만이거니	力不足時惟死已
우옹은 시 읊기를 좋아하진 않는다네	尤翁非是愛吟詩

스무 번째 第二十

우옹은 시 읊기를 좋아하진 않으나	尤翁非是愛吟詩
시 읊는 건 우옹이 면앙할 때라네	詩是尤翁俛仰時
성인은 농사 배우려는 번지를 작게 여겼고[555]	學稼聖人小樊遲
순공은 자미의 좌망을 좌치라 비판했지[556]	坐馳純公譏子微

553 공언(空言)은……만하지만 : 군자가 포부를 펼칠 기회를 얻으면 그 뜻을 실행할 수 있지만 그런 때를 얻지 못하면 공언을 남길 수밖에 없는 것이다. 여기서의 공언은 역사의 시비를 평가하여 바른 원칙과 이상을 제시한 말을 일컫는데, 공자가 지은 《춘추》에서의 말들이 바로 그것이다. 이런 말들은 실로 난세를 다스릴 만한 표준이 되는 말이지만 실제로 난세에는 실행된 적이 없기 때문에 공언이라고 하는 것이다.

554 세상……법이지 : 《주역》〈태괘(泰卦) 구삼(九三)〉에 "평탄한 것은 반드시 기울어질 때가 있고 가는 것은 반드시 돌아올 때가 있다."라는 말이 있는데, 세상 운세나 세도(世道)의 순환을 뜻한다.

555 성인은……여겼고 : 번지(樊遲)가 농사짓는 법을 배우기를 청하자, 공자는 농사를 잘 모른다고 사양하였다. 번지가 밖으로 나가자 그를 일컬어 소인(小人)이라고 하면서, 윗사람이 예의와 의리와 신의를 좋아하면 아랫사람이 공경하고 따를 터인데 농사는 배워 어디에다 쓰겠느냐고 가르친 것을 말한다. 《論語 子路》

556 순공(純公)은……비판했지 : 순공은 송대의 학자 정호(程顥)의 시호이고 자미(子微)는 당나라 때의 도사(道士) 사마승정(司馬承禎)의 자이다. 사마승정이 천태산(天台山)에 은거하면서 〈좌망론(坐忘論)〉을 지었는데, 이에 대해 정호는 좌망(坐忘)

세속 선비는 세상길에 오래 연연해하고　俗士世路長依依
은자는 산의 나무 우거진 곳 살려 하네　隱者山木蔭萋萋
중용에 의거해야 성인 경지에 가는 것을　依乎中庸聖同歸
우옹은 시 읊기를 좋아하진 않는다네　尤翁非是愛吟詩

스물한 번째 第二十一

우옹은 시 읊기를 좋아하진 않으나　尤翁非是愛吟詩
시 읊는 건 우옹이 독서 좋아할 때라네　詩是尤翁喜讀時
잠심하여 마음 맞는 대목이나 얻었을 뿐　祇得玩心欣有會
이치 살펴 의심 없는 경지 간 적 있던가　何曾閱理到無疑
추위 더위 아침 저녁 피곤함도 다 잊고　暄涼朝暮渾忘倦
영화 오욕 빈궁 영달 모두 알지 못하네　榮辱窮通摠不知
구슬은 돌려주고 상자만 사니 우습구나[557]　却笑還珠空買櫝

이 바로 좌치(坐馳)라고 비판하였다. 좌망은 《장자》 〈대종사(大宗師)〉에 나오는 말로, 물아(物我)를 모두 잊어 도와 합일된 경지를 말하고, 좌치는 《장자》 〈인간세(人間世)〉에 나오는 말로, 조용히 앉아 있는 것 같아도 외물로 치달리는 번뇌의 마음이 그치지 않는 것을 가리킨다. 정호의 비판은 좌망하겠다고 의도하는 마음을 가지면 그것은 바로 좌치와 다름없다고 본 것이다. 《近思錄 卷4 存養》

557 구슬은……우습구나 : 춘추 시대 초(楚)나라 사람이 옥으로 장식한 목란(木蘭) 상자에 보배 구슬을 담아 정(鄭)나라에 팔러 갔는데, 정나라의 어떤 사람이 그 상자만 사고 구슬은 돌려주었다고 한다. 이는 근본과 지엽을 구분하지 못하는 것을 비유한다. 《韓非子 外儲說》 경전이 도(道)를 싣고 있는 것은 상자가 진주를 보관하고 있는 것과 같은데, 경전을 공부하면서 그 말만 외우고 훈고만 풀이한 채 도를 놓쳐 버린다면 정나라 사람이 상자만 사고 진주를 돌려주는 것과 같이 우스운 격이라는 말이다. 《近思錄集

우옹은 시 읊기를 좋아하진 않는다네	尤翁非是愛吟詩

스물두 번째 第二十二

우옹은 시 읊기를 좋아하진 않으나	尤翁非是愛吟詩
시 읊는 건 우옹이 두렵지 않을 때라네	詩是尤翁不懼時
오직 부귀영화는 명이 있는 것이고	惟富惟榮有命者
이 마음과 이 기는 내가 지니고 있는 것	此心此氣我持之
생애는 모군동을 벗어나지 못하고[558]	生涯不出茅君洞
꿈속에선 한수 가 넘어가기 어렵구나	魂夢難過漢水湄
뜻밖에 오는 재앙 운수소관이거니	無妄生災關運氣
우옹은 시 읊기를 좋아하진 않는다네	尤翁非是愛吟詩

스물세 번째 第二十三

우옹은 시 읊기를 좋아하진 않으나	尤翁非是愛吟詩
시 읊는 건 우옹이 깊이 살필 때라네	詩是尤翁遠覽時
지금의 상서 재앙 상제의 법칙 아니고	今者祥殃非帝則

解 卷2 爲學》

558 생애는……못하고 : 모군동(茅君洞)은 한(漢)나라 때 구곡산(句曲山)에 있던 동네로, 모영(茅盈), 모고(茅固), 모충(茅衷) 등 세 형제가 은거했던 곳인데, 화양동(華陽洞)이라고도 한다. 이들 세 형제를 일러 각각 대모군(大茅君), 중모군(中茅君), 소모군(小茅君)이라고 하며 합칭하여 삼모(三茅) 또는 삼모군(三茅君)이라고도 한다.《古詩記 卷20 茅山父老歌》 여기서는 송시열이 화양동에 살았으므로 이렇게 말한 것인 듯하다.

옛날의 선과 악이 나의 스승이라네	古之善惡是吾師
주나라 제단 위엔 규벽이 올려졌고[559]	周家壇上陳圭璧
우나라 궁중에선 부끄러움 있었네[560]	虞氏宮中有忸怩
인품의 차이가 어찌 이렇단 말인가	人品異同何若是
우옹은 시 읊기를 좋아하진 않는다네	尤翁非是愛吟詩

스물네 번째 第二十四

우옹은 시 읊기를 좋아하진 않으나	尤翁非是愛吟詩
시 읊는 건 두 눈을 밝게 뜰 때라네	詩是明開兩眼時
주나라 파가저택 어찌 법관 필요하랴[561]	邾國猪宮何必士

559 주(周)나라……올려졌고 : 규벽(圭璧)은 신에게 제사 지낼 때 쓰는 옥이다. 《서경》〈금등(金縢)〉에 의하면, 주나라 무왕(武王)이 병들어 위독해지자 주공(周公)이 무왕 대신 자기를 죽게 해 달라고 선왕들에게 기도하면서 먼저 남향으로 세 단(壇)을 만들고 세 단의 남쪽에 또 하나의 단을 만든 다음, 주공이 여기에서 북향하고 서서 손수 규벽을 올리고 기도하였는데, 바로 다음 날 무왕의 병이 나았다. 여기서는 주공이 어진 인품으로 무왕에게 충심을 다했음을 말한 것이다.

560 우(虞)나라……있었네 : 우나라는 순(舜) 임금의 나라 이름이다. 순의 이복동생인 상(象)이 여러 차례 순을 죽이려고 시도하였는데, 한번은 순이 죽은 줄 알고 상이 순의 궁중에 갔다가 평상에 앉아 슬(瑟)을 타고 있는 것을 보고는 깜짝 놀라며 부끄러워한 일이 있었다. 《孟子 萬章上》

561 주(邾)나라……필요하랴 : 춘추 시대 주루국(邾婁國)의 정공(定公)이 임금으로 있을 때 백성 중에 자기 아버지를 살해한 자가 있었는데, 유사(有司)가 이 사실을 고하자, 정공이 말하기를 "과인은 일찍이 옥사(獄事)를 결단하는 법을 배웠는데, 신하가 군주를 시해하면 관청에 있는 모든 자가 그를 죽이고 용서하지 않으며, 자식이 부모를 시해하면 집에 있는 모든 자가 그를 죽이고 용서하지 않으니, 그 사람을 죽이고 파가저

주(邾)나라의 파가저택(破家瀦宅)은 아버지를 살해한 자를 주벌하는 일이다. 주자(朱子)가 이단(異端)을 물리치는 것에 대해 논하면서 말하기를 "이는 《춘추(春秋)》의 법에 난신적자(亂臣賊子)는 사람이면 누구나 주벌할 수 있고 법관이 필요 없는 것과 같다." 하였다.

용문의 기와집 다 어린애 것과 같네[562] 龍門瓦屋儘如兒
시장에서 숙손 횡사했다 어찌 무함하는가[563] 叔孫枉市何誣也

택을 해야 한다."라고 하였다. 《禮記 檀弓下》

562 용문(龍門)의……같네 : 용문은 수(隋)나라 때의 학자 왕통(王通)을 가리키는데, 그가 강주(絳州)의 용문 지역 사람이기 때문에 그렇게 칭한 것이다. 그는 수 문제(隋文帝)에게 〈태평십이책(太平十二策)〉을 올렸으나 채택되지 않자, 하수(河水)와 분수(汾水) 사이로 물러나 도학(道學)을 강론하여 방현령(房玄齡), 두여회(杜如晦), 위징(魏徵) 같은 제자들을 길러 냈다. 왕통은 공자의 경전을 이었다고 자부하면서 이른바 왕통 육경(六經)이라고 하는 속경(續經)들을 지었는데, 이에 대해 주희(朱熹)는 "속경은 어린애의 기와집과 같은 것이다."라고 하면서 비판하였다. 《朱子語類 卷137 戰國漢唐人》

563 시장에서……무함하는가 : 송나라 때 재상을 지낸 사마광(司馬光)이 작고하자, 조정에서는 정이(程頤)에게 그 상(喪)을 주관하게 하였다. 그런데 마침 이날 조정에서는 명당(明堂)의 향례(享禮)를 거행하고 막 마친 상황이었다. 그때 소식(蘇軾)이 사마광의 상에 조문을 가겠다고 하자, 정이가 《논어》에 나오는 "공자께서는 이날 곡을 했으면 노래하지 않으셨다."라는 구절을 인용하면서 당일에 조문하는 것을 반대하였다. 그러자 좌객들이 말하기를 "공자는 곡한 날에 노래하지 않는다고 하였지 노래한 날에 곡하지 않는다고는 하지 않았다."라고 하였고, 이에 동조하며 소식도 말하기를 "이것은 시장에서 횡사(橫死)한 숙손통(叔孫通)이 만든 예이다."라고 하면서 정이를 시무(時務)를 모르는 비루한 사람이라고 조롱하였다. 《宋史筌文 卷13上 宋哲宗1》 여기서 숙손(叔孫)은 숙손통을 말한다. 송시열은 숙손통의 죽음을 사실과 다르게 횡사했다고 무함해서는 안 된다고 하면서 소식을 비판하였고 숙손통이 제정한 의례를 정이가 바르게 이해하고 행하려 했다고 판단한 것이다.

민중 건어 관문 통과 잡고자 하였네[564] 閩鮝過關欲捉之
애석해라 성인 무리 이제 아니 보이니 可惜聖徒今不見
우옹은 시 읊기를 좋아하진 않는다네 尤翁非是愛吟詩

주자가 왕통의 속경(續經)에 대해 논하여 말하기를 "이는 바로 어린애의 기와집과 같다."라고 하였고, 또 육상산(陸象山)이 속으로는 선(禪)을 하면서 겉으로는 유자(儒者)인 척하는 태도를 주자가 기롱하여 말하기를 "이는 민중(閩中)에서 몰래 사사로이 소금을 판매하는 자가 말린 물고기로 소금을 가리고는 관문(關門)과 나루를 지나면서 검문에 잡히지 않으려고 하는 것과 같다." 하였다. ○주(邾)나라의 일은 《예기(禮記)》〈단궁(檀弓)〉에 보인다.

스물다섯 번째 第二十五

우옹은 시 읊기를 좋아하진 않으나 尤翁非是愛吟詩
시 읊는 건 우옹이 스스로 말할 때라네 詩是尤翁自語時
하늘의 들음 무심하여 되레 쉬이 바뀌는데 天聽無心還易忒
인생은 명이 있어 더욱 변하기 어렵네 人生有命更難移
닥쳐오는 환난의 위급함을 어이할까 逼來患難那堪急
지난 과거 시간은 돌이킬 수 없구나 過去光陰不可追

564 민중(閩中)……하였네 : 이에 대한 고사는 원주(原註)에 자세하다. 소금을 밀매하려는 자가 소금 상자 위에 말린 물고기를 덮어서 몰래 관문과 나루를 통과하려고 하는 것을 검문하여 잡으려고 하듯, 속으로는 선(禪)을 추구하면서 겉으로는 유자인 척하는 육상산의 위선적인 행태에 대해 주희(朱熹)가 분명하게 분변하여 지적하고자 했다는 말이다.

단명 장수 털끝만큼 어긋난 적 있던가　天壽何曾毫分貳
우옹은 시 읊기를 좋아하진 않는다네　尤翁非是愛吟詩

스물여섯 번째 第二十六

우옹은 시 읊기를 좋아하진 않으나　尤翁非是愛吟詩
시 읊는 건 태곳적 깊이 생각할 때라네　詩是冥思邃古時
혼돈에서 하늘이 자회에 처음 열렸고[565]　混沌初開爲子會
거친 상태 점점 변해 요 임금 시대 됐네　鴻荒漸化際伊祈
요와 순의 선양으로 태평성대 이뤘으나　因其揖讓成巍煥
전쟁의 시대 이르러 문득 변화 생겼네　到得干戈乍變移
진한부터 이후로는 말할 만한 게 없나니　秦漢以來無可說
우옹은 시 읊기를 좋아하진 않는다네　尤翁非是愛吟詩

스물일곱 번째 第二十七

우옹은 시 읊기를 좋아하진 않으나　尤翁非是愛吟詩
소인 정상 살펴서 간파할 때 시를 읊네　看破宵人情狀時
어둔 밤 귀신이 들보에서 휘파람 불고　夜黑鬼舒梁上嘯

565 혼돈(混沌)에서……열렸고 : 혼돈은 세상이 개벽되기 이전의 원기(元氣)가 아직 분화되지 않은 상태를 말한다. 소옹(邵雍)의 설에 따르면, 혼돈의 상태에서 하늘은 자회(子會)에 열렸고 땅은 축회(丑會)에 이루어졌으며 사람은 인회(寅會)에 나왔다고 보았다. 《皇極經世書 卷4 觀物內篇》 회(會)에 대해서는 162쪽 주15 참조.

흐린 하늘 도깨비불 들판 사이 달리네　天陰燐騁野間輝
햇무리가 해 가리듯 화염을 토해 대고　熠嘘却似暈妨日
주머니 속 송곳처럼 재주 피우려 안달났네[566]　技癢還如囊處錐
어떡하면 밝은 해가 환히 임하게 할까　安得大明臨有赫
우옹은 시 읊기를 좋아하진 않는다네　尤翁非是愛吟詩

스물여덟 번째 第二十八

우옹은 시 읊기를 좋아하진 않으나　尤翁非是愛吟詩
시 읊는 건 작은 행동 삼감[567] 생각할 때라네　詩是思矜細行時
뒤서려던 게 아니라며 말 채찍질했거니[568]　策馬反云非敢後
짐승 사냥에 법도 잃음 진실로 부끄럽지[569]　獲禽良媿失其馳

566 주머니……안달났네 : '주머니 속 송곳'이란 전국 시대(戰國時代) 조(趙)나라 평원군(平原君)의 문객인 모수(毛遂)가 자신의 능력을 주머니 속 송곳으로 비유하면서 실력을 발휘할 기회를 달라고 청한 낭중지추(囊中之錐)의 고사를 가리킨다. 《史記 平原君列傳》 여기서는 소인들이 어줍지 않은 재능을 펼쳐 보이려고 갖은 술수를 부리는 것을 비유하여 말한 것이다.

567 작은 행동 삼감 : 《서경》 〈여오(旅獒)〉에 "작은 행동이라도 삼가지 않으면 큰 덕에 끝내 누를 끼칠 것이니, 이는 아홉 길 산을 만들 때 한 삼태기의 흙이 부족하여 공이 허물어지는 것과 같다."라는 말에서 온 것으로, 작은 언행 하나라도 조심해야 한다는 말이다.

568 뒤서려던……채찍질했거니 : 공자가 말하기를 "맹지반(孟之反)은 자기 공을 자랑하지 않는 사람이다. 전쟁에서 패주할 때, 맨 뒤에서 적을 막으며 후퇴해 놓고, 성문을 들어설 때는 자기 말에 채찍질을 하며 말하기를 '내가 감히 뒤에 서려고 했던 게 아니라 말이 나아가지 않아서 그랬다.'라고 하는구나." 하였다. 《論語 雍也》 여기서는 작은 일에서도 신중하게 행동하는 것을 살필 수 있는 사례로 맹지반의 경우를 든 것이다.

하찮고 작은 것은 매몰되기 십상인데　卑微自合成埋沒
공자와 맹자 이래로 크게 드러났구나　孔孟而來大發揮
하찮은 것 살핀 성현 뜻 알아야 하느니[570]　要識聖賢能察邇
우옹은 시 읊기를 좋아하진 않는다네　尤翁非是愛吟詩

스물아홉 번째 第二十九

우옹은 시 읊기를 좋아하진 않으나　尤翁非是愛吟詩
시 읊는 건 하늘 보고 땅을 살필 때라네　詩是仰觀俯察時
천지는 한 몸으로 바퀴 구르는 것 같고　蓋底一身如運轂
덥고 찬 계절 변화 바둑 두기 한가지네[571]　溫涼褫序若更棋
산하는 정정하고 화이가 구분되며　山河井井華夷奠
백성은 생생하고 초목은 성하구나　黎庶生生草木萋
이 안에 음양 이치 끝없이 절묘하니　這裏陰陽無極妙

569 짐승……부끄럽지 : 《맹자》 〈등문공 하(滕文公下)〉에, 짐승을 사냥할 때 말몰이꾼이 정도(正道)대로 말을 몰아서 한 마리의 짐승도 잡지 못한 경우와 말 모는 법도를 지키지 않고 속임수를 써서 짐승을 많이 잡은 경우를 사례로 들면서 작은 일에서도 정도를 잃는 행동을 해서는 안 된다고 말하는 구절이 있다.

570 하찮은……하느니 : 《중용장구》 제6장에 "순(舜) 임금은 큰 지혜가 있는 분이셨다. 순 임금은 묻기를 좋아하고 하찮은 말도 살피기를 좋아하셨다. 악한 말은 숨겨 주고 선한 말은 널리 알리셨으며, 양 극단을 절충하여 그 중도를 백성에게 행하셨으니, 이래서 아마 순 임금이 되셨을 것이다."라는 내용이 있는데, 매사 작은 것도 신중하게 살펴서 받아들이고 행동했던 성현의 태도를 제대로 인식하고 본받아야 한다는 말이다.

571 덥고……한가지네 : 더운 여름과 찬 겨울의 계절이 변화하는 것이 마치 바둑을 둘 때 검은 돌과 흰 돌을 번갈아 두는 것과 같다는 말이다.

우옹은 시 읊기 좋아하진 않는다네　　尤翁非是愛吟詩

서른 번째 第三十

우옹은 시 읊기를 좋아하진 않으나　　尤翁非是愛吟詩
시 읊는 건 한가로이 전기 볼 때라네　　詩是閒看傳記時
한 기운 나뉠 때 그 누가 보았던가　　一氣分時誰有見
삼황부터 그 위로는 나는 잘 모른다네　　三皇以上我無知
풀옷 입고 열매 먹음 어떤 이 말했던가[572]　　草衣木食何人說
소머리에 뱀 몸뚱이 사씨의 말씀이네[573]　　牛首蛇身史氏辭
가짜인지 참인지는 우선 그냥 놓아두자　　其贋其眞姑舍是
우옹은 시 읊기를 좋아하진 않는다네　　尤翁非是愛吟詩

서른한 번째 第三十一

우옹은 시 읊기를 좋아하진 않으나　　尤翁非是愛吟詩
시 읊는 건 복희씨 친히 만날 때라네　　詩是包犧親見時
태극 양의 사상 생겨 차례를 이루니[574]　　一兩四生聊序了

572 풀옷……말했던가 : 태고의 유소씨(有巢氏) 시대에 나뭇잎이나 짐승의 털과 가죽으로 옷을 걸치고 나무를 얽어 거처를 만들었으며 초목의 열매를 따먹었다고 한다. 《歷代史選 卷1 太古紀 有巢氏》

573 소머리에……말씀이네 : 신농씨(神農氏)는 사람의 몸에 소머리를 한 형상이었다고 하며 복희씨(伏羲氏)는 뱀의 몸에 사람 머리를 한 형상이었다고 한다. 《歷代史選 卷1 太古紀 太昊伏羲氏, 炎帝神農氏》

백 천 만의 숫자가 이렇게 나왔다네　　百千萬數見些兒
괘획 이전 묘리를 바꾸어 알려주니[575]　　畫前之妙因而貢
천하의 모든 의심 다 헤아릴 수 있다네　　天下諸疑儘可稽
사물 이치 밝힌 성인 그 뜻 참 고맙거니[576]　　多謝聖神開物意
우옹은 시 읊기를 좋아하진 않는다네　　尤翁非是愛吟詩

8에서 점차 배가 되어 6획에 이르면 64가 되고 64에서 또 배가 되어 7획에 이르면 128이 되고 128에서 점차 배가 되어 10획에 이르면 1024에 이르고 1024에서 점차 배가 되어 24획에 이르면 1677만 216이 된다.

서른두 번째 第三十二

우옹은 시 읊기를 좋아하진 않으나　　尤翁非是愛吟詩
시 읊는 건 신농씨 꿈에서 볼 때라네　　詩是神農夢見時
의약과 사제 체제 초목에서 가져왔고[577]　　草木竝輸醫蜡制

574 태극(太極)……이루니 : 《주역》〈계사전 상(繫辭傳上)〉 11장에 "역(易)에 태극이 있으니, 여기에서 양의(兩儀)가 나오고 양의에서 사상(四象)이 나오고 사상에서 팔괘(八卦)가 나온다."라고 하였다.

575 괘획(卦劃)……알려주니 : 《주역》〈계사전 상〉 9장에 "육효의 의미로 바꾸어 사람에게 길흉을 알려준다."라고 하였다.

576 사물……고맙거니 : 《주역》〈계사전 상〉 11장에 "역은 어찌하여 만들었는가? 역은 복서(卜筮)로 사물의 이치를 밝혀 일이 이루어지게 하려는 것으로 천하의 도가 그 속에 모두 포괄되어 있다."라고 하였다. 여기서는 복희씨가 이렇게 역을 통해 천하의 의심스러운 일을 결단하고 천하의 일이 분명하게 이루어지도록 해 준 데 대해 감사한다는 말이다.

577 의약과……가져왔고 : 신농씨(神農氏)가 자편(赭鞭)이라는 채찍을 가지고 다니

깎고 휘어 만든 기구 백성이 함께 알게 됐네[578]　黔黎同識斲揉機
지극한 도 모두 다 평범한 도라 하지만　雖云至道皆常道
다 무에서 점차로 유를 만든 것이라네　蓋自無爲漸有爲
허행이 신농 가탁한 건 참 가소롭거니[579]　可笑許行要假託
우옹은 시 읊기를 좋아하진 않는다네　尤翁非是愛吟詩

서른세 번째 第三十三

우옹은 시 읊기를 좋아하진 않으나　尤翁非是愛吟詩
시 읊는 건 황제 두고 말을 할 때라네　詩是陳辭黃帝時
구리와 쇠 어찌 난리 일으키는 것이랴　銅鐵云何能作亂
방패와 창은 그릇된 짓 금하는 것일 뿐[580]　干戈只是禁爲非

면서 온갖 초목들을 맛보아 차갑고 따뜻한 성질과 속성을 관찰한 뒤에 식용(食用)과 약용(藥用)으로 구별하였고 농사를 짓고 난 뒤 12월에 농사와 관련한 신에게 대접하는 사제(蜡祭)를 행하여 한 해를 마무리하였다. 《歷代史選 卷1 太古紀 炎帝神農氏》

578 깎고……됐네 : 《주역》 〈계사전 하(繫辭傳下)〉에 "신농씨가 나오시어 나무를 깎아 쟁기를 만들고 나무를 휘어 쟁기 자루를 만들어서 그 쟁기와 호미의 이로움을 천하에 가르쳤다."라고 하였다.

579 허행(許行)이……가소롭거니 : 허행이 신농씨의 설을 가탁하여 주장한 내용은 임금도 백성과 함께 농사를 지으며 정사를 다스린다는 것인데, 이에 대해 맹자(孟子)는 윗사람이 할 일과 백성이 할 일이 따로 있으며 마음을 쓰는 사람은 남을 다스리고 힘을 쓰는 사람은 남에게서 다스림을 받는 것이기에 천하를 다스리는 사람은 결코 농사까지 직접 지을 수는 없다고 주장한 바 있다. 《孟子 滕文公上》

580 방패와……뿐 : 황제(黃帝)가 처음으로 창과 방패를 만들었는데, 이는 세상을 그르치고 백성을 피폐하게 만드는 무리들이 일어나지 못하도록 금하려는 뜻이었다는 말이다. 《歷代史選 卷1 太古紀 黃帝軒轅氏》

만국을 돌아다녀 빛이 더욱 드러났고[581] 巡遊萬國光逾顯
천균[582]에게 위임하여 정사 하자 없었네[583] 委任千勻政莫疵
태산 봉선의 폐단 남김 단지 한스러울 뿐[584] 獨恨東封留弊事
우옹은 시 읊기를 좋아하진 않는다네 尤翁非是愛吟詩

서른네 번째 第三十四

우옹은 시 읊기를 좋아하진 않으나 尤翁非是愛吟詩
시 읊는 건 전욱을 깊이 찾을 때라네 詩是幽尋顓頊時
고요함과 깊이로 신에 따라 예 제정했고[585] 淵靜依神以制義

581 만국(萬國)을……드러났고 : 황제는 순종하지 않는 나라를 정벌하기 위해 산을 헤치고 길을 내느라 편히 쉴 틈이 없었는데, 그 영토가 동쪽으로는 바다에 이르고 서쪽으로는 공동(崆峒)에 이르렀으며 남쪽으로는 양자강(揚子江)에 이르고 북쪽으로는 훈육(獯鬻)을 쫓아내었다. 《歷代史選 卷1 太古紀 黃帝軒轅氏》

582 천균 : 두주에는 '勻從金'으로 되어 있다.

583 천균(千勻)에게……없었네 : 황제가 어느날 큰바람이 불어 천하의 티끌이 모두 사라지는 꿈을 꾸었고 다시 어떤 사람이 천균의 쇠뇌를 쥐고 수많은 양(羊)을 치는 꿈을 꾸고는 풍후(風后)와 역목(力牧)이라는 인물을 찾아내어 재상과 장수로 삼아 천하를 안정시켰다고 한다. 《歷代史選 卷1 太古紀 黃帝軒轅氏》

584 태산(泰山)……뿐 : 황제가 처음으로 동쪽 태산에 가서 봉선(封禪)의 의식을 행함으로써 그로 인해 후대의 봉선설(封禪說)이 비롯되었는데, 이것이 유감이라는 말이다. 《宋子大全隨箚 卷1》

585 고요함과……제정했고 : 《역대사선》 〈전욱고양씨〉에, "전욱(顓頊)은 마음이 고요하고 깊어서 훌륭한 계책을 지녔으며, 귀(鬼) 가운데에서도 신령한 것을 신(神)이라고 하는데 귀신은 총명하고 정직한 존재여서 마땅히 마음을 다해 공경히 섬겨야 하므로 전욱이 이에 의거하여 존귀(尊貴)와 비천(卑賤)의 의례(儀禮)를 만들었다."라고 하였

소통으로 무리 없이 의심스러운 일 처리했네[586]	疏通無事可稽疑
하늘 살피고 땅에 맡겨 그대로 하였으며[587]	象天任地如斯已
교지와 유사까지 아니 간 곳 없었네[588]	交趾流沙無不之
뛰어난 여덟 아들 더욱 훌륭하였거니[589]	才子八人尤盛矣
우옹은 시 읊기를 좋아하진 않는다네	尤翁非是愛吟詩

서른다섯 번째 第三十五

우옹은 시 읊기를 좋아하진 않으나	尤翁非是愛吟詩
시 읊는 건 제곡을 깊이 연구할 때라네	詩是窮探帝嚳時
나면서 신령하여 이름 스스로 알았고[590]	生自神靈名自識

다.《歷代史選 卷1 太古紀 顓頊高陽氏》

586 소통으로……처리했네 :《역대사선》〈전욱고양씨〉에 따르면, 전욱은 서로 간의 뜻을 잘 소통시켜 일을 원만하게 잘 처리했다고 한다. 서로 의견이 다를 때 임금은 각각의 의견을 신중하게 살피고 복서를 활용하여 원만하게 결정해야 하는데, 전욱이 그러한 일을 무리 없이 잘하였다는 말이다.《歷代史選 卷1 太古紀 顓頊高陽氏》

587 하늘……하였으며 : 하늘의 천문(天文)을 살피고 자연 그대로의 지리(地理)의 이점을 최대한 활용하였다는 말이다.

588 교지(交趾)와……없었네 :《역대사선》〈전욱고양씨〉에, 전욱이 정벌을 통해 영토를 확장하여 "북쪽으로는 유릉(幽陵)에 이르고 남쪽으로는 교지에 이르렀으며, 서쪽으로는 유사(流沙)에 이르고 동쪽으로는 반목(蟠木)에 이르는 등, 모든 땅이 다 복속되었다."라고 하였다.《歷代史選 卷1 太古紀 顓頊高陽氏》

589 뛰어난……훌륭하였거니 : 전욱에게 여덟 명의 재주 있는 아들이 있었는데 천하 사람들이 이들을 일러 팔개(八愷)라고 하였다. 팔개는 창서(蒼舒), 퇴애(隤敳), 도인(檮戭), 대림(大臨), 방강(尨降), 정견(庭堅), 중용(仲容), 숙달(叔達)이다.《春秋左氏傳 文公18年》

인하면서 위신 있고 묵묵히 터득했네[591] 仁而威信默而知
백성에겐 이롭게 신에겐 공경했거니[592] 於民能利於神敬
오직 아들 방훈이 아버지 본받았네[593] 惟子之勳惟父爲
진실로 중도 잡으란 말 그 유래 있었나니[594] 允執其中來有自
우옹은 시 읊기를 좋아하진 않는다네 尤翁非是愛吟詩

590 나면서……알았고 : 《역대사선》 〈제곡고신씨〉에, "그는 태어나면서부터 신령하여 자기 이름을 스스로 말하였다."라고 하였다. 《歷代史選 卷1 太古紀 帝嚳高辛氏》

591 인(仁)하면서……터득했네 : '인하면서 위신이 있다'는 것은 《역대사선》 〈제곡고신씨〉에 "그는 인하면서 위엄이 있었으며 은혜로우면서 신망을 갖추었다."라고 한 대목을 인용한 것이다. 그리고 '묵묵히 터득했다'는 것은 《역대사선》 〈제곡고신씨〉에 "그는 총명하여 멀리 내다보고 명철하여 미묘한 것을 살펴 알았다."라고 한 말에 의거하여 이치를 묵묵히 터득했다는 의미로 이해하고 번역하였다. 《歷代史選 卷1 太古紀 帝嚳高辛氏》

592 백성에겐……공경했거니 : 《역대사선》 〈제곡고신씨〉에, "그는 널리 베풀고 이롭게 해 주면서 사사로운 이익을 취하지 않았다. 그리고 귀신의 일에는 분명히 하여 공경히 잘 섬겼다."라고 하였다. 《歷代史選 卷1 太古紀 帝嚳高辛氏》

593 오직……본받았네 : 제곡이 세상을 떠난 뒤에 아들 지(摯)가 즉위하였으나 9년 만에 쫓겨나고 제곡의 다른 아들인 방훈(放勳)이 제위(帝位)에 오르니, 그가 바로 요(堯) 임금이다. 《史記 五帝本紀》

594 진실로……있었나니 : '진실로 그 중도를 잡으라'는 말은 요 임금이 순(舜) 임금에게 제위를 물려주면서 전수한 심법(心法)인데, 이 말은 요 임금이 처음 하였지만 그것이 나오게 된 유래는 그의 아버지 제곡에서부터 근원하였다는 뜻이다. 《論語 堯曰》

서른여섯 번째 第三十六

우옹은 시 읊기를 좋아하진 않으나	尤翁非是愛吟詩
시 읊는 건 요 임금 삼가 생각할 때라네	詩是欽惟唐帝時
공경 명철 문채 사려의 큰 덕성[595] 지녔으나	縱是欽明文思德
대단한 오만 포악에 방탕히 놀던 아들 있었네[596]	無如傲虐慢遊兒
어질고 성명한 이에게 제위 양보한 걸 보라	看他揖讓於仁聖
노년에 선위가 이루어진 뜻도 알겠네[597]	知亦禪傳乃耄期
넓고 크다는 말도 애써 형용한 것일 뿐[598]	蕩蕩之名猶强爾
우옹은 시 읊기를 좋아하진 않는다네	尤翁非是愛吟詩

595 공경……덕성 : 《서경》〈요전(堯典)〉에, 요 임금의 덕을 칭송하면서 "공경과 명철과 문채와 사려가 자연적으로 우러나왔다."라고 한 구절이 보인다.

596 대단한……있었네 : 《서경》〈익직(益稷)〉에, 요 임금의 아들 단주(丹朱)에 대해 "방탕하게 노는 것을 좋아하며 오만함과 포악함을 행하면서 밤낮없이 쉬지 않고 계속하였다."라고 평가한 구절이 보인다.

597 어질고……알겠네 : 재위 73년이 되는 해에 요 임금이 덕성을 고루 갖춘 순에게 제위(帝位)를 양보하자, 순이 요 임금의 시조를 모신 사당인 문조(文祖)에서 제위를 물려받아 28년 동안 섭정하였다.《歷代史選 卷1 太古紀 帝堯陶唐氏》요 임금이 평생 백성을 위해 진력하였고 노년에 병이 들자 사심 없이 다시 백성들을 위해 순에게 제위를 양보하였으니 그 뜻이 깊음을 알 수 있다는 말이다.

598 넓고……뿐 : 《논어》〈태백(泰伯)〉에 "위대하다, 요 임금의 임금 됨이여. 높고 크기로는 저 하늘이 가장 큰 존재인데, 오직 요 임금의 덕이 이와 나란하셨다. 그 덕이 넓고 커서 백성들이 뭐라 형언하지 못하였다."라는 공자(孔子)의 말이 있다.

서른일곱 번째 第三十七

우옹은 시 읊기를 좋아하진 않으나　　尤翁非是愛吟詩
시 읊는 건 순 임금 삼가 생각할 때라네　　詩是欽惟舜氏時
충만한 예의가 모두 뜻이 있었고[599]　　漫漫禮儀皆有意
화락한 백성 만물 다 기심이 없었네[600]　　熙熙民物盡無機
바르게 남면한 곳 임금이 무얼 하였는가[601]　　正南面處帝何事
〈소소〉 구 악장 연주하자 봉황이 이미 알았네[602]　　韶九成來鳳已知
상 위 금으로 〈남풍〉 읊던[603] 그 덕 성대했거니　　床上南風琴德盛
우옹은 시 읊기를 좋아하진 않는다네　　尤翁非是愛吟詩

599 충만한……있었고 : 《역대사선》 〈제순유우씨〉에, "순 임금이 오현금(五絃琴)을 타면서 〈남풍(南風)〉이라는 시를 노래하자, 상서로운 별이 나타나고 상서로운 구름이 일어났다. 이에 백관(百官)들이 화음을 맞추어 노래하기를 '상서로운 구름 찬란함이여, 예의가 충만하구나. 해와 달이 빛나니 매일 아침이 계속되누나.'라고 하였다."라고 하였고, 그 주에서 "순 임금이 예의를 제정하고 음악을 만들자 천하가 태평해져 상서로운 별이 나타난 것이고, 그 은덕이 산과 언덕에까지 도달했으므로 상서로운 구름이 일어난 것이다."라고 하였다. 《歷代史選 卷1 太古紀 帝舜有虞氏》

600 화락한……없었네 : 순 임금 치세에는 모든 일이 순리대로 다스려져 백성들의 삶이 편안하였으므로 인위적인 기심(機心)이 전혀 없었다는 말이다.

601 바르게……하였는가 : 《논어》 〈위령공(衛靈公)〉에 "하는 일 없이 잘 다스린 분은 아마 순 임금일 것이다. 무엇을 하셨는가? 몸가짐을 공손히 하고 바르게 남면을 하였을 뿐이다."라는 공자의 말이 있다.

602 소소(簫韶)……알았네 : 〈소소〉는 순 임금이 지은 악곡의 이름으로 아홉 악장으로 이루어져 있다. 《서경》 〈익직〉에, "〈소소〉 아홉 악장을 연주하자 봉황이 듣고 찾아와서 춤을 추었다."라는 내용이 나온다.

603 상……읊던 : 390쪽 주599 참조.

서른여덟 번째 第三十八

우옹은 시 읊기를 좋아하진 않으나	尤翁非是愛吟詩
흠잡을 데 없다는 공자 말[604]에 시를 읊네	無間之言是仲尼
물길 터 소통시킨 치수의 공 으뜸이고[605]	疏鑿平成功莫競
몰아내고 겸병하며 필삭한 일 뒤따랐네[606]	驅兼筆削事相追
공부에 관한 〈우공〉과 유정유일 심법[607]은	貢賦之篇精一法
어찌 《주역》 〈계사전〉에 언급되지 않았을까[608]	如何不與易繫辭

604 흠잡을……말 : 《논어》 〈태백(泰伯)〉에, 공자가 하(夏)나라 우(禹) 임금에 대해 "우 임금은 내가 흠잡을 데가 없구나. 음식은 간소하게 드시면서 제사에는 효성을 다하여 풍성히 하셨고, 평상복은 허술하게 입으시면서 제례복은 최대한 아름답게 하셨으며, 궁실은 낮게 지으면서 치수 사업에는 온 힘을 기울이셨으니, 우 임금은 내가 흠잡을 데가 없구나."라고 평가하는 대목이 나온다.

605 물길……으뜸이고 : 우 임금이 9년 동안 이어진 홍수를 다스릴 때 각 하천의 물줄기를 터서 양자강과 황하로 흘러가게 하고 다시 그것이 바다로 흘러들어 가게 하는 방식으로 치수 사업을 하여 천하를 안정시킨 공로가 매우 크다는 말이다. 《書經 禹貢》

606 몰아내고……뒤따랐네 : 《맹자》 〈등문공 하(滕文公下)〉에, "옛날에 우 임금이 홍수를 제거하자 천하가 태평해졌으며, 주공(周公)이 오랑캐를 겸병하고 맹수들을 몰아내자 백성들이 안정되었으며, 공자께서 《춘추(春秋)》를 완성하자 반란을 일으키는 신하들과 부모에게 불효하는 자식들이 두려워 떨게 되었다."라는 말이 있는데, 여기서는 우 임금의 치수의 공적에 뒤따라 주공과 공자의 공로도 이어졌다는 말이다.

607 공부(貢賦)에……심법(心法) : 〈우공(禹貢)〉은 《서경》의 편명으로, 중국 천하의 지리(地理)와 공부(貢賦)와 치수(治水)에 관련된 내용을 담고 있다. 그리고 '유정유일(惟精惟一)'이란 오직 정밀하게 하고 한결같이 하라는 말로, 이는 순 임금이 우 임금에게 마음 수양의 심법(心法)으로 전해 준 말이다. 220쪽 주191 참조.

608 어찌……않았을까 : 《주역》 〈계사전 하(繫辭傳下)〉에 상고 시대 임금들의 치적이 언급되어 있는데, 우 임금이 행한 치수의 공로와 심법을 전한 일에 대해서는 전혀

덕 쇠했단 그 말은 정히 터무니없는 주장[609]	德衰定是齊東說
우옹은 시 읊기를 좋아하진 않는다네	尤翁非是愛吟詩

서른아홉 번째 第三十九

우옹은 시 읊기를 좋아하진 않으나	尤翁非是愛吟詩
시 읊는 건 탕의 부끄럼[610] 해명할 때라네	詩爲湯慙解釋時
남북 정벌에 저자 가는 백성들 아니 놀랐고[611]	南北不驚歸市者
첫 정벌은 들밥 내가던 아이 위해서였지[612]	布昭仍報餉田兒

언급이 없어 의아하다는 말이다.

609 덕……주장 : 《맹자》 〈만장 상(萬章上)〉에 따르면, 우 임금 때에 이르러 덕이 쇠해져서 천하가 현자에게 전해지지 않고 자식에게 전해졌다고 하는데 그 말이 사실인지를 묻는 만장의 질문에, 맹자가 말하기를 "그렇지 않다. 하늘이 현자에게 주라고 하면 현자에게 주고 하늘이 자식에게 주라고 하면 자식에게 주는 것이다."라고 하면서, 당시 우 임금의 아들 계(啓)가 현명하여 천하가 그에게 전해진 것이라고 답하였다. 결국 덕이 쇠해져서 자식에게 전해졌다는 말은 터무니없는 주장이라는 뜻이다.

610 탕(湯)의 부끄럼 : 《서경》 〈중훼지고(仲虺之誥)〉에 "탕 임금이 하나라 걸왕(桀王)을 정벌하고 난 뒤에 남소(南巢)로 내쳤는데, 이때 부끄러운 마음이 들어 말하기를 '후세에 나를 구실로 삼을까 걱정된다.'라고 하였다."라는 말이 있는데, 이는 요순(堯舜)이 행한 것과 같은 선양(禪讓)이 아니라 무력 정벌을 통해 천하를 얻은 것을 부끄럽게 여긴 것이다.

611 남북……놀랐고 : 《맹자》 〈등문공 하(滕文公下)〉에, "탕 임금이 동쪽 지역을 정벌하면 서쪽 지역 백성들이 원망하고 남쪽 지역을 정벌하면 북쪽 지역 백성들이 원망하였는데, 그 이유는 왜 자신들의 나라를 먼저 정벌하지 않느냐는 것이었다. 이처럼 백성들이 탕 임금의 정벌을 바라기를 큰 가뭄에 구름과 무지개를 바라듯이 하면서 자연스럽게 받아들였으므로 저자에 장 보러 가는 자들도 멈추지 않았고 밭 가는 자들도 동요 없이 평소처럼 일하였다."라는 내용이 나온다.

공 논하면 천하 민생 두루 안정시켰고　論功天下民生遂
덕 말하면 성과 경 날로 진전 있었네[613]　語德日躋聖敬持
〈중훼지고〉와 반명과 〈현조〉에 보이거니[614]　虺誥盤銘玄鳥頌
우옹은 시 읊기를 좋아하진 않는다네　尤翁非是愛吟詩

마흔 번째 第四十

우옹은 시 읊기를 좋아하진 않으나　尤翁非是愛吟詩
시 읊는 건 문왕을 삼가 대할 때라네　詩是文王對越時
만국이 다 해와 같은 요 임금 생각했고[615]　萬國咸思堯日就

612 첫……위해서였지 : 《맹자》 〈등문공 하〉에, "탕 임금이 이웃 갈(葛)나라가 제사 곡식을 마련할 수 없어 제사를 못 지낸다고 하자, 자기 백성들을 갈나라로 보내어 밭을 갈아 주게 하고 노약자들에게 들밥을 내다 주게 하였다. 그런데 갈나라 임금이 그들을 위협하여 음식을 빼앗는 일을 자행하였고 결국에는 들밥을 내가는 어린아이를 죽이는 짓까지 저지르자 마침내 그 어린아이의 복수를 위해 갈나라를 정벌하였다."라는 내용이 나온다.

613 성(誠)과……있었네 : 《시경》 〈상송(商頌) 장발(長發)〉에 "탕 임금 제때에 탄생하시어 성스러운 덕과 공경의 덕 날로 진전 있었네."라는 말이 있다.

614 중훼지고(仲虺之誥)와……보이거니 : 《서경》의 〈중훼지고〉와 탕 임금의 목욕 대야에 새긴 반명(盤銘)의 글과 《시경》 〈상송(商頌) 현조(玄鳥)〉 등에 탕 임금이 자신의 덕을 쌓아 가고 사심 없이 천하 백성들을 위해 애쓴 공로가 모두 드러나 있다는 말이다.

615 만국이……생각했고 : 《사기(史記)》 〈오제본기(五帝本紀)〉에 "요 임금은 이름이 방훈인데, 그 인덕(仁德)은 하늘과 같았고 그 지혜는 신과 같았다. 가까이 나아가 보면 따뜻한 해와 같았고 멀리서 바라보면 비를 내려 주는 구름 같았다."라는 말이 있다. 여기서는 문왕(文王)의 치세에 만국의 백성들이 따뜻한 해와 같았던 요 임금과 같은 존재로 문왕을 생각했다는 말이다.

육주에서 순 임금 〈남풍〉 유독 좋아했지[616]	六州偏喜舜風吹
영유에 사슴 엎드린 것 앞다퉈 보려 했고[617]	爭看靈囿麋麀伏
기산에 봉황 나는 것 시원스레 보았네[618]	快覩岐山鸑鷟飛
지덕에선 오나라 태백에 부끄럽거니[619]	至德猶慙吳泰伯
우옹은 시 읊기를 좋아하진 않는다네	尤翁非是愛吟詩

616 육주(六州)에서……좋아했지 : 순 임금의 치세에 오현금을 타며 〈남풍〉을 노래하던 순 임금의 공덕을 당시 백성들이 칭송했듯이, 문왕이 서백(西伯)으로 있을 때 천하 9주 가운데 3분의 2인 6주가 문왕에게 귀의하여 그 덕을 칭송했다는 말이다. 6주는 형주(荊州), 양주(梁州), 옹주(雍州), 예주(豫州), 서주(徐州), 양주(楊州)이다. 《歷代史選 卷1 太古紀 帝舜有虞氏》

617 영유(靈囿)에……했고 : 문왕 당시에 백성들이 그의 덕을 기려 문왕의 동산을 신령스러운 동산이라는 의미로 영유라고 명명하고는 노래하기를 "왕께서 산책 나와 영유에 서 계시니, 사슴들은 편안하게 미동 않고 엎드렸네. 사슴들은 살 올랐고 백조들은 희고 곱네."라고 하였다. 《詩經 大雅 靈臺》 여기서는 문왕의 치세에 백성들이 자신들과 동고동락하는 문왕을 좋아하여 그 동산도 앞다투어 와서 보려 했을 정도로 큰 칭송을 받았다는 말이다.

618 기산(岐山)에……보았네 : 《국어(國語)》 〈주어 상(周語上)〉에 "주나라가 흥할 무렵에 기산에서 봉황이 울었다."라는 말이 있는데, 문왕이 일어날 때 태평성대의 왕업을 이룰 상서로운 조짐으로 기산에서 봉황이 우는 것을 백성들이 보았다는 말이다.

619 지덕(至德)에선……부끄럽거니 : 공자(孔子)는 문왕과 태백(泰伯)을 모두 지덕이라고 칭송하였는데, 문왕을 지덕이라고 한 것은 당시 천하의 3분의 2를 차지하고도 은(殷)나라를 정벌하지 않고 섬겼기 때문이고, 태백을 지덕이라고 한 것은 태왕(太王)이 막내아들 계력(季歷)과 그 아들인 창(昌) 즉 문왕에게 자리를 물려주려고 하자, 태왕의 장자인 태백이 남쪽 오(吳)나라 형만(荊蠻)으로 도망침으로써 부친의 뜻을 따랐기 때문이다. 공자는 이를 천하를 양보한 것과 마찬가지라고 보아 지덕이라 한 것이다. 《論語 泰伯》 여기서는 문왕과 태백이 모두 지덕으로 칭송되지만 문왕의 입장에서 보면, 천하를 양보한 것이나 다름없는 태백의 덕과 자신을 비교해 볼 때 당연히 마음속으로 부끄럽게 느꼈을 것이라는 말이다.

마흔한 번째 第四十一

우옹은 시 읊기를 좋아하진 않으나	尤翁非是愛吟詩
시 읊는 건 〈대무〉를 한껏 관람할 때라네[620]	詩是縱觀大武時
주는 노인을 잘 봉양해 대로 귀의했는데[621]	善養周家歸大老
상은 간악을 숭상해 흉악한 짓 다하였네	崇姦商邑盡窮奇
황하 건널 때 흰 물고기 아름다운 천명이나[622]	白魚河渡天休命
황월 쥐고 목궁 친 건 내 할 말이 있다네[623]	黃鉞牧宮我有辭

620 대무(大武)를……때라네 : 〈대무〉는 주대(周代) 악곡(樂曲)의 하나로 무왕(武王)의 음악이다. 여기에서 〈대무〉를 관람한다고 말하고 있지만 실제로는 무왕의 행적에 대해 살펴본다는 의미로 말한 것이다.

621 주(周)는……귀의했는데 : 《맹자》 〈이루 상(離婁上)〉에, 천하의 대로(大老)인 백이(伯夷)와 강태공(姜太公)이 주왕(紂王)을 피해 북해와 동해의 해변에 살다가 문왕이 서백(西伯)으로 있으면서 노인을 잘 봉양한다는 소식을 듣고 문왕에게 귀의하였다는 내용이 나온다. 맹자는 이에 대해 "두 노인은 천하의 대로인데 문왕에게 귀의하였으니, 이는 천하의 아버지가 문왕에게 귀의한 것이다. 천하의 아버지가 그에게 귀의하였는데, 그 자제들이 어디로 가겠는가."라고 하면서 이것이 바로 주나라가 천하를 통일하는 기반이 되었다고 평가하였다.

622 황하……천명이나 : 무왕이 주(紂)를 정벌하려고 배를 타고 황하를 건널 때 흰 물고기가 배 안으로 뛰어 들어왔는데, 무왕은 이를 은나라를 쳐서 이길 징조라고 생각하고 정벌에 임하였다고 한다. 《史記 周本紀》

623 황월(黃鉞)……있다네 : 《서경》 〈목서(牧誓)〉에, 무왕이 주를 치기 위하여 목야(牧野)에 와서 주둔하고는 왼손에는 황월을 쥐고 오른손에는 흰 깃발을 잡고 휘두르면서 군사들에게 맹세하는 말이 나온다. 목궁(牧宮)은 상(商)나라의 시조인 탕(湯) 임금의 사당을 말한다. 따라서 '황월을 쥐고 목궁을 쳤다'는 것은 무왕이 은나라를 무력으로 정벌하는 과정에서 불가피하게 인명이 희생되는 일이 있었다는 뜻이며, 이에 대해서는 유감이 없지 않다는 것이다.

진선한 건 아니지만 그래도 진미하였나니[624] 未盡善焉然盡美
우옹은 시 읊기를 좋아하진 않는다네 尤翁非是愛吟詩

마흔두 번째 第四十二

우옹은 시 읊기를 좋아하진 않으나 尤翁非是愛吟詩
시 읊는 건 환문의 공과 논할 때라네[625] 詩是桓文功罪時
등과 방에서 회합한 건 명분이 무엇이며[626] 會鄧會防名是甚

624 진선(盡善)한……진미(盡美)하였나니 : 《논어》 〈팔일(八佾)〉에 따르면, 공자가 순 임금의 음악인 소악(韶樂)에 대해서는 "진미하고 또 진선하다."라고 평가하였지만 무왕의 음악인 〈대무(大武)〉에 대해서는 "진미하지만 진선하지는 못하다."라고 평가하였다. 여기서는 결론적으로 무왕이 무력을 통한 정벌의 방식으로 천하를 통일하였기 때문에 진선하지는 못하지만 그로 인해 도탄에 빠진 천하의 백성들을 구제한 것은 진미하다고 본 것이다.

625 환문(桓文)의……때라네 : 환문은 춘추(春秋) 오패(五霸)의 대표적인 인물인 제(齊)나라 환공(桓公)과 진(晉)나라 문공(文公)을 합칭한 말이다. 여기서는 이들이 주나라 왕실을 높이고 이민족의 침입을 막아 중국을 안정시킨 공로는 있지만 이들로 인해 왕도(王道)와 왕법(王法)이 무너지고 패도(霸道)와 패술(霸術)이 횡행하게 만든 것은 잘못이라는 것이다. 따라서 이를 바로잡기 위해 공자가 《춘추(春秋)》를 지어 예법과 도의를 만대에 분명하게 천명했다는 논리이다.

626 등(鄧)과……무엇이며 : '등에서 회합했다'는 것은 노(魯)나라 환공(桓公) 2년에 채후(蔡侯)와 정백(鄭伯)이 영천(穎川)의 등성(鄧城)에서 회합한 것을 말하는데, 이유는 초 무왕(楚武王)이 참람하게 왕(王)이라 칭하고서 중국을 해치고자 하였기 때문이다. 채나라와 정나라가 초나라에 가까웠으므로 두려워서 대비책을 모의한 것이었다. 《春秋左氏傳 桓公2年》 '방(防)에서 회합했다'는 것은 노나라 은공(隱公) 9년 겨울에 은공이 제(齊)나라 희공(僖公)과 방에서 회합한 것을 말하는데, 송(宋)나라를 토벌하는 일을 모의하기 위함이었다. 《春秋左氏傳 隱公9年》 여기서는 토벌을 논하는 회합은 당연

임금과 아비 시해한 일 그 누가 알았으랴[627] 弑君弑父故誰知
은공에서 애공까지 열두 임금 사이 일로 隱哀十二中間事
예법과 도의 천년만년 전해지게 하였어라[628] 禮義萬千年世垂
요순보다 훌륭하단 그 말 실로 믿나니[629] 信矣賢於堯舜遠
우옹은 시 읊기를 좋아하진 않는다네 尤翁非是愛吟詩

마흔세 번째 第四十三

우옹은 시 읊기를 좋아하진 않으나 尤翁非是愛吟詩
시 읊는 건 칠국[630]에 눈살 찌푸릴 때라네 詩是顰眉七國時

히 천자가 제후들을 불러 논의하여 결정할 일이지 제후들이 서로 모여 논의할 일이 아니며 제후가 왕이라는 호칭을 함부로 쓰는 것도 명분에 어긋나는 일이라는 말이다. 공자가 《춘추》를 지은 것이 바로 이러한 예법과 도의를 분명히 하려는 뜻이었다는 것이다.

627 임금과……알았으랴 : 당시에 임금과 아버지를 시해한 일이 있어도 이를 알지 못할 정도였기 때문에 공자가 춘추의 필법으로 이를 분명하게 드러내어 밝힘으로써 경종을 울리게 된 것이라는 말이다.

628 은공(隱公)에서……하였어라 : 춘추 시대 노나라 은공에서부터 애공(哀公)까지의 사이에 12명의 임금이 있었는데, 은공, 환공, 장공(莊公), 민공(閔公), 희공(僖公), 문공(文公), 선공(宣公), 성공(成公), 양공(襄公), 소공(昭公), 정공(定公), 애공(哀公)이다. 공자가 노나라 열두 임금 시대에 중원에서 벌어졌던 사건들에 대해 춘추의 필법으로 포폄(褒貶)을 가함으로써 만대에 예법과 도의를 분명하게 드러내어 밝혔다는 말이다.

629 요순(堯舜)보다……믿나니 : 《맹자》 〈공손추 상(公孫丑上)〉에, 재아(宰我)가 공자를 평가하기를 "요순보다 훨씬 훌륭하신 분이다."라고 말한 대목이 있고, 또 주희(朱熹)가 〈중용장구서(中庸章句序)〉에서 공자의 덕을 찬양하면서 "옛 성인을 잇고 내세의 학자를 열어 준 것은 그 공이 요순보다도 낫다."라고 말한 내용이 보인다.

숱한 목숨 죽었어도 장군들만 귀해지고　萬骨枯來軍將貴
천금을 걸고 나면 지략가들 모였었지　千金置後智謀歸
구가 소리 끊기면서 과부 고아 곡하였고　歡謳響滅寡孤哭
화평한 기운 사라지고 뇌성벽력 요란했네　和氣煙消霹靂飛
인과 의를 외치던 맹자만이 있었을 뿐　仁義一言惟孟某
우옹은 시 읊기를 좋아하진 않는다네　尤翁非是愛吟詩

마흔네 번째 第四十四

우옹은 시 읊기를 좋아하진 않으나　尤翁非是愛吟詩
시 읊는 건 진나라 옛일 애도할 때라네　詩是秦關弔古時
구정 동으로 오면서 주 국운 끊어지고[631]　寶鼎東來姬籙絶
황금 가지고 서쪽 오니 화양부인(華陽夫人) 울었네[632]　黃金西入華陽啼

630 칠국(七國) : 전국 시대(戰國時代)에 천하의 패권을 다투었던 진(秦), 초(楚), 연(燕), 제(齊), 한(韓), 조(趙), 위(魏) 등 일곱 나라를 말한다.

631 구정(九鼎)……끊어지고 : 구정은 우(禹) 임금 때 구주(九州)에서 금을 모아 만든 솥으로 주나라 때까지 천하를 소유한 제왕의 상징물로 여겨지던 보물이다. '구정이 동쪽으로 왔다'는 것은 평왕(平王) 때 융적(戎狄)을 피해 동쪽의 낙양(洛陽)으로 천도한 것을 말하는데, 이때부터 주나라는 사실상 미약해졌고 왕실의 위엄이 무너져 일개 제후와 다를 바가 없게 되었으므로 여기에서 주나라 국운이 끊어졌다고 말한 것이다.

632 황금……울었네 : 여불위(呂不韋)가 천금을 가지고 서쪽 진(秦)나라로 와서 당시 태자인 안국군(安國君)의 부인인 화양부인에게 바쳐 환심을 산 뒤에 안국군의 20여 아들 중 하나였던 자초(子楚)를 후사로 삼도록 설득해 달라고 청하자, 화양부인이 그 뜻에 따라 안국군에게 눈물로 호소하여 마침내 후사로 삼았다. 그 뒤 안국군이 왕이 되었다가 곧바로 죽고 자초가 왕이 되었는데 바로 장양왕(莊襄王)이고 장양왕이 죽은

구천여 일 만에 육국을 멸망시켰지만[633] 九千來日六王畢
십오 년 만에 절인 생선 한 섬과 함께 돌아갔네[634] 十五惟年一石歸
만세 간다던 왕조가 어찌 이세에 끝났는가 萬世胡爲惟二世
우옹은 시 읊기를 좋아하진 않는다네 尤翁非是愛吟詩

마흔다섯 번째 第四十五

우옹은 시 읊기를 좋아하진 않으나 尤翁非是愛吟詩
시 읊는 건 한나라의 도 선양할 때라네 詩是揄揚漢道時
고조 삼강 제시하여 대체 세우고[635] 帝敍三綱曾體立
세목은 시의 따라 잔달게 하지 않았네[636] 時宜萬目莫毛吹

뒤에 그 아들 정(政)이 즉위하니 그가 바로 진 시황(秦始皇)이다.《史記 呂不韋列傳》

633 구천여……멸망시켰지만 : 진 시황이 즉위 26년 만에 육국을 멸망시키고 천하를 통일하였으니 날수로 따지면 9천여 일이 된다.

634 십오……돌아갔네 : 진 시황이 순행(巡行) 길에 나섰다가 사구(沙丘)에서 병이 나서 죽자, 환관 조고(趙高)와 승상 이사(李斯)가 음모를 꾸며 호해(胡亥)를 2세 황제로 세우고는 변이 일어날까 염려하여 극비리에 진 시황의 시신을 함양으로 운구하면서 시신이 썩는 냄새를 감추기 위해 절인 어물(魚物) 한 섬을 함께 싣고 갔다고 한다.《史記 秦始皇本紀》'15년 만'이라고 한 것은 진나라가 천하를 통일한 뒤로 진왕(秦王) 자영(子嬰)이 한왕(漢王)에게 항복할 때까지 도합 15년 만에 진나라가 멸망하였으므로 그렇게 말한 것이다.

635 고조(高祖)……세우고 : 한나라 고조 유방(劉邦)이 진나라 수도 함양(咸陽)을 함락한 뒤에 진나라의 법이 가혹하고 번다한 것을 개혁하고자 세 가지 간략한 법만 시행하겠다고 약속하였는데, 바로 약법삼장(約法三章)이다. 세 가지 간략한 법이란 바로 사람을 죽인 자는 죽이고 남을 상해하거나 도둑질한 자는 처벌한다는 것이었다.《史記 高祖本紀》

백년 동안의 선정에 살육하는 일 없었고　　百年善政無殘殺
천리 땅 중원에는 의식이 풍족하였네　　千里中原美食衣
노 지날 때 전에 없이 태뢰로 제사했나니[637]　　過魯無前一祀事
우옹은 시 읊기를 좋아하진 않는다네　　尤翁非是愛吟詩

마흔여섯 번째 第四十六

우옹은 시 읊기를 좋아하진 않으나　　尤翁非是愛吟詩
시 읊는 건 후한에 대해 생각할 때라네　　詩是思量後漢時
한 고조는 백성이 추대하길 원했는데　　高帝人民方願戴
선왕의 도덕이 어찌 온전히 쇠하였나　　先王道德肯全衰
시서와 전적들은 전마를 뒤따르고　　詩書典籍隨征馬
옥백과 생황은 갑옷 사이에 끼였구나　　玉帛笙簧間鐵衣
체용의 사이에 오히려 패도 섞였나니[638]　　體用之間猶雜霸

636 세목은……않았네 : 《근사록(近思錄)》에 보면 "한(漢)나라의 정치가 당(唐)나라보다 나았으니, 한나라는 대강(大綱)을 바르게 확립한 반면 당나라는 만 가지로 세분하여 조목을 설정하였기 때문이다."라는 말이 나온다. 《近思錄 卷8 治體類》 한나라는 시의에 따라 적절하게 판단하여 법을 행하였고 세세하게 세목을 만들어 잗달게 적용하지 않았다는 말이다.

637 노(魯)……제사했나니 : 한나라 고조가 옛 노나라 지역을 지날 때 소와 양과 돼지 등의 고기를 갖춘 태뢰(太牢)로 공자에게 제사를 지냈는데, 이 일을 후인이 평가하기를 "한나라 400년 기업이 이로 인해 있게 되었다."라고 하였다 한다. 《宋子大全隨箚 卷1》

638 체용(體用)의……섞였나니 : 한(漢)나라는 왕도(王道)에 패도(霸道)를 섞어 국가를 다스렸다는 말이다. 한나라 선제(宣帝)가 말하기를 "우리 한나라의 제도는 본래 패도와 왕도를 섞어 합친 것이니, 어떻게 덕(德)의 교화(敎化)에만 완전히 맡겨서 주

우옹은 시 읊기를 좋아하진 않는다네　　尤翁非是愛吟詩

마흔일곱 번째 第四十七

우옹은 시 읊기를 좋아하진 않으나　　尤翁非是愛吟詩
시 읊는 건 촉한에 대해 탄식할 때라네　　詩是吁嗟蜀漢時
여우가 부린 간교에 천하가 다 빠졌으나[639]　　宇宙皆輸狐取媚
토끼에 비장 없는 걸 영웅은 탄식했으리[640]　　英雄應歎兎無脾
등나라가 왕업 이룬다 어찌 말할 것인가[641]　　敢云滕國興王業
뱁새가 한 나뭇가지에 깃드는 것과 같으니[642]　　却似鷦鷯寄一枝

(周)나라의 정사처럼 하겠는가."라고 한 데에서 온 것이다. 《漢書 元帝紀》

639 여우가……빠졌으나 : 진(晉)나라 때 중국을 침범하여 후조(後趙)를 세운 석륵(石勒)이 말하기를 "대장부가 어찌 조조(曹操)와 사마의(司馬懿)처럼 여우와 같은 간교로 천하를 취하는 짓을 하랴."라고 하였는데, 여기서는 당시 천하 사람들이 이것을 모르고 이들의 간교함에 빠져 있었다는 말인 듯하다. 《宋子大全隨箚 卷1》

640 토끼에……탄식했으리 : 세속의 말에 "토끼는 비장이 없고 쥐는 쓸개가 없다."라는 말이 있는데, 이에 대해 《송자대전수차(宋子大全隨箚)》 권1에서는 이것이 무엇을 비유한 것인지 가리키는 바가 분명하지 않다고 주석하고 있다. 일반적으로 토끼가 비장이 없다는 것은 '교활하여 믿을 수 없다.'와 '형기(形氣)가 편벽되다.' 두 가지 뜻으로 쓰인다. 여기서는 촉한(蜀漢)의 영웅은 조조와 사마의가 교활하여 믿을 수 없음을 탄식했다는 뜻으로 쓰인 듯하다.

641 등(滕)나라가……것인가 : 맹자는 등나라 문공(文公)에게 인정(仁政)을 설명하고는 등나라는 작은 나라이므로 비록 인정을 행하더라도 왕업을 이루는 자는 될 수 없고 인정을 행하면 왕업을 이루는 자의 스승이 될 수는 있을 것이라고 말하였다. 《孟子 滕文公上》 여기에서 등나라는 촉한을 비유한 것이다.

642 뱁새가……같으니 : 《장자(莊子)》 〈소요유(逍遙遊)〉에 "뱁새가 깊은 숲 속에 둥

그런데도 춘추 의리로 정통으로 세웠다네[643] 然且春秋歸正朔
우옹은 시 읊기를 좋아하진 않는다네 尤翁非是愛吟詩

마흔여덟 번째 第四十八

우옹은 시 읊기를 좋아하진 않으나 尤翁非是愛吟詩
시 읊는 건 노적 조조 깊이 주벌할 때라네 詩是深誅老賊時
작은 술수를 만날 때 전략이라 칭찬하고 小數逢時稱武略
귀신 같은 간심을 침착한 기지라 불렀지 姦心如鬼號沈幾
수많은 의총에서 마음 숨기기 어렵고[644] 纍纍疑冢情難諱
연연하던 분향으로 다시 누굴 속이랴[645] 眷眷分香欺更誰

지를 틀어도 나뭇가지 하나면 그것으로 족하다."라고 하였는데, 여기서는 나뭇가지 하나에 둥지를 틀 만큼 작은 뱁새가 숲을 지배할 수 없는 것과 마찬가지로 등나라처럼 작은 촉한이 천하를 통일하기에는 역부족이었다는 말이다.

643 그런데도……세웠다네 : 주희(朱熹)는 《자치통감강목(資治通鑑綱目)》에서 촉한이 천하를 통일하지 못하였음에도 불구하고 《춘추(春秋)》의 의리에 따라 한나라의 정통을 계승한 주체로 인정하고 역사를 서술하였다.

644 수많은……어렵고 : 조조는 유언으로 72개의 무덤을 만들라고 하였는데, 이런 무덤을 의총(疑冢)이라고 한다. 이렇게 많은 거짓 무덤을 만들도록 명한 것은 자신의 죄악을 스스로 알고 사후에 무덤이 파헤쳐지는 주벌을 받을까 두려웠기 때문이라는 것이다. 《說郛 卷27下》

645 연연하던……속이랴 : 분향(分香)은 향을 나누어 주라는 뜻인데, 이 또한 조조의 유언이다. 조조는 죽으면서 유언하기를 "쓰다 남은 향을 부인들에게 나누어 주고 할 일이 없거든 신을 삼아 팔아 먹고살게 하라."라고 하였다고 한다. 《文選 卷60 弔魏武帝文序》 이렇게 향을 나누어 주는 작은 일에까지 연연한 것은 아무것도 남겨 줄 것이 없을 만큼 자신이 부귀에 뜻이 없었음을 보여 주고 한편으로 자신이 저지른 찬역(簒逆)

그 죄 성토한 주자에게 크게 감사하나니	多謝紫陽聲罪筆
우옹은 시 읊기를 좋아하진 않는다네	尤翁非是愛吟詩

마흔아홉 번째 第四十九

우옹은 시 읊기를 좋아하진 않으나	尤翁非是愛吟詩
시 읊는 건 전오[646]를 냉랭히 볼 때라네	詩是冷看典午時
대물 몰래 옮긴 건 황제의 명 아니었고[647]	大物潛移非帝命
백성 능히 공경하는 왕의 일 잘못했네[648]	斯民能敬失王司
팔왕의 내란은 콩 태우는 것과 같았고[649]	八王內難同然豆

의 불의를 숨기려는 의도였다. 그러나 결국 그 저의를 속일 수는 없다는 말이다.《宋子大全隨箚 卷1》

646 전오(典午) : 전(典)은 맡는다〔司〕는 뜻이고 오(午)는 말〔馬〕이라는 뜻이므로 전오는 사마(司馬)라는 말과 같다. 바로 사마씨(司馬氏)가 세운 위진(魏晉) 시대의 진(晉)나라를 가리킨다.

647 대물(大物)……아니었고 : 대물은 구정(九鼎)을 가리키는데 천하를 소유한 제왕의 상징물로 여겨지던 보물이다. 이것을 몰래 옮겼다는 것은 사마염(司馬炎)이 위(魏)나라 원제(元帝) 조환(曹奐)을 몰아내고 왕위를 찬탈한 것을 말한다.

648 백성……잘못했네 :《서경》〈고종융일(高宗肜日)〉에 "아, 왕은 백성을 공경하는 일을 맡으셨으니, 하늘의 아들 아님이 없는 것입니다. 그러니 제사를 주관하되 가까운 조상의 사당에만 풍성하게 하지 마소서."라고 하였다. 여기서는 진나라를 세운 후에도 백성을 공경하는 왕으로서의 직분을 제대로 행하지 못하였다는 말이다.

649 팔왕(八王)의……같았고 : '팔왕의 내란'이란 진나라 혜제(惠帝) 때 황족 여덟 왕이 일으킨 난을 말한다. 이 난으로 인해 수도 낙양(洛陽)은 거의 폐허가 되고 서진(西晉)이 망하는 게기가 되었다. '콩 태우는 것과 같다'는 것은 위(魏)나라 문제(文帝)가 아우 조식(曹植)에게 일곱 걸음 안에 시를 짓지 못하면 죽이겠다고 하자 조식이 일곱

천리 중원엔 이마 문신한 오랑캐 들끓었지[650] 千里中州沸涅題
강동 한쪽 평안한 게 그나마 다행이었을 뿐[651] 江左偏安亦幸耳
우옹은 시 읊기를 좋아하진 않는다네 尤翁非是愛吟詩

쉰 번째 第五十

우옹은 시 읊기를 좋아하진 않으나 尤翁非是愛吟詩
남북조 시대를 혐오할 때 시를 읊네 南北之朝可厭時
오랑캐 딴마음 품고 중원을 다투니 裔種生心爭禹甸
중원엔 주인 없이 오랑캐 추장 발호했네 中原無主挺伊尼
오이에 구더기 성해도 뉘 능히 없앨까[652] 瓜蛆爛漫誰能去
남북으로 나뉘진 건 어길 수 없는 운수였네 江水平分數莫違

걸음 만에 지었다는 이른바 칠보시(七步詩)에 있는 말이다. 그 시는 "콩대로 불을 지펴 콩을 볶으니 콩알이 솥 안에서 서글피 우네. 본디 한 뿌리에서 생겨났거늘 어찌하여 그리 급하게 볶아 대는가."라는 내용인데, 한 뿌리에서 나온 형제간이 화목하지 못하고 서로 해치려 하는 것을 상심하여 읊은 시이다. 《三國志 魏書 陳思王植》 여기서는 팔왕의 난이 황족 간의 불화로 인해 생긴 난이라는 점에서 칠보시의 내용과 같다는 말이다.

650 천리(千里)……들끓었지 : 팔왕의 난 이후에 북쪽과 서쪽의 오랑캐족인 오호(五胡)가 쳐들어와 중원을 점령한 것을 말한다. 이마에 문신하는 것은 오랑캐 풍속 중의 하나이다.

651 강동(江東)……뿐 : 오호의 침략을 피해서 원제(元帝)가 양자강을 건너 동쪽 지역인 건업(建業)으로 도읍을 옮기고 동진(東晉) 시대를 열었던 것이 그나마 다행이라는 말이다.

652 오이에……없앨까 : 썩은 오이에 구더기가 성하듯이 오랑캐들이 중원 땅에 함부로 들어와 할거하고 있었다는 말이다.

이오 하나 없었던 게 진정 한탄스럽나니[653] 欠一夷吾眞可歎
우옹은 시 읊기를 좋아하진 않는다네 尤翁非是愛吟詩

쉰한 번째 第五十一

우옹은 시 읊기를 좋아하진 않으나 尤翁非是愛吟詩
수나라를 하찮게 경시할 때 시를 읊네 彼哉彼哉隋氏時
내정에서 자기 망치는 아내 말 들었으니[654] 內間惟聽誤我妻
덕을 어지럽히는 게 어찌 구려만 있겠는가[655] 亂德何須有九黎

653 이오(夷吾)……한탄스럽나니 : 춘추 시대 때 제(齊)나라 환공(桓公)을 도와 천하의 패업을 이룬 관중(管仲)의 이름이 이오이다. 여기서는 남북조 시대에 관중과 같은 큰 인물이 한 사람도 없었던 것이 한탄스럽다는 말이다. 당시에 왕도(王導)가 강동(江東)의 이오로 칭해졌으나 자신의 종형(從兄) 왕돈(王敦)의 반란을 사전에 막지 못하는 등의 실책이 있어 오히려 동진의 패망이 그로 말미암았다는 지적도 있다.

654 내정(內庭)에서……들었으니 : 수(隋)나라 문제(文帝)가 태자 양용(楊勇)을 미워하자, 부인인 독고황후(獨孤皇后)가 문제에게 수시로 양광(楊廣)을 칭찬하였고 신하들도 합세하여 그의 인자함과 효성을 칭찬하는 바람에 문제는 드디어 양용을 폐하고 양광을 태자로 삼았다. 그러나 그 후 병들어 누워 있을 때 자신이 총애하던 진부인(陳夫人)을 태자 양광이 겁탈하려 했다는 사실을 알게 된 문제는 노하여 책상을 치면서 말하기를 "이런 짐승 같은 놈에게 어찌 국가의 대사를 맡긴단 말인가. 독고황후가 나를 망쳤구나."라고 하였다.《通鑑節要 卷34 隋紀 高祖文皇帝 4年》

655 덕을……있겠는가 : 태고 시대 소호(少昊) 말기에 제후였던 9명의 여씨(黎氏)인 구려(九黎)가 덕정(德政)을 어지럽혀 살육을 일삼고 원한을 쌓자, 집집마다 백성들이 과도하게 무당과 귀신을 믿는 바람에 사람과 귀신이 뒤섞여 재앙과 해악이 거듭되었다. 이에 전욱이 즉위하여 구려를 정벌하고 신과 사람을 주관하는 관리를 두어 질서를 잡자, 신이 백성을 침범하거나 백성이 신을 더럽히는 일이 없게 되어 마침내 천하가 안정되었다고 한다.《十八史略 五帝》 여기서는 천하를 어지럽히는 원인은 외부에만 있는 것이

당초 호랑이 등에 타고 대업을 이뤘는데[656] 當初騎虎肇鴻基
자식이 허물 본받아 재앙의 계제 되었네[657] 兒子效尤爲禍梯
자업자득의 이치를 분명 알 수 있나니 出乎反乎理可知
우옹은 시 읊기를 좋아하진 않는다네 尤翁非是愛吟詩

쉰두 번째 第五十二

우옹은 시 읊기를 좋아하진 않으나 尤翁非是愛吟詩
시 읊는 건 선리[658]를 추하게 여길 때라네 詩是醜差仙李時
삼왕으로 논해 볼 때 누가 침 뱉지 않으랴 論以三王誰不唾

아니고 가까운 내부에도 있다는 말이다.

656 당초……이뤘는데 : 양견(楊堅)이 주(周)나라 대상(大象) 2년에 정제(靜帝)를 보필하여 세우고 좌대승상(左大丞相)이 되어 조정의 정사를 총괄하였다. 그러다가 그 뒤 스스로 황제가 되고자 마음먹고는 밤에 천문가인 유계재(庾季才)를 불러 천시(天時)와 인사(人事)에 대해 물으니, 유계재가 말하기를 "천명은 이미 정해졌습니다." 하였고, 독고부인(獨孤夫人)은 말하기를 "대사는 이미 정해졌습니다. 호랑이 등에 탄 형세이니 이제 결코 내릴 수 없습니다."라고 하였다. 이에 드디어 정제를 폐출시키고 수나라를 창업하게 되었던 것이다.《北史演義 卷63 隋公堅攬權竊》

657 자식이……되었네 : 수 문제 양견이 정제를 폐출시키고 황제의 자리를 찬탈했듯이 그의 아들 수 양제 양광은 아버지를 죽이고 황제의 자리를 찬탈했으므로 허물을 본받은 것이라 말한 것이다. 결국 이로 인해 수나라는 2대 만에 망하였으니 이것이 재앙의 계제가 되었다고 할 수 있다.

658 선리(仙李) : 신선(神仙) 이씨(李氏)라는 뜻인데, 노자(老子)가 오얏나무 아래에서 태어나서 성을 이씨로 했다고 한다. 노자는 당(唐)나라를 세운 이세민(李世民)에 의해 이씨의 시조(始祖)로 추앙되었는데, 여기서의 선리는 당나라를 지칭하는 말로 쓰였다.

오패와 비교해도 일이 오히려 사사롭네[659]　　評之五伯事猶私
인과 의를 가장한 게 비록 오래됐다 해도　　假仁假義雖云久
철과 금의 구분이 어찌 가히 어긋나랴[660]　　爲鐵爲金何可違
뒤이은 왕의 혼미한 풍조 감흥시로 읊었나니[661]　　繼體昏風感興詠
우옹은 시 읊기를 좋아하진 않는다네　　尤翁非是愛吟詩

659 오패(五伯)와……사사롭네 : 사사롭다는 것은 사사로이 저지른 허물이 있다는 뜻인데, 예를 들면 당 태종 이세민이 형과 아우를 죽이고 아우의 아내를 맞아들여 인륜을 어지럽힌 점 등이 그것이라 할 수 있다.

660 철과……어긋나랴 : 주희(朱熹)가 진동보(陳同甫)에게 보낸 편지에 "요순은 금(金) 중의 금이고, 요순을 배웠는데 이르지 못한 사람은 금 속에 철(鐵)이 있는 경우이다. 한 고조(漢高祖)와 당 태종(唐太宗)은 마음을 쓰고 일을 행함에 있어 사리에 맞은 자이니 철 속에 금이 있는 경우이고 조조(曹操)나 유유(劉裕)의 무리는 철일 뿐이다."라고 하였는데, 이러한 옛 임금들에 대한 평가와 구분은 분명하여 어긋나지 않는다는 말이다. 《晦庵集 卷36 答陳同甫》

661 뒤이은……읊었나니 : 주희가 지은 〈재거감흥(齋居感興)〉에 "진양에서 당나라 왕조 열었고 왕자 이명(李明)이 소왕(巢王)의 봉작이었네. 내려온 전통이 이미 이와 같으니 뒤이은 왕들 혼미한 풍조 당연할 밖에.〔晉陽啓唐祚, 王明紹巢封. 垂統已如此, 繼體宜昏風.〕"라는 구절이 있다. 《晦庵集 卷24 齋居感興二十四首》 당 태종은 난을 일으키려고 했던 아우 이원길(李元吉)을 죽이고 그 부인 양씨(楊氏)를 맞이하여 아들 이명을 낳고는, 이원길을 소라왕(巢剌王)으로 추봉(追封)한 뒤 이명에게 후사를 잇게 하였다. 이에 대해 주희는 당 태종이 이렇게 강상을 어지럽힌 전통을 물려주었으니 그 뒤를 이른 군주들의 혼미함은 말할 필요도 없다고 비판한 것이다.

쉰세 번째 第五十三

우옹은 시 읊기를 좋아하진 않으나	尤翁非是愛吟詩
오대[662] 분쟁 내 생각 아닐 때 시를 읊네	五季紛爭匪我思
한 지역의 중원이 전쟁 역참으로 바뀌어	一片中原輸傳舍
십여 명의 황제가 파리 나는 것 같았네[663]	十餘皇帝似蠅飛
난이 극에 안 달하면 치세 어찌 이르랴	亂如不極治何至
규성 먼저 징험하니 하늘이 실로 하였네[664]	奎已先徵天實爲
회와 조 뒤에 빈을 둔 성인의 뜻 알겠거니[665]	曹檜而豳知聖意
우옹은 시 읊기를 좋아하진 않는다네	尤翁非是愛吟詩

662 오대(五代) : 당나라가 망하고 송(宋)나라가 세워지기 전까지의 다섯 왕조인 후량(後梁), 후당(後唐), 후진(後晉), 후한(後漢), 후주(後周) 등을 말한다.

663 십여……같았네 : 《후한서(後漢書)》 〈외효열전(隗囂列傳)〉에 "파리는 몇 보 이상을 날지 못한다."라는 말이 있는데, 여기서는 오대 시대 황제들이 재위에 얼마 있지 못하고 자주 바뀐 것을 멀리 날지 못하는 파리에 빗대어 말한 것인 듯하다.

664 규성(奎星)……하였네 : 송나라 태조 건덕(乾德) 연간에 오성(五星)이 규성 주위로 모이면서 규성이 찬란하게 빛나자 천하의 혼란이 종식되고 태평이 올 상서라고 하였다. 이후 979년에 마지막 후한(後漢)의 멸망을 끝으로 전쟁이 종식되고 문운이 흥성한 송나라의 태평 시대가 열렸다. 《宋史 律曆志》

665 회(檜)와……알겠거니 : 회와 조(曹)는 《시경》 〈회풍(檜風)〉의 〈비풍(匪風)〉과 〈조풍(曹風)〉의 〈하천(下泉)〉을 가리키는데, 변풍(變風)의 마지막에 나오는 시들이다. 이 시들은 모두 혼란의 끝에서 세상을 안정시킬 군자를 그리워하는 내용이다. 그래서 그 뒤에 바로 공자가 주공이 지은 시와 주공에 대해 읊은 시들을 모은 〈빈풍(豳風)〉을 배치했다는 것이다. 정자(程子)가 말하기를 "어지러움이 극에 달하면 자연히 다스려지기를 생각하기 때문에 〈비풍〉과 〈하천〉이 변풍의 끝에 놓인 것이다."라고 한 것도 바로 이러한 뜻으로 말한 것이다.

쉰네 번째 第五十四

우옹은 시 읊기를 좋아하진 않으나	尤翁非是愛吟詩
송으로 인해 눈이 밝게 트일 때 시를 읊네	眼爲明開宋氏時
문치 흥성하려 하자 별의 도수 호응했고	文治欲興星度應
민생이 혼란 싫어하자 상제가 알아줬네[666]	民生厭亂帝庭知
분서 이후 제유 얻어 도 드러나게 되었고[667]	秦餘道得諸儒顯
요 이후로 사람들 오사 만남이 더디었네[668]	堯後人逢五事遲
천진교 두견새 울음 참 애석하나니[669]	惜也天津鵑一叫

666 문치……알아줬네 : '별의 도수가 호응했다'는 것은 건덕 연간에 오성이 규성 주위로 모이면서 규성이 찬란하게 빛났던 일을 말한다. 408쪽 주664 참조. 여기서는 하늘이 이러한 상서를 보여 주면서 혼란을 끝내고자 하는 백성들의 뜻을 받아들여 전쟁을 종식하고 송나라의 태평 시대를 열어 주었다는 말이다.

667 분서(焚書)……되었고 : 진 시황의 분서 이후에 도가 끊어졌다가 송나라 때 주돈이(周敦頤), 장재(張載), 정호(程顥), 정이(程頤) 등의 제유들이 나오면서 도가 다시 드러나게 되었다는 말이다.

668 요(堯)……더디었네 : 송대의 학자 정이가 말하기를 "삼대(三代) 이후의 역사를 살펴보면 고금에는 일찍이 없었고 송나라에만 있었던 오사(五事)가 있는데, 백 년 동안 내란이 없었고, 4대의 성왕(聖王)이 백 년 동안 이어졌으며, 혁명이 이루어진 날에도 시장에서는 평소와 다름없이 교역하였고, 백 년 동안 대신(大臣)을 주살(誅殺)한 적이 없으며, 지성으로 오랑캐들을 대우한 일 등 다섯 가지이다."라고 하였고, 소옹(邵雍)도 이 오사는 요순 이후로 실로 없었던 일이라고 찬탄하였다. 《二程遺書 卷15 伊川語》《邵氏聞見錄 卷18》

669 천진교(天津橋)……애석하나니 : 소옹이 낙양(洛陽)의 천진교 위에서 두견새가 우는 소리를 듣고 탄식하기를 "천하가 다스려지려면 지기(地氣)가 북쪽에서 남쪽으로 내려가고, 천하가 어지러워지려면 지기가 남쪽에서 북쪽으로 올라가는 법인데, 새가 그 기(氣)를 가장 먼저 받기 때문이다. 앞으로 남쪽 인사들이 정권을 잡을 조짐이니,

우옹은 시 읊기를 좋아하진 않는다네　　尤翁非是愛吟詩

쉰다섯 번째 第五十五

우옹은 시 읊기를 좋아하진 않으나　　尤翁非是愛吟詩
시 읊는 건 남송을 길이 탄식할 때라네　　詩是永嘆南渡時
진흙말의 일을 보면 신령한 건 알겠으나[670]　　解道神靈泥馬事
돼지의 기틀 경리할 사람은 없었구나[671]　　無人經理屬猪基
사막에서의 풍상을 어찌 마음에 잊었는가　　風霜沙漠何心忘
옥백과 화친의 글 머리 숙여 전하였네[672]　　玉帛珍函俯首爲

이로 인해 천하가 반드시 혼란스러워질 것이다."라고 하였다. 이후로 왕안석(王安石)의 신법(新法)으로 정국이 혼란스러워졌고, 또 흠종(欽宗) 정강(靖康) 2년(1127)에 금군(金軍)이 남하하여 수도를 함락하고 휘종(徽宗)과 흠종을 잡아가는 이른바 정강의 변(變)이 발생하였다. 《邵氏聞見錄 卷19》 여기서는 송나라가 정강의 변 이후로 쇠락해져 간 것이 안타깝다는 말이다.

670 진흙말의……알겠으나 : 송나라 휘종의 아들이자 흠종의 동생인 강왕(康王)이 금(金)에 볼모로 있다가 도망칠 때 최부군묘(崔府君廟)라는 사당에서 잠시 쉬었는데, 그때 마침 옆에 말이 있어서 그것을 타고 하루 700리를 달려 황하를 건넜다고 한다. 그런데 건넌 뒤에 말이 더 이상 달리지 않기에 보니 진흙으로 빚은 말이었다는 것이다. 《南渡錄》

671 돼지의……없었구나 : 송나라 태조 조광윤(趙匡胤)이 을해생(乙亥生), 즉 돼지띠이기 때문에 송나라의 기업을 돼지의 기틀이라고 한 것이다. 송나라는 정강의 변 이후에 강왕이 탈출하여 남송을 세워 고종(高宗)으로 등극한 뒤에 나라를 다시 재건하려 했으나 결국에는 북쪽 땅을 회복하지 못한 채 금(金)과 화친을 맺으면서 쇠락하고 말았기 때문에 이렇게 말한 것이다.

672 사막에서의……전하였네 : 고종이 금으로 잡혀가 사막에서 온갖 풍상을 겪었으

한구석 악왕 무덤 처절하기만 하나니[673] 悽切岳王墳一曲
우옹은 시 읊기를 좋아하진 않는다네 尤翁非是愛吟詩

쉰여섯 번째 第五十六

우옹은 시 읊기를 좋아하진 않으나 尤翁非是愛吟詩
원나라가 뜻 이룬 것 분개할 때 시를 읊네 感慨胡元得志時
대궐이 개돼지 떼로 매우 혼란했거니 象魏繽紛群犬豕
찬란한 황제 의장 누구에게 맡기랴 龍章燦爛付阿誰
그들은 삼왕 예악 머리 흔들며 싫어했고 三王禮樂頭爭掉
만국의 의관은 손을 저어 뿌리쳤네 萬國衣冠手以揮
하늘 이에 배태하여 대성인 낳았나니[674] 天乃胚胎生大聖
우옹은 시 읊기를 좋아하진 않는다네 尤翁非是愛吟詩

면서도 그것을 잊고는 주화파(主和派)인 진회(秦檜)의 말을 받아들여 금에게 예물을 바치면서 화친(和親)을 청하였다는 말이다.

673 한구석……하나니 : 악왕(岳王)은 무목왕(武穆王)으로 봉해진 악비(岳飛)를 말한다. 그는 금과 맞서 싸워 전공을 세운 주전파(主戰派)로서 중원을 공격하여 회복할 뜻을 가졌으나 화의를 주장하는 진회의 모함으로 억울하게 옥에 갇혀 죽었다. 그의 무덤은 서호(西湖) 가에 있다.

674 하늘……낳았나니 : 하늘이 이러한 원나라의 무도함을 바로잡기 위해 명(明)나라 태조 주원장(朱元璋)을 태어나게 했다는 말이다.

쉰일곱 번째 第五十七

우옹은 시 읊기를 좋아하진 않으나	尤翁非是愛吟詩
시 읊는 건 성왕 시대[675] 기쁘게 만날 때라네	詩是欣逢聖際時
무왕 공렬 문왕 치세 어찌 족히 말하랴[676]	武烈文謨何足說
신묘한 공 성스런 덕 뉘 있어 알았을까[677]	神功聖德有誰知
음양은 운행 공평하니 도가 이와 같았고	陰陽平運道如是
조화가 능함이 없으니 하늘이 슬퍼했네[678]	造化無能天爲悲
갑신년 삼월 십구일 통곡을 하였나니[679]	痛哭甲申三月日
우옹은 시 읊기를 좋아하진 않는다네	尤翁非是愛吟詩

쉰여덟 번째 第五十八

우옹은 시 읊기를 좋아하진 않으나	尤翁非是愛吟詩
시 읊는 건 우주를 두루 살필 때라네	詩是流觀宇宙時

675 성왕(聖王) 시대 : 여기서는 명나라 왕조를 가리킨다.

676 무왕(武王)……말하랴 : 명나라는 성왕이 계속 이어져 문왕과 무왕의 시대와 견주어도 손색이 없었다는 말이다.

677 신묘한……알았을까 : 그 공덕을 알아보는 사람이 없을 정도로 신묘하고 성스러웠다는 말인 듯하다.

678 음양은……슬퍼했네 : 음양의 도는 번갈아 바뀌어 운행되는 법이라서 나라를 조화롭게 다스리지 못하게 되자 하늘이 슬퍼하면서 명나라를 다시 쇠하게 만들었다는 말이다.

679 갑신년……하였나니 : 1644년 3월에 이자성(李自成)이 명나라 수도 북경(北京)을 함락하자 의종황제(毅宗皇帝)가 19일에 자살한 사건을 말한다.

만년 천년 연대가 아무리 흘러가도	於萬於千年代去
그 치세와 난세를 성인 광인이 만드네	其治其亂聖狂爲
인간세 흐르는 물 끝없이 지나가는데	人間逝水無窮過
진창 위 기러기는 어디로 날아갔나[680]	泥上賓鴻底處飛
천하에 비린내 진동하는 때 만났나니[681]	適此腥臊天下日
우옹은 시 읊기를 좋아하진 않는다네	尤翁非是愛吟詩

쉰아홉 번째 第五十九

우옹은 시 읊기를 좋아하진 않으나	尤翁非是愛吟詩
많은 말이 일 해침 자각할 때 시를 읊네	自覺多言害事時
도학의 연원은 자세히 살펴야 하지만	道學淵源須著眼
고금의 성패는 신경 쓸 것 없다네	古今成敗莫揚眉
유정유일 전수된 걸 그 누가 알 것인가	誰知精一相傳授
음양이 비밀스레 옮겨감과 흡사하네	恰似陰陽密拶移
이로 인해 문정이 실로 활짝 열렸나니	從此門庭眞洞闢
우옹은 시 읊기를 좋아하진 않는다네	尤翁非是愛吟詩

680 진창……날아갔나 : 소식(蘇軾)의 시에 "인생살이 이르는 곳 그 무엇과 비슷할까. 나는 기러기 눈 진창을 밟는 것과 같으리라. 진창 위에 우연히 발자국을 남겼지만 기러기 날아가면 어찌 동서 분간하랴."라는 시가 있는데, 눈 위의 기러기 발자국도 금방 사라지듯이 인생사도 그렇게 덧없음을 비유한 것이다. 《蘇東坡詩集 卷3 和子由澠池懷舊》

681 천하에……만났나니 : 오랑캐족의 청(淸)나라가 중원을 차지한 것을 말한다.

예순 번째 第六十

우옹은 시 읊기를 좋아하진 않으나 尤翁非是愛吟詩
시 읊는 건 주공을 우러러 생각할 때라네 詩是周公上下時
천기를 운용하여 능숙하게 일하였고[682] 運用天機爛熟事
괘효에 음양 유행하여 왕래함을 알았네 周流卦德往來知
삼왕의 예악을 모두 밝게 선포했고 三王禮樂皆昭布
육효에서 음양이 변화함을 설명했네[683] 六位方圓互變移
엄히 받들고 공경히 기뻐함은 여사이니[684] 肅祇將歡餘事已
우옹은 시 읊기를 좋아하진 않는다네 尤翁非是愛吟詩

예순한 번째 第六十一

우옹은 시 읊기를 좋아하진 않으나 尤翁非是愛吟詩

682 천기(天機)를……일하였고 : 주공이 천기를 운용하여 천하를 경영하고 이를 《주례(周禮)》라는 책에 써서 남겼기 때문에 이렇게 말한 것이다. 《송자대전수차(宋子大全隨箚)》 권1에서는, 주공이 지은 《주례》가 천기를 운용하기를 능숙하게 한 책이라고 말했다는 주희의 말을 전거로 들고 있는데, 이에 대한 분명한 전거는 찾지 못하였다.

683 육효(六爻)에서……설명했네 : 《주역》의 효사(爻辭)를 주공이 지었기 때문에 이렇게 말한 것이다.

684 엄히……여사이니 : 《서경》 〈낙고(洛誥)〉에 "공(公)의 공로는 사람들이 모두 엄히 받들고 공경히 기뻐하니 마땅히 낙읍(洛邑)에 남아 진무(鎭撫)하여 사람들의 마음을 위로하고 기쁘게 하라."라는 말이 나오는데, 성왕(成王)이 주공의 공로를 인정하면서 한 말이다. 주공이 주나라의 예악과 문물제도를 정비하고 《주역》의 효사를 짓는 등의 공로가 크기 때문에 사람들이 받들고 기뻐하는 것은 당연하다는 말이다.

종신토록 공자를 앙모할 때 시를 읊네　　鑽仰沒身宣聖時
성왕과 덕 비교하면 누가 더 성대할까　　比德皇王誰與盛
천지와 공 비교해도 응당 약하지 않다네　　侔功天地未應衰
좋아하는 이에 아부 않는 세 사람 말이거니[685]　　不阿所好三人語
끝이 없는 은혜[686]를 만세에까지 베풀었네　　罔極之恩萬世施
도통이 이로부터 아래에 있게 되었나니[687]　　道統從玆移在下
우옹은 시 읊기를 좋아하진 않는다네　　尤翁非是愛吟詩

예순두 번째 第六十二

우옹은 시 읊기를 좋아하진 않으나　　尤翁非是愛吟詩
안연의 호학을 흠모할 때 시를 읊네　　仰止顔生好學時
단표누항 즐기며 박문약례 행했는데[688]　　自有簞瓢而博約

685 좋아하는……말이거니 : 《맹자》 〈공손추 상(公孫丑上)〉에, "재아(宰我), 자공(子貢), 유약(有若)은 성인(聖人)을 알아볼 만한 지혜가 있는 사람들이다. 설사 이들의 지혜가 낮았다손 치더라도 최소한 자신들이 좋아하는 상대에 대해 아부할 정도의 사람들은 아니다."라는 전제에 이어 공자를 요순보다 훨씬 훌륭한 분이라고 평가한 재아의 말과 인간이 존재한 이후로 공자와 같은 분은 없었다고 평가한 자공과 유약의 말을 맹자가 언급하는 대목이 나온다.

686 끝이 없는 은혜 : 수(隋)나라 때의 학자 왕통(王通)이 말하기를 "나는 공자에게 끝이 없는 은혜를 받았다."라고 하였다. 《中說 卷1 王道篇》

687 도통(道統)이……되었나니 : 도통이 지금까지는 요(堯) 임금, 순(舜) 임금, 우(禹) 임금, 탕(湯) 임금, 문왕(文王), 무왕(武王), 주공(周公)과 같은 지위가 높은 왕이나 제후로 이어지다가 공자에 이르러서 비로소 아래로 내려왔다는 말이다.

688 단표누항(簞瓢陋巷)……행했는데 : 단표누항은 《논어》 〈옹야(雍也)〉에 나오는

공자는 동서남북 정처 없이 떠돌았네[689]　　某方南北又東西

찼으면서 빈 듯하고 있어도 없는 듯이[690]　　虛其實且無其有

덕이 높아질수록 뜻은 더욱 낮아졌네　　德愈高時意愈低

살아선 어짊 찬탄했고 사후 애통해했나니[691]　　生歎賢哉死慟矣

우옹은 시 읊기를 좋아하진 않는다네　　尤翁非是愛吟詩

안연(顔淵)의 안빈낙도(安貧樂道)의 생활을 말하고, 박문약례(博文約禮)는 《논어》 〈자한(子罕)〉에서 안연(顔淵)이 공자의 가르침을 설명하기를 "선생님께서는 차근차근 사람을 잘 이끌어 주시는 분이기에, 학문으로 나의 지식을 넓혀 주시고 중정(中正)한 예(禮)로 나의 행동을 절제하게 해 주셨다."라고 한 대목을 가리킨다.

689 공자는……떠돌았네 : 《예기》 〈단궁 상(檀弓上)〉에 "지금 나는 동서남북으로 정처 없이 떠돌아다니는 사람이다."라고 한 공자의 말이 나오는데, 여기서는 공자가 그렇게 했기 때문에 안자가 단표누항의 즐거움을 누릴 수 있었다는 말이다.

690 찼으면서……듯이 : 《논어》 〈태백(泰伯)〉에, 증삼(曾參)이 안연을 두고 "유능하면서 유능하지 않은 사람에게 묻고, 학식이 많으면서 적은 사람에게 물으며, 있으면서도 없는 듯이 하고, 꽉 찼으면서 텅 빈 듯이 하며, 남이 무례하게 굴어도 전혀 괘념치 않는 덕을 옛날 나의 벗이 이를 행하였다."라고 말한 대목이 나온다.

691 살아선……애통해했나니 : '살아선 어짊을 찬탄했다'는 것은 《논어》 〈옹야(雍也)〉에서 공자가 안연에 대해 "어질구나, 안회는. 한 그릇의 밥과 한 바가지 물을 마시며 누추한 거리에서 살게 되면 사람들은 보통 그 근심을 견디지 못하는데, 안회는 그 속에서도 항상 도를 즐기니, 안회는 참 어질구나."라고 찬탄한 것을 말한다. '사후에 애통해했다'는 것은 《논어》 〈선진(先進)〉에서 안연이 죽자 공자가 "이 사람을 위해 애통해하지 않고 누구를 위해 애통해하겠느냐."라고 하면서 비통하게 통곡한 것을 말한다.

예순세 번째 第六十三

우옹은 시 읊기를 좋아하진 않으나	尤翁非是愛吟詩
시 읊는 건 증삼을 흠모할 때라네	詩是參乎仰止時
도는 스승 공자에게 이미 전수받았고	道自聖師而已得
효는 순 임금 이래로 보기가 드물었네	孝由虞舜以來稀
가풍 이어 바람 쐬며 노래한 것 안 따르고[692]	承家不逐風雩詠
문 닫고 행한 교화에 봉덕 쇠했다 뉘 말하랴[693]	閉戶誰歌鳳德衰
유씨가 책 편찬하고 주자가 발문 썼나니[694]	劉氏編摩朱子跋
우옹은 시 읊기를 좋아하진 않는다네	尤翁非是愛吟詩

692 가풍(家風)……따르고 : 공자가 증삼의 아버지 증점(曾點)에게 뜻을 말해 보라고 하자, 그가 말하기를 "늦봄에 봄옷이 장만되면 어른 5, 6인과 아이들 6, 7명과 함께 기수(沂水)에서 목욕하고 무우(舞雩)에서 바람 쐰 뒤에 노래하면서 돌아오겠습니다."라고 하였는데, 공자가 크게 찬탄하며 인정하는 내용이 《논어》〈선진(先進)〉에 보이는데, 여기서는 증삼이 이러한 집안의 가풍을 따르지 않고 오히려 학문을 통해 공자의 도를 전수한 것이 남달랐다는 말이다.

693 문……말하랴 : '문을 닫았다'는 것은 바깥의 일에 참여하지 않고 학문과 도에 매진하면서 교육을 통해 교화를 폈다는 말이다. '봉덕(鳳德)이 쇠했다'는 것은 초(楚)나라의 광인(狂人) 접여(接輿)가 공자의 수레 앞을 지나면서 공자를 봉황에 빗대어 노래하기를 "봉황이여, 봉황이여. 어찌 그리 덕이 쇠했는가."라고 한 것을 말한다. 《論語 微子》 여기서는 공자의 학덕을 계승한 증자가 덕행과 명망으로 공자의 도를 이어 교화를 폈으니 지금은 공자의 덕이 쇠했다고 말할 사람이 없을 것이란 말이다.

694 유씨(劉氏)가……썼나니 : 유씨는 주희(朱熹)의 제자 유청지(劉淸之)이다. 그가 《증자언행록(曾子言行錄)》 내외(內外) 7편을 편찬하였는데, 주희가 이 책에 발문을 썼다. 《宋子大全隨箚 卷1》

예순네 번째 第六十四

우옹은 시 읊기를 좋아하진 않으나 尤翁非是愛吟詩
중용의 터득 못한 것 완미할 때 시를 읊네 玩索中庸未得時
성명 중화에 천지 만물 자리 잡고 길러지니[695] 性命中和終位育
요순 문왕 무왕이 주공 공자로 이어졌네 堯舜文武洎周尼
근원 구하면 마침내 무성무취[696]에 이르거니 推原遂至無聲臭
포괄하면 어찌 능히 때와 시기가 있으랴 包括那能有際期
모든 성인의 연원은 손바닥 보듯 분명하니 千聖淵源如指掌
우옹은 시 읊기를 좋아하진 않는다네 尤翁非是愛吟詩

예순다섯 번째 第六十五

우옹은 시 읊기를 좋아하진 않으나 尤翁非是愛吟詩
시 읊는 건 맹자를 높여 받들 때라네 詩是推尊孟氏時
호연지기 기를 때 도의가 충만하니[697] 浩氣養時充道義

695 성명(性命)……길러지니 : 《중용장구》 제1장에 "하늘이 명하여 부여해 준 것을 성(性)이라 한다. 희로애락의 감정이 아직 발해지지 않아 치우침이 없는 상태를 중(中)이라 하고, 그 감정이 발하여 모두 절도에 맞는 것을 화(和)라 한다. 중과 화의 경지를 이루면 천지가 제자리를 잡고 만물이 제대로 길러진다."라고 하였다.

696 무성무취(無聲無臭) : 소리도 없고 냄새도 없다는 말인데, 천도(天道)의 오묘한 조화와 성인(聖人)의 신묘한 덕화(德化)를 표현한 말이다. 《중용장구》 제33장에 "《시경》에 '덕은 가볍기가 터럭과 같다.' 하였으나 터럭도 오히려 비교할 수 있으니, '하늘의 일은 소리도 냄새도 없다.'라고 해야 지극하다 할 수 있다."라고 하였다.

태산 높은 곳에서 무지개 굽어보네 泰山高處俯虹霓
변경 수호와 사직 안정 방숙 소호[698] 같았고 捍邊寧社爲方召
육률과 규구 버려 사광 이루 되었네[699] 捨律抛規作曠離

주자(朱子)가 말하기를 "맹자가 양주(楊朱)와 묵적(墨翟)을 물리친 것은 변경을 막아 낸 공로와 같고 사단(四端)을 밝힌 것은 사직을 안정시킨 공로와 같다." 하였다. 그리고 정자(程子)가 말하기를 "맹자는 재주가 높아 그를 배우려 해도 의거할 만한 표준이 없으니, 배우는 이들은 모름지기 안자(顔子)를 배워야 표준이 있게 된다." 하였다.[700]

세 성인이 계승해 온 걸 누가 다시 이었는가[701] 三聖繼來誰復繼

697 호연지기……충만하니 : 맹자(孟子)가 말하기를 "이 호연지기는 지극히 크고 강하니, 곧은 도의(道義)로 잘 기르고 해치지 않으면 천지 사이에 꽉 차게 된다. 이 호연지기는 도의와 짝하고 있으니 이것이 없으면 부족하게 된다."라고 하였다. 《孟子 公孫丑上》

698 방숙(方叔) 소호(召虎) : 주(周)나라 선왕(宣王) 때의 신하들로, 방숙은 형만(荊蠻)의 반란을 평정하였고 소호는 회이(淮夷)를 쳐서 변경을 안정시킨 공로가 있다. 《詩經 小雅 采芑, 大雅 江漢》

699 육률(六律)과……되었네 : 《맹자》 〈이루 상(離婁上)〉에 "이루의 밝은 눈과 공수자(公輸子)의 정교한 솜씨로도 규구를 이용하지 않으면 네모와 원을 그릴 수 없고, 사광의 밝은 귀로도 육률을 이용하지 않으면 오음(五音)을 바로잡을 수 없다."라고 하였는데, 맹자는 규구와 육률 같은 의거할 만한 표준이 없이도 재주가 뛰어나 사광과 이루와 같은 높은 경지에 이르렀다는 말인 듯하다.

700 정자(程子)가……하였다 : 《근사록(近思錄)》 권2 〈위학(爲學)〉에 나오는 말이다.

701 세……이었는가 : 세 성인은 우 임금과 주공과 공자를 말한다. 《맹자》 〈등문공 하(滕文公下)〉에 "옛날에 우 임금이 홍수를 막자 천하가 태평해졌고, 주공이 이적(夷狄)을 겸병하고 맹수(猛獸)를 몰아내자 백성이 편안해졌으며, 공자가 《춘추》를 짓자 난신적자(亂臣賊子)가 두려워하였다."라고 하였는데, 여기서는 세 성인이 계승해 온 도를 맹자가 다시 이은 공로가 있다는 말이다.

우옹은 시 읊기를 좋아하진 않는다네 尤翁非是愛吟詩

예순여섯 번째 第六十六

우옹은 시 읊기를 좋아하진 않으나 尤翁非是愛吟詩
도 어긋난 순황 양웅[702] 배척할 때 시를 읊네 攘斥荀揚反道時
다행히 말세 만나서 방자함 용납되었지만 幸在季時容放恣
만약에 맹자 만났다면 바로 헤쳐 놓았으리 如逢孟子卽離披
복수하면 강도 짓 하듯 그 설 분서 토대 됐고[703] 報仇行劫基秦火
투신하여 목숨 보전 여름 밭일보다 괴로웠네[704] 投閣全身病夏畦

702 순황(荀況) 양웅(揚雄) : 순황은 전국 시대(戰國時代) 조(趙)나라의 유학자로, 자는 경(卿)이며, 맹자의 성선설에 반하여 성악설(性惡說)에 근거한 예치(禮治)를 주장하였다. 양웅은 전한(前漢) 말기의 문장가로 본성에는 선과 악이 혼재한다는 성선악혼효설(性善惡混淆說)을 주장하였다.

703 복수하면……됐고 : 소식(蘇軾)은 〈순경론(荀卿論)〉에서 자신의 제자이자 진(秦)나라 재상이었던 이사(李斯)에게 끼친 순황의 부정적 영향에 대해 "아비가 사람을 죽여 복수를 하면 그 아들은 반드시 강도 짓을 하는 법이다."라고 비유적으로 말하면서 비판하였다. 《東坡全集 卷43 荀卿論》 송시열 또한 소식의 설을 받아들여 이사가 분서갱유(焚書坑儒)를 저지른 것은 그의 스승 순황의 잘못된 학설과 학문적 태도에 영향을 받아 그렇게 된 것이라고 본 것이다.

704 투신하여……괴로웠네 : '투신하여 목숨을 보전했다'는 것은 양웅이 제자의 죄에 연루되어 옥리가 체포하러 오자 죽음을 당할까 두려운 나머지 일하고 있던 천록각(天祿閣)에서 투신하여 죽을 뻔했던 일을 말하며, '여름 밭일보다 괴로웠다'는 것은 《맹자》 〈등문공 하(滕文公下)〉에 "어깨를 옹송그리며 아첨하여 웃는 짓이 한여름에 밭에 나가 일하는 것보다 더 괴롭다."라는 증자(曾子)의 말에서 온 것으로, 여기서는 양웅이 자신의 목숨을 보전하기 위해 왕망(王莽)의 공덕을 찬양하는 글을 짓는 등의 아부를 한

정밀 상세 못하단 말 너무 가벼운 벌이거니[705] 議不精詳眞失出
우옹은 시 읊기를 좋아하진 않는다네 尤翁非是愛吟詩

예순일곱 번째 第六十七

우옹은 시 읊기를 좋아하진 않으나 尤翁非是愛吟詩
시 읊는 건 왕통 한유 장단 논할 때라네 詩是王韓長短時
간직하고 옥 가벼이 자랑할 필요 없었고[706] 韞櫝不必輕衒玉
담을 넘지 어찌 처 없음 택하는 게 옳았으랴[707] 踰墻寧可遂無妻

것을 가리킨다. 《漢書 揚雄傳》

705 정밀……벌이거니 : 한유(韓愈)의 〈원도(原道)〉에, 도(道)가 요순으로부터 전수되어 공자와 맹자에까지 이른 뒤에 맹자 사후에는 제대로 전해지지 않았다고 하면서 "순황과 양웅이 이 도를 선택하긴 하였으나 정밀하지 못하였고 이에 대해 말하긴 하였으나 상세하지 못하였다."라고 평가하는 내용이 나온다. 《韓昌黎全集 卷11 雜著》 여기서는 이런 한유의 평가가 그들이 저지른 죄에 비해 너무 가벼운 판결이자 처벌이라고 본 것이다.

706 간직하고……없었고 : 공자의 제자 자공(子貢)이 묻기를 "아름다운 옥이 여기에 있다면 궤 속에 담아 간직해 둬야 합니까, 아니면 좋은 값을 주겠다는 사람을 찾아 팔아야 합니까?"라고 하자, 공자가 답하기를 "팔아야지, 팔아야겠지. 그러나 나는 좋은 값을 기다리는 사람이다."라고 하였다. 《論語 子罕》 옥은 뛰어난 재능을 비유하는 것으로, 나를 예우하여 등용할 사람을 기다려야지 가볍게 재능을 자랑하면서 벼슬을 구해서는 안 된다는 뜻이다. 여기서는 한유가 벼슬을 구하는 데 연연한 것이 중도(中道)에 어긋남을 비판한 것이다.

707 담을……옳았으랴 : 《맹자》 〈고자 하(告子下)〉에 "동쪽 집의 담을 넘어가 그 집 처녀를 강제로 끌고 오면 아내를 얻을 수 있고 끌고 오지 못하면 아내를 얻을 수 없는 경우, 그래도 그 처녀를 끌고 오겠는가?"라는 말이 있는데, 이 시에서는 맹자가 말하고자 하는 본래 의미보다는 그 비유를 원용해서 왕통(王通)의 상황을 설명하고자 한 것이

두 공이 지닌 도는 실로 견주기 어려우나 二公有道誠難匹
석 달 임금 없는 걸 지나치게 슬퍼했네[708] 三月無君過自悲
성인의 도엔 그래도 도움 준 게 있나니[709] 聖緖雖然猶有賴
우옹은 시 읊기를 좋아하진 않는다네 尤翁非是愛吟詩

예순여덟 번째 第六十八

우옹은 시 읊기를 좋아하진 않으나 尤翁非是愛吟詩
천지의 개벽을 다시 볼 때 시를 읊네 再見乾坤開闢時
하늘이 염옹[710] 내려 온전히 부탁했으니 天降濂翁全付託

다. 즉, 여기에서 '담을 넘는다'는 것은 벼슬길에 나아감을 비유하는 것이고 '처 없음을 택했다'는 것은 왕통이 벼슬하지 않고 은거한 것을 비유하고 있는데, 당시에 왕통이 수 문제(隋文帝)에게 〈태평십이책(太平十二策)〉을 올렸으나 채택되지 않자 하수(河水)와 분수(汾水) 사이로 물러나 평생 은거했던 것이 오히려 너무 쉽게 뜻을 접고 물러난 것이 아니었는지 비판하고 있는 것이다.

708 석……슬퍼했네 : 한유가 당시 재상(宰相)에게 보낸 편지에서 "옛날 선비는 석 달 동안 벼슬하지 못하면 서로 위문하였다."라고 하면서 자신을 천거해 주기를 청하였는데, 벼슬에서 물러나 모시는 임금이 석 달 정도 없는 것을 지나치게 슬퍼할 정도로 한유가 벼슬에 연연했던 것을 단점으로 지적한 것이다. 《唐大家韓文公文抄 卷2 韓愈 後廿九日復上書》

709 성인(聖人)의……있나니 : 두 사람이 비록 이와 같은 단점이 있기는 하지만 성인의 도에 기여한 공로가 있다는 말이다. 《근사록》에, 정호(程顥)가 왕통에 대해 평가하기를 "순황이나 양웅도 말하지 못한 지극한 격언(格言)이 있다."라고 하였고, 한유에 대해서는 "비록 병통은 있으나 맹자 이후로 이처럼 큰 식견을 가지고 찾아서 구한 자를 나는 이 사람밖에 보지 못했다. 정학(正學)을 붙들고 이단(異端)을 물리친 것은 진한(秦漢) 이래로 한유를 따라갈 자가 없다."라고 하였다. 《近思錄集解 卷14 觀聖賢》

상제가 말세 보고 상심해서였다네　帝監衰世幾傷悲
〈통서〉와 〈태극도설〉 모든 성인과 관련되니　通書太極關千聖
대용과 큰 벼리 일제히 다 모여 있네　大用宏綱會一齊
광풍제월 같은 인품 참된 기상 지녔나니[711]　霽月光風眞氣象
우옹은 시 읊기를 좋아하진 않는다네　尤翁非是愛吟詩

예순아홉 번째 第六十九

우옹은 시 읊기를 좋아하진 않으나　尤翁非是愛吟詩
정 순공[712] 명도를 찬송할 때 시를 읊네　頌歎程純明道時
안자의 바람과 구름 전수한 이 이분이고[713]　顔氏風雲傳者是
염옹의 광풍제월 누구에게 있는가[714]　濂翁光霽在于誰
연원은 순 임금 우왕 주공 공자였고　淵源姚姒周兼孔

710 염옹(濂翁) : 송(宋)나라 때의 학자 주돈이(周敦頤)를 가리킨다. 자는 무숙(茂叔)이고 호는 염계(濂溪)이다. 《태극도설(太極圖說)》과 《통서(通書)》 등을 저술하였다.

711 광풍제월……지녔나니 : 송나라 때의 시인 황정견(黃庭堅)은 〈염계시서(濂溪詩序)〉에서 "흉금이 시원하기가 맑은 바람에 밝은 달과 같다."라고 주돈이의 인품을 칭찬하였다. 《山谷集 卷1 濂溪詩》

712 정 순공(程純公) : 송나라 때의 학자 정호의 시호가 순공(純公)이다.

713 안자(顔子)의……이분이고 : 《근사록》에 "공자는 천지와 같고, 안자는 온화한 바람 상서로운 구름과 같으며, 맹자는 태산에 바위가 중첩하듯 우뚝한 기상이다."라는 말이 있는데, 여기서는 정호가 안자와 같은 온화한 기상을 지녔다는 말이다. 《近思錄集解 卷14 觀聖賢》

714 염옹의……있는가 : 정호가 주돈이의 광풍제월과 같은 맑은 기상을 지녔다는 말이다.

질서는 군신 부자 그리고 부부였네	敍秩君親子若妻
진중하게 문로공이 묘에 글자 새겼나니[715]	珍重潞公題墓字
우옹은 시 읊기를 좋아하진 않는다네	尤翁非是愛吟詩

일흔 번째 第七十

우옹은 시 읊기를 좋아하진 않으나	尤翁非是愛吟詩
시 읊는 건 이천을 공경할 때라네	詩是伊川肅敬時
선생의 신상의 일 알려고 한다면	欲識先生身上事
형님의 묘 앞의 글 모름지기 보아야지[716]	須看伯子墓前題
아아, 성인 계승하고 군자와 짝했으며	堪嗟紹聖仇君子
부주에서 복희씨 찬술한 것[717] 참 감사하네	多謝涪州贊皥羲
규구준승의 인품[718] 어찌 우 임금 아래이랴	規矩準繩寧禹下

715 진중하게……새겼나니 : 문로공(文潞公)은 송나라 때의 명재상 문언박(文彦博)의 봉호(封號)인데, 그가 정호의 무덤 비석에 도를 밝힌 선생이란 의미로 '명도(明道) 선생'이라고 칭한 것을 말한다.

716 형님의……보아야지 : '형님의 묘 앞의 글'이란 정이가 자신의 형인 정호가 죽은 뒤에 지은 행장(行狀)을 말한다. 정이가 일찍이 장역(張繹)에게 말하기를 "내가 예전에 형님 명도의 행장을 지었는데, 나의 도는 대체로 명도와 같으니 훗날 나를 알고자 하는 자는 이 글에서 찾아보면 될 것이다."라고 하였다. 《二程全書 卷29 明道先生行狀》

717 부주(涪州)에서……것 : 정이가 부주로 귀양 갔을 때 《주역》 효사(爻辭)를 탐구하여 《역전(易傳)》을 지은 것을 말한다. 《二程全書 卷50 伊川年譜》

718 규구준승(規矩準繩)의 인품 : 규구준승은 목수가 쓰는 그림쇠, 곱자, 먹줄, 수준기(水準器)를 말하는 것으로 보통 표준이나 법도의 뜻으로 쓰인다. 주희(朱熹)가 지은 〈이천선생화상찬(伊川先生畫像贊)〉에 "그림쇠처럼 원만하고 곱자처럼 반듯하며 먹줄

우옹은 시 읊기를 좋아하진 않는다네　　尤翁非是愛吟詩

일흔한 번째 第七十一

우옹은 시 읊기를 좋아하진 않으나　　尤翁非是愛吟詩
요부[719] 안락 자나 깨나 생각할 때 시를 읊네　　寤寐堯夫安樂時
황왕과 제패의 일 자질구레한 일이었고[720]　　帝伯皇王些子事
풍화와 설월 모두 조화공의 일이었지[721]　　風花雪月化工爲
만약 그가 말했던 태극 선천학[722] 없었다면　　如無太極先天學
누가 문왕의 주역 계사 제대로 알았으랴[723]　　誰識文王易繫辭
무엇보다 이것은 복희씨 친견한 뒤이거니[724]　　最是伏羲親見後

처럼 곧고 수준기처럼 공평하니, 진실로 군자이며 펼쳐 크게 이루었네."라며 정이의 인품을 묘사하였다. 《性理群書句解 卷1》

719 요부(堯夫) : 송(宋)나라 때의 학자 소옹(邵雍)의 자이다.

720 황왕(皇王)과……일이었고 : 황(皇)은 삼황(三皇), 왕(王)은 삼왕(三王), 제(帝)는 오제(五帝), 패(伯)는 춘추 시대의 오패(五霸)를 가리킨다. 여기서는 소옹에게 이런 일들은 크게 염두에 두지 않는 작은 일이었다는 말이다.

721 풍화(風花)와……일이었지 : 소옹이 지은 〈수미음(首尾吟)〉이란 시에 "황왕과 제패는 가볍게 포폄하였으나 설월과 풍화는 품평하지 않았네."라고 하였는데, 소옹은 풍화와 설월, 즉 바람과 꽃과 눈과 달과 같은 사계절의 변화나 만물의 조화에 대해서는 품평할 수 없는 오묘한 하늘의 일로 여겼다는 말이다. 《伊川擊壤集 卷20 首尾吟》

722 그가……선천학(先天學) : 소옹은 하늘과 태극(太極)이 하나의 구슬과 같다고 하면서 복희씨(伏羲氏)의 〈선천도(先天圖)〉를 근거로 상수(象數)에 의거하여 우주 만상의 생성 과정을 연역해 내는 선천상수학(先天象數學)을 확립하였다. 《周易總目》

723 누가……알았으랴 : 소옹의 선천역학(先天易學)으로 인해 문왕(文王)의 후천역학(後天易學)도 제대로 이해하게 되었다는 말이다.

우옹은 시 읊기를 좋아하진 않는다네　　尤翁非是愛吟詩

일흔두 번째 第七十二

우옹은 시 읊기를 좋아하진 않으나　　尤翁非是愛吟詩
중성명자 장횡거[725] 고찰할 때 시를 읊네　　夷考中誠明子時
그가 설한 청허일대 실로 오묘할 뿐이나[726]　　一大淸虛誠妙耳
손무 오기 부처 노자 모두 배척하였네[727]　　孫吳佛老盡奴之

724 무엇보다……뒤이거니 : 주희(朱熹)의 〈원기중이 계몽을 논한 것에 답하여〉라는 시에 "갑자기 한밤중 우렛소리에 모든 문호가 차례로 열리누나. 만약에 무(無) 속에 유(有)가 있는 상(象)을 알면 그대가 복희씨 친견하고 온 걸 인정하리."라는 구절이 있다.《晦庵集 卷9 答袁機仲論啓蒙》 여기서는 원리에 대한 설명도 없이 하나의 도면만 있는 복희씨의 〈선천도〉에서 소옹이 천지 만물의 이치와 음양의 온갖 변화가 다 갖추어져 있다는 사실을 알고 자세히 풀어냈으니, 이것은 마치 복희씨를 친견한 뒤에 그렇게 한 것처럼 느껴진다는 말이다.

725 중성명자(中誠明子) 장횡거(張橫渠) : 송나라 때의 학자 장재(張載)로, 횡거는 그의 호이다. 자는 자후(子厚)이다. 그가 죽은 뒤에 문인들이 부여한 사시(私諡)가 명성중자(明誠中子)인데, 여기서는 도치(倒置)하여 중성명자라고 한 것이다. 저서에 《정몽(正蒙)》, 《경학이굴(經學理窟)》 등이 있다.

726 그가……뿐이나 : 청허일대(淸虛一大)는 맑고 비어 있고 하나이고 크다는 뜻인데, 장재가 태허일기(太虛一氣)를 천지 만물의 본체라고 한 것이 바로 그것이다. 이에 대해 정이(程頤)는 말하기를 "횡거의 청허일대의 설은 사람들로 하여금 엉뚱한 곳으로 달려가게 하니 다만 경(敬)을 말하는 것만 못하다."라고 하였고, 주희도 허(虛)를 인(仁)의 근원이라고 하는 것은 분명하지 못하다고 비판하였다.《朱子語類 卷98 張子書》 그래서 여기에서 송시열도 청허일대의 설을 오묘할 뿐이라고 평가한 것이다.

727 손무(孫武)……배척하였네 : 장재가 20세 전에는 병법(兵法)에 대해 담론하기를 좋아하였고, 21세 때 범중엄(范仲淹)이 《중용》을 읽으라고 권하여 읽었으나 마음에

정완[728]은 이미 성인의 일이라 하겠는데	訂頑旣是聖[729]人事
명도는 일찍이 용녀의 의관 비판했네[730]	明道嘗非龍女衣
맹자 이윤 백이의 논의 아직 미정이거니[731]	孟與伊夷論未定
우옹은 시 읊기를 좋아하진 않는다네	尤翁非是愛吟詩

차지 않아 불교(佛敎)와 노자(老子)를 두루 섭렵하였는데, 후에 정자(程子)에게 도(道)의 요체를 듣고서 확연히 깨달아 이단의 설을 다 버렸다고 한다.《宋史 張載列傳》

728 정완(訂頑) : 악함을 바로잡다는 뜻인데, 장재가 지은 〈서명(西銘)〉을 가리킨다. 어떤 이가 〈서명〉에 대해 묻자, 정이가 장재의 글 중에 가장 순수한 것이라고 답하면서 그 뜻대로 다 확충하면 성인(聖人)이 된다고 말하였다.《二程遺書 卷18 伊川語》

729 聖 : 대본에는 '淸'으로 되어 있는데, 두주에 근거하여 바로잡았다.

730 명도(明道)는……비판했네 : 장재가 태상예원(太常禮院)을 맡고 있다가 그만두고 관중(關中)으로 돌아가다가 낙양(洛陽)의 정이를 찾아갔는데, 정이가 태상예원에서 근래 의논했던 일이 있었느냐고 묻자, 장재가 말하기를 "용녀(龍女)가 선제부인(善濟夫人)으로 봉해졌으니 부인의 작질(爵秩)에 따라 의관을 정해야 한다고 했다." 하자, 정이가 말하기를 "용은 짐승이니 사람의 의관을 입힐 수 없다. 그리고 용이 무슨 공이 있느냐?"라고 하였는데, 장재가 아무 말을 못 했다고 한다.《二程遺書 卷15 伊川先生語》

731 맹자(孟子)……미정이거니 : 주희가 말하기를 "횡거와 정자는 비교하자면 백이·이윤과 공자와의 관계와 같다."라고 하였고, 또 말하기를 "맹자는 광활하고 횡거는 엄밀하며 맹자는 평정하고 횡거는 너무 높다."라고 하였다.《朱子語類 卷93 孔孟周程張》 그리고《근사록》에 "횡거가 글을 쓴 것이 진실로 지나친 부분이 있으나 그것은 바로 〈정몽(正蒙)〉에 있고, 〈서명〉의 글은 이치를 미루어 의(義)를 보존해서 이전 성인(聖人)이 미처 밝히지 못한 것을 확충하였으므로 맹자의 성선설이나 양기(養氣)에 대한 설과 공이 같다."라는 평가도 있다.《近思錄集解 卷2 爲學》 여기서는 장재를 백이와 이윤에 비견되는 인물로 보거나 맹자와 비교하여 말하기도 하는 등, 그에 대한 평가가 아직 확정되지 않았다는 뜻으로 말한 듯하다.

일흔세 번째 第七十三

우옹은 시 읊기를 좋아하진 않으나	尤翁非是愛吟詩
시 읊는 건 속수[732]를 추숭할 때라네	詩是追宗涑水時
그땐 여중 요순이 경신했던 즈음이고[733]	時際女堯舜敬信
그 인은 억조창생 마음에 스며들었지	仁淪百萬億肝脾
일 년의 사업은 실로 비할 데 없으나[734]	一年事業誠無比
천성의 정미한 도로 인정받진 못했네[735]	千聖精微不許知
그래도 창주에 종사되는 일 있었나니[736]	而有滄洲從祀事

732 속수(涑水) : 송대(宋代)의 사마광(司馬光)으로, 시호는 온공(溫公)이다. 섬주(陝州) 하현(夏縣)의 속수향(涑水鄕) 출신이기 때문에 당시에 속수 선생으로 불렸다. 저서에는 《자치통감(資治通鑑)》이 있다. 《宋史 司馬光列傳》

733 그땐……즈음이고 : 여중 요순(女中堯舜)이란 송나라 철종(哲宗)을 대신하여 수렴첨정하던 선인태후(宣仁太后)를 말하는데, 당시 선인태후는 사마광을 복귀시켜 신법당(新法黨)을 축출하고 많은 인재를 등용하여 원우(元祐)의 성세(盛世)를 이룩하면서 여중 요순으로 일컬어졌다. 《宋史 英宗宣仁聖烈高皇后傳》 여기서는 사마광이 선인태후의 공경과 믿음을 받았다는 말이다.

734 일……없으나 : 소식(蘇軾)이 지은 〈사마온공신도비(司馬溫公神道碑)〉에, "정사를 한 지 1년 동안에 질병을 앓은 것이 절반이었으나 공적이 많으니 백 년 동안 백성들이 그리워하였다."라는 말이 있다. 《東坡全集 卷86 司馬溫公神道碑》

735 천성(千聖)의……못했네 : 주돈이(周敦頤) 이하 두 정자(程子)와 교유한 제자 46인의 언행을 기록한 주희의 저서 《이락연원록(伊洛淵源錄)》에 사마광이 서술되어 있지 않은 것을 말한다.

736 그래도……있었나니 : 창주(滄洲)는 창주정사(滄洲精舍)를 말하는데, 주희가 건양(建陽)의 고정(考亭)에 서당을 세우고 강학하던 죽림정사(竹林精舍)를 고쳐 부른 이름이다. 낙성식을 거행하면서 석채(釋菜)의 예를 올렸는데, 이때 공자(孔子)의 좌우로 안자(顔子), 증자(曾子), 자사(子思), 맹자(孟子)를 배향하고, 주돈이(周敦頤),

우옹은 시 읊기를 좋아하진 않는다네　尤翁非是愛吟詩

일흔네 번째 第七十四

우옹은 시 읊기를 좋아하진 않으나　尤翁非是愛吟詩
강한추양 같은 주자[737] 기릴 때 시를 읊네　江漢秋陽晦父時
상제가 선생 보내 공자 학업 닦게 했고　帝遣先生修孔業
몸은 원기 오로지하여 천기를 움직였네　身專元氣運天機
이룬 건 모든 음악 조리 관통된 것 같고　成如衆樂揔條貫
직분은 모든 선비 다 지휘하는 것이었네　職作諸儒都指揮
그 광휘 위학으로 몰린 게[738] 한탄스럽나니　歎息光華輪僞逆
우옹은 시 읊기를 좋아하진 않는다네　尤翁非是愛吟詩

정호(程顥), 정이(程頤), 소옹(邵雍), 장재(張載), 사마광(司馬光), 이동(李侗) 등을 종사(從祀)하였다. 《朱子年譜》

737 강한추양(江漢秋陽) 같은 주자(朱子) : 강한추양은 공자의 덕이 양자강과 한수에 베를 씻고 가을 햇볕에 말린 것과 같이 깨끗하다는 데서 온 말인데, 여기서는 주희가 바로 그런 학덕을 지닌 사람이라는 말이다.

738 그……게 : 남송(南宋) 경원(慶元) 연간에 권신 한탁주(韓侂胄)가 도학(道學)을 위학(僞學)으로 몰아 우승상 조여우(趙汝愚) 등을 파직시키고 경원 3년(1197)에 다시 주희 등 59명을 위학당(僞學黨)으로 몰아 연루시킨 사건을 말한다.

일흔다섯 번째 第七十五

우옹은 시 읊기를 좋아하진 않으나	尤翁非是愛吟詩
시 읊는 건 선공이 벗을 취할 때라네[739]	詩是宣公取友時
호 문정의 연원에 비록 적통이지만[740]	文定淵源雖正適
주자와 절차탁마로 매우 정미해졌네	晦翁磨切儘精微
사문 위한 큰 책임을 하늘이 내리었고	斯文丕責天須降
중원 회복 좋은 계책 손에 직접 지녔네[741]	恢復良籌手自持
주자가 만사와 명찬서 지은 게 많나니[742]	多少酹辭銘贊序
우옹은 시 읊기를 좋아하진 않는다네	尤翁非是愛吟詩

일흔여섯 번째 第七十六

우옹은 시 읊기를 좋아하진 않으나	尤翁非是愛吟詩
시 읊는 건 성공이 벗을 얻을 때라네[743]	詩是成公得友時

739 선공(宣公)이……때라네 : 선공은 송대의 학자 장식(張栻)의 시호이다. 그는 자가 경부(敬夫)이며, 호는 남헌(南軒)이다. '벗을 취했다'는 것은 그가 주희와 도의지교(道義之交)를 맺은 친구였기 때문에 그렇게 말한 것이다.

740 호……적통이지만 : 호 문정(胡文定)은 호안국(胡安國)으로, 문정은 그의 시호이다. 장식은 호안국의 아들 오봉(五峯) 호굉(胡宏)의 제자이다.

741 중원……지녔네 : 송나라 효종(孝宗)이 금(金)나라에게 빼앗긴 중원의 수복을 자신의 책임으로 삼고 노력할 때 장식이 안으로 그 계획을 돕고 밖으로 여러 기무(機務)에 참여한 것을 말한다. 《宋史 張栻列傳》

742 주자가……많나니 : 주희가 장식을 위해 만사와 명(銘)과 찬(贊)과 서(序) 등을 지어 우의를 드러냈다는 말이다.

이택에서 자질 키워 공부 더욱 진보했고[744]	麗澤滋資功益進
한천에서 《근사록》 편집 이치 남김 없었네[745]	寒泉編錄理無遺
중원의 문헌 편찬 천당 삭당 겸하였고[746]	中原文獻兼川朔
《대사기》에 쏟은 공력 평가할 만하구나[747]	大事工夫可罪知
퇴로당 안에 주자의 화상찬이 있나니[748]	退老堂中眞像贊

743 성공(成公)이……때라네 : 성공은 송대의 학자 여조겸(呂祖謙)의 시호이다. 그는 자가 백공(伯恭), 호는 동래(東萊)이다. '벗을 얻었다'고 한 것은 주희와 도의지교를 맺고 서로 학문을 강마하였기 때문에 그렇게 말한 것이다. 그는 주희뿐만 아니라 장식과도 친하여 동남삼현(東南三賢)으로 불렸다.

744 이택(麗澤)에서……진보했고 : 이택은 이택서원(麗澤書院)을 말한다. 여조겸이 동생 여조검(呂祖儉)과 함께 명초산(明招山)에 이택서원을 창건하고 강학하여 학문이 큰 진전을 이루었다는 말이다.

745 한천(寒泉)에서……없었네 : 한천은 한천정사(寒泉精舍)를 말한다. 주희가 모친의 장례를 치른 뒤에 세운 정사인데, 1175년에 주희는 여조겸과 함께 주돈이(周敦頤), 정호(程顥), 정이(程頤), 장재(張載) 등 네 학자의 글에서 학문의 요체가 되거나 일상생활에 요긴한 내용들을 뽑아 《근사록(近思錄)》을 편집하였다. 이 책에는 이학(理學)의 핵심이 되는 내용들이 망라되어 있다.

746 중원의……겸하였고 : '중원의 문헌 편찬'이란 여조겸이 북송(北宋) 시대의 시문 선집인 《송문감(宋文鑑)》 150권을 편찬한 것을 말한다. 천당(川黨)은 소식(蘇軾)을 영수로 하는 당을 말하고 삭당(朔黨)은 왕암수(王巖叟)와 유안세(劉安世)를 영수로 하는 당을 말한다. 정이를 영수로 하는 낙당(洛黨)까지 합하여 원우 삼당(元祐三黨)이라고 한다. 《小學紺珠 名臣類 元祐三黨》 여기서는 여조겸이 《송문감》을 편찬할 때 당색에 치우치지 않고 시문을 뽑았다는 말이다.

747 대사기(大事紀)에……만하구나 : 《대사기》는 여조겸이 《사기(史記)》의 〈연표(年表)〉를 바탕으로 편찬한 편년체(編年體)의 사서(史書)이다. 주(周)나라 경왕(敬王) 39년에서부터 한 무제(漢武帝) 정화(征和) 3년까지의 역사를 기록하고 있는데, 《춘추좌씨전》이나 《자치통감》에 실려 있지 않은 사실이 기록되어 있어 공력을 평가할 만하다고 말한 것이다.

우옹은 시 읊기를 좋아하진 않는다네　尤翁非是愛吟詩

일흔일곱 번째 第七十七

우옹은 시 읊기를 좋아하진 않으나　尤翁非是愛吟詩
정자 문하 아득히 생각할 때 시를 읊네　緬想河南門下時
자리에 앉았을 때 훈풍 솔솔 불었고[749]　座上坐時風習習
문 앞에 나와 보니 눈 내려 쌓였더라[750]　門前旋處雪垂垂
말과 행동 평이하여 알기가 쉬웠으나　行常言近知之易
집과 담 넓고 높아 들어가는 자 드물었네[751]　宮廣墻高入者稀
선학으로 흘러간 이 많은 게[752] 애석하거니　可惜多從禪學去
우옹은 시 읊기를 좋아하진 않는다네　尤翁非是愛吟詩

748 퇴로당(退老堂)……있나니 : 여조겸의 제자인 반숙도(潘叔度)가 스승의 화상을 그리고 주희에게 부탁한 화상찬까지 넣어 퇴로당에 모셔 놓은 것을 말한다.

749 자리에……불었고 : 정호(程顥)가 앉은 자리에는 항상 봄바람처럼 온화한 기운이 감돌았다는 말이다. 《晦庵集 卷85 六先生畫像贊》

750 문……쌓였더라 : 유조(游酢)와 양시(楊時)가 처음 정이를 만나러 갔을 때, 정이가 눈을 감고 오랫동안 명상에 잠겨 있었으므로 그대로 모시고 있었는데, 얼마 후 정이가 눈을 떠 두 사람을 보고는 "자네들 아직도 여기에 있었는가. 이제 나가 보게."라고 하기에, 나와 보니 문밖에 눈이 한 자나 쌓여 있었다고 한다. 《宋史 道學列傳 楊時》

751 집과……드물었네 : 정자의 도학이 넓고 높아서 배우기가 쉽지 않다는 말이다.

752 선학(禪學)으로……게 : 주희는 정자의 제자 유작(游酢), 양시, 사양좌(謝良佐) 등이 모두 처음에 먼저 선학을 배워서 뒤에도 그것이 남아 있었으므로 그 제자들이 선(禪)으로 흐르는 사람들이 많았다고 지적하였다. 《朱子語類 卷101 程子門人》

일흔여덟 번째 第七十八

우옹은 시 읊기를 좋아하진 않으나	尤翁非是愛吟詩
주자 제자 멀리 찾아갈 때 시를 읊네	遠溯朱門諸子時
다양한 방법으로 공자 가르침 받았어도	多術共承洙泗教
자하 자유 그랬듯 뉘 한마디 도왔던가[753]	一言誰贊夏游辭
자리이다 계단이다 기록을 모두 남겨[754]	皆存席也又階也
씻어 말린 듯한 인품 드러내 찬양했네[755]	公誦濯之兼曝之
근원에서 멀어진 뒤 매이고 지루해졌나니[756]	繳繞支離源遠後

753 다양한……도왔던가 : 《사기(史記)》 〈공자세가(孔子世家)〉에 "공자가 《춘추》를 지을 때, 쓸 것은 쓰고 삭제할 것은 삭제하는 집필 과정에 자하(子夏)와 자유(子游)가 한마디 말도 도울 수 없었다."라는 말이 나온다. 이는 공자가 《춘추》를 필삭하는 모든 책임을 자신이 져야 했으므로 문학에 능통한 자유와 자하 같은 제자들이 있었어도 한 글자도 도와줄 수 없었다는 말이다. 여기서는 마찬가지로 주희의 제자들도 스승의 집필 과정에 한 글자도 도움을 주지 못하였다는 말이다.

754 자리이다……남겨 : 《논어》 〈위령공(衛靈公)〉에 "악사(樂師) 면(冕)이 공자를 뵈러 왔는데, 계단에 이르자 공자께서는 계단이라고 말씀하시고, 자리에 이르자 자리라고 말씀하시고, 모두 앉자 아무개는 여기에 있고 아무개는 여기에 있다고 말씀해 주셨다."라는 내용이 나오는데, 공자가 맹인(盲人) 악사를 대하는 모습을 제자들이 기록한 것이다. 여기서는 이와 마찬가지로 주희의 제자들도 《연보(年譜)》와 같은 스승의 언행을 상세히 기록한 글들을 남겼다는 말이다.

755 씻어……찬양했네 : '씻어 말린 듯한 인품'이란 공자의 덕이 양자강과 한수(漢水)에 베를 씻고 가을 햇볕에 말린 것과 같이 깨끗하다는 데서 온 말인데, 여기서는 주자의 그러한 학덕을 제자들이 글로 드러내어 찬양했다는 말이다. 《孟子 滕文公上》

756 근원에서……지루해졌나니 : 주희의 사후에 점차로 제자들이 스승의 설에 지나치게 얽매이고 집착하여 대체(大體)를 밝히지 못하고 비슷한 주장만 반복함으로써 지루하게 되었다는 말이다.

우옹은 시 읊기를 좋아하진 않는다네	尤翁非是愛吟詩

일흔아홉 번째 第七十九

우옹은 시 읊기를 좋아하진 않으나	尤翁非是愛吟詩
바둑판같이 작은 모국 근원 살필 때 시를 읊네	父母吾邦小若棊
공자가 살려 한 곳 무슨 누추함 있겠는가[757]	宣聖欲居何陋有
기자의 팔조금법[758] 참으로 무위였네	殷師敍範正無爲
중화 많이 오랑캐 적게 주었단 말 꽤 망녕되니	華豐夷嗇言殊妄
동쪽 순과 서쪽 문왕 도 하나임을 볼 수 있네[759]	東舜西文道可窺
노나라에 주례 있음 문제될 것이 없나니[760]	魯國不妨周禮在

757 공자(孔子)가……있겠는가 : 《논어》 〈자한(子罕)〉에 보면, 공자가 중국의 혼란에 상심하여 동방의 구이(九夷)에 가서 살고자 하자, 어떤 사람이 말하기를 "누추할 터인데 어떻게 사시겠습니까?" 하니, 공자가 말하기를 "군자가 살고 있으니 어찌 누추할 것이 있겠는가."라고 하였다는 내용이 있다. 《論語 子罕》 송시열은 구이를 우리나라로 보는 견해를 받아들여 이렇게 말한 것이다.

758 기자(箕子)의 팔조금법(八條禁法) : 기자가 조선에 와서 행하였다는 여덟 가지 교법(敎法)을 말하는데, 이 중에서 현재는 "살인자는 사형에 처하고, 다치게 한 자는 곡식으로 갚고, 도둑질한 자는 그 집의 노비로 삼는다."라는 세 조목만 전하고 있다. 《三國志 魏書 東夷傳》 《增補文獻備考 卷127 刑考 刑制》

759 동쪽……있네 : 《맹자》 〈이루 하(離婁下)〉에 "순(舜) 임금은 저풍(諸馮)에서 태어나서 부하(負夏)로 옮겼다가 명조(鳴條)에서 돌아가셨으니 동이(東夷) 사람이다. 그리고 문왕(文王)은 기주(岐周)에서 태어나서 필영(畢郢)에서 돌아가셨으니 서이(西夷) 사람이다. 살았던 지역의 거리가 천여 리나 떨어져 있고 세대의 차이도 천여 년이나 나지만, 뜻을 이루어 중국에 도를 행한 점에서는 부절을 합한 듯 일치하니, 선대 성인이나 후대 성인을 헤아려 보면, 도가 같다 하겠다."라는 내용이 있다.

우옹은 시 읊기를 좋아하진 않는다네	尤翁非是愛吟詩

여든 번째 第八十

우옹은 시 읊기를 좋아하진 않으나	尤翁非是愛吟詩
삼한과 삼국을 탄식할 때 시를 읊네	歎息三韓三國時
하나같이 주와 등처럼 작은 나라였는데	一似邾滕褊小已
도리어 제와 초같이 다투고 공격했네	還同齊楚戰攻之
토지를 부지한 것도 오히려 다행인데	扶持土地猶云幸
수와 당 패주시켰으니[761] 도리어 의아하네	敗走隋唐却可疑
전사자 뼈 산처럼 쌓인 천백 년이었나니	戰骨如山千百載
우옹은 시 읊기를 좋아하진 않는다네	尤翁非是愛吟詩

760 노(魯)나라에……없나니 : '노나라에 주례가 있다'는 것은 주공(周公)이 죽은 뒤에 성왕(成王)이 주공의 공로가 크다는 점을 고려하여 노나라 임금 백금(伯禽)에게 주(周)나라 천자(天子)의 예악(禮樂)을 사용할 수 있도록 하사한 것을 말한다.《禮記 明堂位》 여기서는 명나라 멸망 이후 중화의 예악이 우리에게 있다는 소중화(小中華) 의식의 단면을 드러낸 것으로 보인다.

761 수(隋)와 당(唐) 패주시켰으니 : 수나라 양제(煬帝)가 고구려를 쳐들어왔을 때 을지문덕이 대패시키고 당나라 태종(太宗)이 고구려를 쳐들어왔을 때 안시성(安市城)에서 양만춘(梁萬春)이 격퇴한 것을 말한다.

여든한 번째 第八十一

우옹은 시 읊기를 좋아하진 않으나　尤翁非是愛吟詩
고려 오백 년 시종을 살필 때 시를 읊네　終始高麗五百時
삼국이 통일되어 전쟁이 그쳤으니　三國混來爭戰已
만민이 쉬는 곳 우물 파고 밭 갈았네　萬民休處鑿耕爲
유학의 풍교는 도리어 폐해지고　儒家風教乍還廢
석가의 윤회를 믿어 의심치 않았네　釋氏輪廻信不疑
일대의 종장이신 포로[762]께서 나왔거니　一代宗盟輪圃老
우옹은 시 읊기를 좋아하진 않는다네　尤翁非是愛吟詩

여든두 번째 第八十二

우옹은 시 읊기를 좋아하진 않으나　尤翁非是愛吟詩
조선 왕가 만세를 송축할 때 시를 읊네　歌誦王家萬世時
풍속이 변화하여 주나라 예악 행해지고　俗化變夷周禮樂
성왕들 전한 법 순의 심법이었네[763]　聖神傳法舜危微
그 어진 은택이 곤충에게도 미쳐 가서　仁恩德澤昆蟲被
《논어》《맹자》《시경》《서경》 노복도 아는구나　論孟詩書僕隸知

762 포로(圃老) : 포은(圃隱) 정몽주(鄭夢周, 1337~1392)에 대한 존칭이다.

763 성왕(聖王)들……심법(心法)이었네 : '순(舜)의 심법'이란 순 임금이 우(禹) 임금에게 심법으로 전해 준 말이다. 220쪽 주191 참조. 이러한 심법을 조선의 성왕들이 서로 전수하여 자신과 나라를 다스렸다는 말이다.

다만 지금 제나라 관중 없는 게 한스럽네[764] 只恨今無齊管仲
우옹은 시 읊기를 좋아하진 않는다네 尤翁非是愛吟詩

여든세 번째 第八十三

우옹은 시 읊기를 좋아하진 않으나 尤翁非是愛吟詩
《상서》를 외우고 읽을 때 시를 읊네 尙古之書誦讀時
복희씨와 황제 헌원씨 일 있어도 아니 적고 已有羲軒事不取
단지 〈요전〉과 〈순전〉에서 시작한 건 무엇인가 只從堯舜典胡爲
봉황 왔다는 대목에선 눈이 밝게 뜨이고[765] 鳳凰來處明開眼
연못과 수풀에 모일 땐 자주 눈썹 찡그리네[766] 淵藪萃時亟皺眉
진 목공이 맹서한 말 수록한 뜻 있나니[767] 秦穆誓言收錄意

764 다만……한스럽네 : 춘추 시대 제(齊)나라 관중(管仲)은 환공(桓公)을 도와 오랑캐를 물리치고 주나라 천자를 보호하는 이른바 존왕양이(尊王攘夷)를 실천하였는데, 지금은 그런 사람이 없음을 개탄한 것이다.

765 봉황(鳳凰)……뜨이고 : 순 임금이 지은 〈소소(簫韶)〉를 연주하자 봉황이 듣고 찾아와서 춤을 추었다는 내용이 《서경》 〈익직(益稷)〉에 나온다. 《서경》에서 성왕(聖王)과 태평 시대의 상징인 봉황이 나타났다는 대목이 나오면 절로 기뻐 눈이 밝게 뜨인다는 말이다.

766 연못과……찡그리네 : 《서경》 〈무성(武成)〉에 "이제 상나라 임금 수(受)가 무도하여 하늘이 내린 물건을 함부로 없애 버리고 백성을 해치고 포학하게 굴며 천하에 도망 다니는 자들의 주인이 되어 마치 못과 수풀로 모이듯 한다."라고 하였다. 물고기가 연못에 모이고 짐승이 수풀에 모이듯 악한 사람들이 악한 임금 주변으로 모여드는 혼란을 말하는 대목을 읽을 때는 자주 눈살이 찌푸려진다는 말이다.

767 진……있나니 : '진 목공(秦穆公)이 맹서한 말을 수록했다'는 것은 《서경》의 맨 끝에 〈진서(秦誓)〉가 수록되어 있는 것을 말하고, '수록한 뜻이 있다'는 것은 어진 이를

우옹은 시 읊기를 좋아하진 않는다네　尤翁非是愛吟詩

여든네 번째 第八十四

우옹은 시 읊기를 좋아하진 않으나　尤翁非是愛吟詩
육의의 편장[768]을 읊조릴 때 한다네　六義篇章諷詠時
〈노송 경〉에 있는 말 전체를 개괄하고[769]　有魯駉言皆蔽蓋
성인 공자 손을 거쳐 더욱 빛이 났다네[770]　經宣聖手益光輝
문왕과 청묘에서 은미한 말 드러냈고[771]　文王淸廟微言闡
탕제와 민천에선 대도 어그러졌네[772]　蕩帝旻天大道虧

추천하면 백성에게 이롭고 어진 이를 숨기면 나라가 위태롭게 된다는 치세(治世)의 요체가 그 글 속에 담겨 있다는 뜻이다.

768 육의(六義)의 편장(篇章) : 《시경》에서 작법상의 격식인 풍(風), 아(雅), 송(頌)과 시적 표현상의 수사법인 부(賦), 비(比), 흥(興)을 육의라고 한다. 여기서는 이러한 육의의 편장 체제로 이루어져 있는 《시경》을 가리키는 말로 쓰였다.

769 노송(魯頌)……개괄하고 : 공자는 《논어》 〈위정(爲政)〉에서 "《시경》 삼백 편을 한마디 말로 개괄할 수 있는데, 그것은 '생각에 사악함이 없는 것'이라는 말이다."라고 하였는데, 이는 《시경》 〈노송 경(駉)〉에 나오는 말이다.

770 성인(聖人)……났다네 : 공자가 당시 주대(周代)의 열국(列國)에 유행하던 시편들을 산정(刪定)하여 《시경》을 편찬했기 때문에 이렇게 말한 것이다.

771 문왕(文王)과……드러냈고 : 《시경》 〈대아(大雅)〉의 문왕지십(文王之什)에 나오는 시편들, 그중에서도 〈문왕〉과 같은 시편이나 〈주송(周頌)〉의 청묘지십(淸廟之什)에 나오는 시편들, 그중에서도 〈청묘(淸廟)〉와 〈유천지명(維天之命)〉 등의 시편에는 천명(天命)과 흥망성쇠의 이치, 그리고 치세(治世)를 이루기 위한 실제 바탕으로서의 덕(德)과 경(敬)에 대한 은미한 말들이 실려 있다.

772 탕제(蕩帝)와……어그러졌네 : 《시경》 〈대아 탕(蕩)〉은 "광대하신 상제는 하민

분분한 설 정리하여 주자의 전이 있나니[773] 整釐紛拏朱氏傳
우옹은 시 읊기를 좋아하진 않는다네 尤翁非是愛吟詩

여든다섯 번째 第八十五

우옹은 시 읊기를 좋아하진 않으나 尤翁非是愛吟詩
시 읊는 건 우옹이 《주역》 읽을 때라네 詩是尤翁讀易時
지극한 이치 은미하고 또 드러남 있으니[774] 至理有微還有顯
성인이 뭘 염려하고 다시 뭘 생각하랴[775] 聖人何慮復何思
복희씨 꼭 용마 보고 괘 그린 것 아니며 皇羲不必因龍畫
정자 하필 토끼 보고 그것을 알았으랴[776] 程氏何須見兎知

의 군주이시니."로 시작하는데, 여왕(厲王)이 무도하기 때문에 하늘이 재앙을 내려 장차 망하게 할 것임을 예언하는 시이다. 그리고 〈대아 소민(召旻)〉은 "하늘이 포악한지라 하늘이 혹독하게 상란을 내린다."로 시작하는데, 유왕(幽王)이 무도하여 재앙이 계속되면서 나라가 무너져 가고 있음을 읊은 시이다.

773 분분한……있나니 : 주희가 한당(漢唐) 제유(諸儒)들의 《시경》에 대한 분분한 여러 설들을 정리하여 《시경집전(詩經集傳)》을 엮은 것을 말한다.

774 지극한……있으니 : 《주역》 〈계사전 하(繫辭傳下)〉에 "역(易)은 지나간 것을 드러내고 미래를 살피며 드러난 것을 은미하게 하고 그윽한 것을 밝힌다."라는 말이 있다.

775 성인(聖人)이……생각하랴 : 《주역》 〈계사전 하〉에 "천하에 대해 무엇을 생각하고 무엇을 염려하랴. 천하는 귀결은 같은데 길이 다를 뿐이다."라고 한 공자의 말이 있다.

776 복희씨(伏羲氏)……알았으랴 : 황하(黃河)에서 등에 그림이 그려져 있는 용마(龍馬)가 나온 것을 보고 복희씨가 팔괘(八卦)를 그렸다고 전해지는데, 이에 대해 정이(程頤)가 토끼를 파는 자를 보고 말하기를 "성인이 하도낙서(河圖洛書)를 보고 팔괘를 그었다고 하나 어찌 꼭 하도낙서뿐이겠는가. 다만 이 토끼만 보고도 팔괘를 만들 수

주공 공자 소옹과 주자의 설이 있나니[777] 周孔邵兼朱子說
우옹은 시 읊기를 좋아하진 않는다네 尤翁非是愛吟詩

여든여섯 번째 第八十六

우옹은 시 읊기를 좋아하진 않으나 尤翁非是愛吟詩
필삭한 《춘추》의 뜻 알 수 없을 때 시를 읊네 筆削之書不識時
다투어 사견으로 경전을 설명하는데 爭把意來經上說
공자의 노비 무덤에서 나오면 어찌하나[778] 奈如奴自塚中歸
책을 아뢴 호씨는 중흥의 뜻 부쳤고[779] 奏篇胡作中興義

있으니, 수(數)가 곧 이 가운데에서 일어날 수 있는 것이다. 옛 성인이 다만 지극히 드러난 신물(神物)을 취하셨을 뿐이다."라고 하였다. 《周易傳義 卷首 易說綱領》

777 주공(周公)……있나니 : 《주역》은 문왕(文王)의 단사(彖辭), 주공(周公)의 효사(爻辭), 공자(孔子)의 십익(十翼), 소옹(邵雍)의 선천학(先天學), 정이(程頤)의 《역전(易傳)》, 주희(朱熹)의 《본의(本義)》 등, 많은 성현들의 설이 종합되어 이루어진 것이라는 말이다.

778 다투어……어찌하나 : 주희가 말하기를 "《춘추(春秋)》는 억지로 풀이해서는 안 된다. 후세에 《춘추》를 풀이한 사람이 30여 인이나 되지만 모두 자기의 뜻으로 억지 설명을 하였으니 참된 견해가 아니다. 만약 공자의 노비가 무덤에서 나와서 공자의 뜻은 이와 같지 않다고 말한다면 어찌하겠는가?"라고 하였는데, 마찬가지로 송시열도 공자가 필삭한 깊은 뜻을 알기 어려우므로 함부로 억측하는 설을 내놓아서는 안 된다고 본 것이다. 《朱子語類 卷83 春秋綱領》

779 책을……부쳤고 : 호안국(胡安國)이 《춘추》에 정통하다는 말을 듣고 송(宋)나라 고종(高宗)이 그와 강론하기를 원하자, 호안국이 《춘추》에 구두를 찍고 정음(正音)을 붙여 올리면서 아뢰기를 "《춘추》는 경세(經世)의 대전(大典)이니 폐하께서 참람과 반란을 평정하고 나라를 회복하려 하신다면 공자의 이 경전을 마음에 쌓는 것보다 좋은

주석 안 낸 주자는 후학의 모범 되었네[780]　　不註朱爲後學規
봉황 이르고 기린 온 건 같은 이치이거니[781]　　鳳至麟來一般理
우옹은 시 읊기를 좋아하진 않는다네　　尤翁非是愛吟詩

여든일곱 번째 第八十七

우옹은 시 읊기를 좋아하진 않으나　　尤翁非是愛吟詩
시 읊는 건 우옹이 《예기》 읽을 때라네　　詩是尤翁讀禮時
한 번 오르내리는 예 다 지극한 이치이고　　一降一升皆至理
삼천 세목 삼백 조목 실처럼 세밀하구나[782]　　三千三百儘如絲

것은 없습니다."라고 하였다. 《宋元學案 卷34 武夷學案》

780 주석……되었네 : 주희는 《춘추》가 정밀한 권도(權道)를 담고 있어 알기가 어려우니 함부로 해석해서는 안 된다고 여겼으므로 《춘추》에 대해서는 주석하지 않았다. 《宋子大全隨箚 卷1》

781 봉황……이치이거니 : 《춘추좌씨전》을 보면, 노(魯)나라 애공(哀公) 14년 봄에 서쪽에 사냥을 나갔다가 기린을 잡았는데, 이 소식을 듣고 공자가 느낀 바 있어 《춘추》를 저술하기 시작하여 기린을 잡은 대목으로 끝을 맺은 것이라고 하였다. 즉 이때에는 성왕(聖王)이 없는데 기린이 나왔다가 잡혔으므로 주(周)나라의 도가 흥성하지 않는 것에 상심하여 공자가 중흥(中興)의 교화를 밝히고자 《춘추》를 지은 것이라고 본 것이다. 《春秋左氏傳 哀公14年》 그러나 일반적으로 봉황과 기린이 나타나는 것은 성왕과 태평의 상서(祥瑞)를 의미하므로 호안국은 《춘추호씨전(春秋胡氏傳)》에서 "《춘추》의 글이 완성되자 봉황과 기린이 이르러 온 것이다."라고 하여, 《춘추》를 지음으로 인해 기린이 나타난 것이므로 오히려 그것이 성인(聖人)으로서의 공자의 상서를 드러내는 것이라고 보았다. 송시열도 이와 같은 의미로 이해한 것이 아닌가 생각된다.

782 한……세밀하구나 : 한 번 올라가고 내려가는 예절에도 지극한 이치가 담겨 있는 것인데, 《예기(禮記)》에는 근간이 되는 예가 삼백 조목이 있고 세세한 예절을 담은

빨리 죽으란 말 깊이 언 이끌어 줌 알겠고[783]	極知遄死深提偃
어기지 말란 말은 번지에게만 한 게 아니네[784]	莫說無違獨語遲
무엇보다 주자가 《통해》 지은 뜻 있나니[785]	最是閩翁通解意
우옹은 시 읊기를 좋아하진 않는다네	尤翁非是愛吟詩

여든여덟 번째 第八十八

우옹은 시 읊기를 좋아하진 않으나	尤翁非是愛吟詩
시 읊는 건 음악 잔결 통탄할 때 한다네	詩是深嗟樂缺時
상고 시대 〈승운〉 〈육영〉[786] 원래 알 길이 없고	上世雲韺元莫理

조목이 삼천 가지가 있다는 말이다.

783 빨리……알겠고 : 《예기》 〈예운(禮運)〉에, 언언(言偃)이 예가 그렇게 급히 행해야 할 것이냐고 묻자 공자가 대답하기를 "예를 잃는 자는 죽고 예를 얻는 자는 사는 것이다. 《시경》에도 '쥐에게 사지가 있는데 사람으로서 예가 없단 말인가? 사람으로서 예가 없으면서 어찌 빨리 죽지 않는가?'라고 하였다. 그래서 성인이 예를 천하 사람들에게 보여 주신 것이니, 이것으로 천하와 국가를 바로잡을 수 있다."라고 하였다.

784 어기지……아니네 : 노(魯)나라 대부 맹의자(孟懿子)가 효(孝)에 대해 묻자, 공자는 "어기지 않는 것이다."라고 답해 주었다. 이에 대해 제자 번지(樊遲)가 그 의미를 묻자, 공자가 답하기를 "부모가 살아 계실 때에도 예로 섬기고 돌아가시면 예로 장례를 치르고 예로 제사를 지내라는 뜻이다."라고 하였다. 《論語 爲政》

785 무엇보다……있나니 : 여기에서 《통해(通解)》는 주희가 편찬한 《의례경전통해(儀禮經傳通解)》를 말한다. 〈가례(家禮)〉, 〈향례(鄕禮)〉, 〈학례(學禮)〉, 〈방국례(邦國禮)〉, 〈왕조례(王朝禮)〉, 〈장례(葬禮)〉, 〈제례(祭禮)〉 등 7편으로 구성되어 있다. 예학의 전반을 종합한 주희의 후기 예학을 대표할 만한 책이라고 할 수 있다.

786 승운(承雲) 육영(六韺) : 〈승운〉은 전욱씨(顓頊氏)의 음악이고 〈육영〉은 제곡씨(帝嚳氏)의 음악이다.

주나라의 〈대함〉〈대무〉[787] 또한 뉘 알겠는가　　周家咸武亦誰知
혜강의 〈광릉산곡〉 되레 핍박 초래했고[788]　　嵇康廣散猶徵逼
악수 신마 대한 노래 정히 속인 것이라네[789]　　渥水神駒定是欺
다행히 서산 저술 두 권[790]이 남아 있나니　　幸有西山書兩卷
우옹은 시 읊기를 좋아하진 않는다네　　尤翁非是愛吟詩

787 주(周)나라의 대함(大咸) 대무(大武) : 《주례(周禮)》〈춘관(春官) 대사악(大司樂)〉에 "대사악이 악무(樂舞)를 가지고 국자(國子)에게 〈운문(雲門)〉, 〈대권(大卷)〉, 〈대함(大咸)〉, 〈대소(大韶)〉, 〈대하(大夏)〉, 〈대호(大濩)〉, 〈대무(大武)〉에 맞추어 춤을 추는 것을 가르친다."라고 하였다. 여기에서 〈대함〉은 요 임금의 음악이고 〈대무〉는 주나라 무왕의 음악이다.

788 혜강(嵇康)의……초래했고 : 〈광릉산곡(廣陵散曲)〉은 거문고 악곡의 이름이다. 진(晉)나라 때의 죽림칠현 중에 한 사람인 혜강이 낙서(洛西)의 화양정(華陽亭)에서 남에게 전해 주지 않을 것을 맹세하고 은자(隱者)에게 전수받은 곡이다. 뒤에 혜강이 종회(鍾會)의 참소로 사형을 당할 때 마지막으로 연주하면서 "광릉산이 이제 끊어지겠구나."라고 말하고 죽었다고 한다. 《晉書 嵇康列傳》 여기서는 혜강이 〈광릉산곡〉을 연주하면서 은거하는 삶을 살다가 찾아온 종회를 하대(下待)한 일로 핍박을 받아 죽음으로써 그 악곡이 끊어지게 되었다고 본 듯하다.

789 악수(渥水)……것이라네 : 한 무제(漢武帝)가 감숙성(甘肅省)의 악와수(渥洼水)에서 신마(神馬)를 얻고는 "서쪽 끝에서 천마가 왔는데 만 리를 경유하여 덕이 있는 이에게 돌아왔네."라는 내용의 〈천마가(天馬歌)〉를 지어 그 음악으로 교묘(郊廟)에 제사를 지냈는데, 뒤에 급암(汲黯)이 이를 기롱하기를 "천마와 신령스런 봉황을 선제(先帝)가 어떻게 알았겠는가."라고 하였다. 《漢書 武帝紀》

790 서산(西山)……권 : 서산은 송나라 때의 학자 채원정(蔡元定)의 호이고, '저술 두 권'이란 그가 지은 악서(樂書)인 《율려신서(律呂新書)》 2권을 말한다.

여든아홉 번째 第八十九

우옹은 시 읊기를 좋아하진 않으나	尤翁非是愛吟詩
《대학》 책을 익숙하게 읽을 때 시를 읊네	大學之篇熟讀時
정자가 표장할 때 그 의견이 깊었고[791]	程氏表章深意見
주자가 주해할 때 사유가 극진하였네	閩翁註解極思惟
세 현인과 한 성인이 전하고 받았으니[792]	三賢一聖相傳受
오류와 잘못들 어찌 감히 시비하랴	百謬千差敢是非
화정이 반년 동안 그 책을 보았나니[793]	和靖半年方看得

791 정자(程子)가……깊었고 : 주희(朱熹)가 지은 〈대학장구서(大學章句序)〉에 "송(宋)나라의 국운이 융성해져서 정치와 교육이 아름답고 밝게 되었다. 이에 하남(河南)의 두 정자가 세상에 나와 맹자의 도통을 이어받아 실제로 처음으로 이 책을 존숭하고 신봉하여 《예기》로부터 드러내었고 또 그 편차(編次)를 바로잡아 그 본래의 뜻을 밝혔다."라는 말이 있는데, 두 정자가 《예기》의 한 편으로 있던 〈고본(古本) 대학〉을 별도의 책으로 분리하고 착간(錯簡)이 있는 편제의 차례를 정리하였다는 말이다.

792 세……받았으니 : 세 현인은 증삼(曾參), 정호(程顥)·정이(程頤), 주희를 말하고, 한 성인이란 공자를 말한다. 《대학장구》 경(經) 1장은 공자의 말을 증삼이 기술하였고 전(傳) 10장은 증삼의 뜻을 그 문인들이 기술한 것이며, 두 정자에 의해 〈고본 대학〉이 《예기》에서 분리되고 편차가 정리되었으며, 주희에 의해 여러 설들이 편집·주해되고 빠진 부분이 보완되어 《대학장구》 체계가 갖추어진 것을 말한다.

793 화정(和靖)이……보았나니 : 화정은 정이의 문인인 윤돈(尹焞)의 호이다. 그의 자는 언명(彦明)이다. 《근사록(近思錄)》 〈위학류(爲學類)〉에는 "윤언명이 이천을 만나 본 지 반년이 지나고서야 비로소 《대학》과 〈서명〉을 볼 수 있었다."라고 하여, 윤돈이 정이를 만난 지 반년 뒤에 《대학》을 읽은 것으로 되어 있다. 그러나 송시열은 이와 달리 "독서법에 대해서는 주자가 상세히 논하였다. 그의 이른바 '윤화정은 반년 동안 단지 《대학》과 〈서명〉만 읽었는데, 지금 사람들은 반년 동안에 많은 책을 읽으려고 한다.'라는 말이야말로 어찌 격언이요 지론이 아니겠는가."라고 하여, 윤돈이 반년 동안

우옹은 시 읊기를 좋아하진 않는다네　　尤翁非是愛吟詩

아흔 번째 第九十

우옹은 시 읊기를 좋아하진 않으나　　尤翁非是愛吟詩
시 읊는 건 《논어》에 침잠할 때 한다네　　詩是沈潛論語時
대성인의 말씀이 모두 서술되어 있고　　大聖人言都撰序
문인들의 일까지 자세히 알 수 있다네　　諸門人事可聞知
이 책에서 마음 보존 이치를 견득하고　　全書見得操存理
〈향당〉편엔 성인 모습 그려낸 것 보겠네　　鄕黨看他畫出時
늙도록 행용할 줄 모르는 이 있나니[794]　　到老不知爲可用
우옹은 시 읊기를 좋아하진 않는다네　　尤翁非是愛吟詩

아흔한 번째 第九十一

우옹은 시 읊기를 좋아하진 않으나　　尤翁非是愛吟詩
맹자의 책 시원하게 읽을 때 시를 읊네　　亞聖之書快讀時
《중용》의 천명 본성 제대로 밝혔고　　克闡中庸天命性
공자 입은 한삼 옷을 벗기고자 하였네[795]　　要除宣聖汗衫衣

《대학》만 읽었다는 뜻으로 해석하였다. 《宋子大全 卷46 答李雲擧》

794 늙도록……있나니 : 《논어》 〈요왈(堯曰)〉 마지막 장의 장하주(章下註)에 "배우는 자가 어려서부터 이 책을 읽었으나 늙어서 한마디 말도 행용(行用)할 줄을 모른다면 성인의 말씀을 모독하는 데에 가깝지 않겠는가."라고 한 윤돈의 말이 있다.

짐승을 몰아내듯 물리치지 않았다면 倘微辭闢同驅獸
이제까지 사설(邪說)들 죽 끓듯 횡행했으리 抵此詖淫似沸糜
주자의 강수 한수 -원문 빠짐- 보거니 看到晦翁江漢□
우옹은 시 읊기를 좋아하진 않는다네 尤翁非是愛吟詩

아흔두 번째 第九十二

우옹은 시 읊기를 좋아하진 않으나 尤翁非是愛吟詩
삼가 《중용》 완미하고 연구할 때 시를 읊네 敬對中庸玩繹時
요순과 우왕 이래 전해짐이 자세하나 堯舜禹來傳仔細
복희 신농 황제 이하 도통은 희미하네 羲炎軒下統依俙
세 덕과 다섯 도 성으로 개괄되는데[796] 德三道五一誠蔽
괴이하고 어긋난 도에 일곱 성인 헤맸네[797] 怪百差千七聖迷

795 공자(孔子)……하였네 : 《주자어류(朱子語類)》에 "자로는 비유하자면 겉의 더러운 옷 두 벌을 벗은 수준이고, 안연은 또 그 안에 있는 속옷을 벗은 수준이며, 공자는 그 안에 있는 살에 닿는 한삼조차 다 벗고서 알몸으로 선 수준이다."라고 한 대목이 있는데, 맹자는 가려진 것이 하나 없는 공자 본연의 순수한 모습을 드러내고자 하였다는 말이다. 《朱子語類 卷29 論公冶長下 顔淵季路侍章》

796 세……개괄되는데 : 《중용장구》 제20장에 세 덕과 다섯 도에 대한 설명이 있는데, 세 덕은 지(知), 인(仁), 용(勇)을 말하고, 다섯 도는 군신, 부자, 부부, 형제, 붕우 간의 관계를 말한다. 여기서는 이 세 덕과 다섯 도를 포괄할 수 있는 개념이 바로 《중용》에 나오는 '성(誠)'이라는 말이다.

797 괴이하고……헤맸네 : 옛날에 황제(黃帝)가 산신령인 대외(大隗)를 만나 보려고 구자산(具茨山)으로 갈 때, 방명(方明), 창우(昌寓), 장약(張若), 습붕(謵朋), 곤혼(昆閽), 골계(滑稽) 등과 함께 떠났는데, 양성(襄城)의 들판에 이르러 이 일곱 성인(聖

염려 크고 걱정 깊어 이 책 만세에 전했나니[798]	慮遠憂深垂萬世
우옹은 시 읊기를 좋아하진 않는다네	尤翁非是愛吟詩

아흔세 번째 第九十三

우옹은 시 읊기를 좋아하진 않으나	尤翁非是愛吟詩
시 읊는 건 우옹이 역사 읊을 때라네	詩是尤翁詠史時
현자와 지자 쓴다면 치세 어찌 막으랴	賢智用來治孰禦
기강 무너진 뒤엔 나라 고치기 어려워라	紀綱壞後國難醫
어떤 이익이 인 행하는 이익만 하겠으며	利誰利若爲仁利
마음대로 하는 위험 가장 위험한 거라네	危莫危於肆志危
예로부터 지금까지 똑같은 법이거니	從古訖今同一律
우옹은 시 읊기를 좋아하진 않는다네	尤翁非是愛吟詩

人)이 모두 길을 잃고 헤맸다. 그때 우연히 말을 먹이는 동자를 만나 길을 물었다고 한다.《莊子 徐无鬼》 여기서는《중용》안에 참된 도학의 정수가 담겨 있는데도 사람들이 허황되고 어긋난 다른 도에 현혹되어 헤매는 것을 비유적으로 말한 것이다.

798 염려……전했나니 : 주희가 지은〈중용장구서(中庸章句序)〉에 "성인과의 거리가 멀어지면 질수록 도의 진수를 잃어버릴까 두려운 나머지 자사(子思)가《중용》을 짓게 되었는데, 그런 걱정이 깊었기 때문에 말이 절실하였고 염려가 컸기 때문에 그 설명이 자세하였다."라는 구절이 있다.

아흔네 번째 第九十四

우옹은 시 읊기를 좋아하진 않으나	尤翁非是愛吟詩
제자백가 책들에 관심 없을 때 한다네	諸子之書不管時
《여씨춘추》와 《태현경》[799] 어찌 족히 연구하랴	呂覽雲玄何足究
순황의 고상 왕통의 참람[800] 배울 필요 없어라	荀高王僭不須爲
서한 땐 괜히 사마상여 사마천 글 숭상했고	西京空尚遷如作
당나라 땐 오로지 이백 두보 시 높였네	唐世專宗李杜詞
내 경시하는 게 아니라 실로 겨를 없나니	我不鄙夷誠不暇
우옹은 시 읊기를 좋아하진 않는다네	尤翁非是愛吟詩

아흔다섯 번째 第九十五

우옹은 시 읊기를 좋아하진 않으나	尤翁非是愛吟詩
주자의 책[801] 지극히 연구할 때 시를 읊네	周子之書研極時

799 여씨춘추(呂氏春秋)와 태현경(太玄經) : 《여씨춘추》는 진(秦)나라 때 사람 여불위(呂不韋)가 지은 책이고 《태현경》은 한나라 때의 학자 양웅(揚雄)이 지은 책이다.

800 순황(荀況)의……참람 : 순황은 전국 시대의 학자인데, 소식(蘇軾)에 의해 "성악설과 같은 기이한 설을 펴기를 좋아하고 입론(立論)이 지나치게 고상하다."라는 평가를 받은 바 있다. 《東坡全集 卷43 荀卿論》 수(隋)나라 때의 학자인 왕통(王通)은 속경(續經)을 지어 육경(六經)에 견주었으므로 참람하다고 한 것이다.

801 주자(周子)의 책 : 주자는 북송(北宋) 때의 학자 주돈이(周敦頤)를 가리킨다. 자는 무숙(茂叔)이며 염계(濂溪)에 살았으므로 염계 선생이라 불렸다. 《태극도설(太極圖說)》과 《통서(通書)》를 저술하였다.

성리에 대해 어두울 때 아는 자 누구였나　　性理晦來誰識者
《태극도설》《통서》 짓자 그 뒤 크게 밝아졌네　　圖書成後大明之
어겨 흉하고 닦아 길하단 그 말[802] 칭송할 만하고　　悖凶修吉堪公誦
진실 서고 밝음 통한단 그 말[803] 어찌 날 속이랴　　誠立明通豈我欺
간결한 말씀 속에 광풍제월 있나니　　簡潔辭中風月在
우옹은 시 읊기를 좋아하진 않는다네　　尤翁非是愛吟詩

아흔여섯 번째 第九十六

우옹은 시 읊기를 좋아하진 않으나　　尤翁非是愛吟詩
하남의 《이정전서》[804] 깊이 익힐 때 시를 읊네　　熟習河南二集時
경서에 천착한 게 많은 지 오래였는데　　久矣經書多所鑿
귀신에게 질정해도 의심할 게 없게 됐네　　質諸神鬼可無疑
정 순공[805] 문사는 다 사리 꿰뚫어 명료하고　　純公文字皆通透
정숙자[806] 언사는 험준과 평탄 공존하네　　叔子言辭有險夷

802 어겨……말 : 《태극도설》에 "군자는 인의를 닦기 때문에 길하고 소인은 이를 어기기 때문에 흉하다."라는 말을 가리킨다.

803 진실……말 : 주돈이의 〈양심설(養心說)〉에 "욕심을 적게 하여 욕심이 없는 데에 이르도록 해야 한다. 욕심이 없으면 진실이 확립되고 밝음이 통한다. 진실이 확립된 자는 현인(賢人)이고 밝음이 통한 자는 성인(聖人)이다."라고 한 말을 가리킨다. 《近思錄 卷5 克己類》

804 이정전서(二程全書) : 북송(北宋) 때의 학자 정호(程顥)와 정이(程頤) 형제의 글을 모은 책이다.

805 정 순공(程純公) : 순공은 정호의 시호이다.

806 정숙자(程叔子) : 정이를 가리킨다. 숙자(叔子)는 동생이라는 뜻인데 정호의 동

무엇보다 큰 공은 경이란 글자에 있나니[807] 最是功存一敬字
우옹은 시 읊기를 좋아하진 않는다네 尤翁非是愛吟詩

아흔일곱 번째 第九十七

우옹은 시 읊기를 좋아하진 않으나 尤翁非是愛吟詩
안락와[808] 시편에 무릎 칠 때 시를 읊네 安樂詩篇擊節時
묵묵히 영허 관찰하여 조화를 평론했고 默觀盈虛評造化
실로 현부를 가지고 안위를 일깨웠네 縢將賢否警安危
바람과 꽃 물과 대는 청한의 벗이었고 風花水竹淸閒友
요와 순 공자 맹자 도덕의 스승이었네 堯舜尼輿道德師
천지도 그저 하나의 작은 물건으로 보았나니[809] 天地猶爲一小物
우옹은 시 읊기를 좋아하진 않는다네 尤翁非是愛吟詩

생이기 때문에 이렇게 칭한 것이다.

807 무엇보다……있나니 : 정호와 정이 형제는 특히 경(敬)의 개념을 강조하여 학문과 덕행을 병행하는 거경궁리(居敬窮理)의 방법을 제시하였는데, 후학이 볼 때 그 점이 가장 큰 공로라는 말이다.

808 안락와(安樂窩) : 북송 때의 학자 소옹(邵雍)이 거처하던 낙양(洛陽)의 집 이름이다. 여기서는 소옹을 가리키는 말로 쓰였다.

809 천지도……보았나니 : 소옹의 말에 "천지로써 만물을 보면 만물이 만물이 되지만 도(道)로써 만물을 보면 천지도 만물의 하나이고 그 속에 한 덩이의 작은 물건일 뿐이다."라고 하였다. 《宋子大全隨箚 卷1》

아흔여덟 번째 第九十八

우옹은 시 읊기를 좋아하진 않으나 尤翁非是愛吟詩
《정몽》과 《경학이굴》[810] 탐구할 때 시를 읊네 探索正蒙理窟時
그 글은 옛 경서에 보완이 되어 주고 文與古經爲羽翼
큰 가르침 되어 주는 〈동명〉과 〈서명〉[811] 있네 銘爲大訓有東西
물마다 이치 지극하매 파초시를 지었고[812] 物皆至理題蕉葉
예로써 백성 막은 건 개밋둑 두려워서지[813] 禮以防民懼蟻堤
정자보다 정밀하단 그 말[814] 진실하거니 精切於程斯實語
우옹은 시 읊기를 좋아하진 않는다네 尤翁非是愛吟詩

810 정몽(正蒙)과 경학이굴(經學理窟) : 426쪽 주725 참조.

811 동명(東銘)과 서명(西銘) : 둘 다 장재가 제자들을 경계시키려고 지어 서재의 동쪽과 서쪽 창에 붙여 놓았던 명(銘)이다. 처음에는 〈폄우(砭愚)〉와 〈정완(訂頑)〉이라 하였는데, 논란이 생길 것을 우려한 정자(程子)의 지적에 따라 〈동명〉과 〈서명〉으로 고쳤다. 언동을 삼가라는 내용과 인의(仁義)의 근본에 대해 설명한 글이다.

812 물마다……지었고 : 파초시는 장재가 지은 칠언 절구의 시이다. 시의 내용은 "파초의 심이 다하여 새 가지 뻗어나면 새로 말린 새 심이 슬며시 뒤를 따르나니 새 심에서 새 덕을 기르는 걸 배우고 금방 따르는 새 잎 보고 새 지식을 키우련다."라고 하였는데, 새로 돋아나는 파초의 새 심과 새 잎을 보고 느낀 의미를 덕과 학문에 연계시켜 설명한 것이다. 《張子全書 卷13 雜詩》

813 예로써……두려워서지 : '예로써 백성을 막는다'는 것은 예법으로 질서를 유지하여 그릇된 행동을 막는다는 뜻이다. 장재가 예법으로 사람들을 가르치고자 하였는데, 이는 천 길의 제방도 개미구멍에서 무너지는 것과 같다고 보았기 때문이라는 말이다.

814 정자(程子)보다……말 : 《주자어류(朱子語類)》에, "장횡거(張橫渠)의 말이 두 정자보다 더 정밀하고 적절한 부분이 있다."라는 주희의 말이 보인다. 《朱子語類 卷113 朱訓門人》

아흔아홉 번째 第九十九

우옹은 시 읊기를 좋아하진 않으나	尤翁非是愛吟詩
속수[815]의 시와 서 음미할 때 시를 읊네	涑水詩書把玩時
피폐한 백성 위유하길 병든 자식처럼 했고	慰諭疲氓如病子
신법을 변통하길 바둑 바꾸듯이 했네[816]	變通新法若更棋
상소한 글 논리는 선공 《주의》[817] 이기고	封章理勝宣公奏
자치통감 공로는 조화옹 솜씨와 다투네	通鑑功爭造化兒
위려한 왕씨 소씨[818] 어찌 족히 쓸거나	偉麗王蘇何足用
우옹은 시 읊기를 좋아하진 않는다네	尤翁非是愛吟詩

백 번째 第一百

우옹은 시 읊기를 좋아하진 않으나	尤翁非是愛吟詩
주자의 시와 서 강독할 때 시를 읊네	晦父詩書講讀時
포괄한 건 모든 형상 담은 바다와 같고	包括似涵萬象海
이단 배척은 모든 시내 막은 제방과 같네	觝排如距百川堤

815 속수(涑水) : 428쪽 주732 참조.

816 신법(新法)을……했네 : 송나라 신종(神宗) 때 왕안석(王安石)에 의해 단행된 신법을 사마광이 철종(哲宗) 때에 다시 복권되어 모두 폐지하였는데, 그것이 마치 완전히 바둑판을 바꾸듯이 했다는 말이다.

817 선공(宣公) 주의(奏議) : 선공은 당나라 때의 신하 육지(陸贄)의 시호이고, 《주의》는 그가 지은 상소 모음집인 《육선공주의(陸宣公奏議)》를 말한다.

818 왕씨(王氏) 소씨(蘇氏) : 왕안석과 소식(蘇軾)을 말한다.

바른 말씀은 일심의 오묘함에서 다 나왔고　正辭都自一心妙
성대한 업적 일천 성인 지혜에 응하였네　盛業還應千聖知
공자 이래 이런 분 거의 있지 않았나니　由孔子來殊未有
우옹은 시 읊기를 좋아하진 않는다네　尤翁非是愛吟詩

백한 번째 第百一

우옹은 시 읊기를 좋아하진 않으나　尤翁非是愛吟詩
늘그막에 소학을 겸해 볼 때 시를 읊네　老去兼看小學時
온유와 공경의 일[819] 비록 따른다 해도　縱服溫柔恭敬事
성인과 우인 기틀 선과 이로 나뉘지[820]　須分善利聖愚機
이 선을 통해 가면 종욕 바랄 수 있고[821]　由茲可欲希從欲
이 양지 기르면 알기 쉬운 데 이른다네[822]　養此良知至易知

819 온유(溫柔)와 공경(恭敬)의 일 : 《예기》 〈경해(經解)〉에 "그 나라에 들어가 보면 그 가르침을 알 수 있다. 그 사람됨이 온유하고 돈후하면 시(詩)의 가르침을 따른 것이고 공검(恭儉)하고 장경(莊敬)하면 예(禮)의 가르침을 따른 것이다."라고 하였다.

820 성인(聖人)과……나뉘지 : 맹자(孟子)가 말하기를 "순(舜)과 도척(盜跖)의 구분을 알고자 한다면 다른 것이 없다. 이(利)와 선(善)의 차이일 뿐이다."라고 하였는데, 결국 성인과 우인(愚人)의 차이는 선을 추구하느냐 이익을 추구하느냐에 달려 있다는 말이다. 《孟子 盡心上》

821 이……있고 : 종욕(從欲)은 《논어》 〈위정(爲政)〉에 나오는 '종심소욕불유구(從心所欲不踰矩)'를 말한다. 공자가 70세에 마음의 하고자 하는 바를 따라도 법도에 어긋나는 일이 없는 이른바 '종심소욕불유구'의 경지에 이르렀는데, 여기서는 그러한 경지도 선을 행하는 데에서부터 시작한다는 말이다.

822 이……이른다네 : 양지는 생각하지 않아도 절로 아는 것을 말하고, '알기 쉬운

성인 가르침이지 노망든 내 말 아니거니[823]	惟聖之謨非我耄
우옹은 시 읊기를 좋아하진 않는다네	尤翁非是愛吟詩

백두 번째 第百二

우옹은 시 읊기를 좋아하진 않으나	尤翁非是愛吟詩
전적으로 《대학장구》 의거할 때 시를 읊네	大學專依章句時
구와 장으로 분석한 것 실로 명쾌하였고	析句分章眞畫一
마음과 이치 밝힌 것 전혀 의심할 게 없네	推心明理了無疑
처음에 간책 잡을 때 증자 참여한 듯하나[824]	初如執策參南武
끝내는 옷자락 걷고 공자를 모신 것이네[825]	終似摳衣侍聖尼
평생 정력이 이 책에 있다는 말[826] 믿나니	允矣一生精力在

것'이란 《주역》 〈계사전 상(繫辭傳上)〉에 "하늘은 쉬움으로써 주관하고 땅은 간략함으로써 능히 하니, 쉬우면 알기 쉽고 간략하면 따르기 쉽다."라는 말에서 온 것으로, 여기서는 양지를 기르면 천지자연의 도를 쉽게 알 수 있게 된다는 말이다.

823 성인(聖人)……아니거니 : 《소학집주(小學集註)》에 주희가 지은 〈소학제사(小學題辭)〉가 있는데, 그 글의 마지막 구에 나오는 말이다.

824 처음에……듯하나 : 《대학장구》에서는, 경(經) 1장은 공자의 말을 증삼(曾參)이 기술하였고 전(傳) 10장은 증삼의 뜻을 그 문인들이 기술한 것이라고 보고 있는데, 이를 말하는 듯하다.

825 끝내는……것이네 : 《대학》이 증삼과 그의 제자들에 의해 전술되었으나 결국에는 공자를 모시고 배운 것을 토대로 한 것이므로 공자의 사상이 담겨 있다는 말이다.

826 평생……말 : 주희가 《대학장구》를 문인(門人)들에게 보이면서 말하기를 "나의 평생의 정력이 이 책 안에 다 있으니, 먼저 여기에 통해야만 바야흐로 책을 읽을 수 있다."라고 하였다. 《朱子語類 卷14 大學1 綱領》

우옹은 시 읊기를 좋아하진 않는다네	尤翁非是愛吟詩

백세 번째 第百三

우옹은 시 읊기를 좋아하진 않으나	尤翁非是愛吟詩
《대학》을 《대학혹문》과 겸해 볼 때 시를 읊네	大學兼看或問時
선유들이 본 것에 미흡한 게 많아서	看得儒先多未契
문답을 설정하여 그 잘못을 바루었네	設爲問答訂其非
조리가 두루 통하니 실로 맑은 하늘같고	旁通曲暢眞天朗
어둠 가고 밝음 오니 햇빛 보는 것 같네	暗去明來睹日暉
주석에 다시 주석을 붙여 놓은 격이거니	註脚之餘又註脚
우옹은 시 읊기를 좋아하진 않는다네	尤翁非是愛吟詩

백네 번째 第百四

우옹은 시 읊기를 좋아하진 않으나	尤翁非是愛吟詩
《논어집주》 전적으로 연구할 때 시를 읊네	論語專治集註時
모든 이치 개진하니 다 성인의 뜻이고	衆理開陳皆聖意
제가의 설 취사할 때 우인의 쇠뇌같이 했네[827]	諸家去取若虞機

827 제가(諸家)의……했네 : 《서경》 〈태갑(太甲)〉에 "검약한 덕을 삼가셔서 영원한 계책을 생각하소서. 이는 마치 우인(虞人)이 쇠뇌의 틀에 화살을 걸어 놓았을 때 가서 그 화살이 법도에 맞게 걸려 있는가를 살펴보고 화살을 쏘는 것과 같습니다."라는 내용이 있는데, 여기서는 《논어》에 대한 제가의 설이 법도에 맞는지를 분명하게 살펴보고 취사선택을 했다는 말이다.

앎이 지극하기에 그 말씀도 지극하니 知之至處言之至
하늘 속일 수 있을 때야 이도 속일 수 있다네 天可欺時此可欺
경연에서 뉘 무함하고 패악한 설 아뢰었나[828] 經席誰陳誣悖說
우옹은 시 읊기를 좋아하진 않는다네 尤翁非是愛吟詩

백다섯 번째 第百五

우옹은 시 읊기를 좋아하진 않으나 尤翁非是愛吟詩
《논어》에 《논어혹문》 겸해 볼 때 시를 읊네 論語兼看或問時
정밀한 의리 오로지 두 정자의 설 존중했고 精義專尊純正說
문인 중엔 오히려 사씨와 양씨[829] 인정했네 門人猶許謝楊知
은밀하고 미묘한 논변 세밀히 분석했고 密微論辨毫如析
취사선택 잣대는 귀신도 넘볼 수 없었네 取捨權衡鬼莫窺
집주와 차이나는 것도 다 의미 있나니 集註異同皆有義
우옹은 시 읊기를 좋아하진 않는다네 尤翁非是愛吟詩

828 경연(經筵)에서……아뢰었나 : 숙종(肅宗) 때 윤휴(尹鑴)가 경연 석상에서 "상께서는 《논어》의 주(註)를 읽을 것이 없으며, 대문도 많이 읽을 것이 못 되고 수십 번만 읽으시면 됩니다."라고 청한 것을 말한다. 《肅宗實錄 1年 閏5月 26日》

829 사씨(謝氏)와 양씨(楊氏) : 정자(程子)의 문인인 사양좌(謝良佐)와 양시(楊時)를 말한다.

백여섯 번째 第百六

우옹은 시 읊기를 좋아하진 않으나	尤翁非是愛吟詩
《맹자》의 주석 상세히 연구할 때 시를 읊네	詳究七篇註釋時
본래의 말 조리 있어 풀이할 것도 없는데	本語自無容解處
선생은 어찌 다시 거기에 공을 들였는가	先生何復下功爲
맹자의 선후 입론 비록 이와 같다 해도	後先立說雖如此
고수가 신하 아니란 말 오히려 알 수 없네[830]	瞽瞍非臣尙不知
경서 해설 더욱 밝아 실로 싫지 않거니	經訓愈明眞不厭
우옹은 시 읊기를 좋아하진 않는다네	尤翁非是愛吟詩

백일곱 번째 第百七

우옹은 시 읊기를 좋아하진 않으나	尤翁非是愛吟詩
《맹자혹문》 겸하여 익힐 때 시를 읊네	兼習七篇或問時
심오한 대목 어찌 해설 많이 아니하랴	奧處豈容辭不費
시원하기 높은 지붕 오른 것과 같구나	脫然如上屋之危
비록 정자 장자의 설에 차이 있지만	異同雖有程張說
취사할 때 피차에 사심 전혀 없었네	取捨渾無彼此私

830 맹자의 선후……없네 : 《맹자》 〈만장 상(萬章上)〉에, 순(舜) 임금이 천자가 되었을 때 자신의 아버지 고수(瞽瞍)를 신하 삼지 않은 이유를 함구몽(咸丘蒙)이 질문하자 맹자가 대답하는 내용이 있는데, 이에 대한 맹자의 전후 설명이 자세함에도 불구하고 주희의 해설을 보지 않으면 그 뜻이 분명하게 잘 드러나지 않는다는 말이다.

《맹자장구》 이 책과 서로 보완 되나니 章句與之爲羽翼
우옹은 시 읊기를 좋아하진 않는다네 尤翁非是愛吟詩

백여덟 번째 第百八

우옹은 시 읊기를 좋아하진 않으나 尤翁非是愛吟詩
《중용장구》 외우고 익힐 때 시를 읊네 誦習中庸章句時
글귀마다 성인들의 오묘함 꿰뚫었으니 句句會通千聖妙
사람마다 귀한 거북 얻은 것과 같다네[831] 人人如得十朋龜
정미한 심법이 모두 서로 부합되니 精微心法都相契
많은 소경 절름발이 절로 치료되리라 多少跛盲自可醫
늙어서도 어지럽단 당시의 탄식 있었거니[832] 白首紛如當日歎
우옹은 시 읊기를 좋아하진 않는다네 尤翁非是愛吟詩

831 사람마다……같다네 : 《주역》 〈익괘(益卦) 육이(六二)〉에 "혹자가 십붕(十朋)의 거북을 더해 주면 점이 어긋날 수가 없다."라는 대목이 있는데, 주희의 《본의(本義)》에 의거해 해석한 것이다. 또 십붕에 대해 《본의》에서는 "두 마리의 거북을 붕(朋)이라고 하니 십붕의 거북은 큰 보배이다."라고 하였다. 여기서는 《중용장구》의 글귀 하나하나가 사람들에게 귀한 보배가 될 것이라는 말이다.

832 늙어서도……있었거니 : 주희가 《중용》에 대해 논하기를 "어려서부터 익혔는데 지금까지 오히려 '백발에도 익숙하지 않아 어지럽다.'라는 탄식이 있으니 아, 어찌 쉽게 말할 수 있겠는가."라고 하였는데, 노년까지도 《중용》의 깊은 뜻을 체득하기가 어려워 혼란스럽다는 말이다. 《中庸章句 第33章 小註》

백아홉 번째 第百九

우옹은 시 읊기를 좋아하진 않으나	尤翁非是愛吟詩
《중용혹문》 반복해서 익힐 때 시를 읊네	反復中庸或問時
정자가 불사른 것[833] 믿을 수 없거니와	程氏焚之斯未信
남전 여씨 풀이 과해 되레 많이 의심되네[834]	藍田解過却多疑
세세하게 분석하여 제가의 설 논평했고	分毫析縷評諸子
깊은 의미 탐색하여 공자에게 올라갔네	探賾鉤深溯聖尼
만든 이 홀로 고심한 것 더욱 새삼 깨닫나니	更覺良工心獨苦
우옹은 시 읊기를 좋아하진 않는다네	尤翁非是愛吟詩

백열 번째 第百十

우옹은 시 읊기를 좋아하진 않으나	尤翁非是愛吟詩
《주역》 오로지 주자의 《본의》[835]로 볼 때만 읊네	大易專看本義時

833 정자(程子)가 불사른 것 : 주희가 말하기를 "명도(明道)는 《중용》과 관련하여 책을 만드는 데에까지 가지 않았고 이천(伊川)은 책을 만들었으나 그 뜻이 불만스러워 스스로 그 책을 불태웠다고 했다."라고 하였는데, 이를 말한다. 《晦庵集 卷75 中庸集解序》

834 남전(藍田)……의심되네 : 남전 여씨(藍田呂氏)는 북송 때의 학자 여대림(呂大臨)이 섬서성(陝西省) 남전 출신이기 때문에 그렇게 불린다. 그는 《중용해(中庸解)》라는 《중용》 해설서를 지었는데, 풀이가 지나쳐 도리어 의문점이 많다는 말이다.

835 주자의 본의(本義) : 주희(朱熹)가, 정호(程顥)의 《주역》 풀이에 미진한 것을 다시 풀이하면서 문왕(文王)과 주공(周公)의 괘사(卦辭)와 효사(爻辭)의 본뜻에 맞춘다는 의미로 글 이름을 《본의》라 하였다. 《周易本義》

현미하게 억지로 보면 되레 얇고 난삽하나	硬作玄微還淺澁
곧장 점서로 풀이하면 다 평이하다네	直爲占筮儘平夷
제가의 천착한 설 땅을 쓴 듯 사라지고	諸家穿鑿都歸掃
정전의 공정한 설 되레 생각 많아지네	程傳稱停却費思
복희씨 친견했다고 실로 인정할 만하니[836]	親見伏羲眞可許
우옹은 시 읊기를 좋아하진 않는다네	尤翁非是愛吟詩

백열한 번째 第百十一

우옹은 시 읊기를 좋아하진 않으나	尤翁非是愛吟詩
《시경집전》 기꺼이 침잠할 때 시를 읊네	詩傳沈潛不斁時
옛 모시 한시[837] 있으나 견강부회한 게 많고	舊有毛韓多傅會
때로 정위의 음악[838] 높여 더욱 어그러졌네	時尊鄭衛轉離奇

836 복희씨(伏羲氏)……만하니 : 주희의 〈원기중이 계몽을 논한 것에 답하여〉라는 시에 "갑자기 한밤중 우레 소리에 모든 문호가 차례로 열리누나. 만약에 무(無) 속에 유(有)가 있는 상(象)을 알면 그대가 복희씨 친견하고 온 걸 인정하리."라는 구절이 있는데, 여기서는 주희의 《본의》를 보면 8괘를 그린 복희씨를 직접 만나고 왔다고 인정할 수 있을 정도로 《주역》에 대한 설명이 분명하다는 말이다. 《晦庵集 卷9 答袁機仲論啓蒙》

837 모시(毛詩) 한시(韓詩) : 모시는 전한(前漢) 때의 모형(毛亨)이 《시경》의 주석서인 《시고훈전(詩故訓傳)》을 지어 모장(毛萇)에게 전수한 것을 말하고, 한시는 한 문제(漢文帝) 때의 박사인 한영(韓嬰)이 《시경》에 나오는 시를 지은 시인들의 뜻을 추측하여 《내전(內傳)》과 《외전(外傳)》을 저술한 것을 말한다. 현재는 《한시외전(韓詩外傳)》 10권만 전한다.

838 정위(鄭衛)의 음악 : 춘추 시대 정(鄭)나라와 위(衛)나라의 음란한 음악인 〈정풍

이아 이남 이치 얻으니 어찌 고루함 걱정하랴[839]　雅南得理寧憂固
자하 자공 비록 머나 함께 돌아갈 수 있으리[840]　商賜雖遙可與歸
다시 밝은 창 앞에서 우물 같은 시 읊나니[841]　更向明窓哦水井
우옹은 시 읊기를 좋아하진 않는다네　尤翁非是愛吟詩

백열두 번째 第百十二

우옹은 시 읊기를 좋아하진 않으나　尤翁非是愛吟詩
전례 오로지 《통해》[842]에 의거할 때 시를 읊네　典禮專依通解時
예법 함부로 농단하여 간사한 자 이익 얻고　弄法舞文憸者利
예를 설한 스승 뜻에 어긋나니 도 쇠했네[843]　師心悖義道之衰

(鄭風)〉과 〈위풍(衛風)〉을 말한다.

839 이아(二雅)……걱정하랴 : 이아는 《시경》의 〈대아(大雅)〉와 〈소아(小雅)〉를 말하고 이남(二南)은 〈주남(周南)〉과 〈소남(召南)〉을 말한다. 이아와 이남의 시들은 그 의미 자체가 바르므로 고루함을 걱정할 필요가 없다는 말이다.

840 자하(子夏)……있으리 : 자하와 자공은 둘 다 시를 함께 논할 만하다고 공자(孔子)에게 칭찬을 받은 제자들이다. 여기서는 우리가 이들과 시대적으로 거리는 멀지만 노력하면 이들처럼 시의 본질을 깨달을 수 있을 것이란 말이다.

841 밝은……읊나니 : '우물 같은 시'란 《시경》이 계속 물이 흘러나오는 근원 깊은 우물과 같다는 의미에서 그렇게 말한 듯하다. 결국 시의 의미를 분명히 해설한 《시경집전》으로 《시경》의 시를 제대로 읊을 수 있어서 다행이라는 뜻인 듯하다.

842 통해(通解) : 주희(朱熹)가 편찬한 《의례경전통해(儀禮經傳通解)》를 말한다.

843 예법……쇠했네 : 주희가 《의례경전통해》를 편찬하게 된 이유를 설명한 것이다. 예법을 제멋대로 해석하고 남용하여 이익을 얻거나 예를 설한 선현의 뜻을 왜곡하여 설명하는 당대의 현실을 보고 도가 쇠퇴해 가고 있음을 우려하여 이 책을 편찬하게 되었다는 것이다.

경을 전보다 앞세우니 강령이 정돈되고	以經乘傳綱維整
일에 따라 분문 나누니 이서들도 알 수 있네	隨事分門吏胥知
황간이 속편 만든 공도 역시 대단하나니[844]	黃氏續編功亦大
우옹은 시 읊기를 좋아하진 않는다네	尤翁非是愛吟詩

백열세 번째 第百十三

우옹은 시 읊기를 좋아하진 않으나	尤翁非是愛吟詩
《주자가례》 공경히 지킬 때 시를 읊네	敬守寒泉四禮時
수신제가의 요체가 예서 아니 벗어나니	修己齊家要不外
풍속 변화의 효과 큰 것 그 누가 알 것이랴	移風化俗效誰知
예의 내용과 형식에 고금의 변화 담았으나	情文旣適古今變
조미와 채색에선 단맛 흰색이 바탕 됐지[845]	和采尤宜甘白姿
다시 수정 못한 것은 참으로 불행이거니[846]	未得再修眞不幸

844 일에……대단하나니 : 주희가 편찬한 《의례경전통해》는 〈가례(家禮)〉, 〈향례(鄕禮)〉, 〈학례(學禮)〉, 〈방국례(邦國禮)〉, 〈왕조례(王朝禮)〉 5편에 60개의 분문(分門)으로 되어 있고, 황간이 편찬한 《의례경전통해속(儀禮經傳通解續)》은 여기에 〈상례(喪禮)〉와 〈제례(祭禮)〉 2편을 추가하고 30개의 분문으로 구성하였다.

845 예(禮)의……됐지 : 《예기》 〈예기(禮器)〉에 "단맛은 모든 맛의 근본이라서 모든 조미를 받아들일 수 있고, 흰색은 색의 근본이라서 어떤 채색도 받아들일 수 있다. 이와 마찬가지로 오직 충실하고 신실한 사람이라야 예를 배울 수가 있는 것이다."라는 말이 있는데, 충실하고 신실한 예의 근본을 갖춘 사람이라야 예문(禮文)을 제대로 배워 행할 수 있다는 뜻이다. 여기서는 주희가 《주자가례(朱子家禮)》를 편찬할 때 예나 지금이나 변할 수 없는 예의 근본인 삼강오륜에 바탕을 두면서도 예의 형식과 내용에서는 고금의 시류와 인정을 충분히 고려했다는 말이다.

우옹은 시 읊기를 좋아하진 않는다네　尤翁非是愛吟詩

백열네 번째 第百十四

우옹은 시 읊기를 좋아하진 않으나　尤翁非是愛吟詩
시 읊는 건 《자치통감강목》 늘 볼 때라네　詩是常看綱目時
온공과 호인에 의거하여 지었는데[847]　據了溫胡輪有罪
귀신에게 질정해도 다시 의심할 게 없지　質諸神鬼更無疑
흥성 패망 선인 악인에 포폄 가하는 붓이었고　興亡善惡褒誅筆
왕도 패도 중화 오랑캐 흑백 가리는 바둑이네　王伯華夷白黑棋
책 이룬 뒤 기린이 안 나온 게 애석해라[848]　可惜書成麟不至
우옹은 시 읊기를 좋아하진 않는다네　尤翁非是愛吟詩

846 다시……불행이거니 : 《주자가례》는 주희가 한천정사(寒泉精舍)에서 거상(居喪) 중에 지은 책인데, 다 완성되기도 전에 어떤 아이가 훔쳐 가는 바람에 주희 자신도 시의에 알맞게 가감하여 정리하지 못한 것을 한스러워했다고 한다. 《朱子行狀》

847 온공(溫公)과……지었는데 : 온공은 사마광(司馬光)이다. 428쪽 주732 참조. 호인(胡寅)은 송나라 고종(高宗) 때의 학자로 자는 명중(明仲)이며 호는 치당(致堂)이다. 그는 《자치통감》이 사실(史實)은 두루 갖추어져 있으나 의론이 적다고 평하면서 《춘추》 대의에 입각하여 역사를 논평한 《치당독사관견(致堂讀史管見)》 30권을 저술하였다. 여기서는 주희가 《자치통감강목》을 저술할 때 이 두 저작을 근거로 했다는 말이다.

848 책……애석해라 : 기린이 나타나는 것은 성왕(聖王)과 태평의 상서(祥瑞)인데, 주희가 《자치통감강목》을 완성한 뒤에 기린이 나오지 않은 것이 애석하다는 말이다. 호안국(胡安國)은 《춘추호씨전(春秋胡氏傳)》에서 공자가 《춘추》를 완성하자 봉황과 기린이 이르러 온 것은 시대의 문명을 밝히는 성인(聖人)으로서의 상서를 보여 준 것이라고 보았다.

백열다섯 번째 第百十五

우옹은 시 읊기를 좋아하진 않으나 尤翁非是愛吟詩
《이락연원록》[849] 때맞춘 것 느낄 때 시를 읊네 錄有淵源信及時
학통 끊겨 계승한 이 없었던 게 아쉽거니 絶學堪嗟無有繼
유학 도통 지금 여기 있는 줄 뉘 알겠는가[850] 斯文誰識在於玆
빗장 빼고 자물쇠 열어 몽매함을 깨워 줬고 抽關啓鍵開蒙吝
도 밝히고 입언하여 성인 공자에 연결했네 明道立言接聖尼
근원 멀어져 분파 나뉨 어쩔 수가 없나니[851] 源遠末分無可奈
우옹은 시 읊기를 좋아하진 않는다네 尤翁非是愛吟詩

백열여섯 번째 第百十六

우옹은 시 읊기를 좋아하진 않으나 尤翁非是愛吟詩
주자의 《명신언행록》 볼 때에 시를 읊네 看閱名臣言行時

849 이락연원록(伊洛淵源錄) : 주희(朱熹)가 이학(理學)의 연원과 역사를 기술한 책으로, 정호(程顥)와 정이(程頤) 형제를 비롯한 제자들의 언행과 학술 사상을 드러내어 정씨 두 형제를 이학의 정종으로 삼을 목적으로 지은 것이다.

850 학통……알겠는가 : 맹자(孟子) 이래로 도학의 연원이 끊긴 지 천여 년 만에 두 정자(程子)가 나타나 도통을 계승했는데, 이 사실을 아는 사람이 없는 게 안타까워 주희가 《이락연원록》을 저술했다는 말이다.

851 근원……없나니 : 공자의 제자들이 공자에게 도를 배웠으나 각자 자기의 적성과 능력에 맞는 것만을 취하여 전하다 보니 공자 사후에 어쩔 수 없이 그 도가 여러 분파로 나뉘게 되었다는 말이다.

명신들 펼친 재능 중국이 힘입었고　啓創才能華夏賴
치국평천하 공적은 짐승들도 알았네　治平功業羽毛知
그러나 체와 용을 겸전한 이 드물어　雖然體用兼全鮮
간혹 시작 마무리에 의문 있기도 하다네　或有初終多少疑
비범한 한공이란 정자의 말도 있나니[852]　間氣韓公程氏語
우옹은 시 읊기를 좋아하진 않는다네　尤翁非是愛吟詩

백열일곱 번째 第百十七

우옹은 시 읊기를 좋아하진 않으나　尤翁非是愛吟詩
주자의 《초사집주》 볼 때에 시를 읊네　看到楚辭集註時
굴원은 해와 별과 그 빛이 나란하고　人與日星光可竝
〈이소〉는 풍아와 그 의의가 같다네[853]　騷將風雅義差齊
왕홍은 잘못 많아 공격과 방어 어렵거니[854]　王洪承誤難攻守

852 비범한……있나니 : 한공(韓公)은 송나라 인종(仁宗)과 신종(神宗) 때의 명재상인 한기(韓琦)를 가리킨다. 국정의 어려운 일을 마다하지 않았고 성품이 충신(忠信)하여 인망이 높았다. 어떤 사람이 정이(程頤)에게 한기를 배울 만한지 묻자 비범한 정기(精氣)를 지닌 사람이라고 칭찬하였다. 《宋子大全隨箚 卷1》

853 이소(離騷)는……같다네 : 《사기(史記)》 〈굴원열전(屈原列傳)〉에 "국풍(國風)은 색(色)을 좋아하면서도 음란하지 않고 〈소아(小雅)〉는 원망하면서도 어지러운 지경에는 이르지 않았는데, 〈이소〉의 경우에는 국풍과 〈소아〉 두 가지를 겸했다고 할 만하다."라고 한 것을 근거로 굴원이 지은 〈이소〉의 가치를 드러낸 것이다.

854 왕홍(王洪)은……어렵거니 : 왕홍은 왕일(王逸)과 홍흥조(洪興祖)를 가리키는데, 왕일은 《초사장구(楚辭章句)》를, 홍흥조는 《초사보주(楚辭補注)》라는 주석서를 저술하였다. 주희(朱熹)의 〈초사집주서(楚辭集注序)〉에, "이 두 주석서가 지금 세상에

내용 형식 진수 찾아 곤경에서 벗어났네[855] 辭理歸眞得解圍
천 년 뒤 다행히 알아주는 이 만났나니[856] 千載幸逢知我者
우옹은 시 읊기를 좋아하진 않는다네 尤翁非是愛吟詩

백열여덟 번째 第百十八

우옹은 시 읊기를 좋아하진 않으나 尤翁非是愛吟詩
무슨 일로 《참동계고이》[857] 지었나 생각할 때라네 何事參同考異爲
《주역》 이치 함유한 뜻 큰 바다와 같은데 易理包函如大海
위백양 책 옆에서 나와 웅덩이를 만들었네[858] 魏書橫出作洿池
곁길의 문자 살핀 것[859]도 아낄 만하거니 傍尋文字猶堪愛

유행하고 있는데, 명물(名物)에 대한 훈고가 상세하기는 하지만 글의 함의를 분명하게 밝히지 못하였고 굴원의 명백한 뜻을 후세에 드러내지 못하고 있다."라고 지적하였는데, 바로 이런 한계 때문에 이 두 사람은 굴원을 제대로 지켜 내기가 어렵다는 말이다. 《晦庵集 卷76 楚辭集注序》

855 내용……벗어났네 : 주희가 《초사집주》 8권을 편정하여 굴원의 뜻을 분명하게 드러내고 억울했던 굴원 자신도 여한이 없게 함으로써 곤경에서 벗어나게 해 주었다는 말이다.

856 천……만났나니 : 굴원으로 볼 때에는 자신의 뜻을 분명하게 알아준 주희를 만난 것이 큰 다행이라는 말이다.

857 참동계고이(參同契考異) : 한(漢)나라 때 위백양(魏伯陽)이 《주역》의 효상(爻象)을 빌려 선가(仙家)의 연단 양생(煉丹養生)을 논한 《참동계》라는 책에 대해 주희가 제본(諸本)의 차이점을 살피고 글을 교정하여 지은 저술이다.

858 주역(周易)……만들었네 : 《주역》이 바다와 같다면 위백양이 지은 《참동계》는 하나의 작은 웅덩이와 같다는 말이다.

859 곁길의……것 : '곁길의 문자'란 《참동계》가 이단(異端)이라고 할 수 있는 선가의

담장 안에 놓아두고 내쫓을 필요는 없으리　置在門墻不必麾
추흔이라 자호한 건 참 재미있는 농담이네[860]　自號鄒訢眞善戲
우옹은 시 읊기를 좋아하진 않는다네　尤翁非是愛吟詩

백열아홉 번째 第百十九

우옹은 시 읊기를 좋아하진 않으나　尤翁非是愛吟詩
《창려집고이》[861] 상세히 연구할 때 시를 읊네　詳究昌黎考異時
불교가 큰물처럼 사람들을 빠트리니　夷敎溺人如洚水
한공이 기량 아내처럼 풍속을 바꾸었네[862]　韓公變俗似梁妻

책이기 때문에 그렇게 말한 것이고 '살폈다'는 것은 주희가 《참동계고이》를 지은 것을 말한다.

860 추흔(鄒訢)이라……농담이네 : 주희가 《참동계고이》의 발문에 '공동도사 추흔(空同道士鄒訢)'이라는 여섯 글자를 적어 자신의 별칭으로 삼고 있다. 공동도사라고 한 것은 자신이 〈공동부(空同賦)〉를 지은 적이 있기 때문에 붙인 것이고, 추(鄒)는 주씨(朱氏)의 조상이 추(鄒)나라에서 나왔기 때문에 붙인 것이며, 흔(訢)은 《예기(禮記)》 〈악기(樂記)〉의 "천지가 서로 화합한다.〔天地訢合.〕"라는 대목의 정현(鄭玄) 주에 "흔은 희(熹)가 되어야 한다."라고 되어 있으므로 자신의 이름 희(熹) 자 대신에 그렇게 붙인 것이다.

861 창려집고이(昌黎集考異) : 주희가 당나라 때의 문장가 한유(韓愈)의 문집인 《창려집(昌黎集)》에 대해 제본(諸本)의 차이점을 살피고 글을 교정하여 지은 책이다.

862 불교(佛敎)가……바꾸었네 : 《맹자》 〈고자 하(告子下)〉에 "화주(華周)와 기량(杞梁)의 아내가 남편의 상(喪)에 곡을 잘하여 나라의 풍속을 변화시켰다."라는 구절이 있는데, 그 주(註)에서 "화주와 기량 두 사람은 모두 제(齊)나라 신하이다. 전쟁에서 남편이 전사하자 그 아내들이 곡하기를 애통하게 하니, 나라의 풍속이 변화하여 모두 곡을 잘하게 되었다."라고 하였다. 기량의 아내가 제나라의 풍속을 변화시켰듯이 한유

종전의 문자들이 불분명한 게 많았는데 從前文字多魚魯
이로 인해 정리되어 질서가 있게 됐네 自是稱停有範圍
소사에도 부지런함 성현의 일이거니 小物克勤賢聖事
우옹은 시 읊기를 좋아하진 않는다네 尤翁非是愛吟詩

백스무 번째 第百二十

우옹은 시 읊기를 좋아하진 않으나 尤翁非是愛吟詩
《연평문답》[863]을 깊이 음미할 때 시를 읊네 深味延平問答時
도맥이 전해지는 건 비록 유래 있으나 道脈流傳雖有自
하늘이 낳은 상지를 다시 뉘 바꿀 것인가 天生上智更誰移
스승에게 나아가서 부지런히 물었으며 而趨丈席勤咨叩
더구나 경연 나아가 들은 것을 펼쳤네[864] 況赴經筵聽發揮
모아서 편찬한 건 깊은 뜻이 있나니 收拾編摩深意在
우옹은 시 읊기를 좋아하진 않는다네 尤翁非是愛吟詩

가 〈논불골표(論佛骨表)〉와 〈원도(原道)〉 등을 지어 불교를 배척함으로써 불교를 신봉하는 풍속을 변화시켰다는 말이다.

863 연평문답(延平問答) : 주희가 스승 이동(李侗)과 문답한 내용을 정리한 책이다. 이동은 자가 원중(愿仲)이고 호는 연평(延平)이다.

864 경연(經筵)……펼쳤네 : 주희가 송나라 효종(孝宗) 융흥(隆興) 1년(1163)에 임금의 부름을 받고 나아가려고 할 때, 스승 이동에게 임금에게 올려야 할 말이 무엇인지 묻자, 이동이 말하기를 "오늘날 삼강(三綱)이 확립되지 못하고 의리(義利)가 불분명하기 때문에 중국이 쇠퇴해지고 오랑캐가 성하게 되었다. 사람들이 모두 이익을 추구하고 의(義)를 돌아보지 않아 군주의 형세가 외롭게 되었다."라고 운운하였다. 이에 주희가 경연에서 이런 내용으로 임금에게 아뢰었다고 한다. 《朱子年譜》

백스물한 번째 第百二十一

우옹은 시 읊기를 좋아하진 않으나　尤翁非是愛吟詩
밤낮으로 주 문공 전집[865] 볼 때 시를 읊네　早夜文公全集時
기꺼이 마음 이해할 때 다시 이치 깨닫고　忻會意時還會理
책 펼치려 할 때마다 이미 미소 지어지네　欲開編處已開眉
내 생 비록 조석에 끝난다 할지라도　吾生縱是朝昏事
이 낙 어찌 곤경 속에도 바꿀 수 있으랴　此樂何能困厄移
큰 나무 흔드는 개미[866] 때로 한번 웃나니　大樹蚍蜉時一笑

중국에서는 육상산학(陸象山學), 우리나라에서는 윤휴(尹鑴)이다.

우옹은 시 읊기를 좋아하진 않는다네　尤翁非是愛吟詩

백스물두 번째 第百二十二

우옹은 시 읊기를 좋아하진 않으나　尤翁非是愛吟詩
깊이 있게 《주자어류》 연구할 때 시를 읊네　探索朱門語類時
세밀하기는 모두 다 〈향당〉의 문체 같고[867]　細密都如鄉黨體

865 주 문공(朱文公) 전집 : 주희의 문집인 《회암집(晦庵集)》을 말한다. 송시열은 《회암집》을 읽으면서 난해처(難解處)를 뽑아 주석하여 《주자대전차의(朱子大全箚疑)》를 저술하기도 하였다.

866 큰……개미 : 한유(韓愈)가 장적(張籍)을 조롱한 〈조장적(調張籍)〉이라는 시에 "개미가 큰 나무를 흔들려 하니 자기 역량 못 헤아림이 가소롭구나."라는 구절에서 온 것으로, 여기서는 원주(原註)에도 있는 바와 같이 주희의 학설을 비판한 중국의 육상산(陸象山)과 우리나라의 윤휴를 비유하여 말한 것이다. 《韓昌黎集 卷5 調張籍》

용모와 목소리 고정[868] 계실 때 대하는 듯　　聲容怳接考亭時
하나하나 하신 말씀 책 속에 다 담겼으니　　一言一辭一書盡
모든 이치 온갖 일들 만세에 알게 했네　　萬理萬事萬世知
기록 다소 차이 나는 것 감안하고 봐야지　　記錄易差猶可擇
우옹은 시 읊기를 좋아하진 않는다네　　尤翁非是愛吟詩

백스물세 번째 第百二十三

우옹은 시 읊기를 좋아하진 않으나　　尤翁非是愛吟詩
주자의 글 독실히 좋아할 때 시를 읊네　　惟紫陽書篤好時
이것도 제대로 할 겨를 없을까 걱정인데　　一此猶憂無暇給
여타의 것 어찌 감히 무엇이냐 말하랴[869]　　他餘敢謂彼何誰
서재에서 책 괜히 쳐다봄[870]이 우습거니　　熏帷自笑卷空破

867 세밀하기는……같고 : 《주자어류》에서 말하고 있는 세세한 내용들은 마치 《논어》 〈향당(鄕黨)〉에서 공자의 모습과 언행을 세밀하게 묘사한 것과 같다는 말이다.

868 고정(考亭) : 주희가 만년에 거처하며 학문을 강론했던 곳으로 복건성(福建省) 건양(建陽) 서남에 있다. 원래는 창주정사(滄洲精舍)라 일컬어졌는데 이종(理宗)이 고정서원(考亭書院)이라는 명칭을 하사한 뒤로 주희의 별칭으로도 쓰이게 되었다. 《朱子年譜》

869 이것도……말하랴 : 주희의 글을 파기에도 겨를이 없으므로 다른 것들에 대해서는 관심을 가지거나 신경을 쓸 수도 없다는 말이다.

870 책 괜히 쳐다봄 : 제자 석홍경(石洪慶)이 돌아가려 할 때, 주희가 말하기를 "지금 공부를 하려 한다면 우선 모름지기 단정하고 장엄하게 존양(存養)하면서 밝고 드넓은 근원의 경지를 홀로 관찰해야지 정력을 허비하여 종이 위의 말만 뚫어지게 쳐다보아서는 안 될 것이다."라고 하였다. 《朱子語類 卷115》

상자 살 때 어찌 구슬 안 가져 올 수 있나[871] 買櫝安能珠不歸
후세의 자운은 없을 수도 있지만[872] 後世子雲無有爾
우옹은 시 읊기를 좋아하진 않는다네 尤翁非是愛吟詩

백스물네 번째 第百二十四

우옹은 시 읊기를 좋아하진 않으나 尤翁非是愛吟詩
시 읊는 건 우옹이 흥에 겨울 때라네 詩是尤翁漫興時
은나라 말 세 인자[873] 오직 스스로 깨끗했고 殷末三仁惟自靖
구자산 앞 일곱 성인 헤맨 적 없었으리[874] 茨前七聖未嘗迷
대장부로는 옛날에 장의가 그리 불렸고[875] 丈夫在昔張儀大

871 상자……있나 : 상자와 구슬에 대한 것은 375쪽 주557 참조. 여기서는 송시열 자신이 주희의 글을 통해 본원의 이치를 함양하고 체득하고자 한다는 말이다.

872 후세의……있지만 : 자운(子雲)은 한(漢)나라 때의 학자 양웅(揚雄)의 자이다. 그가 《주역》을 본떠서 《태현경(太玄經)》을 지었을 때 사람들이 말하기를 "지금 학자들은 《주역》도 모르는데 이렇게 어려운 글을 누가 읽겠는가. 무용지물이 되고 말 것이다." 하자, 양웅이 말하기를 "나는 후세의 자운을 기다린다." 하였다. 《漢書 揚雄傳》 여기서는 《태현경》을 알아볼 후세의 양웅은 없을 수 있지만 주희의 글은 후대에도 알아주는 이가 있어 영원할 것이라는 말이다.

873 은(殷)나라……인자(仁者) : 은나라 말기 주왕(紂王) 때에 임금의 무도함을 극력 간(諫)했던 미자(微子), 기자(箕子), 비간(比干)을 일러 공자가 은나라의 세 인자라고 극찬하였다. 《論語 微子》

874 구자산(具茨山)……없었으리 : 구자산의 일곱 성인에 대해서는 446쪽 주797 참조. 여기에서 길을 헤매지 않았을 것이라고 한 것은 이 이야기가 《장자》에 나오는 말이므로 사실대로 믿을 수 없다고 여겨 그렇게 말한 것인 듯하다.

875 대장부로는……불렸고 : 285쪽 주363 참조.

남자로는 당의 왕적 기남자라 했었지[876] 男子於唐王適奇
지난 시절 사람의 일 전혀 개의치 않나니 已往人事渾不管
우옹은 시 읊기를 좋아하진 않는다네 尤翁非是愛吟詩

백스물다섯 번째 第百二十五

우옹은 시 읊기를 좋아하진 않으나 尤翁非是愛吟詩
시 읊는 건 한가로이 초목을 볼 때라네 詩是閒看草木時
솔과 잣나무 다행히도 공자께 칭찬받았고[877] 松柏幸蒙玄聖賞
지초와 난초 부질없이 굴원의 글에 들어갔네 芝蘭空入楚臣辭
봄 고와도 계수나무는 무심하게 보내고[878] 春姸辣桂無心意
바람 세도 큰 대나무 무심히 수용하네[879] 風急脩篁受指揮

876 당(唐)의……했었지 : 당나라 때의 왕적(王適)이 금오위 대장군(金吾衛大將軍) 이유간(李惟簡)을 찾아가서 "천하의 기남자(奇男子) 왕적이 장군을 뵙고 드릴 말씀이 있습니다."라고 하였다 한다. 《昌黎文集 卷28 試大理評事王君墓誌銘》 여기서는 이 또한 결국 자신을 드러내려고 허세를 부린 데에 불과할 뿐 진정으로 기남자라고 할 수는 없다는 것이다.

877 솔과……칭찬받았고 : 날씨가 추워진 뒤에야 소나무와 잣나무가 늦게 시드는 것을 알 수 있다고 한 공자의 말을 가리킨다. 《論語 子罕》

878 봄……보내고 : 당(唐)나라 왕유(王維)의 〈춘계문답(春桂問答)〉이라는 시에 "봄 계수나무에게 묻기를, 복사꽃과 오얏꽃이 한창 흐드러져서 어디를 가나 봄빛으로 가득한데, 그대는 무슨 일로 홀로 꽃이 없는가? 봄 계수나무 대답하기를, 봄꽃이 어찌 오래갈 수 있으랴. 바람과 서리에 흔들려 떨어질 때, 나 홀로 빼어남을 그대는 모르는가."라는 말이 있다. 《全唐詩 卷37 春桂問答》

879 바람……수용하네 : 송나라 때의 학자 정호(程顥)가 말하기를 "대나무는 바람에 무심하게 감응하니, 마치 남이 나를 화나게 할 때 그걸 마음에 남겨 두지 않는 것과

만물의 본성 이렇게 서로 같지 않나니　　物性不同如是矣
우옹은 시 읊기를 좋아하진 않는다네　　尤翁非是愛吟詩

백스물여섯 번째 第百二十六

우옹은 시 읊기를 좋아하진 않으나　　尤翁非是愛吟詩
다소의 곤충 묵묵히 살필 때 시를 읊네　　默察昆蟲多少時
무엇이 음양 버리고 존재할 수 있는가　　孰捨陰陽能有物
모두 성정 지녔으니 미물이라 하지 마라　　均含情性莫云微
때로 울고 때로 뛰니 천기 동한 것이며　　時鳴時躍天機動
땅 속 있다 나오는 건 계절 아는 것이네　　或啓或坯歲候知
조화로 조수 순해질 때 다 잘 생장하거니[880]　　咸若之時皆不殰
우옹은 시 읊기를 좋아하진 않는다네　　尤翁非是愛吟詩

백스물일곱 번째 第百二十七

우옹은 시 읊기를 좋아하진 않으나　　尤翁非是愛吟詩
시 읊는 건 오곡을 심고 덮을 때라네　　詩是播耰五穀時

같다."라고 하였다. 《二程粹言 卷7 二程外書》

880 조화로……생장하거니 : 《서경》과 《예기》에, 성왕(聖王)이 예악과 덕성으로 천하를 잘 다스리면 천지가 화합하고 음양이 조화를 이루어 하늘의 재앙이 없고 산천의 귀신도 모두 편안하며 조수와 물고기까지도 모두 순해져서 태(胎)로 낳는 짐승은 낙태(落胎)하지 않고 알을 까는 새는 알을 깨지 않는다는 말이 있다. 《書經 伊訓》《禮記 樂記》

처음 사람 낳을 때 상제 발자국에 감응했고[881]	肇厥生民歆帝武
좋은 종자 내려 준 것 실로 현묘한 천기라네[882]	降玆嘉種寔玄機
삼 년 된 좋은 밭 《주역》 무망에 말하였고[883]	羲經無妄畬三歲
이삭 두 개 인정 베풂 《한서》에서 칭송했지[884]	漢史施仁頌兩岐
질그릇 솥에 단 우물로 죽과 밥을 짓나니[885]	瓦釜泉甘爲粥飯
우옹은 시 읊기를 좋아하진 않는다네	尤翁非是愛吟詩

881 처음……감응했고 : 옛날 고신씨(高辛氏)의 부인 강원(姜嫄)이 제사를 지내러 교외에 나갔을 때 매우 큰 상제(上帝)의 발자국을 밟고 난 뒤에 거기에서 감응을 받아 수태(受胎)하여 낳은 아이가 바로 후직(后稷)이다. '처음 사람을 낳았다'라고 한 것은 그 아이가 주(周)나라의 최초의 사람, 즉 시조(始祖)가 되기 때문에 그렇게 말한 것이다. 《詩經 大雅 生民》 여기에서 후직의 고사를 인용한 것은 후직이 백성들에게 농사법을 가르치고 오곡을 심어 기르게 하여 당시 백성들이 풍족하게 살 수 있게 되었기 때문이다.

882 좋은……천기(天機)라네 : 《시경》 〈대아 생민(生民)〉에 "좋은 종자를 백성에게 내려 주니 검은 기장과 검은 기장이며, 붉은 차조와 흰 차조로다. 검은 기장을 두루 심어 베고 가리질하노라."라고 하였는데, 이 시에서 좋은 종자를 백성에게 내려 준 사람이 바로 후직이다. 그 시에 따르면, 그가 내려 준 검은 기장에는 껍질 하나에 낟알이 두 개 들어 있었으므로, 여기에서 현묘한 천기(天機)라고 말한 것이다.

883 삼……말하였고 : 《주역》 〈무망괘(无妄卦) 육이(六二)〉에 "밭 갈지 않아도 수확하게 되며 새 밭을 일구지 않아도 삼 년 된 좋은 밭이 된다."라는 말이 있다.

884 이삭……칭송했지 : 후한(後漢) 때의 어양 태수(漁陽太守) 장감(張堪)이 호노(狐奴)에서 전답을 개간하여 고을 백성들을 안정시키자, 백성들이 노래하기를 "뽕나무에는 곁가지가 없고 보리에는 한 줄기에 이삭이 두 개씩 달렸네. 장군이 정사를 행한 뒤로 즐거움을 헤아릴 수 없구나."라고 했다고 한다. 《後漢書 張堪列傳》

885 질그릇……짓나니 : 송(宋)나라 학자 장재(張載)의 시에 "흙 침상에 연화(煙火) 족하고 명주 이불 따뜻하며, 질그릇 솥에 물맛 좋고 팥죽도 끓여 먹네. 등 다습고 배불리 먹는 외엔 아무 생각 없나니 맑은 세상에 완전히 하나의 한가한 사람일세."라는 구절이 있다. 《張子全書 卷13 土牀》

백스물여덟 번째 第百二十八

우옹은 시 읊기를 좋아하진 않으나 尤翁非是愛吟詩
시 읊는 건 짐승과 조류 살펴볼 때라네 詩是流觀毛羽時
이들을 길러 보면 모두 물성 갖추어 毒之亭之皆性得
나는 놈 달리는 놈 무리를 따른다네 飛者走者以群追
예법이나 위의가 있는 것은 아니지만 雖無禮法威儀在
군신과 부자 도리 아는 경우도 있다네[886] 還有君臣父子知
봉황과 추우는 주나라 성덕 드러냈지[887] 鳳鳥騶虞周盛德
우옹은 시 읊기를 좋아하진 않는다네 尤翁非是愛吟詩

백스물아홉 번째 第百二十九

우옹은 시 읊기를 좋아하진 않으나 尤翁非是愛吟詩
시 읊는 건 우옹이 대관할 때라네 詩是尤翁大觀時
땅이란 하늘 속에 하나의 물건이고 地在天中爲一物
하늘은 도 안에서 도리어 작디작네 天於道裏却些兒

886 군신(君臣)과……있다네 : 《중용혹문(中庸或問)》 권상(卷上)에 "호랑이와 이리에게는 부자간의 친함이 있고, 벌과 개미에게는 군신간의 의리가 있고, 승냥이와 수달은 조상에게 제사를 지낼 줄 안다."라는 말이 있다.

887 봉황과……드러냈지 : 추우(騶虞)는 백호(白虎)와 비슷하나 검정 무늬가 있으며 꼬리가 몸보다 긴 짐승으로, 생물(生物)을 잡아먹지 않고 생풀을 먹지 않는다고 하며 봉황과 함께 상서로운 동물로 일컬어지는데, 주(周)나라 문왕(文王) 때 교화의 상서를 드러내고자 이들이 나타났다고 한다. 《詩經 卷阿, 騶虞》

고금의 세상 변화 빠르기 새와 같고	古今運世忙如鳥
안팎의 산하는 가늘기가 눈썹이지	表裏山河細似眉
흉금이 넓고 큰 남자가 예 있나니	許大心胸男子在
우옹은 시 읊기를 좋아하진 않는다네	尤翁非是愛吟詩

백서른 번째 第百三十

우옹은 시 읊기를 좋아하진 않으나	尤翁非是愛吟詩
시 읊는 건 우옹이 큰 것 말할 때라네	詩是尤翁語大時
태극이란 명칭은 억지로 붙인 것이니[888]	太極之名終是[889]强
성인도 이에 대해선 다 알 수 없다네[890]	聖人於此不能知
천하 지극히 커도 오히려 싣기 어렵고[891]	環區至大猶難載
태산 비록 높아도 문득 낮다 생각되네	泰嶽雖高便覺低
십이 회의 운행[892]도 바로 한순간이니	十二會來曾一瞬

888 태극(太極)이란……것이니 : 송나라 학자 진순(陳淳)의 《북계자의(北溪字義)》 권하(卷下) 〈태극(太極)〉에 "태극은 그 이치가 지극히 중(中)하고 지극히 밝으며 지극히 정밀하고 지극히 신묘하며 지극히 오묘하여 다시 더할 수가 없기 때문에 억지로 이름하여 극(極)이라고 한 것이다."라는 말이 있다.

889 是 : 대본에는 '始'로 되어 있는데, 두주에 근거하여 바로잡았다.

890 성인도……없다네 : 《중용장구》 제12장에 "도(道)는 그 작용이 광대무변하지만 그 본체는 은미(隱微)하여 알기 어렵다. 어리석은 보통의 부부(夫婦)도 도를 알 수 있지만 그 지극한 데에 이르면 성인(聖人)도 알 수 없는 것이 있다."라는 말이 있다.

891 천하……어렵고 : 《중용장구》 제12장에 "도는 큰 것을 말하면 천하도 이를 다 실을 수 없고 작은 것을 말하면 천하도 이를 다 쪼갤 수 없다."라는 말이 있다.

892 십이 회(會)의 운행 : 162쪽 주15 참조.

우옹은 시 읊기를 좋아하진 않는다네 尤翁非是愛吟詩

백서른한 번째 第百三十一

우옹은 시 읊기를 좋아하진 않으나 尤翁非是愛吟詩
시 읊는 건 우옹이 작은 것 말할 때라네 詩是尤翁語小時
말 지나치게 높을 때 마음 이미 방일하고 言過高時心已放
작은 행동 삼갈 때 큰 덕 어긋남 없다네[893] 行矜細後大無隳
움직임과 멈춤 다 하늘 본받는 줄 알아야지 須知動息天皆體
섬세하고 작은 것 귀신 모른다 하지 마라 莫謂纖微鬼不非
삼백 경례 삼천 곡례 되레 지극하거니[894] 三百三千還峻極
우옹은 시 읊기를 좋아하진 않는다네 尤翁非是愛吟詩

백서른두 번째 第百三十二

우옹은 시 읊기를 좋아하진 않으나 尤翁非是愛吟詩
시 읊는 건 우옹이 홀로 삼갈 때라네 詩是尤翁謹獨時
무리 속에 허물 적길 굳이 구할 필요 없고 不必衆中求寡過

893 작은……없다네 : 381쪽 주567 참조.

894 삼백……지극하거니 : 《중용장구》 제27장에 "위대하다, 천지의 도(道)여. 그것이 양양(洋洋)하게 만물을 발육케 하여 하늘에까지 닿아 있다. 넉넉하고 대단하다, 그 도의 체계여. 근간이 되는 경례(經禮)가 삼백 가지이고, 세세한 조목의 곡례(曲禮)가 삼천 가지로다."라는 말이 있는데, 여기서는 지극한 천지의 도를 반영하여 경례와 곡례에 다 담았으니 이 또한 지극히 높고 크다는 말이다.

모름지기 위급할 때 작은 흠을 찾아야지[895] 須於急處摘微疵
사람 공부 절실하면 사사로움 문득 없어지고 人功密切私旋盡
천리가 행해지면 빠트리는 일 없다네 天理流行物莫遺
가는 것이 이 같단 말 되레 요구되나니[896] 逝者如斯還要此
우옹은 시 읊기를 좋아하진 않는다네 尤翁非是愛吟詩

백서른세 번째 第百三十三

우옹은 시 읊기를 좋아하진 않으나 尤翁非是愛吟詩
시 읊는 건 우옹이 계신 공구할 때라네 詩是尤翁戒懼時
선악의 기미 드러날 때 비록 힘을 쓰지만 幾善惡時雖用力
함양된 곳에 이르면 다시 무엇을 할 것이랴 到涵養處更何爲
텅 비고 밝은 마음에 파란 일게 하지 마라 虛明莫遣波瀾起
고요하고 편안하면 어찌 귀신이 알 것인가 靜密何曾神鬼知
천리 항상 보존되어 오래되면 신묘하니 天理常存存久妙
우옹은 시 읊기를 좋아하진 않는다네 尤翁非是愛吟詩

895 모름지기……찾아야지 : 홀로 있을 때에는 늘 삼가고 조심하면서 덕을 닦아 나가야 하며, 위급하고 어려운 상황에 처했을 때는 자신의 작은 허물까지 찾아내어 고쳐야 한다는 말이다.

896 가는……요구되나니 : 《논어》 〈자한(子罕)〉에, 공자(孔子)가 시냇가에 있으면서 "가는 것이 이와 같구나. 밤이고 낮이고 멈추지 않는구나."라고 한 말이 있는데, 물이 쉬지 않고 흐르듯이 근독(謹獨)의 공부 또한 중단 없이 계속되어야 한다는 말이다.

백서른네 번째 第百三十四

우옹은 시 읊기를 좋아하진 않으나	尤翁非是愛吟詩
들판 언덕에 이르러 말 없을 때 시를 읊네	到一原頭不語時
그 속에 연비어약[897] 비록 활발하여도	箇裏鳶魚雖活潑
소리 냄새 원래 없는데 하물며 빛 있을까[898]	初無聲臭況光輝
지극한 도 끝내 말하기 어려운 줄 알거니	固知極致終難狀
잠시도 거기에서 떠날 수 없음 알아야지	要識須臾不可離
'예'라고 더 말했단 설 도리어 망녕되나니[899]	多一唯詞[900]還是妄
우옹은 시 읊기를 좋아하진 않는다네	尤翁非是愛吟詩

897 연비어약(鳶飛魚躍) : 솔개는 날고 물고기는 뛴다는 말이다. 368쪽 주540 참조.

898 소리……있을까 : '소리도 없고 냄새도 없다'는 것은 418쪽 주696 참조. 여기서는 연비어약 속에 천지의 도가 드러나지만 그 이치의 조화는 소리도 냄새도 빛도 없이 오묘하다는 말이다.

899 예라고……망녕되나니 : 주희(朱熹)의 제자 서소연(徐昭然)이 "애석하다, 증삼이 '예'라고 더 말을 한 것. 어리석은 사람 같던 안회만 못하구나."라는 시를 보고 좋아하자, 증삼이 '예'라고 한 말의 의미도 잘 모르면서 어떻게 안회의 단계를 향하려 하느냐고 주희가 나무랐다고 한다.《朱子書節要 卷16 答徐子融書》 여기에서 증삼이 '예'라고 했다는 것은《논어》〈이인(里仁)〉에서 "나의 도는 하나로 꿰어져 있다."라는 공자의 말에 증삼이 "예"라고 대답한 것을 말하고, 어리석은 사람 같던 안회란《논어》〈위정(爲政)〉에서 안회는 종일 내 말을 어기지 않아 어리석은 사람 같아 보였는데 사생활을 살펴보니 전혀 어리석지 않았다고 한 공자의 말을 가리킨다. 결국 서소연은 공자의 말에 '예'라고 대답한 증자보다는 대답 없이 마음으로 묵묵히 이해하고 실천한 안연의 수준이 더 높다고 본 것이다. 여기서는 지극한 도는 제대로 알기 어려우니 함부로 쉽게 판단하여 말해서는 안 된다는 뜻으로 말한 것이다.

900 唯詞 : 대본에는 '惟司'로 되어 있는데, 두주에 근거하여 바로잡았다.

손자 회석(晦錫)의 시에 차운하다

次晦孫韻

구월의 높은 바람에 나뭇잎 날리는데　九月高風木葉飛
노비들 울 밑에서 우의에 우는구나[901]　僮奚籬底泣牛衣
하늘은 이 세상 부지할 뜻이 있는가　蒼穹有意扶今世
백발 늙은이 어제 잘못 깨달을 수 없구나　白首無由悟昨非
평생 재앙과 허물 쌓임 한스러워 아니하고　不恨平生災咎積
되레 말세에 성현이 드문 것 탄식하네　還嗟末路聖賢稀
황량한 바다 밖[902]에 중양절이 가까운데　荒茫海外重陽近
뉘와 맑은 술잔 잡고 저녁 해를 대할까　誰把淸尊對晩暉

901 노비들……우는구나 : 한(漢)나라 때 경조 윤을 지낸 왕장(王章)이 장안(長安)에 살 적에 집이 너무 가난하여 덮을 이불이 없었으므로 소등을 덮는 우의(牛衣) 속에 들어가 누워서 울었던 일이 있다. 《漢書 王章傳》 여기서는 노비들이 가난하여 눈물을 흘리며 비탄에 잠겨 있다는 말이다.

902 황량한 바다 밖 : 당시에 송시열이 귀양 가서 있던 거제도를 말한다.

손자 회석이 도중에 보내온 시에 차운하다
次晦孫途中見寄韻

이 몸은 언제나 산 같기를 바랐으니 此身常願似丘山
왕래가 끊어진 깊은 바다도 싫지 않네 不厭重溟絶往還
오직 너의 형제가 오래 벗 되어 주어 惟汝弟兄長作伴
함께 책을 보느라 한가롭진 않았구나 看他書冊不全閒
심신은 천 리 노니는 물고기 되기 바라나[903] 心神尙冀魚千里
정력은 표범 무늬 하나 보기도 어렵네[904] 精力難窺豹一斑
교활함과 약삭빠름 도와는 거리 머니 皎厲便儇離道遠
가거든 바위의 굳고 곧음을 본받거라 今歸須效石堅頑

903 심신은……바라나 : 마음은 물고기가 천 리를 헤엄치며 노니는 것처럼 자유롭고 호방하기를 원한다는 말이다. 《관윤자(關尹子)》 〈우(宇)〉에 "동이로 못을 만들고 돌로 섬을 만들면 물고기가 그 속을 헤엄치면서 몇천 리나 되는지 모르고 끝없이 노닌다."라고 한 데서 온 말이다.

904 정력은……어렵네 : 실제로는 힘을 쏟아도 좁은 시야와 식견을 벗어나기 어렵다는 말이다. 진(晉)나라 때 왕헌지(王獻之)가 소년 시절에 도박놀이를 옆에서 지켜보다가 훈수를 하자, 어른들이 말하기를 "대롱으로 표범을 보고는 그 반점 하나만을 본 격이다."라고 했다는 데서 온 것이다. 《世說新語 方正》

수곡 조억망[905]의 시에 차운하다

次樹谷趙嶷望韻

기해년(1659, 효종10)에 효종(孝宗)께서 돌아가시자 길지(吉地)를 잡아 영릉(寧陵)에 장사 지냈는데, 신명한 왕손(王孫)이 탄생하여 성스러운 자품과 영명한 지혜를 지녔으므로 신민(臣民)들이 모두 경사스럽게 여겼다. 그런데 계축년(1673, 현종14)에 간신(姦臣)이 화(禍)를 전가(轉嫁)하려고 무고하기를 "영릉에 수환(水患)이 있다."라고 하여 드디어 옮기게 되었다.[906] 그때 막상 능을 열어 보니 실로 광중(壙中)이 윤택하고 단단했으며 재궁(梓宮)도 처음과 같았다. 주자(朱子)가 말하기를 "조상의 분묘 옆에 자주 토공(土功)을 일으켜 경동케 하는 것도 재앙을 초래할 수 있다."라고 하였는데, 더구나 이번에 경동시킨 일이야 응당 어떻다 하겠는가. 천신(賤臣)인 내가 통탄스럽고 우려되는 마음을 금치 못하여 피눈물을 흘리며 상소를 올렸으나[907] 크게 임금의 노여움을 받게 되었다. 다음해 2월

905 수곡(樹谷) 조억망(趙嶷望) : 조세환(趙世煥, 1615~1683)으로, 수곡은 그의 호이다. 자는 억망이다.

906 계축년에……되었다 : 1673년 3월 24일에 영림 부령(靈林副令) 이익수(李翼秀)가 영릉(寧陵)의 봉분이 기울어지고 석물(石物) 사이에 틈이 벌어져 빗물이 고이므로 능침의 보수가 필요하다고 상소를 올린 것을 말한다.《顯宗實錄 14年 3月 24日》 그런데 여기에서 '간신이 화를 전가하려고 무고했다'고 한 것은 애초 영릉의 능침을 정하는 데 관여한 송시열을 궁지에 몰아넣기 위해 윤휴(尹鑴)가 종실인 이익수를 사주하여 상소를 올리게 했다고 보고 이렇게 말한 것이다. 이해에 동구릉(東九陵)에 있던 영릉을 현재의 위치인 여주(驪州) 능서면(陵西面)으로 이장하였다.《宋子大全隨箚 卷1》

인선왕후(仁宣王后 효종의 비)가 까닭 없이 승하하시고 그해 8월 현종(顯宗)께서 이어 승하하시니, 아녀자들과 어린아이들이 모두 말하기를 "영릉 때문이다."라고 하였다. 그런데도 어떤 사람이 오히려 상언하여 무고하기를 "영릉에 수환이 있었다."라고 하였으니,[908] 임금은 속일 수 있다 해도 만인의 눈이야 속일 수 있겠는가. 그리고 주자가 말한 "귀신에게 질정하고 후대 성인을 기다린다."라는 가르침을 또 속일 수 있겠는가. 지금 수곡의 시가 비통하고 애처로워 그 충성이 사람을 감동시키기에 세 번이나 반복해 읽으면서 감개한 눈물을 가누지 못한 채 그 시에 차운하는 바이다.

소상강 대 물드는 것[909] 어쩌지 못하니	湘竹之枝染不禁
귀신 감응시키는 원한 고금이 모두 같네	感神怨恨古猶今

907 천신(賤臣)인……올렸으나 : 1674년 1월 15일에 당시 영중추부사였던 송시열이 상소하여, 천릉할 때 가서 역부(役夫)를 불러 확인해 보니 광중에 바른 석회가 딱딱하게 굳어져서 도끼와 자귀로 칠 때 불꽃이 튈 정도였다면서 전혀 물이 샌 흔적이 없었다고 아뢴 것을 말한다.《顯宗實錄 15年 1月 15日》

908 어떤……하였으니 : 1675년 1월 24일에 남천한(南天漢)과 이수경(李壽慶) 등의 합계(合啓)와 1679년 8월 3일에 허적(許積)이 숙종(肅宗)에게 올린 말을 가리킨다. 이들은 영릉을 천장할 때 그 광중에 물이 고인 흔적과 벌레와 뱀이 출입한 흔적이 있었고 송시열이 이를 보았음에도 그 사실을 숨겼다고 주장하였다.《肅宗實錄 1年 1月 2日, 6年 8月 3日》

909 소상강(瀟湘江)……것 : 요(堯) 임금의 딸 아황(娥皇)과 여영(女英)이 남쪽 지방을 순행하다 죽은 남편 순(舜) 임금을 그리워하면서 소상강 가에서 눈물을 흘리다가 강물에 투신하여 죽었는데, 그들이 흘린 피눈물이 강가의 대나무에 배어들어 붉은 반점이 생겼다고 한다.《述異記》

신무한 효종의 뜻 길이 저버렸으니	永孤神武寧陵志
통곡하던 기해년의 그 마음 뉘 알 것이랴	誰識攀號己亥心
선영 함부로 경동시킴 차마 할 수 있는가	妄震先靈斯可忍
감히 난수 속이다니 계책 깊기도 하구나[910]	敢誣灤水計何深
팔월에 자주 상심한단 그대 시구 읊자니	吟君八月頻傷句
당시 처음 곡할 때처럼 눈물이 쏟아지네	淚若當時始入臨

910 감히……하구나 : 주(周)나라 문왕(文王)의 아버지 왕계(王季)의 무덤이 난수(灤水) 근처에 있었는데 무덤에 물이 들어와 관(棺)의 앞부분이 드러나자 문왕이 다시 개장한 일이 있었다. 《戰國策 魏策》 여기서는 효종의 능에 물이 든다고 속인 것은 그 속셈이 매우 음흉하고 불측하다는 말이다.

인경왕후[911]에 대한 만장 경신년(1680, 숙종6)

仁敬王后挽章 庚申

성덕 지닌 명문가의 좋은 명성 이어받아[912]	盛德名門襲慶譽
국모로서의 위의와 교화 큰 모범을 보였네	母儀陰教極型模
칠년 근심과 근면 속에 마음 더욱 조심했고	憂勤七載心愈小
삼조에 대한 친애 공경에 예의 넉넉했어라	愛敬三朝禮有餘
당의 궁중 보좌 잃음 그 어이 견디랴[913]	唐壼豈堪良佐失
주의 비녀 경책 없어짐 다 애석해하네[914]	周簪共惜警言無

911 인경왕후(仁敬王后) : 1661~1680. 본관은 광산(光山)이고 광성부원군(光城府院君) 김만기(金萬基)의 딸이다. 1674년 숙종의 왕비로 책봉되었고 1680년 10월 천연두가 발병하여 8일 만에 경덕궁(慶德宮)에서 사망하였다.

912 성덕……이어받아 : 인경왕후 김씨가 예학의 대가인 김장생(金長生)의 후손이므로 이렇게 말한 것이다.

913 당(唐)의……견디랴 : 당나라 태종(太宗)의 비(妃) 장손황후(長孫皇后)가 세상을 떠나자 "훌륭한 보좌를 잃었다."라고 태종이 애통해하였다고 한다.《舊唐書 后妃列傳上 太宗文德皇后長孫氏》 여기서는 내정(內庭)에서 숙종을 도와주던 인경왕후가 죽어 궁실이 모두 애통해하고 있다는 말이다.

914 주(周)의……애석해하네 : 주나라 선왕(宣王)이 아침에 늦게 일어나자, 강후(姜后)가 비녀를 뽑고 궁중 복도에서 대죄(待罪)하며 "제가 재덕(才德)이 없어서 임금으로 하여금 예모를 잃고 늦게 조회하게 함으로써 군왕이 여색을 좋아하고 덕을 잊고 있음을 드러낸 꼴이 되었다."라고 자책하였다. 이에 선왕이 드디어 부지런히 정사에 임하여 중흥(中興)의 군주가 되었다고 한다.《列女傳 周宣姜后》 여기서는 비녀로 규간(規諫)하던 주나라 강후와 같은 존재였던 인경왕후가 죽은 것에 대해 모두 안타까워하고 있다는 말이다.

신하와 백성 통한이 유독 더 깊은 것은 臣民痛恨偏深處

대운이 든 초기에 갑관이 비어서라네[915] 景運方初甲觀虛

915 신하와……비어서라네 : 갑관(甲觀)은 원래 한(漢)나라 성제(成帝)의 모후인 왕황후(王皇后)가 성제를 낳았던 궁이다. 황태자가 이 궁에 거처하였으므로 일반적으로 태자궁(太子宮)을 칭하는 말로 쓰인다. 여기서는 인경왕후가 아들을 낳지 못하고 죽어 세자의 자리가 비어 있으므로 신하와 백성들이 더욱 통한스럽게 여기고 있다는 말이다.

차운하여 박계직[916]에게 주다 경신년(1680, 숙종6)

次贈朴季直 庚申

시의 정과 편지의 뜻 모두가 은근하니	詩情書意兩慇懃
동림산 봉주헌[917]에서 보내온 것이라오	來自桐林鳳注軒
노안 먼저 밝아져 어른거리는 게 없고	老眼先靑花不著
밤의 창도 환하여 달빛과 구분 안 되네[918]	夜窓還白月難分
편지 여니 찬란한 게 수후의 구슬 빛이고	開緘磊落隋珠色
시 펼치니 화려한 게 서촉 비단 무늬여라[919]	展幅輝煌蜀錦文
종이에 보풀 일도록 계속해서 읽다 보니	紙面欲毛看未已
회포가 풀리는 게 그대 대한 듯해라	遣懷何啻對夫君

916 박계직(朴季直) : 박정해(朴廷獬)로, 계직은 그의 자이다. 송시열의 사촌 동서이다.

917 동림산(桐林山) 봉주헌(鳳注軒) : 동림산은 청주(淸州) 목과동(木果洞) 인근에 있는 산 이름이고, 봉주헌은 박정해가 거처했던 곳이다. 《宋子大全隨箚 卷1》

918 노안(老眼)……되네 : '노안이 밝아지고 밤의 창도 환하다'는 것은 박정해가 보내온 시와 편지를 받으니 너무나 기쁘고 반갑다는 말이다.

919 편지……무늬여라 : '수후(隋侯)의 구슬'이란 수후가 외출 중에 큰 뱀이 다쳐 괴로워하는 것을 보고 치료해 주었는데, 후에 그 뱀이 보은(報恩)의 뜻으로 밤에도 달처럼 환히 비치는 구슬을 바쳤다고 한 데서 온 말이다. 《搜神記 卷20》 '서촉(西蜀) 비단'은 옛날 촉(蜀)나라에서 생산되던 질 좋은 채색 비단을 말한다. 여기서는 박정해가 보내온 편지와 시가 너무나 훌륭하고 대단했다는 말이다.

신성시[920]에게 보내다

寄申聖時

비 그친 뒤 사립문을 늦게야 비로소 여니	雨後柴扉晩始開
저 숲속 맑은 그림자 연못 누대에 흩어지리	隔林淸影散池臺
울 가에는 도연명 선생의 국화 예쁘고	籬邊已好先生菊
창밖엔 또 임포 처사 매화가 새로우리라[921]	牕外還新處士梅
방초 문득 주염계의 뜰처럼 무성하고[922]	芳草却如周砌茂
낙화조차 소 강절의 수레 오길 기다리네[923]	落花猶待邵車來

920 신성시(申聖時) : 신계징(申啓澄, 1632~?)으로, 성시는 그의 자이다. 호는 은곡(隱谷)이고, 송시열의 문인이다. 세마(洗馬)와 임실 현감(任實縣監) 등을 지냈다.

921 울……새로우리라 : 도잠(陶潛)의 〈음주(飮酒)〉에 "동쪽 울타리 아래 국화 따다가 유연히 남산을 바라보노라."라는 구절이 있고, 송나라 때의 은자(隱者) 임포(林逋)가 서호(西湖)의 고산(孤山)에 은거하면서 처자도 없이 매화와 학(鶴)만을 좋아하여 당시에 매처학자(梅妻鶴子)로 불렸다. 《宋史 林逋列傳》 여기서는 신계징이 도잠이나 임포와 같이 은자의 삶을 살고 있음을 말한 것이다.

922 방초(芳草)……무성하고 : 《근사록(近思錄)》 권1 〈도체류(道體類)〉에 "천지가 만물을 낳아 기르는 기상을 관찰한다."라는 정호(程顥)의 말이 있는데, 그 주(註)에 "주자(周子 : 주돈이)가 창 앞의 풀이 무성해도 베지 않으면서 '저 풀 역시 내 생각과 같을 것이다.'라고 말한 것도 바로 이 뜻이다."라고 하였다. 주희(朱熹)도 〈육선생화상찬(六先生畫像贊)〉에서 주돈이의 청정한 기상과 인품을 비유하여 "맑은 바람 밝은 달은 끝없이 펼쳐지고 뜰 안의 풀들은 무성히 푸르렀네."라고 하였다. 여기서는 신계징이 주돈이처럼 뜰의 풀도 베지 않고 그대로 두는 자연과 일체가 되는 삶을 살고 있음을 말한 것이다.

923 낙화조차……기다리네 : 소옹(邵雍)의 시 〈천도음(天道吟)〉에 "봄가을에 흥이

멀리서도 알겠어라 동헌의 형제 모임에　　遙知東閣鴒原會

한가로이 호산의 이은 술잔 들 것임을[924]　　閒把湖山吏隱杯

일어나면은 아이가 끄는 작은 수레 타고 나가네."라고 하였다. 《伊川擊壤集 卷11 天道吟》 그리고 소옹이 낙양(洛陽)에 살 때 작은 수레를 타고 자유로이 다니면 성안의 사람들이 모두 좋아하고 반겼다고 한다. 《宋史 邵雍列傳》 여기서는 신계징이 소옹과 같은 생활을 하고 있음을 말한 것이다.

924 멀리서도……것임을 : 신계징이 동헌 관아에서 형제들과 술자리를 가지면서 벼슬하는 은자로서의 즐거움을 누리는 모습이 멀리서도 훤히 보인다는 말이다. 여기에서 '호산'은 호남(湖南)의 의미로 쓰인 듯한데 신계징이 임실 현감으로 있었기 때문에 그렇게 말한 듯하고, '이은(吏隱)'이라고 한 것은 신계징이 낮은 벼슬을 하면서 은자로서의 삶을 살고 있기 때문에 그렇게 말한 것이다.

윤 참판[925] 비경 에 대한 만사 신유년(1681, 숙종7)

尹參判 飛卿 挽 辛酉

강직한 파평 윤씨 옛 풍모 지녔으니	侃侃坡原有古風
조정을 돌아봐도 공 같은 이 적다오	朝端回首少如公
친교 어찌 혼인으로 맺은 정리뿐이랴[926]	交親豈獨朱陳好
존경하고 신뢰한 건 취미 같아서이지	慕用還因臭味同
공의 출처 사람들의 비방받은 적 없고	出處曾無人毀譽
공의 영욕 통해서 세도의 성쇠 볼 수 있네	榮枯從見世汚隆
평생의 친구들이 모두 세상 떠나니	平生執友凋零盡
성 동쪽 병든 늙은이 통곡하고 있다오	慟哭城東一病翁

925 윤 참판(尹參判) : 윤비경(尹飛卿, 1607～1680)으로, 본관은 파평(坡平), 자는 충거(沖擧), 시호는 소정(昭靖)이다. 우승지, 호조 참판 등을 역임하였다.

926 친교(親交)……정리(情理)뿐이랴 : 윤비경의 딸이 송시열의 조카 송기학(宋基學)의 부인이므로 송시열에게는 질부(姪婦)가 되는데, 여기서는 윤비경과의 오랜 친분이 이루어진 것은 이런 혼인 관계 때문만은 아니라는 말이다. 《宋子大全 卷211 貞夫人李氏行狀》

안소당[927]에서 조억망[928]의 시에 차운하다

安素堂次趙嶷望韻

외롭고 궁할 때 속절없이 정주 글 읽다가	孤窮空自誦朱程
중년에 처음 만나게 될 줄 어찌 생각했으랴	何意中年猥識荊
섬계에 노 저어 온 건 이전 안사 때였고[929]	剡棹間關前按使
부들방석 썰렁한 건 옛 서생과 같았네[930]	蒲團冷落舊書生
세상일은 말 않은 채 청산만 대하였고	不言世事青山對
집안일 괴로이 말하며 눈길을 걸어갔네	苦道家私白雪行
가는 길에 때마침 안소당을 찾았거니	去路仍尋安素子
벽에 걸린 그대 새 시 뜻이 분명하구나	新詩揭壁儘分明

927 안소당(安素堂) : 송국헌(宋國憲, 1615～1689)이 충청도 청주(淸州)에 있는 자신의 집 한가운데 칸에 붙인 당호(堂號)이며 또한 이것을 자신의 호로 삼았다. 그의 자는 군식(君式)이며, 송시열의 종숙(宗叔)이다.《宋子大全 卷150 安素堂銘》

928 조억망(趙嶷望) : 조세환(趙世煥, 1615～1683)으로, 억망은 그의 자이다.

929 섬계(剡溪)에……때였고 : '섬계에 노 저어 왔다'는 것은 진(晉)나라 때 산음현(山陰縣)에 살던 왕휘지(王徽之)가 눈 내리는 밤에 흥이 나자 섬계에 사는 친구 대규(戴逵)의 집까지 배를 타고 노를 저어 온 것을 말한다.《世說新語 任誕》 여기서는 조세환이 안사(按使) 시절에 송시열이 보고 싶어 찾아온 것을 말하는 듯하다. 안사는 일반적으로 안찰사(按察使)나 감사(監司)를 지칭하는데, 조세환은 1682년(숙종8)에 전라 감사를 지낸 적이 있다.

930 부들방석……같았네 : 조세환의 평소 생활을 보면 옛 서생과 같이 언제나 청빈하였다는 말이다.

민생[931] 진후 의 내자 이씨에 대한 만사
閔生 鎭厚 內子李氏挽

정관재의 딸이자 둔촌의 며느리	靜觀女謂屯村舅
시어머니는 동춘당의 어진 따님이었지[932]	姑是春翁耳耳賢
임금과 맺은 경사로 막 기뻐했는데[933]	甫喜慶祥連紫禁
가례 후에 갑자기 황천 갈 줄 알았으랴[934]	那知衿帨遽黃泉
홀어머니[935]의 피눈물 끝내 무슨 소용이며	孀慈抆血終何益
곡하는 자리 사람 없으니 더욱 가련하구나[936]	哭位無人更可憐
다행히 형제 있어 정이 모두 지극하니	幸有弟兄情不盡
때때로 향불 피워 새 무덤에 올리누나	時修香火薦新阡

931 민생(閔生) : 민진후(閔鎭厚, 1659~1720)로, 본관은 여흥(驪興), 자는 정순(靜純), 호는 지재(趾齋)이다. 숙종의 비 인현왕후(仁顯王后)의 오빠이며 송시열의 문인이다.

932 정관재(靜觀齋)의……따님이었지 : 정관재는 이단상(李端相)의 호이고, 둔촌(屯村)은 민유중(閔維重)의 호이며, 동춘당(同春堂)은 송준길(宋浚吉)의 호이다.

933 임금과……기뻐했는데 : 1681년(숙종7) 3월 숙종과 인현왕후 민씨가 가례(嘉禮)를 올린 것을 말한다.

934 가례(嘉禮)……알았으랴 : 인현왕후가 가례를 치른 그해에 민진후의 부인이 죽었기 때문에 이렇게 말한 것이다.

935 홀어머니 : 민진후의 부인 이씨의 친정어머니를 말하는 듯하다.

936 곡하는……가련하구나 : 당시 민진후의 부인 이씨는 24세의 젊은 나이에 죽었는데, 아들 없이 딸만 하나 있었기 때문에 이렇게 말한 것이다.《屛山集 卷12 左參贊閔公謚狀》

수충동[937] 문희연

守沖洞聞喜宴

숭정(崇禎) 신유년(1681, 숙종7) 10월에 정군 지하(鄭君之河) 윤구(潤九)[938]의 장남 상길(相吉)이 상사(上舍)에 올랐고 차남 상일(相一)은 앞서 정사년(1677)에 입격하였다.[939] 이에 영소전(永昭殿)[940]의 담제(禫祭)가 끝나기를 기다려 섣달 22일에 문희연을 베풀었는데, 두 아들 모두 청금(靑衿)을 입은 자태가 매우 빛났다. 이때 윤구와 그 내자(內子)는 나이가 모두 60세였다. 또 상길의 외조부인 호군(護軍) 오공(吳公)은 80세가 넘었는데도 얼굴이 붉게 빛났는데 지팡이를 짚고 내림하였으므로 보는 사람들의 찬탄이 자자하였다. 이에 상길 형제가 나를 찾아와서 이 일에 대해 한마디 기록해 주기를 청하였다. 나는 그 조부 부정공(副正公)[941]과 오랜 친교가 있었고 윤구 역시 나에게 배운 지 오래되었기에, 마침내 근체시(近體詩) 한 수를

937 수충동(守沖洞) : 충청도 옥천(沃川)의 마을 이름이다.

938 정군 지하(鄭君之河) 윤구(潤九) : 정지하(鄭之河)로, 윤구는 그의 자이다.

939 장남……입격하였다 : 정지하의 장남 정상길은 1681년 식년시(式年試)에서 생원(生員) 3등으로 입격하였고, 정상일은 그보다 먼저 1677년 증광시(增廣試)에서 역시 생원 3등으로 입격하였다.

940 영소전(永昭殿) : 숙종(肅宗)의 첫 번째 왕비인 인경왕후(仁敬王后) 김씨(金氏)의 신주를 모신 혼전(魂殿)으로 경덕궁(慶德宮) 안에 있었다. 인경왕후는 1680년에 천연두로 사망하였다.

941 부정공(副正公) : 정직(鄭溭, 1600～1667)으로, 본관은 연일, 자는 징원(澄源)이다.

지어 주는 바이다. 이달 모일에 파곡병부(巴谷病夫)[942]는 쓴다.

연일 정씨 일파 사는 옥천의 동쪽에	烏川一派沃川東
굶주린 이들 구휼하던 부정공 있었네[943]	恤匱憐飢副正公
식우의 기상[944] 가진 손자 둘 두었는데	留得食牛佳抱二
연이어 사마에 올라 문희연 함께했네	連登司馬喜筵同
학발의 어버이는 모두 환갑 되었고	雙親鶴髮皆周甲
우물 정 자 두 개[945] 장수 바로 외조부라네	兩井龜蓮是外翁
내력 원래 어긋나지 않을 줄 일찍 알았거니	早識逢將元不爽
이제부턴 집안 경사 더욱 끝이 없으리	自茲餘慶更無窮

942 파곡병부(巴谷病夫) : 파곡(巴谷)은 화양동(華陽洞)에 있는 송시열이 거처했던 곳인데 송시열이 자신의 별칭으로 쓴 것이다.

943 굶주린……있었네 : 효종(孝宗) 말년에 극심한 가뭄이 계속 이어졌을 때 정직이 곡식을 내어 진휼한 공이 있어 군기시 부정(軍器寺副正)에 제수되었다. 《宋子大全 卷177 軍器寺副正鄭公墓碣銘》

944 식우(食牛)의 기상 : 소를 먹어 치울 만한 호랑이 새끼의 기상으로, 어려서부터 뛰어난 준재를 말한다. 두보(杜甫)의 시에 "다섯 살 된 막내아들은 소 잡아먹을 범의 기상이라서, 집안 가득 손님들 모두 돌아보며 감탄하네."라는 말이 있다. 《杜少陵詩集 卷10 徐卿二子歌》

945 우물……개 : 우물 정(井) 자는 모양이 열십자가 넷이 모여 이루어진 글자인데, 그것이 또 두 개라고 했으니 나이가 팔십이라는 말이다.

산음 현감 임대중[946]이 보내온 시에 차운하다

次山陰知縣任大仲寄來韻

이 도를 사람들이 행하려 하지 않으니	此道人人不肯行
언제나 황하가 맑아지는 걸[947] 보려나	何年能見紫泉淸
산하의 안팎으로 비린내가 쌓였고	山河表裏腥膻積
천지 사이 괴이한 귀신이 가득하네	天地中間怪鬼盈
옛날 맹자는 가려지고 빠진 걸 알았는데[948]	昔有孟軻知蔽陷
가정 이후로 사람들 양명학을 배우네	自從嘉靖誦陽明
그대가 주자학 익히려는 건 가상하니	多君欲習文公學
그 속에 집대성 되어 있음 알아야지	箇裏須知集大成

명(明)나라 가정(嘉靖) 이후로 전적으로 양명(陽明)을 숭상하여 그가 문

946 임대중(任大仲) : 임방(任埅, 1640~1724)으로, 대중은 그의 자이다. 본관은 풍천(豐川), 호는 수촌(水村)이며, 송시열과 송준길의 문인이다. 산음 현감을 지냈고 벼슬이 형조 판서에 이르렀다.

947 황하(黃河)가 맑아지는 걸 : 삼국 시대 위(魏)나라 이강(李康)의 〈운명론(運命論)〉에 "황하가 맑아지면 성인(聖人)이 출현한다."라는 말이 있는데, 그 주(註)에 "황하는 천 년에 한 번 맑아지는데, 그 상서에 응하여 성인이 나온다고 세상에서 전한다."라고 하였다.《文選 卷53 運命論》

948 옛날……알았는데 :《맹자》〈공손추 상(公孫丑上)〉에 "편파적인 말에서 그가 가려져 있는 바를 알고, 정도에 지나친 말에서 그가 빠져 있는 바를 알며, 부정한 말에서 그가 도에서 괴리된 것을 알고, 회피하는 말에서 그의 논리가 궁한 것을 알 수 있다."라고 한 데에서 온 것으로, 여기서는 맹자가 옳지 못한 이단의 학설을 잘 파악하여 배척하였다는 말이다.

묘에 종사(從祀)되기에 이르렀다.[949]

두 번째 其二

지리산이 눈앞에 있다고 하지 말게	莫說頭流在眼中
지난해엔 무슨 일로 가을바람 저버렸나	去年何故負秋風
새매 깃발 사양하기[950] 실로 어려워서가 아니라	非緣旟隼眞難謝
육근 육진 비우기 쉽지 않아서이지[951]	自是根塵未易空
남쪽 고을 기쁜 찬가 소부를 노래했거니[952]	南郡歡謠歌召父
여산(廬山)의 맑은 유람 주자(朱子) 부끄러워했네	匡廬淸賞愧閩翁
노약자들 지금 한창 주려 죽는다 하니	聞今老幼方塡壑
노을처럼 나무마다 붉게 꽃핀들 어쩔거나[953]	爭奈蒸霞萬樹紅

949 양명(陽明)을……이르렀다 : 양명은 양명학의 시조인 왕수인(王守仁)의 호이다. 그는 명나라 신종(神宗) 때 문묘에 종사되었다.

950 새매 깃발 사양하기 : 원주(原註)에도 있는 바와 같이 주희(朱熹)가 남강군 태수(南康軍太守)로 있으면서 여산(廬山)과 삼협(三峽) 일대를 유람하기 위해 성곽 문을 나갈 때 태수의 의장(儀仗)인 새매 깃발을 세우는 걸 사양했다고 하는데, 이는 관리로서 유람을 다니는 것을 편치 않게 여겨서인 듯하다. 《晦庵集 卷7 立秋日……呈諸同遊》

951 육근(六根)……않아서이지 : 세속의 갖가지 일에 매이다 보면 그것을 버리고 유람을 떠나기 쉽지 않다는 말이다.

952 남쪽……노래했거니 : 소부(召父)는 전한(前漢) 때 남양 태수(南陽太守)를 지냈던 소신신(召信臣)을 말한다. 그가 남양에서 많은 선정을 베풀었으므로 백성들이 그를 친애하여 소부라고 부르면서 찬양했다고 한다. 《漢書 循吏傳 召信臣》

953 노약자들……어쩔거나 : 고을의 백성들이 굶주리면서 고통을 겪고 있는데 봄에 꽃이 만발했다고 해서 유람을 갈 수 있겠느냐는 말이다.

나는 본래 사성팔병(四聲八病)[954]의 시법(詩法)을 잘 알지 못하지만 이제 보내온 시를 가지고 일전어(一轉語)[955]로 삼으려 하네. 대체로 처음에는 조롱하고 농담하는 것 같지만 도리어 조롱을 해명하는 말로 삼아 한바탕의 웃음을 끌어내려 하네. 주자가 남강군 태수(南康軍太守)로 있으면서 삼협(三峽)을 유람할 때 지은 시에 "말에 멍에 매고 북쪽 성곽 문 나갈 때 이 새매 깃발 세우는 걸 사양했네.〔駕言北郭門, 謝此旟隼建.〕"라고 하였는데, 새매 깃발은 태수가 행차 때 세우는 깃발이네. 불교에서는 귀, 눈, 입, 코, 몸, 의식을 육근(六根)이라 하고, 그 대상인 소리, 색깔, 향기, 맛, 촉감, 법(法)을 육진(六塵)이라 하는데, 그것을 모두 환영(幻影)이라 보네. 그리고 보내온 시에 '관리의 일〔吏役〕'과 '속세의 마음〔塵心〕'을 대구(對句)로 삼았는데[956] 이것이 어찌 두 가지 일이겠는가.

954 사성팔병(四聲八病) : 남북조 시대(南北朝時代) 심약(沈約)이 제창한 것으로, 율시를 지을 때 피해야 할 성률과 압운 상의 여덟 가지 금기 규칙을 말한다.

955 일전어(一轉語) : 깨달음의 계기를 제공해 주는 한마디 번뜩이는 선어(禪語)를 말한다.

956 관리의……삼았는데 : 임방이 송시열에게 보내온 시에 "관리의 일로 가기 어려운 유람 못 간 게 아니라 속세의 마음 떨쳐 내어 비우지 못해서이지."라는 구절을 말한다.

밤에 청심루[957]에 앉아 영릉[958]을 바라보며 감회에 젖어 두 수를 짓다

夜坐淸心樓瞻望寧陵感賦二首

우리 임금 덕의를 누가 능히 따르랴　　吾君德義孰能追
강 누대에서 추운 밤에 정담을 나누네　　江閣寒宵晤語時
백발의 옛 신하 중에 나만이 남았는데　　白首舊臣惟我在
창오[959]의 고목은 누굴 위해 슬퍼하나　　蒼梧古木爲誰悲
인자한 하늘의 마음 재앙이 거듭되니　　天心仁愛災妖薦
걱정하는 고로들은 피눈물 뿌리누나　　故老憂傷血淚滋
오래되니 달 잠기고 능의 송백 어둡거니　　坐久月沈陵柏暗
어디에 무릎 꿇고 진달할지 모르겠네　　不知何處跪陳辭

두 번째 其二

성군의 남긴 은혜 피눈물로 되새기니　　聖祖遺恩血泣追
존망 위급 갈림길 지금이 어느 땐가　　存亡危急此何時
당년에 북벌 정책 추진해 나갔는데　　當年薊北金戈計

957 청심루(淸心樓) : 여주(驪州)의 객관 북쪽 여강(驪江) 가에 있던 누각이다.

958 영릉(寧陵) : 효종의 능이다.

959 창오(蒼梧) : 옛날 순(舜) 임금이 남쪽 지방을 순행하다가 사망한 곳인데, 여기서는 영릉을 가리킨다.

오늘은 능 앞에 석수들만 슬퍼하네　　此日陵前石獸悲
천하의 오랑캐를 그 누가 소탕할까　　天下腥膻誰掃盪
거울 속의 내 모습 윤기조차 없어라　　鏡中容髮落華滋
진 목공 따라간 호식[960]을 생각다가　　還思虎息從秦穆
주자 심정 읊은 시[961] 다시금 외운다네　　更誦閩翁感事辭

960 진……호식(虎息) : 호식은 춘추 시대 진(秦)나라 목공(穆公)의 신하 자거엄식(子車奄息)과 자거겸호(子車鍼虎)를 말한다. 《춘추좌씨전(春秋左氏傳)》 문공(文公) 6년에 "진나라 목공 임호(任好)가 죽었는데, 그 무덤에 자거씨(子車氏)의 세 아들인 엄식과 중항(仲行)과 겸호를 함께 순장(殉葬)하니, 나라 사람들이 슬퍼하여 〈황조(黃鳥)〉를 읊었다."라고 하였다. 〈황조〉는 《시경》 〈진풍(秦風)〉에 나오는 시이다.

961 주자(朱子)……시 : 주희가 당시의 시대 상황에 대해 감회를 토로하면서 16운(韻)의 시를 지었는데, 그 첫구가 "오랑캐가 어느 해부터 성했던가. 중원이 드디어 망하게 되었구나."로 시작된다. 《晦庵集 卷2 感事書懷十六韻》

연행 가는 남운로[962] 구만 를 작별하며 주다

贈別南雲路 九萬 燕行

요동 들판 머나멀어 갈 길은 아득하고	鶴野迢迢去路脩
계문 안개 자욱한 숲[963] 가는 수레 젖으리	薊門煙樹濕征輈
눈을 들어 산하 보니 하늘도 술 취한 듯	山河擧目天猶醉
마음 아픈 고금의 일 달빛만 홀로 남았구나	今古傷心月獨留
언제일까 한나라 위의 다시 볼 날은[964]	何日威儀重覩漢
해마다 조빙하나 주나라 때완 다르네[965]	每年朝聘異觀周
그대 가거든 연나라 저자 한번 들러 보소	君行試向燕中市
아직도 축을 치며 슬픈 노래 부르는지[966]	尙有悲歌擊筑不

962 남운로(南雲路) : 남구만(南九萬, 1629~1711)으로, 운로는 그의 자이다. 본관은 의령(宜寧), 호는 약천(藥泉), 시호는 문충(文忠)이다.

963 계문(薊門)……숲 : 계문연수(薊門煙樹)는 북경(北京) 팔경(八景) 가운데 하나이다.

964 언제일까……날은 : 왕망(王莽) 말년에 유수(劉秀)가 회양왕(淮陽王) 유현(劉玄)에 의해 사예교위(司隷校尉)로 발탁된 뒤에 그동안 폐기되었던 한(漢)나라의 옛 제도를 모두 복구하자, 늙은 관리들이 눈물을 흘리며 "오늘에 다시 한나라의 위의를 보게 될 줄은 생각지도 못했다."라고 탄식하였다 한다.《後漢書 光武帝紀》여기서는 명(明)나라의 중흥을 언제 다시 볼 수 있겠느냐는 말이다.

965 해마다……다르네 : 춘추 시대에 제후국이 주(周)나라로 조빙하여 예악과 문물을 보는 것을 큰 영광으로 알았는데, 지금은 해마다 청(淸)나라로 조빙을 가도 그러한 위의가 없다는 말이다.

966 그대……부르는지 : 연(燕)나라 태자 단(丹)의 복수를 위해 형가(荊軻)가 진 시황(秦始皇)을 죽이러 떠날 때 친구 고점리(高漸離)가 축(筑)을 연주하고 형가가 화답

사직 상소를 올린 뒤에 입으로 읊다[967] 임술년(1682, 숙종8)

上辭本後口占 壬戌

승지가 가자마자 다시 또 내려왔거니	承旨纔歸又復來
잘못된 은혜 이러하니 정히 재앙이구나	誤恩如許定成災
서울까지 이삼백 리 가는 길 험난하니	二三百里路難矣
일흔 여섯 늙은이 갈 수가 있겠는가	七十六齡人往哉
좋은 운수 다행히 천재일우 만났지만	景運幸逢千一會
미천한 신하 원래가 지닌 재주 적나니	賤臣元少分毫才
죽을병에 변변치 못한 상황 감히 올렸는데	猥陳死病其亡狀
하늘 높아 전달되지 못할까 두렵구나	只懼天高聽未回

하며 노래를 부르자 모였던 사람들이 모두 비분강개한 심정으로 눈물을 흘렸다 한다. 《史記 刺客列傳 荊軻》 여기서는 연경의 백성들도 청나라에 빼앗긴 중원을 회복하여 명나라를 다시 일으키고자 하는 뜻이 있는지 살펴보라는 말이다.

967 사직(辭職)……읊다 : 1682년 2월 10일에 숙종(肅宗)이 승지를 보내어 소명(召命)을 내렸으나 송시열이 노병을 이유로 사양하고 나오지 않자 다시 승지를 보내 간곡하게 타이른 일이 있었는데, 이때 송시열이 영중추부사를 사직하는 글을 올리고 나서 이 시를 쓴 것이다. 《宋子大全 附錄 卷2 年譜》

손자 아이와 작별한 뒤에 시를 지어 보내다

別兒孫後吟寄

손자 아이와 서로 함께 마음 얘기했는데	兒孫相與話神心
작별한 뒤 괴로운 생각 드는 걸 어찌하나	別後那堪苦思侵
학문 아직 주자를 따라가지 못하는데	學問未追朱晦父
나아감과 물러남 화주림[968]에 어찌 묻겠나	行藏肯卜火珠林
오늘 새벽 황매우 소리 즐겨 들었거니	今晨喜聽黃梅雨
이미 늙어 백발의 동곳조차 못 이기네	已老難勝白髮簪
붉은 옷 머리 끄덕이든 않든 상관없으니	點否朱衣兩不管
마음 잘 보존해 신명 대하듯 삼가거라[969]	操存須若鬼神臨

968 화주림(火珠林) : 한(漢)나라 때 경방(京房)이 만들었다는 점치는 법인데, 시초(蓍草) 대신에 동전을 사용한다고 한다.

969 붉은……삼가거라 : 송(宋)나라 때의 신하 구양수(歐陽脩)가 과거 시험을 주관하면서 시권(試券)을 채점할 때 등 뒤에서 붉은 옷을 입은 어떤 사람이 머리를 끄덕이는 것이 느껴지면 합격을 시켰는데, 뒤돌아보면 아무도 없었다고 한다.《天中記 卷38 引鮓鯖錄》여기서는 과거 시험의 합격 여부보다는 마음을 살펴 잘 보존하면서 매사 삼가는 자세가 더 중요하다고 손자에게 당부하는 말이다. 여기에서 말한 손자는 송주석(宋疇錫)을 가리키는데, 그는 이듬해인 1683년(숙종9)에 증광시(增廣試) 문과에서 을과로 급제하였다.

승지 조억망의 시에 화운하여 박 진사 형제의 서안(書案)에 봉정하다 기미년(1679, 숙종5)

和趙承宣嶷望韻奉呈朴進士二難淸案 己未

이산(尼山)에 사는 윤동토(尹童土 윤순거(尹舜擧)) 형제들이 매번 말하기를 "이산 동쪽의 박씨가 비록 여러 대 크게 떨쳐 일어나지는 못했지만 실로 성근보(成謹甫 성삼문(成三問)) 선생의 외손이다."라고 하였다. 그 후에 박씨의 후손이 자기들 선대의 시권(試卷)을 가지고 와서 보여 주었는데, 성 선생의 성명(姓名)이 지면에 빛나서 완연히 어제의 일 같았다. 내가 손을 닦고 받들어 음미한 뒤에 소중히 겹으로 싸서 돌려주었다. 그 뒤에 박씨 형제 수화(壽華)와 수강(壽岡)이 나란히 사마시에 입격하여[970] 문희연(聞喜宴)을 베풀었다. 승지 조억망(趙嶷望)도 성 선생의 외손인데, 그 잔치에 가서 근체시 한 수를 지었다. 수강이 나에게 그 시에 화답하는 시를 지어 주기를 요구하기에, 내가 말하기를 "옛말에 '그 사람을 사랑하면 그 집 옥상의 까마귀까지도 사랑한다.'라고 하였는데, 하물며 성 선생의 외손이야 말해 무엇 하겠는가. 글이 졸렬하다고 사양할 수가 없기에 서툴게나마 뜻에 부응하는 것이니 외부 사람들에게 알릴 것은 못 된다."라고 하였다.

970 박씨……입격하여 : 박수화는 1679년 식년시(式年試)의 진사시에 입격하였고 박수강은 같은 시험의 생원시에 입격하였다. 《戊午式年司馬榜目》

노량진의 여러 무덤[971] 모두 후손 없는데　　露梁諸墓竝無孫
근보 선생 외손들은 크게 번성하였네　　謹甫先生外裔蕃
학리[972]의 외손들 유독 군자 은택 받아　　鶴里獨膺君子澤
형제가 쌍으로 성조의 은혜를 입었네　　荊花雙受聖朝恩
빛나는 편액에 노필 올림 꽤 부끄러우나　　多慙老筆題華扁
따로 좋은 시가 있어 경사를 빛내누나　　別有佳篇侈慶尊
함께 사마에 오른 두 젊은이에게 말하노니　　更向聯芳二妙道
여파 잘 타고 가서 참된 근원 찾아보길　　好乘餘派泝眞源

971 노량진(露梁津)의 여러 무덤 : 노량진에 있는 사육신묘(死六臣墓)를 말한다. 원래는 성삼문, 박팽년(朴彭年), 이개(李塏), 유응부(兪應孚)의 묘만 있었고 나머지 무덤은 1970년대에 조성된 것이다.

972 학리(鶴里) : 충청도 이산(尼山) 동쪽 박씨들이 사는 마을의 이름이다.

김화현에서 심 승지[973] 유 의 시에 차운하다 계해년(1683, 숙종9)

金化縣次沈承宣 攸 韻 癸亥

영동 깊은 곳에서 폭포 보고 있는데[974]	嶺東深處見天紳
이번 길 임금 유지 빈번함 어이하나[975]	此去那堪鳳詔頻
동기와 서로 만나 한창 기뻐 목메는데[976]	同氣逢迎方噎嘔
서울의 소식들은 정히 어지럽구나	神京消息正紛綸
이산은 문을 닫고 부귀 가벼이 여기고	尼山閉戶輕千駟
현석은 갓끈 매고 사시를 순히 하네[977]	玄石纓冠撫五辰

973 심 승지(沈承旨) : 심유(沈攸, 1620~1688)로, 본관은 청송(青松), 자는 중미(仲美), 호는 오탄(梧灘)이다. 동부승지, 우승지, 이조 참의 등을 지냈다.

974 영동(嶺東)……있는데 : 송시열은 1683년 4월 14일 서울에서 강원도 영동으로 출발하여 고성을 거쳐 16일에 철원의 삼부폭포(三釜瀑布)를 구경하고 김화현 관아에 도착하였다. 김화로 간 것은 이때 송시열의 생질인 이덕로(李德老)가 김화 현감으로 있었기 때문이다. 이후 송시열은 금강산을 유람하고 5월 6일에 서울을 향해 출발하였다.《宋子大全 附錄 卷2 年譜》

975 이번……어이하나 : 송시열이 영동으로 떠나자 숙종은 어의(御醫)를 보내어 수행하게 하는 한편 여러 차례 승지와 사관을 보내어 자신의 뜻을 전달하고 돌아오기를 재촉하였다.《宋子大全 附錄 卷2 年譜》

976 동기(同氣)와……목메는데 : 이때 송시열의 누이동생을 생질 이덕로가 김화현 관아에서 모시고 있었으므로 둘이 서로 만나 회포를 푼 것이다.

977 이산(尼山)은……하네 : 이산은 윤증(尹拯)을 가리키고 현석(玄石)은 박세채(朴世采)의 호이다. 윤증은 평생 벼슬을 사양하고 산림에 있었으므로 문을 닫고 부귀를 가벼이 여겼다고 한 것이며, 박세채는 관료로서 그때그때의 현안들을 처리하느라 동분서주하였기 때문에 사시(四時)를 순히 한다고 한 것이다. '사시를 순히 한다'는 말은

우와 안연 처지 바뀜 내 감히 의논하랴　　易地禹顏吾敢議
시골에서 요 축수하는 백성이나 되련다[978]　　田間願作祝堯民

《서경》〈고요모(皐陶謨)〉에 "백관(百官)이 사계절에 따라 할 일을 제대로 함으로써 모든 일이 원만하게 이루어지게 된다."라고 한 데서 온 것이다. 《송자대전수차(宋子大全隨箚)》 권1에서는, 이 구절에 담긴 행간의 의미를 다음과 같이 설명하고 있다. 1683년 3월에 송시열이 태조(太祖)의 휘호(徽號) 문제를 논의하기 위해 소명(召命)에 응해 서울에 와서는 박세채와 함께 입시(入侍)하려고 하였는데, 이때 박세채가 임금에게 아뢰어 윤증을 불렀고 그와 휘호 등의 현안을 논의하는 과정에서 윤증의 뜻에 동조하게 되면서 송시열과 의견을 달리하게 되는 일이 벌어졌다. 이에 송시열이 일이 틀어졌음을 알고 마음이 상하여 김화를 거쳐 금강산으로 들어갔다는 것이다.

978 우(禹)와……되련다 : 《맹자》〈이루 하(離婁下)〉에 보면, 우는 천하 사람들을 구제하느라 거의 집에 들어가 보지 못했고 안연은 난세를 만나 가난 속에서도 도를 즐기며 살았는데, 우와 안연이 처지가 바뀌었다면 모두 똑같이 그렇게 했을 것이라는 말이 있다. 여기서는 송시열이 우와 안연을 박세채와 윤증에 은근히 빗대면서 이들의 논의에 대해 갑론을박하지 않겠다는 뜻을 드러낸 것이다.

자삼[979] 이무 의 시에 차운하여 치도[980]에게 보여 주다

次子三 李堥 韻示致道

종남산 높다 해도 이 걱정만 못하거니　終南不及此憂端
그 누가 이윤이며 그 누가 안자인가[981]　孰是莘伊孰是顔
해와 달은 언제나 홍제동에 밝은데[982]　日月常明弘濟洞
연원은 그 누가 무이산을 찾아가리[983]　淵源誰溯武夷山
용렬하긴 관리 중에 가장 밑에 있는데　愚庸最出冠紳下
예우는 계맹 사이 아닌 것이 부끄럽네[984]　禮待慙非季孟間

979 자삼(子三) : 이무(李堥, 1621～1703)로, 자삼은 그의 자이다. 본관은 전주, 호는 낙계(駱溪)이며, 이식(李植)의 문인이다. 공조 참의, 호조 참판 등을 지냈다.

980 치도(致道) : 권상하(權尙夏, 1641～1721)의 자이다.

981 그 누가 이윤(伊尹)이며……안자(顔子)인가 : 이윤은 유신씨(有莘氏)의 들판에서 농사를 짓다가 탕(湯) 임금의 재상이 되어 천하를 다스렸고, 안연(顔淵)은 벼슬에 나아가지 않고 단사표음(簞食瓢飮)으로 가난하게 살면서 도를 즐겼다. 《孟子 萬章上》《論語 雍也》 여기서는 이윤과 안연이 세상에 나아가고 나아가지 않은 차이는 있지만 입장이 바뀌었다면 도에 따라 똑같이 처신했을 것이란 말이다.

982 해와……밝은데 : 홍제동(弘濟洞)은 효종(孝宗)의 능이 있는 여주(驪州) 능서면(陵西面) 왕대리(旺垈里)의 별칭이다. 효종이 명(明)나라를 존숭하고 청(淸)나라를 치고자 했던 존명 대의(尊明大義)가 해와 달처럼 길이 빛난다는 말이다.

983 연원은……찾아가리 : 무이산(武夷山)은 중국 복건성(福建省) 숭안현(崇安縣) 서남쪽에 있는데 주희가 학문을 닦던 곳이다. 여기서는 학문적으로 주희의 연원을 찾아갈 사람이 흔하지 않다는 말이다.

984 예우는……부끄럽네 : 계맹(季孟)은 춘추 시대 노(魯)나라의 대부인 계씨(季氏)와 맹씨(孟氏)를 가리킨다. 계씨는 상경(上卿)이고 맹씨는 하경(下卿)인데, 제 경공

더구나 창성한 때 비방들이 많으니	況也昌辰多謗議
한가롭고 넓은 들판 길이 생각하게 하네	令人長憶野寬閒

(齊景公)이 공자(孔子)를 계씨와 맹씨의 중간 정도로 대우하고자 하였다.《論語 微子》 여기서는 송시열 자신이 효종으로부터 그 이상의 각별한 예우를 받았다는 말이다.

이군회 우휘 의 시냇가 집에서[985]

李君晦 遇輝 溪堂

강 밖에 산천 형세 제대로 이뤄진 곳	江外山川面勢成
언제나 동은 이 선생이 생각나네[986]	常思峒隱李先生
지손 종손 몸 편히 안거할 곳 만들었고	枝宗占作安身所
시냇물 흘러와서 더없는 청정 보여 주네	溪水來供徹底淸
사물과 인정은 예와 지금 다르지만	物理人情今昔異
들 구름 수풀 안개 아침저녁 드러나네	野雲林靄暮朝呈
이 유풍 남은 향기 지금도 여전하니	遺風賸馥今猶在
공명의 길 권세 이익 다투는 데 가지 말게	莫向名途勢利爭

985 이군회(李君晦)………집에서 : 군회는 이우휘(李遇輝, 1648~1707)의 자이다. 본관은 전주, 호는 청계(聽溪)이며, 송준길과 송시열의 문인이다. 신계 현령(新溪縣令), 순창 군수(淳昌郡守) 등을 지냈다. '시냇가 집'이란 이우휘가 광릉(廣陵) 근처에 지은 작은 집인 청계당(聽溪堂)을 말한다. 이 집을 짓고 송시열에게 시를 받아 벽상(壁上)에 게시하였다.《寒水齋集 卷27 郡守李公遇輝墓碣銘》

986 언제나……생각나네 : 동은(峒隱)은 이의건(李義健, 1533~1621)의 호이다. 본관은 전주(全州), 자는 의중(宜中)이다. 공조 정랑 등을 지냈고, 저서에는《동은유고(峒隱遺稿)》가 있다. 이의건은 이우휘의 고조부인 이인건(李仁健)의 동생으로, 그를 제향하는 창강사(滄江祠)가 청계당의 남쪽에 있었기 때문에 이렇게 말한 것이다.

조정에 나아가는 손자 주석을 보내며

送疇孫赴朝

손자 주석(疇錫)이 사천(史薦)[987]으로 조정에 나아가게 되었는데, 늙은 마음에 우려를 금할 수가 없었다. 옛날 당(唐)나라 대종(代宗)이 배무소(裴茂紹)를 한림(翰林)에 임명하려 하자 그의 아버지 배규(裴虯)가 소(疏)를 올려 면직(免職)을 청하면서 "학문을 마치도록 해 주시기 바랍니다." 하였는데,[988] 지금 나는 황공하여 감히 청하지 못하는 것은 성상께서 손자 아이가 즉시 천거에 응하여 나오지 않았다는 이유로 추고(推考)하라는 특명을 내렸기 때문이다. 내가 임금에게 충성하고 자손을 가르침이 옛사람에게 훨씬 못 미치니, 손자가 떠날 때에 이 시를 주어 권면하는 바이다.

조정 가는 널 보내며 염려가 많은 건	送爾趨朝多念慮
지금 한창 의론들 정히 분분해서지	方今論議正紛紛
어렵게 나감 쉽게 물러남 주자의 도였고	進難退易閩翁道
이욕 따름 명예 다툼 무숙[989]의 경계였지	利逐名爭茂叔云

987 사천(史薦) : 신임 사관(史官)을 뽑을 때 전임 사관의 천거를 통해 선발하는 것을 말하는데, 송주석(宋疇錫)은 예문관 검열로서 사관에 천거되었다.

988 당(唐)나라……하였는데 : 무소(茂紹)는 당나라 대종 때의 신하 배복(裴復)의 자이다. 이 내용은 《한창려집(韓昌黎集)》 권24 〈하남소윤배군묘지명(河南少尹裴君墓誌銘)〉에 보인다.

989 무숙(茂叔) : 송나라 때의 학자 주돈이(周敦頤)의 자이다.

일없이 술집에서 술 탐하지 말 것이며	無事莫耽壚上酒
한가할 땐 예문관의 장서를 읽어야지	暇時須檢閣中芸
벼슬과 배움 능히 서로 성장시킴 알 것이니	從知仕學能相長
비난하는 말에는 마음 쓰지 말거라	休把閒言用志分

송문숙[990] 규문 에 대한 만사 계해년(1683, 숙종9)

宋文叔 奎文 挽 癸亥

우리 일가 젊은이들 다 대단하지만	吾宗少輩儘憢憢
그대처럼 순수하고 밝은 이 또 몇인가	似爾純明更幾人
집안을 다스릴 때 효도 우애 돈독했고	家政修時敦孝友
뜻 확고해 물들거나 흔들리지 않았네	脚跟牢處不緇磷
송추 무성한 선산에 함께 제사 지냈고	松楸竝蔭同修祀
초막을 새로 지어 기쁘게 이웃 됐지	茅棟新成喜有隣
부음 귀에 들려와 그 소식 차마 듣고	忍聽凶音來入耳
객창에서 만사 짓자니 눈물 수건 적셔라	客窓題挽淚盈巾

990 송문숙(宋文叔) : 송규문(宋奎文)으로, 문숙은 그의 자이다. 본관은 은진(恩津), 송국정(宋國鼎)의 아들이며 송준길의 문인이다.《同春堂集 續集 卷12 附錄7 門人錄》

조명세[991] 형제의 집안에 간직된 문자의 뒤에 쓰다 갑자년 (1684, 숙종10) 8월

題趙鳴世兄弟家藏文字後 甲子八月

온천[992]의 옛 가업 서울에서 왔는데	溫泉舊業自京師
조씨의 어진 가문 세상이 다 추앙하네	趙氏仁門世共推
시암[993]의 높은 정취 병중에 읊은 시 많고	時老高情多病詠
현감의 맑은 정사 송덕비에 적혀 있네[994]	縣監淸政寄哀碑
가업 이어 후손이 준수하니 더 반갑고	傳家賸喜兒郎俊
보답받아 편안히 복 누리는 것 다시 보네	食報還看福履綏
각박한 풍속 이제 눈뜨고 보기 어렵거니	薄俗秪今難著眼
그대 위해 찬탄하며 다시 시를 쓰노라	爲君嘉歎更題詩

991 조명세(趙鳴世) : 본관은 양주(楊州), 자는 선백(善伯)이며, 송준길의 문인이다. 《同春堂集 續集 卷12 附錄7 門人錄》

992 온천(溫泉) : 충청도 온양(溫陽)의 고호(古號)이다. 조씨(趙氏) 집안은 대대로 온양의 매곡촌(梅谷村)에서 살았다. 《宋子大全 卷210 時菴趙公行狀》

993 시암(時庵) : 조상우(趙相禹, 1582~1657)로, 시암은 그의 호이다. 본관은 양주, 자는 하경(夏卿), 김장생의 문인이다. 저서에 《시암집(時庵集)》이 있다.

994 현감(縣監)의……있네 : 여기에서 현감은 회덕 현감(懷德縣監)을 지낸 조이숙(趙爾翻)을 말한다. 그는 자가 경휘(景翬)이고, 시암 조상우의 아들이며, 김집의 문인이다. 그가 회덕 현감으로 있을 때 선정을 베풀었고 관아에서 죽었으므로 백성들이 송덕비를 세워 주었는데, 이때 송시열이 비명을 쓰고 송준길이 글씨를 썼다. 《愼獨齋全書 卷18 附錄 門人錄》

완남[995]의 천장에 대한 만사 을축년(1685, 숙종11)

完南遷葬挽 乙丑

이 세상에 오래 살아 마침내 어떠한가	久生於世竟如何
위험한 길 홀로 서니 감개가 절로 많네	獨立危途感慨多
따져 보면 우리 중에 누가 남아 있는가	試算吾儕誰復在
묵묵히 시사 보자니 꿈 깨고 싶지 않아라	默觀時事欲無吪
공의 덕 길이 생각하면 괜히 눈물겨운데	長懷舊德空餘淚
차마 새 무덤 향해 다시 만사를 짓누나	忍向新阡更挽歌
노병으로 이제 궁벽한 시골에 누웠기에	衰疾祇今窮谷臥
가련해라 면례에도 못 가는 처지로세	可憐孤負見前和

995 완남(完南) : 이후원(李厚源, 1598~1660)의 공신호이다. 그는 인조반정 후 정사 공신(靖社功臣) 3등으로 완남군(完南君)에 봉해졌다. 본관은 전주(全州), 자는 사진(士晋), 호는 우재(迂齋)이다.

청성[996] 김석주 에 대한 만사

淸城 金錫胄 挽

기묘년(1519, 중종14) 사화 때의 대종사 연원[997]으로	淵源己卯太宗師
공은 요부가 말했던 큰 바둑판 얻었지[998]	公得堯夫大奕棊
시의에 따르면서 생살 가벼이 아니했고	不向機宜輕殺活
매번 권도 정도로 빠르게 추이 따랐지	每於奇正亟推移
스스로 좋은 전지 있다는 것 다 알거니	儘知自有好田地
어디엔들 평평한 길 전혀 없다 하겠나[999]	何處渾無平路岐
단지 국면 수습할 계책 조용히 행했으나	只爲從容收局計
중간에 한 번 일 겪을 때 험난함도 많았네	中間一著事多巇

996 청성(淸城) : 김석주(金錫胄, 1634~1684)로, 본관은 청풍(淸風), 자는 사백(斯百), 호는 식암(息庵)이다. 청성은 공신호(功臣號)인데, 그는 숙종(肅宗) 때 허견(許堅)의 모역 사건을 처리한 공으로 보사 공신(保社功臣) 1등에 청성부원군(淸城府院君)으로 봉해졌다.

997 기묘년……연원 : 김석주는 1519년에 있었던 기묘사화(己卯士禍) 당시 사림파의 대표적 인물이었던 김식(金湜)의 후손이다.

998 공은……얻었지 : 요부(堯夫)는 송대의 학자 소옹(邵雍)의 자이다. 소옹의 〈수미음(首尾吟)〉에 "요순 임금 사양한 건 석 잔의 술이었고, 탕왕 무왕 싸운 것은 한 판의 바둑이지."라는 구절이 있다. 《擊壤集 卷20 首尾吟》 여기서는 김석주가 당시의 정치 판세에서 자신의 경륜을 펼칠 기회를 얻었다는 말이다.

999 스스로……하겠나 : 소옹의 〈수미음〉에 "면전에 절로 좋은 전지 있거니, 천하에 어찌 평평한 길 없겠는가."라는 구절이 있는데, 앞 구는 마음이 한가로워 일이 없다는 말이고 뒤 구는 즐거이 순리대로 사는 것을 말한다. 《擊壤集 卷20 首尾吟》 여기서는 김석주가 편안한 마음을 가지고 순리대로 일 처리를 했다는 말이다.

《주자대전》에 근체시가 한 수 있는데, 그 서에 "며칠 전에 판원 어른과 송촌에서 약속이 있었는데, 눈 속에 감회가 일어 시를 지은 뒤에 판원과 통판 두 어른에게 받들어 올린다."[1000]라고 하였다. 그런데 우리 집안의 족보가 판원사 부군[1001]에서 비롯되었고, 유비 이후로 자손들이 백달에서 계속 살았기에 관에서 송촌으로 명칭을 바꿨으니,[1002] 송촌이 나라 안에 이름이 난 지도 오래되었다. 지금 판원과 송촌이란 두 이름이 마침 서로 부합하니 참으로 주자가 말한 은연중에 부합하는 것이라 하겠다. 이 일이 매우 기이하므로 감히 원운에 따라 시를 지어 그 뜻을 밝히니, 바라건대 일가 사람들은 각각 한 편씩 시를 지어 우리 집안의 고사로 삼는다면 매우 다행이겠다

朱子大全有近體一首其序有云數日前與判院丈有宋村之約雪中有懷奉呈判院通判二丈吾宗先譜始於判院事府君自柳妣以後子孫仍居白達而自官更號宋村宋村有名于國中久矣今判院宋村二名適與相符眞晦翁所謂冥會者也其事甚奇故敢步原韻以表章焉惟願同宗各賦一篇以爲吾宗

1000 며칠……올린다 : 《회암집(晦庵集)》 권2에 동일한 내용의 시 제목이 있다.

1001 판원사 부군(判院事府君) : 은진 송씨(恩津宋氏)의 시조로 고려 때 판원사를 지낸 송대원(宋大原)을 말한다.

1002 유비(柳妣)……바꿨으니 : 유비는 고흥(高興) 유씨(柳氏) 유준(柳濬, 1321~1406)의 딸로, 송시열의 9대조인 송극기(宋克己, ?~1392)의 부인이다. 유씨 부인은 송극기가 일찍 죽자, 혼자 4살짜리 아들인 송유(宋愉, 1389~1446)를 데리고 시댁이 있는 회덕으로 내려왔다. 송유가 장성한 뒤 백달촌(白達村)에 은거하면서 쌍청당(雙淸堂)을 짓고 유씨 부인을 극진히 모셨는데, 송씨가 이때부터 번창하였으므로 송촌이라는 명칭으로 불리게 되었다. 《同春堂集 卷21 八代祖妣烈婦安人柳氏行狀》

故事幸甚

신령한 근원 상서로 가문 빛내어[1003] 靈源寶籙耀門闌
몽매함을 일깨워 모두 꿈에서 깨어났네[1004] 稚昧渾開夢覺關
후손에게 조상 업적 잘 잇게끔 하였으니 好遣雲仍繩祖武
작은 산이 곤륜산에서 유래했음을 알겠네 從知培塿自崑山
촌명 우연히 휘민의 옛 고을과 부합하고[1005] 村名偶應徽閩舊
관명은 소흥 경원 연간 그대로 따랐네[1006] 官號仍從紹慶間
은연중에 합한다는 말 지금 참으로 뜻 있거니 冥會只今眞有意
주자 모시고 낙성만을 구경하는 듯하구나[1007] 恍疑陪賞落星灣

1003 신령한……빛내어 : 은진 송씨의 근원이 훌륭하여 그 상서로 가문이 크게 일어났다는 말이다.

1004 몽매함을……깨어났네 : 조상 덕분에 후손들이 어리석지 않고 지혜롭게 되었다는 말이다. 주희(朱熹)가 말하기를 "격물치지(格物致知)의 공부가 꿈을 깨느냐 마느냐의 관문〔夢覺關〕이고 성의(誠意) 공부가 선한 사람이 되느냐 악한 사람이 되느냐의 관문〔善惡關〕이다."라고 하였다. 《朱子語類 15 大學二經下》

1005 촌명(村名)……부합하고 : 휘민(徽閩)은 휘주(徽州)와 민중(閩中)의 합칭으로 주희가 살던 지역인데, 주희의 시에도 송촌(松村)이 등장하기 때문에 이렇게 말한 것이다.

1006 관명(官名)은……따랐네 : 송(宋)나라 때의 관명인 판원(判院)이 은진 송씨의 시조 송대원이 고려조에 받았던 판원사라는 관명과 일치한다는 말이다. 소흥(紹興)은 송나라 고종(高宗)의 연호이고 경원(慶元)은 영종(寧宗)의 연호인데, 이 연간에 이런 관명이 존재했기 때문에 이렇게 말한 것이다.

1007 주자(朱子)……듯하구나 : 주희의 시에 "장강은 서쪽으로 모여들고 호수는 동쪽에 넘실거리네."라는 구절이 있는데, 낙성사(落星寺)에 유람 가서 지은 시이다. 낙성사

삼가 살펴보건대, 우리 집안의 족보는 규암(圭菴 송인수(宋麟壽)의 호) 선생에서 시작되었고, 고려 때의 판원사 부군(判院事府君) 휘 대원(大原)으로 시조를 삼았으며, 송촌이란 이름도 오래되었는데, 소급해서 계산해 보면 시대적으로 판원사 부군에서부터 주자(朱子)의 경신년[1008]까지는 그리 멀지가 않다. 주자는 일찍이 고려(高麗)가 올린 선진(先秦) 때의 고서(古書)[1009] 가운데 《맹자》 인야자인야장(仁也者仁也章)에 보태어진 스무 글자를 옳게 여겼고,[1010] 또 고려의 빈공(賓貢)이 위재(韋齋)의 급제와 같은 해의 일이었다고 말하였으니,[1011] 당시 문헌이 서로 관련되는 것이 이와 같음을 볼 수 있다.

가 강호의 물이 굽이치는 곳에 있었기 때문에 낙성만(落星灣)이라고 한 것이다. 《晦庵集 卷7 暇日侍法曹叔父陪諸名勝爲落星之遊分韻得往字率爾賦呈聊發一笑》 여기서는 마을 이름과 관명이 일치하는 데에서 보듯 주희와 관련되는 일이 많다 보니 마치 주희를 가까이에서 대하는 것처럼 친숙하게 느껴진다는 말이다.

1008 경신년 : 서력으로는 1200년인데 주희가 세상을 떠난 해이다.

1009 고려(高麗)가……고서(古書) : 송(宋)나라 신종(神宗) 때 고려에서 선진의 고서 및 육경(六經) 중에서 불태워지지 않은 책을 바친 것을 말한다. 신종이 이 책을 세상에 반포하려 하였는데 왕안석(王安石)이 말려 그만두었으므로 그 본(本)이 전해지지 않게 되었다고 한다. 《朱子語類 卷133 本朝 夷狄》

1010 맹자……여겼고 : 《맹자》 〈진심 하(盡心下)〉에 "인은 사람이라는 뜻이니, 합하여 말하면 도이다."라는 말이 있는데, 이 글에 대한 주희의 《맹자집주》를 보면, "혹자는 말하기를 '고려본에는 「사람이라는 뜻이니」의 아래에 「의는 올바름이고 예는 행하는 것이고 지는 아는 것이고 신은 진실한 것이다.〔義也者宜也, 禮也者履也, 智也者知也, 信也者實也.〕」라는 스무 글자가 더 있다.'라고 하였는데, 지금 살펴보건대 그렇게 보면 이치가 매우 분명해진다."라고 평가한 정자(程子)의 설을 제시하고 있다. 주희도 이 설을 옳게 여겨 집주에 포함시킨 것이다.

1011 고려의……말하였으니 : 빈공(賓貢)은 외국인이 중국에 들어와서 과거에 응시하는 것을 말하는데, 고려에서도 송나라에 인재를 천거하여 과거에 응시하게 하였다.

우리 선조의 벼슬 이름과 마을 이름이 서로 인습된 것도 주자의 도(道)가 동쪽으로 온 하나의 단서가 아닌가 한다. 아, 주자의 문인이 고려의 풍속이 좋다고 찬미했다는 것[1012] 또한 믿을 만하다. 아아, 지금 휘민(徽閩)까지의 거리가 만여 리나 되고 오랑캐의 비린내와 천막으로 막혀 있으니, 어떻게 담계(潭溪)와 무이(武夷)[1013]의 사이에서 읍양(揖讓)하면서 그 유풍과 여운을 느껴 보며 우리 집안의 아름답고 전아한 명호(名號)와 비겨 보고 증명해 볼 수 있겠는가. 숭정 정묘년(1687, 숙종13) 8월 하순에 부군의 13세손 송시열은 쓴다.

과거를 거행할 때마다 이들을 대상으로 별도로 시험을 치러 합격하면 급제자 명단의 끝에 이름을 넣어 주었다. 위재(韋齋)는 주희의 아버지 주송(朱松)의 호이다. 주희가 한번은 아버지의 과거 급제 방목(榜目)을 본 적이 있는데, 그해에 고려인으로 빈공과에 합격한 자가 있었다고 하였다. 《朱子語類 卷133 本朝 夷狄》

1012 주자의……것 : 주희의 문인이 고려의 풍속이 좋다고 하던데 그것이 사실이냐고 묻자, 주희가 고려의 풍토가 좋아서 과거에 급제하여 돌아가는 자가 많은 것이라고 칭찬하였다. 《朱子語類 卷133 本朝 夷狄》

1013 담계(潭溪)와 무이(武夷) : 담계는 주희가 젊은 시절에 학문을 닦은 곳으로 복건성 숭안현(崇安縣) 병산(屛山)에 있었다. 무이 역시 숭안현 서남쪽에 있는 산 이름으로 주희가 54세 때 이곳에 무이정사(武夷精舍)를 짓고 강학하였다.

정명공주[1014]에 대한 만사

貞明公主挽

선조 임금 자녀 중에 그 누가 남았는가	穆陵諸穆更誰存
온 세상이 다 존귀한 공주를 우러렀네	一世爭瞻大主尊
왕실 예법 후히 행함 일찍부터 알았으며	早識王家敦禮教
규문에 도위 화락함[1015] 익숙히 들었지	慣聞都尉說閨門
슬픔 기쁨 소장하는 이치 두루 겪었거니	悲歡閱盡乘除理
아침저녁 문안하던 내외손들 가련해라	唱喏憐渠內外孫
생영사애[1016] 복 받아 다시 여한 없으리니	福祿哀榮無復憾
천년토록 쌍검이 은하수를 비추리라[1017]	千秋雙劍照河源

1014 정명공주(貞明公主) : 선조(宣祖)의 딸이다.

1015 규문(閨門)에 도위(都尉) 화락함 : 도위는 정명공주의 남편 홍주원(洪柱元, 1606~1672)을 말한다. 본관은 풍산(豐山), 자는 건중(建中), 호는 무하당(無何堂)이다. 1623년(인조1) 정명공주에게 장가들어 영안위(永安尉)에 봉해졌는데, 여기서는 부부간에 금슬이 좋아 화락하게 지냈다는 말이다.

1016 생영사애(生榮死哀) : 《논어》 〈자장(子張)〉에 나오는 말로, 살아 있을 때에는 사람들이 모두 존경하는 영광을 누리고 죽어서는 사람들이 모두 애통하게 여기는 애도를 받는다는 뜻이다.

1017 천년토록……비추리라 : 쌍검은 일반적으로 부부를 상징하는 말로 쓰인다. 결국 정명공주 부부가 하늘의 은하수에서 서로 만나 행복할 것이라는 말이다.

듣자니 곡운[1018] 거사가 석실산[1019] 산중에 누대를 짓고 양소라고 명명했다 하는데, 참으로 그 의미가 깊기에 감회가 일어 시를 짓고는 화답을 구하다

聞谷雲居士爲臺於石室山中名以陽昭其意深矣有感而作以求和

명 황제 탄신일에 울면서 만세 불렀고[1020]	千秋聖節泣呼嵩
설교에서 읊은 시 의기 더욱 웅장했네[1021]	雪窖吟詩意轉雄
비운 극에 달하면 태평할 조짐 보이는데	否極還傾斯已兆
간 사람 오기 어려우니 다시 누굴 모실까	人亡難作更誰宗
부정한 말 추방한 것 맹자를 추존하고[1022]	淫辭放處推軻氏

1018 곡운(谷雲) : 김수증(金壽增, 1624~1701)의 호이다.

1019 석실산(石室山) : 김상헌(金尙憲)이 심양(瀋陽)에서 돌아와 말년에 거처했던 산으로 양주(楊洲)에 있다.

1020 명……불렀고 : 아래의 원주(原註)에도 있는 바와 같이 인조(仁祖)가 명나라 황제의 탄신일에 후원에서 눈물을 흘리면서 몰래 명나라 황제에 대한 존모의 예를 다한 것을 말한다.

1021 설교(雪窖)에서……웅장했네 : 설교는 눈 속의 움막이란 뜻인데, 일반적으로 타국에서 갇혀 있거나 억류되어 있는 것을 말한다. 여기서는 청나라 심양에 억류되어 있을 때 김상헌이 지은 시들을 보면 의기가 대단하다는 말이다. 김상헌이 조한영(曺漢英)과 주고받은 시를 묶은 《설교수창록(雪窖酬唱錄)》이란 시집이 있다.

1022 부정한……추존하고 : 《맹자》 〈등문공 하(滕文公下)〉에 "부정한 설이 횡행하여 인의(仁義)의 도를 막으면 모두 금수가 되고 말 것이므로 내가 이를 두려워하여 선성(先聖)의 도를 보호하면서 양주(楊朱)와 묵적(墨翟)을 막고 부정한 말을 추방하여 부정한 설이 나오지 못하게 하고자 하는 것이다."라는 맹자의 말이 있다. 여기서는 맹자에게는 부정한 사설(邪說)을 막은 공로가 있어 존중할 만하다는 말이다.

변복으로 기롱할 때 주자를 우러르네[1023] 微服譏時仰晦翁
《주역》 박복 《시경》 풍천 그 뜻이 깊거니[1024] 剝復風泉詩易義
양소대 위에는 아직도 엄동이구나[1025] 陽昭臺上尙嚴冬

제1연이 다른 본에는 "혼란 극단에 다스려질 조짐 드러나거니 사람 죽은 지 천년에 다시 누굴 모실까.〔亂極一治斯已兆, 人亡千載更誰宗?〕"로 되어 있고, 마지막 구가 다른 본에는 "듣자니 양소대 높이 솟았다 하니 천지 아직 엄동이라 말하지 말아라.〔聞道陽昭臺崒屼, 莫言天地尙嚴冬.〕"[1026]라

1023 변복(變服)으로……우러르네 : 주희(朱熹)가 한탁주(韓侂胄)에게 당화(黨禍)를 입으려 할 때의 일화에 관련한 것으로, 자세한 내용은 259쪽 주300 참조. 여기서는 화를 당할 위기 상황에서도 피하지 않고 도를 지키고자 한 주희를 우러를 만하다는 말이다.

1024 주역(周易)……깊거니 : 박복(剝復)은 《주역》의 박괘(剝卦)와 복괘(復卦)를 말한다. 박괘는 음이 성하고 양이 다 떨어진 괘상이고 복괘는 하나의 양이 다시 아래에서 소생하는 괘상이니, 결국 험난함이 지나가고 태평함이 온다는 뜻이다. 그리고 풍천(風泉)은 《시경》 〈회풍(檜風)〉의 〈비풍(匪風)〉과 〈조풍(曹風)〉의 〈하천(下泉)〉을 말한다. 이 두 시는 변풍(變風)의 마지막에 나오는 시들인데, 모두 혼란의 끝에서 세상을 안정시킬 군자를 그리워하는 내용이다.

1025 양소대(陽昭臺)……엄동이구나 : 혼란이 끝나면 안정이 찾아오는 법인데 양소대에는 아직도 한겨울이고 봄이 멀었다는 말이다. 여기서는 송시열이 당시에 부정한 설과 주장들이 난무하는 상황을 한탄하여 한 말이다.

1026 듣자니……말아라 : 김수증이 누대의 이름을 양소(陽昭)라고 한 것은 주희의 〈재거감흥(齋居感興)〉 20수 중의 제8수에 나오는 "붉은 햇볕 하늘을 달구어도 미세한 음 깊은 못에서 싹트고 맹추위가 대지를 덮어도 양의 덕이 깊은 샘 속에서 밝아 오네.〔朱光遍炎宇, 微陰眇重淵. 寒威閉九野, 陽德昭窮泉.〕"라는 구절에서 따온 것이다. 《晦庵集 卷4 齋居感興二十首》 한겨울의 맹추위 속에서 봄의 기운이 시작되는 것이니 양소라는 누대 이름처럼 서서히 혼란이 지나가고 안정된 세상이 오리라는 희망을 잃지 말자는 말이다.

고 되어 있다. ○병자년(1636, 인조14)과 정축년(1637) 이후로 국가가 아직까지 유지되고 있는 것은 실로 우리 인조대왕(仁祖大王)께서 매양 황조(皇朝)의 성절(聖節) 때마다 후원에서 눈물을 흘리면서 은밀하게 예의를 폈기 때문이고 노선생(老先生)[1027]이 한 몸을 바쳐 사직(社稷)의 기둥을 지탱한 공로 때문이었다. 그런데 그 이후로 또 다시 안일하게 그럭저럭 세월을 보내는 동안 치우치고 정도에 벗어나고 부정하고 회피하는 말들이 뒤따르며 혼란을 야기함으로써 심하게 의리가 어두워지고 손상되었으며 천지가 꽉 막히고 소통되지 않게 되었다. 그런데 이제 곡운 거사가 그곳의 돌샘을 열천(洌泉)이라 이름하고[1028] 또 양소라고 누대를 이름하였으니, 그 의미가 깊다 하겠다. 이는 문중자(文中子)가 정원(程元)의 질문에 대답한 뜻[1029]이라 할 수 있고, 정자(程子)가 박괘(剝卦)와 복괘(復卦)의 의미를 논한 뜻[1030]이라 할 수 있다. 아, 한 번의 치세가 다시 올 조짐이 될

1027 노선생(老先生) : 김상헌을 가리킨다.

1028 곡운……이름하고 : 《시경》 〈조풍 하천〉에 "저 차가운 샘물이여, 우북이 자라는 잡초를 잠기게 하도다."라고 하였는데, 이 시는 차가운 샘물이 아래로 흘러 잡초를 해치는 모습을 보면서 혼란이 다스려지고 새로운 치세가 오기를 바라는 백성들의 염원을 담은 것이다. 여기서는 김수증 또한 이러한 의미를 담아 돌샘의 이름을 열천이라 명명했다는 말이다.

1029 문중자(文中子)가……뜻 : 문중자는 수(隋)나라 때의 학자 왕통(王通)의 시호이다. 그의 제자 정원(程元)이 묻기를 "〈빈풍(豳風)〉은 어떤 풍(風)입니까?" 하자, 왕통이 대답하기를 "변풍이다. 주(周)나라 이왕(夷王) 이후로 변풍이 다시 바루어지지 못했으니 공자께서 이것을 서글퍼하신 것이다. 그래서 〈빈풍〉을 그 끝에 둔 것이니, 변(變)을 바로잡을 수 있는 것은 오직 주공(周公)만이 가능하기 때문이다."라고 하였다. 여기서는 극도의 혼란은 주공과 같은 성인이 나와야 바로잡을 수 있다는 뜻이다.

1030 정자(程子)가……뜻 : 정이(程頤)는 박괘와 복괘를 풀이하기를, 박괘는 음이 성하여 양이 쇠한 괘이고 복은 음이 극에 이르러 양이 돌아온 괘이니 쇠란(衰亂)이

수 있을 것인가. 공자(孔子)가 〈회풍(檜風)〉과 〈조풍(曹風)〉을 〈빈풍(豳風)〉의 앞에다 편집한 것 역시 뜻한 바가 깊다 할 것이니,[1031] 거사는 아마도 이 뜻을 알고 있는 사람인 듯하다.

극에 달하면 치평(治平)으로 돌아온다는 의미로 보았다.

1031 공자(孔子)가……것이니 : 〈회풍〉과 〈조풍〉의 시들은 혼란의 끝에서 군자를 그리워하는 시들이므로 공자가 천하의 혼란을 안정시킨 주공에 대한 시들을 모은 〈빈풍〉을 의도적으로 그 뒤에 배치한 것이니 그 내포된 뜻이 깊다는 말이다.

옛 시에 차운하여 곡운과 황강[1032] 권상하 에게 보여 주고 화답을 구하다

次古韻示谷雲黃江 權尙夏 求和

탄식하노니 노나라 애공 십사 년 봄에 歎息哀公十四春
황황하던 공자께서 기린 보고 우셨지[1033] 遑遑尼父泣麐身
누가 능히 음사를 물리칠 수 있을는지 誰能成得放淫事
도리어 틈 만드는 사람 될까 두렵구나 堪怕還爲修隙人
여수는 창망하게 그 물결 넓어지고 驪水蒼茫源派闊
석담은 쓸쓸하게 우물 길 막혔구나[1034] 石潭寥落井塗堙
지금 세도 무너진 지 이미 오래되었으니 秖今世道荊榛久
천년을 기다려도 그 평가는 똑같으리 佇待千秋知罪均

선부(選賦)에 "물아욱 우물에 기대어 있고 칡덩굴은 길에 얽혔네.〔澤葵依井, 黃葛罥塗.〕"라고 하였다.

1032 황강(黃江) : 권상하(權尙夏, 1641~1721)로, 본관은 안동(安東), 자는 치도(致道), 호는 수암(遂菴)·한수재(寒水齋)이다. 송준길과 송시열의 문인이다. 황강은 권상하를 지칭하는 말로 쓰이는데, 그가 제천에 있는 한수면 황강리에 살았기 때문이다.

1033 노(魯)나라……우셨지 : 공자가 《춘추》를 저술한 이유에 대해 언급한 것으로, 자세한 내용은 441쪽 주781 참조.

1034 여수(驪水)는……막혔구나 : 여수는 여주(驪州)에 사는 백호(白湖) 윤휴(尹鑴)를 말하고 석담은 율곡(栗谷) 이이(李珥)를 말하는데, 여기서는 윤휴의 세력이 득세하고 율곡의 학설이 행해지지 못하고 있다는 말이다.

한식 전날 소제에서 삼산으로 가서 제사를 지내고[1035] 남계에 이르렀는데, 한림으로 있는 손자 아이[1036]가 불쑥 문으로 들어오기에 기쁨을 이기지 못하여 시를 짓고 화답하게 하다

병인년(1686, 숙종12)

寒食前日自蘇堤哭諱於三山到南溪翰林孫兒闖然入門不勝其喜賦而使和 丙寅

소제엔 햇살 따스해 막 버들 피었는데	蘇堤日暖初楊柳
파곡엔 산이 추워 아직 진달래 안 피었네	巴谷山寒未杜鵑
붓을 잡은 시종신이 궁궐에서 물러 나와	珥筆侍臣辭禁掖
색동옷으로 새와 노니 산수가 빛나누나[1037]	弄雛斑服映林泉
아, 내 망녕되게 홍수의 해를 누르려다[1038]	嗟吾妄抑懷襄害

1035 한식(寒食)……지내고 : 소제(蘇堤)는 충청도 회덕현(懷德縣) 남쪽에 송시열이 거처하던 곳이고, 삼산(三山)은 보은(報恩)의 옛 이름으로 송시열의 선산(先山)과 가묘(家廟)가 있는 곳이다. 이때 한식을 맞아 삼산으로 가서 제사를 지낸 것으로 보인다.

1036 한림으로……아이 : 당시 예문관 검열로 있던 손자 송주석(宋疇錫)을 말한다.

1037 색동옷으로……빛나누나 : 초(楚)나라 때의 노래자(老萊子)가 70살이 되어서도 어버이를 즐겁게 해 드리려고 어린애처럼 색동옷 입고서 새끼 새를 가지고 장난을 치며 놀았다고 한다. 여기서는 할아버지를 찾아와 상대를 해 주니 매우 기분이 좋다는 말이다.

1038 홍수의 해를 누르려다 : 《서경》 〈익직(益稷)〉에 "홍수가 하늘에까지 닿아 끝없이 넘실거리며 산을 에워싸고 언덕을 넘었으므로 백성이 혼란에 빠졌다."라는 말이 있는데, 여기서는 여강(驪江)에 사는 윤휴(尹鑴) 등의 남인 일파가 일으키는 혼란을 홍수에 비유하여 말한 것이다.

네게 되레 분의대로 할 수 없게 하였구나	使爾還無分義旋
시서 놓고 토론함은 참 즐거운 일이거니	對討書詩眞樂事
관디 띠고 궁에 있는 것에 비해 어떠하냐	何如衣帶御爐煙

손자 주석의 시에 차운하여 동보[1039]에게 화답하고 동행한 제군들에게 보여 주며 화답을 구하다

次疇孫韻和同甫示同行諸君要和

탄식하노니 제군들 늘 아침저녁으로	歎息群賢夙夜時
작은 동이 연못에 작은 물결 일어나리	小盆池起小漣漪
지금 바위 골짝은 세상 소리 격해 있고	秪今巖壑啾喧隔
다시 어른 아이 있어 발걸음 뒤따르네	更有冠童步履隨
인간들 비방 칭찬 다 취중으로 돌리고	人間毁譽都輸醉
세상 밖 봄꽃들은 다 시가 될 만하네	物外煙花摠可詩
무엇보다 성군은 길이 이별 어려우니	最是聖君難永訣
손자 돌아가 임금 뵙는 일 늦어지게 말기를	小孫歸謁莫敎遲

1039 동보(同甫) : 이희조(李喜朝, 1655～1724)의 자이다.

두시에 차운하여 손자 주석에게 보여 주다

次杜韻示疇孫

근래에 듣건대 윤씨(尹氏) 문중에서 나의 일 때문에 아울러 옹경(翁慶)을 매우 급하게 누른다 하기에[1040] 마음으로 항상 가엾게 여겼다. 지난밤에는 꿈에 그 어미[1041]를 보았는데 얼굴에 매우 슬픈 기색을 보이며 자기 아들을 부탁하는 뜻이 있는 듯하였다. 아, 내가 정성껏 자애로 감싸 주는 것이야 어찌 부탁을 기다리겠는가. 꿈을 깨고 나서 슬픈 오열을 금치 못하였다. 아아, 내가 그 아이를 시종 교육하고 싶기는 하나 나는 조석 간에 죽게 될 사람이니 어찌 하겠는가. 그래서 이 시를 읊어 너에게 보이는 것이다. 무릇 고아나 과부를 구휼하는 것이야말로 옛사람들의 선행이었다. 더구나 네가 고아를 차마 그냥 두고 보지 못할 줄을 내가 오늘 마음속으로 알고 있는 데야 말해 무엇 하겠는가.

1040 윤씨(尹氏)……하기에 : 윤씨 문중이란 윤증(尹拯)을 가리켜 말한 것이다. 옹경(翁慶)은 송시열의 외손자 윤주교(尹周敎)의 자인데, 송시열의 둘째딸이 윤문거(尹文擧)의 아들 윤단(尹摶)에게 시집가서 윤은교(尹殷敎)와 윤주교 등 아들 둘을 낳았다. '옹경을 급하게 누른다'는 것은 송시열과 윤증이 절교하고 관계가 틀어진 뒤에 윤증의 집안에서 윤주교의 혼사를 깨려고 한 일을 말한다. 윤주교가 송시열의 종형인 송시염(宋時琰)의 손서(孫壻) 유상기(兪相基) 집안과 혼인을 맺으려 하자, 유상기가 윤주교의 종숙(從叔)인 윤증에게 의논하였는데, 윤증은 혼인을 강력하게 반대하였다.《宋子大全 卷129 答元錫 丁卯十日, 拾遺 卷4 擬與李汝九》

1041 그 어미 : 윤주교의 어머니, 즉 송시열 자신의 딸을 말한다.

홀로 된 딸 떠난 지 얼마나 되었나[1042]	孀兒逝去幾朝昏
꿈속이라 사실 아니나 눈물 흔적 있었네	夢見非眞淚有痕
어미 따라 어린 나이 서울에 올라왔고	隨母齔髫歸洛社
남편 좇아 열네 살에 궁촌에 있었지	從郎十四在弓村
남쪽 바다 유배지에선 내 백골 거두려 했고	南投蓬海要收骨
동으로 회덕 옮겨 와선 문을 접해 살았지	東徙懷川故接門
얼굴 위로 지금 한창 봄풀이 푸르른데	面上只今春草綠
어린 자식 뉘 보살펴 새 넋을 위로할까	誰憐弱息慰新魂

1042 홀로……되었나 : 송시열의 사위 윤단(尹摶)이 1675년(숙종1)에 죽고 10년 뒤에 송시열의 둘째딸이 사망하였다. 《宋子大全 附錄 卷2 年譜》

두시에 차운하여 산에 노는 여러 벗에게 보여 주고 화답을 구하다

次杜韻示遊山諸友求和

사자암 안 네 개 문을 활짝 열고 나서	獅子菴中開四門
강호를 바라보면 작은 동이 같으리	平臨湖海小如盆
제군은 참으로 삼상의 흥[1043] 있으련만	諸君定有三湘興
늙은 나는 괜히 두 눈 어두워 슬프구나	老我空嗟雙眼昏
백발에 교분 맺음 오로지 그대들뿐	白首論交惟子在
책 보며 이치 담론할 이 몇이나 남았는가	青箱談理幾人存
여가 내어 조만간 글 모임 가지려 하니	閒時且欲成書會
평평한 모래 물가 근처 마을을 잡아 보게	須占平沙近水村

이때 여러 벗과 함께 속리산(俗離山)에서 놀기로 약속했다가 겨우 공림(空林)에 이르러 나는 병이 나서 따라가지 못하였다.[1044] 그런데 나의 유감스런 마음이 참으로 주자(朱子)가 겪은 안탕산(鴈蕩山)의 기이함[1045]과 흡사

1043 삼상(三湘)의 흥 : 삼상은 중국 상강(湘江) 유역 및 동정호(洞庭湖) 일대를 가리킨다. 주희(朱熹)가 38세 때인 1167년에 친구 장식(張栻)과 함께 삼상 일대와 남악(南嶽) 형산(衡山) 등을 두루 유람하면서 홍에 겨워 많은 시를 수창하였다.《晦庵集 卷5 醉下祝融峯》

1044 이때……못하였다 : 1686년(숙종12) 3월에 송시열이 화양동으로 가서 손자 송주석(宋疇錫), 문인(門人) 권상하(權尙夏), 이희조(李喜朝), 민태중(閔泰重) 등과 《주서차의(朱書箚疑)》를 교감(校勘)하고, 속리산을 유람하려고 파곡(巴谷)과 선유동(仙遊洞)을 거쳐 공림사(空林寺)에 당도하였는데, 이때 송시열은 병이 생겨 혼자 먼저 돌아왔다고 한다.《宋子大全 附錄 卷2 年譜》

하므로 외람되이 이 시를 지어 보여 준 것이다.

1045 안탕산(鴈蕩山)의 기이함 : 주희가 여조겸(呂祖謙)과 함께 절강성(浙江省)의 동남쪽에 있는 천태산(天台山)과 안탕산에 놀러 가기로 했다가 여조겸에게 일이 생겨 성사되지 못한 일을 말한다. 《宋子大全隨箚 卷1》

밤에 앉아 시냇물 소리를 듣고 시를 읊어 손자 주석에게 보여 주고 이어 사앙, 동보, 치도와 자소[1046] 등 여러 사람에게 화답을 구하다

夜坐聽溪吟示疇孫轉以求和於士昂同甫致道洎子卲諸人

산속의 늙은이[1047] 말이 없고자 하니	山中老翁欲無言
화복 길흉 하늘에 맡긴 지 오래여라	禍福乘除久任天
고요함 좋아 돌 부딪는 샘물 소리도 싫고	好靜還嫌泉觸石
한가함 즐겨 선정에 든 승려와 거의 같네	愛閑頗似佛逃禪[1048]
수놓은 듯 얽히고설킨 세상만사 거론 마라	休論萬事紛如繡
청풍명월 즐기는 건 돈 한 푼 필요 없지	且喜雙淸不用錢
당년에 분수 모르던 일 스스로 우습거니	自笑當年迷揣分
도만 밝힐 줄 알았지 몸 보전은 몰랐네	只求明道不求全

1046 사앙(士昂)……자소(子卲) : 사앙은 민태중(閔泰重)의 자이고, 동보(同甫)는 이희조(李喜朝)의 자이며, 치도(致道)는 권상하(權尙夏)의 자이고, 자소는 송시열의 생질 이덕로(李德老)의 자이다.

1047 늙은이 : 두주에는 '翁恐誤'로 되어 있다.

1048 禪 : 대본에는 '禅'으로 되어 있는데, 문맥에 근거하여 바로잡았다.

두 번째 其二

산마다 곱게 핀 꽃 아랑곳하지 않고	不管諸山花姸姸
한가로이 옛 책들만 가까이할 뿐이네	只宜閒傍舊書編
밤 처마에 솔 사이 달 고요히 스미고	夜簷靜透松間月
낮 책상에 부엌 연기 솔솔 생겨나네	晝榻晴生竈下煙
일이란 뉘우칠 땐 이미 어쩔 수 없고	事到悔時嗟未及
마음 평안해지면 바로 유연해지네	意纔平處且悠然
이제라도 여한 남기지 않도록 해야지	莫敎從此成遺恨
잘못 안 거백옥 그 나이 기억하면서[1049]	長記知非伯玉年

1049 잘못……기억하면서 : 춘추 시대 위(衛)나라의 현자였던 거백옥(蘧伯玉)은 50세가 되어서도 49세 때의 잘못을 알고 바로 고쳤다고 한다. 《春秋左氏傳 襄公14年》

어제 판교(板橋) 재실에 돌아와서 시를 읊어 한림으로 있는 손자에게 보여 주고 화답하게 하다

昨歸橋齋吟示翰林孫使和

초여름 바람과 해 무더위로 향하는데	夏初風日向炎蒸
한 줄기 붉은 구름 눈앞에 피어오르네	一縷彤雲望裏升
한밤 까마귀 소리 어미 잃은 지 알겠고	深夜聞烏知失母
가는 세월 화살 같아 잡아맬 수 없구나	流年如矢歎無繩
대궐 향한 충심은 어찌 끝이 있으랴	丹心象魏懸何極
노년에 고난 위태로움 금할 수가 없구나	白髮艱危禁不能
이제라도 선산에 가까이 살아 다행이니	惟幸從今丘墓近
옛날 숙수[1050] 생각하니 괜히 눈물 고이네	追思菽水淚空凝

1050 숙수(菽水) : 콩죽을 끓여 먹고 물을 마시는 가난한 생활 속에서도 어버이를 잘 봉양하는 것을 말한다. 자로(子路)가 집안이 가난해 효도를 제대로 못한다고 탄식하자, 공자가 말하기를 "콩죽을 끓여 먹고 물을 마시더라도 기쁘게 해 드리는 일을 극진히 행한다면 그것이 바로 효이다."라고 하였다. 《禮記 檀弓下》

때는 4월인데 기후가 썰렁하기에 이 시를 읊어 여러 손자에게 보여 주고 화답하게 하다

時當四月氣候凜慄詠此示諸孫使和

사월에 부는 바람 구월처럼 차가우니　四月風如九月涼
재상들 어찌 음양 다스리지 못하는가　相君胡不理陰陽
어지러운 고관들은 서로 싸움 벌이고　紛紜紫綬成蠻觸
곤궁한 백성들은 사나운 생각하누나　困欲黔黎思陸梁
얼음과 눈 아직까지 골짝에 남았거니　氷雪深朝猶在壑
밀과 보리 언제나 타작마당 오를 건가　來牟何日可登場
서생은 홀로 앉아 시름이 끝없으니　書生獨坐愁無盡
숲의 꽃 은은한 향 아무 관심 없어라　不管林花冉冉香

성상이 시학[1051]하던 날 선비가 밟혀 죽었다는 말을 듣고 놀라서 짓다

聞聖上視學日士子蹂死驚心而作

군왕께서 시학 위해 유생을 모았거니	君王視學集儒生
날 좋고 때도 좋아 서기 드러났는데	日吉辰良瑞靄呈
무슨 일로 대성전 제사가 끝난 뒤에	何事明宮禋祀訖
어좌 앉은 성상 마음 놀라게 하였는가	旋令寶座聖心驚
만인의 벼루에 용사 그림자 거두고[1052]	萬人硯撤龍蛇影
아홉 집안 통곡하는 소리 전해지누나[1053]	九姓家傳哭泣聲
지덕으로 태평성대 이루는 기틀 만들고	至德還應登壽域
하늘 장차 우리 임금 옥성시키려 함이네[1054]	仁天故將玉於成

1051 시학(視學) : 봄과 가을에 임금이 몸소 태학(太學)에 거둥하여 대성전에서 제사를 올리고 유생들에게 시험을 보이는 것을 말한다.

1052 만인의……거두고 : '벼루에 용사(龍蛇) 그림자'란 움직이는 용의 그림자가 벼루에 비치듯 글씨가 생동감이 넘친다는 말이다. 여기서는 이때 성균관에서 유생들에게 과거를 보이려 하다가 유생이 압사(壓死)하는 일이 발생하여 시험이 중단되었다는 말이다.

1053 아홉……전해지누나 : 이때 압사한 유생이 아홉 사람이었기 때문에 이렇게 말한 것인 듯하다.

1054 하늘………함이네 : 옥성(玉成)은 송(宋)나라 학자 장재(張載)의 〈서명(西銘)〉에 "궁한 상황 속에서 근심에 잠기게 하는 것은 그대를 옥으로 다듬어 이루어 주려는 것이다.〔貧賤憂戚, 庸玉汝於成也.〕"라는 말에서 온 것이다. 여기서는 유생들이 압사하는 일이 생긴 것은 오히려 이런 고난을 통해 임금을 더욱 완성시키려는 하늘의 뜻이라는 말이다.

종질손 송원석[1055]이 화양동에 나를 보러 왔는데 옛날이 생각나고 오늘이 슬퍼지기에 이 시를 지어 그에게 주다

宗姪孫元錫來見於華陽感古愴今作此以贈之

우리 집안 선조의 덕 누가 이만 하겠는가	吾家先懿孰如之
관직명 마을 이름 그 일 더욱 기이하네[1056]	官號村名事又奇
주안의 명당 길지에 두 잉어 징조 보였고[1057]	朱岸靑烏徵二鯉
금암의 현묘한 이치[1058] 천년토록 빛나리	黔巖玄理曜千玆
바람과 달 벗했던 쌍청당[1059] 세대부터	蓋從風月雙淸世

1055 송원석(宋元錫) : 1653~1735. 자는 선장(善長), 호는 창암(蒼巖)이며 송시열의 문인이다. 천거로 여러 관직에 제수되었으나 나아가지 않다가 진잠 현감(鎭岑縣監)으로 나아가서는 기근을 구제하는 데 힘썼다. 《陶菴集 卷32 縣監宋公墓碣》

1056 관직명……기이하네 : 517쪽 주1005과 1006 참조.

1057 주안(朱岸)의……보였고 : 주안은 청주(淸州)에 속한 현(縣)의 이름으로 송시열의 6대조 송순년(宋順年)의 묘소가 있는 곳이다. 그는 예조 정랑을 지냈으므로 정랑공(正郞公)이라고 일컬어진다. 세전(世傳)에 따르면 무덤을 쓰려고 땅을 팠을 때 바위가 나왔는데 그 바위를 들어 보니 잉어 두 마리가 보였다고 한다. 이러한 상서로 인해 후에 이곳을 잉어 명당이라고 불렀다고 한다. 《宋子大全隨箚 卷1》

1058 금암(黔巖)의 현묘한 이치 : 금암은 청주에 있는 마암촌(馬巖村)의 작은 마을 이름인데, 그곳에는 송시열의 고조부 송세량(宋世良)의 묘소가 있다. 그의 아들 송인수(宋麟壽)가 을사사화(乙巳士禍) 때 화를 당하던 날에 그의 신주(神主)가 감실(龕室)로 내려가 벽(壁)을 두드리는 일이 일어났는데, 이는 《명신언행록(名臣言行錄)》에도 실려 있다. 그리고 송시열이 1674년(현종15)에 자의대비(慈懿大妃)의 복상(服喪) 문제로 관작이 추탈되고 유배되는 화를 입을 때에도 똑같은 일이 벌어졌다고 한다. 현묘한 이치란 바로 이 두 가지 일을 가리킨다. 《宋子大全隨箚 卷1》

서부 규암 대에 와서 훌륭한 덕 드러났지[1060]　　傳至西圭竝美時
탄식하노니 우리 부친 형제와 조카는　　歎息吾翁兄弟姪
빛나는 충의 절개로 그 뒤를 이었어라[1061]　　煌煌義節屬於伊

1059 쌍청당(雙淸堂) : 214쪽 주178 참조.

1060 서부(西阜)……드러났지 : 서부는 송시열의 증조부 송귀수(宋龜壽, 1497～1538)의 호이고, 규암은 그의 동생 송인수(宋麟壽, 1499～1547)의 호이다. 송귀수는 효성과 우애로 이름이 났고, 송인수는 학문에 밝았는데 을사사화 때 탄핵을 받고 사사(賜死)되었다.

1061 우리……이었어라 : 송시열의 부친은 수옹(睡翁) 송갑조(宋甲祚, 1574～1628)인데, 광해군 때 사마시에 입격한 뒤 서궁(西宮)에 유폐된 인목대비(仁穆大妃)를 배알했다가 유적(儒籍)에서 삭제된 적이 있고, 이괄(李适)의 난과 병자호란 때 임금과 세자를 호종하여 충의와 절개를 드러낸 바 있다. 그의 형 습정(習靜) 송방조(宋邦祚, 1567～1618)는 임진왜란 때 충청도 영동(嶺東)에서 의병을 모집한 적이 있고, 명나라가 후금을 치려고 원군을 청했을 때 유장(儒將)으로 천거되어 평안도 병마평사(平安道兵馬評事)로 임명된 뒤 명나라에서 사망하였다. 송방조의 아들이자 송갑조의 조카인 야은(野隱) 송시영(宋時榮, 1588～1637)은 병자호란 때 강화성이 함락되자 김상용(金尙容), 이시직(李時稷) 등과 함께 자결하여 충현(忠顯)이라는 시호를 받았다.

삼산[1062] 길에서

三山途中

분분한 세상사를 속으로 헤아려 보니　　默數紛紜人世事
오늘 한번 얼굴 펴고 웃는 게 제일이네　　無如今日一開顔
시는 남악의 난간에 기대던 곳과 같고[1063]　　詩同南岳憑欄處
생각은 서산에서 냉이 씹던 때로 가네[1064]　　思入西山啖薺間
즐겨 옛 책 읽으면서 살 방도 모색하나　　好把簡編爲活計
짐짓 쟁변으로 인해 고난들을 겪누나　　故將爭辨作艱難
이제 다시 회덕으로 향하여 가는 길에　　如今又向懷川路
천왕봉[1065] 바라봐도 오를 수가 없어라　　瞻望天王不可攀

1062 삼산(三山) : 충청도 보은의 옛 이름으로 송시열의 선산(先山)과 가묘(家廟)가 있는 곳이다.

1063 시는……같고 : 주희가 남헌(南軒) 장식(張栻)과 남악(南嶽)인 형산(衡山)을 유람할 때 지은 시에 "돌아가는 말을 더 재촉하지 말고 난간에 기대어 술 한 잔 더 하세나."라는 구절이 있는데, 여기서는 송시열이 친구들과 즐겁게 유람하면서 시를 지으며 살고 싶은 바람을 말한 것이다. 《晦庵集 卷5 次敬夫登定王臺韻》

1064 생각은……가네 : 남송(南宋) 때의 학자 채원정(蔡元定)이 복건성(福建省) 건양현(建陽縣) 서북쪽에 있는 서산(西山)에서 공부할 때 사삼(沙蔘)과 비슷한 다년생 풀인 게로기〔薺〕를 캐어 먹으면서 독서하고 공부하였는데, 여기서는 송시열도 산에 은거하여 독서하고 싶은 바람을 말한 것이다. 《宋史 儒林列傳 蔡元定》

1065 천왕봉(天王峯) : 속리산(俗離山)의 봉우리 이름이다.

손자 주석에게 보여 주다

示疇孫

긴 여름 냇가 집에서 독서를 함께하고	長夏溪齋佔畢同
초가을 헤어지는 날 동쪽에 달 떠오르네	新秋別日月生東
벼슬길에 넌 이제 천 개 끈으로 묶였고	名塗汝受千繩縛
마음자리 난 이제 한 점 공부도 없구나	心地吾無一點功
동지로 역원 삼을 때 갑자일이 아니고	冬至曆元非甲子
북에서 온 비린 기운 하늘이 어두워라[1066]	北來腥氣暗蒼穹
원통 안고 고통 참는 이 이제 뉘 있는가	含冤忍痛今誰在
다시 영릉 향하여 한없이 눈물 흘리네	更向寧陵泣不窮

음력 11월 갑자삭(甲子朔)에 동지가 든 날을 역원(曆元)으로 삼으면 천운(天運)이 다시 시작되는 것이다.

1066 동지로……어두워라 : 중국에 천운이 다시 돌아와 왕조가 새로 시작될 희망은 없고 북쪽 오랑캐인 청(淸)나라의 비린 기운은 천하를 뒤덮고 있다는 말이다.

안동의 박계직[1067] 시에 차운하다

次顏洞朴季直韻

을축년에 비로소 벗을 얻게 되었는데[1068] 乙丑之年始得朋
눈길 한 번에 값 세 배 뛴 것과 똑같네[1069] 眞同一顧價三增
그윽한 빛 조개 속의 진주 광채 누가 알랴 幽光誰識蚌胎耀
맑은 이슬 학의 등에 엉겨 괜히 남아 있네[1070] 淸瀣空餘[1071]鶴背凝
노성 오히려 초나라 된 것 꽤나 기뻐했으나[1072] 賸喜魯城猶爲楚

과거에 계직(季直)이 자기 견해를 견지한 것을 말한다.

허행이 또 등나라 간 건 놀랄 만하구나[1073] 堪驚許子又之滕

1067 박계직(朴季直) : 계직은 송시열의 사촌 동서(同壻) 박정해(朴廷獬)의 자이다.

1068 을축년에……되었는데 : 을축년(1625, 인조3)은 송시열이 한산 이씨(韓山李氏)와 혼인한 해이다. 박정해와 사촌 동서지간이 되면서 비로소 교분을 맺게 된 것이다.

1069 눈길……똑같네 : 춘추 시대에 백락(伯樂)이 준마(駿馬)를 잘 감별하여 그가 한 번 돌아보면 하루아침에 그 말의 값이 몇 배나 뛰어올랐다고 한다. 《戰國策 燕策2》 여기서는 송시열이 그를 처음 봤을 때 한눈에 그가 뛰어난 인재임을 알아봤다는 말이다.

1070 맑은……있네 : 박계직이 나이가 들어도 맑은 이슬과 같은 청아하고 고결한 인품을 지니고서 은거하고 있다는 말이다.

1071 餘 : 대본에는 '如'로 되어 있는데, 두주에 근거하여 바로잡았다.

1072 노성(魯城)……기뻐했으나 : 노성은 이성(尼城)과 같은 말로 윤선거(尹宣擧)와 윤증(尹拯) 부자가 우거했던 곳이다. '노성이 초나라가 되었다'는 것은 정도(正道)가 아닌 사도(邪道)에 빠졌다는 뜻으로 윤선거가 윤휴를 배척하지 않고 지지한 것을 두고 한 말인 듯하다. 아래 원주(原註)의 내용과 연관 지어 추측해 보면, 아마도 박계직이 윤선거와 관련된 일에서 송시열과 달리 자신의 주견을 견지했던 것으로 보인다.

1073 허행(許行)이……만하구나 : 《맹자》 〈등문공 상(滕文公上)〉에, 신농(神農)의

지금은 이단(異端)의 설이 바야흐로 행해진다는 말이다.

사특한 설 바야흐로 횡행하는 게 가련한데　　可憐邪遁方馳騖
한 손으로 거센 물결 막지 못해 부끄럽네　　隻手鄣瀾愧未能

설을 주장하는 초(楚)나라 사람 허행이 등(滕)나라로 가서 백성이 된 뒤에 자신의 학설과 주장을 펼치는 대목이 나온다. 원주의 내용과 연관 지어 보면, 놀랍게도 결국 지금은 윤휴와 윤증의 사설(邪說)이 횡행하게 되었다는 말이다.

박계직의 시에 차운하다
次朴季直韻

늙을수록 참으로 생기 막히는 것 같고 老去眞如杜德機
병이 드니 더욱 편지 드물어짐 느껴라 病來尤覺簡書稀
해산의 늙은 아우 부질없이 생각는데 海山老弟空相憶
한림의 손자 아이 끝내 아니 돌아오네 翰苑兒孫苦未歸
팔십의 같은 나이 그대와 나뿐인데 八十同庚惟我爾
두서너 해 떨어져 보지를 못했구나 數三來歲更離違
문방의 세 가지 벗 정성스레 보내 주니 文房三友慇懃送
새로운 시 지어서 판자문에 붙이네 要作新詩寄板扉

왕유(王維)의 시 〈전가(田家)〉에 "닭은 흰 판자 사립문 위에서 우누나."라고 하였다.[1074]

1074 새로운……하였다 : 왕유의 〈전가〉 시에 "새는 이끼 낀 우물가에서 새끼를 먹이고 닭은 흰 판자 사립문 위에서 우누나."라는 구절이 있는데, '흰 판자 사립문'이란 가난한 촌가(村家)를 말한다. 《全唐詩 王維 田家》 여기서는 가난한 박계직의 집으로 시를 지어 보낸다는 말이다.

황 면천[1075] 덕유 에 대한 만사

黃沔川 德柔 挽

함께 자던 그때를 눈물 참으며 생각나니	忍淚回思連枕日
고헌에서 밤새도록 마음 털어 놓았었지	高軒終夜喜輪傾
창가 가득 개인 달빛 함께 반가워했고	同憐霽月當窓滿
나무 돌아 흘러가는 맑은 시내 좋았어라	却愛晴溪繞樹鳴
과거 잔읍 살린 건 수령의 공적이고[1076]	去歲蘇殘循吏績
오늘 아침 만사 짓는 건 늙은이 정리라네	今朝題挽老夫情
집안 경사 무궁할 것 응당 알 수 있거니	應知流慶將無竟
천년토록 익성에게 향불 올려지리라[1077]	香火千秋薦翼成

1075 황 면천(黃沔川) : 황덕유(黃德柔, 1596~1659)로, 본관은 장수(長水), 자는 응곤(應坤)이다. 의령 현령(宜寧縣令)과 면천 군수(沔川郡守) 등을 지냈다.

1076 과거……공적이고 : 황덕유가 면천 수령으로 있을 때 기민(饑民)을 구제하고 잔폐(殘廢)한 고을을 소생시킨 공으로 거사비(去思碑)가 세워졌고 표리를 하사받았다.

1077 천년토록……올려지리라 : 익성(翼成)은 황희(黃喜, 1363~1452)의 시호이다. 황덕유가 황희의 후손이기 때문에 이렇게 말한 것이다.

정묘년(1687, 숙종13) 원단(元旦)에 고시(古詩)에 차운하여 주석 형제와 규석 형제[1078] 등 여러 손자에게 보여 주다

丁卯元正次古韻示疇兄弟圭兄弟諸孫

오늘 아침 팔십일 세 나이 시작이거니　　今朝八十一年始
거울 속의 백발을 어떻게 미워하랴　　鏡裏何憎鶴髮垂
어제의 잘못 깨닫지만 잘못 어찌할 수 없고　　事悟昨非非豈奈
하늘이 노건 주었지만 건강한들 뭣하랴　　天敎老健健奚爲
버들에 바람 부니 가지에서 소리 나고　　風歸楊柳枝生籟
연못에 눈 녹으니 수면 일렁이려 하네　　雪盡池塘面欲漪
경물은 때를 알아 갈수록 보기 좋은데　　景物知時看漸好
야인의 그윽한 흥 누구에게 말할까　　野夫幽興更輸誰

1078 주석(疇錫) 형제와 규석(圭錫) 형제 : 주석 형제는 송시열의 양자인 송기태(宋基泰)의 아들 송주석(宋疇錫), 송회석(宋晦錫) 등을 가리킨다. 규석 형제는 송규석(宋圭錫)과 송강석(宋康錫) 형제를 가리키는데, 이들은 송시열의 형 송시묵(宋時默)의 둘째 아들인 송기덕(宋基德)의 두 아들이니, 송시열에게는 종손(從孫)이 된다.

소 강절 선생의 신춘 시에 차운하여 강석[1079]에게 보여 주고 화답하게 하다

次康節先生新春韻示康錫使和

형제들이 나란히 선산에 올라가서	弟兄連袂登丘墓
제수 올리고 난 뒤에 원단 축하주 나눴지	薦後仍斟賀正杯
향당 종족 다 굶주려 향불 그만두었는데	黨族皆飢香火闕
천심은 변함없어 북두성 돌아왔어라[1080]	天心無改斗樞回
문의 수령 교매로 경사 있다 말하고[1081]	文山爲說禖徵慶
성주[1082] 와서 세금 독촉 중지했다 말을 하네	城主來言稅住催
늙은 나는 오로지 성상의 축수만 알거니	老我惟知祈聖壽
화란의 재 날아 다하면 또 재가 나누나	劫灰飛盡又飛灰

1079 강석(康錫) : 송시열의 종손(從孫) 송강석(宋康錫, 1663~1721)이다. 자는 진숙(晉叔), 호는 운곡(雲谷)이다.

1080 천심은……돌아왔어라 : 북두칠성의 자루별이 한 바퀴를 돌아 어느새 신년 정초가 되었다는 말이다.

1081 문의(文義)……말하고 : 교매(郊禖)는 옛날 천자가 교외에 나가 태자를 점지해 달라고 매신(禖神)에게 지내는 제사를 말한다.《禮記 月令》 여기서는 문의 현령이 와서 희빈(禧嬪) 장씨(張氏)의 임신 소식을 전했으므로 이렇게 말한 것이다.

1082 성주(城主) : 여기서는 회덕 현감(懷德縣監)을 가리킨다.

정묘년(1687, 숙종13) 원단에

丁卯元日

오늘 다시 정묘년 그해가 돌아오니	此日重逢丁卯歲
그 당시 상황을 어찌 말로 하겠는가	當年爻象豈堪陳
우리 형님 오랑캐 치다 기꺼이 목숨 버렸고[1083]	家兄格虜甘捐命
임금께선 서울 두고 몽진을 떠나셨지[1084]	國步蒙塵乍去邠
살기가 음침하게 북쪽 들판 뒤덮었고	殺氣沈陰籠朔野
나그네 넋 적막하게 거친 덤불에 어렸네	羈魂寂寞寄荒榛
육십갑자 끝나고 이제 다시 시작되니	如今六甲終而始
백발의 쇠한 목숨 통곡 소리 새롭구나	白首殘生痛泣新

1083 우리……버렸고 : 송시열의 큰형 송시희(宋時熹)가 정묘호란 때 관서(關西)에 있다가 길에서 오랑캐 기병(騎兵)을 만나 수십 명을 격살한 뒤에 목숨을 잃은 것을 말한다. 《宋子大全隨箚 卷1》

1084 임금께선……떠나셨지 : 인조(仁祖)가 정묘호란 때 평양이 함락되었다는 소식을 듣고 강화도로 몽진을 떠난 것을 말한다.

광성[1085] 김만기 에 대한 만사

光城 金萬基 挽

슬프구나 세도는 더욱 무너지는데	吁嗟世道益沈淪
어찌하여 금년에 이 사람을 잃는가	何許今年失此人
큰 집이 기우는데 왜 남겨 두지 않으며[1086]	大廈欹傾胡不憖
이 도가 적막한데 누가 다시 펼칠 건가	斯文寂寞更誰陳
삵과 미꾸리 짖고 날뛰는 중림의 한밤이고[1087]	貍呼鱔舞重林夜
물과 구름도 슬퍼 목메는 서석의 봄이구나[1088]	水咽雲愁瑞石春
사문을 생각하니 이 애통 한이 없어[1089]	俯仰師門無限慟

1085 광성(光城) : 김만기(金萬基, 1633~1687)로, 본관은 광산(光山), 자는 영숙(永叔), 호는 서석(瑞石)이다. 광성은 그의 봉호(封號)인 광성부원군(光城府院君)의 뜻인데, 그의 딸이 숙종의 비 인경왕후(仁敬王后)가 되었으므로 내려진 것이다.

1086 큰……않으며 : 《시경》 〈소아(小雅) 시월지교(十月之交)〉에 "원로 한 분을 아껴 남겨 두어 우리 임금을 지키게 하지 않는구나."라는 구절이 있는데, 여기서는 세도가 무너지고 나라에 위기가 있는 상황에서 하늘이 이를 부지할 원로를 남겨 두지 않고 데려간다고 탄식한 것이다.

1087 삵과……한밤이고 : 소식(蘇軾)의 〈제구양문충공문(祭歐陽文忠公文)〉에 "깊고 큰 못에 용이 사라지고 호랑이가 떠나가면 온갖 변괴가 계속 생겨서 미꾸라지와 뱀장어가 춤을 추고 여우와 삵이 울부짖는다."라고 하였는데, 여기서는 현자가 죽고 소인배가 득세하는 당시의 상황을 비유적으로 말한 것이다. 《東坡全集 卷91 祭歐陽文忠公文》

1088 물과……봄이구나 : 서석(瑞石)은 광산의 무등산(無等山)을 말하는데, 김만기가 광산 김씨이므로 그곳의 산천이 모두 그의 죽음에 오열하며 시름에 젖을 것이라고 한 것이다.

1089 사문(師門)을……없어 : 죽은 김만기의 증조부 김장생(金長生)이 송시열의 스

혼자서 《유고》[1090] 안고 수건에 눈물 적시네	獨將遺稿泣霑巾

승이므로 이렇게 말한 것이다.

1090 유고(遺稿) : 《사계유고(沙溪遺稿)》를 말한다. 1685년(숙종11)부터 김만기는 송시열 등 김장생의 제자들과 함께 《사계유고》를 교정하고 있었다. 《宋子大全隨箚 卷1》

시를 주면서 동보, 낙보[1091]와 작별하다
寄詩別同甫樂甫

파계[1092]에서 함께 모여 고인의 글 읽나니	巴溪共讀古人書
간기 없어진 때가 바로 본연이리라	間氣無時是遂初

소 강절(邵康節)의 시에 "환중의 뜻 깨닫게 되면서부터 간기가 가슴속에 한 점도 없네.〔自從會得環中意, 間氣胸中一點無.〕"라고 하였는데, 환중은 〈선천도(先天圖)〉를 말한다.

난 선방에 졸면서 밥 축내는 중과 같고	我似禪房眠粥飯
그대들은 맑은 물에 피어나는 연꽃 같네	君如淸水出芙蕖
시 지어 서로 수창하며 남악을 추억하고[1093]	詩聯酬唱追南嶽
사설 얘기할 때마다 자여에게 읍했네[1094]	語到詖淫揖子輿
쓸쓸한 오늘 아침 작별 고하는 글을 쓰니	惆悵今朝書告別
무단히 늙은 눈물 옷깃을 적시누나	無端老淚濕衣裾

1091 동보(同甫), 낙보(樂甫) : 동보는 이희조(李喜朝, 1655~1724)의 자이고, 낙보는 그 동생 이하조(李賀朝, 1664~1700)의 자이다. 둘 다 이단상(李端相)의 아들이며 송시열의 문인이다.

1092 파계(巴溪) : 충청도 괴산(槐山)의 화양동(華陽洞) 내에 송시열이 우거한 곳이다.

1093 시……추억하고 : 주희가 친구 장식(張栻)과 함께 남악(南嶽)인 형산(衡山)을 흥겹게 유람하면서 시를 지어 서로 수창한 적이 있다.《晦庵集 卷5 醉下祝融峯》여기서는 우리도 주희를 본받아 함께 유람하면서 시를 서로 주고받으며 즐거운 시간을 보냈다는 말이다.

1094 사설(邪說)……읍했네 : 자여(子輿)는 맹자(孟子)의 자이다. 당시 윤휴(尹鑴) 등이 주장하는 사설과 관련한 얘기를 나눌 때마다 당시 그러한 사설들을 과감하게 물리쳤던 맹자에 대한 존모의 정을 드러냈다는 말이다.

무제 기사년(1689, 숙종15)

無題 己巳

바다 건너 여기 온 지 며칠이 되었는가[1095]	衝海此來知幾日
쫓겨난 신하 외로운 심사 끝이 없어라	逐臣羈思莽何窮
비 내리는 산허리엔 구름 늘 흑빛이고	雨渾山腹雲常黑
안개 짙은 성 머리엔 해가 붉지를 않네	霧暗城頭日不紅
여니[1096]를 참 도학이라 한다고들 하는데	聞說驪尼眞道學
정주를 멍청이로 본다는 말이로군	却看閩洛是倥侗
가엾어라 옥도의 넋[1097] 영원히 떠났으니	可憐沃島魂長逝
그 누가 창오에서 중정 지켰다 말할까[1098]	誰向蒼梧取正中

1095 바다……되었는가 : 송시열은 1689년 1월에 희빈(禧嬪) 장씨(張氏)의 아들을 원자(元子)로 책봉하는 것이 너무 빠르다고 상소하였다가 제주(濟州)로 유배되었다.

1096 여니(驪尼) : 여강(驪江)에 사는 백호(白湖) 윤휴(尹鑴)와 이산(尼山)에 사는 명재(明齋) 윤증(尹拯)을 가리킨다.

1097 옥도(沃島)의 넋 : 옥도는 진도(珍島)의 옛 이름인데, 문곡(文谷) 김수항(金壽恒)이 이곳에 유배되어 있다가 이해 4월에 사약(賜藥)을 받고 죽었다.

1098 그……말할까 : 굴원(屈原)이 지은 〈이소경(離騷經)〉에 "옷 펼치고 꿇어앉아 말씀 올리길 내 이미 중정한 도 얻었노라고."라는 구절과 "옛 성인을 따라 중도를 지켰으니 창오(蒼梧) 가서 순(舜) 임금께 말씀 아뢰네."라는 구절이 있는데, 모두 순 임금이 묻혀 있는 창오에 가서 지금까지 굴원 자신이 중도와 정도를 지키며 살았노라고 하소연을 한다는 내용이다. 여기서는 중정한 도를 지키는 현자는 사라지고 소인배만 판치는 현실을 개탄하여 말한 것이다.

지은이 **송시열(宋時烈)**

1607(선조40)~1689(숙종15). 자는 영보(英甫), 호는 우암(尤菴)·우재(尤齋)·파옹(巴翁)·화양동주(華陽洞主) 등이며, 시호는 문정(文正), 본관은 은진(恩津)이다. 부친은 송갑조(宋甲祚)이고, 모친은 선산 곽씨(善山郭氏)이다. 사계(沙溪) 김장생(金長生)과 신독재(愼獨齋) 김집(金集)을 사사하여 기호학파의 종장(宗匠)이자 노론의 영수로 활동하면서 조선 후기 학문과 정치에 큰 발자취를 남겼다. 효종의 즉위 이후 청나라에 대한 복수설치(復讎雪恥)를 역설한 《기축봉사(己丑封事)》를 올려 북벌론을 제시하였고, 학문적으로는 주자성리학을 정통으로 삼아 남인 학자인 윤휴(尹鑴)와 대립하였다. 이후 남인, 소론과 갈등이 깊어지다가 효종의 천릉(遷陵), 왕실 복제를 둘러싼 예송(禮訟)으로 논핵을 받아 삭탈관직되고 덕원(德源), 장기(長鬐), 거제도(巨濟島)에서 유배 생활을 하였다. 1689년 원자 책봉 문제로 제주(濟州)에 유배되었다가 서울로 압송되던 중 정읍(井邑)에서 사사(賜死)되었다. 1756년(영조32) 문묘(文廟)에 배향되고 영의정에 추증되었다. 저서로 《송자대전》, 《주자대전차의(朱子大全箚疑)》, 《정서분류(程書分類)》, 《주자어류소분(朱子語類小分)》, 《논맹혹문정의통고(論孟或問精義通考)》 등이 있다.

선역 **이성우(李性雨)**

민족문화추진회 국역연구부에서 근무하였다. 한국고전번역원교육원 전주분원과 안동국학진흥원 강사를 역임하였으며, 한국고전번역원의 자문위원으로 근무하였다. 번역서로 《송자대전》, 《익재집》, 《상촌집》 등이 있다.

옮긴이

양기정(梁基正)

고려대학교 한문학과를 졸업하고 성균관대학교에서 문헌정보학 박사 과정을 수료하였다. 민족문화추진회 국역연수원을 졸업하였다. 한국고전번역원에 재직하고 있다. 《한국문집총간》의 기획과 편찬에 참여하였고, 《승정원일기》, 《명재유고》, 《성호전집》, 《번암집》, 《맹자주소》 등을 공동으로 번역하였다. 저서로 《생각, 세 번》, 《景, 자연을 노래하다》(이상 공저), 《남명집교주》 등이 있다.

이기찬(李基璨)

1963년 경북 예천에서 태어났다. 성균관대학교 국문학과를 졸업하고, 성균관대학교 한문고전번역 석·박사 통합과정을 수료했다. 민족문화추진회 국역연수원 연수부와 상임연구부 과정을 마쳤다. 한국고전번역원에 재직 중이다. 번역서로는《매천집》,《명재유고》,《승정원일기》,《일성록》,《교감학개론》등이 있다.

송자대전 2

송시열 지음 | 양기정 이기찬 옮김

2022년 12월 31일 초판 1쇄 발행

발행인 신승운 | 발행처 한국고전번역원
등록 2008. 3. 12. 제25100-2018-000049호
주소 (03310) 서울시 은평구 진관1로 85
전화 02-350-4800 | 팩스 02-350-4994 | 홈페이지 www.itkc.or.kr

번역 양기정(제3권) 이기찬(제4권)
연구총괄 권헌준 | 연구기획 김지민 | 연구평가 성과평가실 | 자문 정선용

책임편집 하현주 | 편집진행 신진호
교정 김상순 서세영 | 조판 김지현 | 제작 조은지
디자인 씨디자인 | 인쇄 사단법인 에스디워크

값 20,000원
ISBN 978-89-284-0956-3 94810
978-89-284-0619-7 (세트)